Kommt die Klima-Diktatur?

Offiziell heißt die Partei »Bündnis 90/Die Grünen«, der Einfachheit halber werde ich in diesem Buch jedoch ausschließlich von den »Grünen«, »grüner Politik« etc. sprechen.

Die Aussagen in diesem Buch entsprechen meiner freien Meinung und sind allein meine Ansichten. Meine Werturteile stellen daher eine bloße Meinungsäußerung dar. Fremdbehauptungen werden durch Quellen belegt.

1. Auflage November 2019
2. Auflage als Sonderausgabe März 2022

Lektorat, Satz und Layout: Helmut Kunkel
Umschlaggestaltung: Nicole Lechner

ISBN: 978-3-86445-877-4

FSC www.fsc.org
MIX
Papier aus verantwortungsvollen Quellen
FSC® C014496

Gerne senden wir Ihnen unser Verlagsverzeichnis
Kopp Verlag
Bertha-Benz-Straße 10
72108 Rottenburg
E-Mail: info@kopp-verlag.de
Tel.: (0 74 72) 98 06-10
Fax: (0 74 72) 98 06-11

Unser Buchprogramm finden Sie auch im Internet unter:
www.kopp-verlag.de

Michael Grandt

Kommt die KLIMA DIKTATUR?

Eine faktenreiche Analyse des grünen Klimawahns

KOPP VERLAG

Wissen Sie, wie sich das Wetter in den nächsten 8 Wochen entwickeln wird? Nein? Wieso wissen Sie dann, wie das Klima in 20 oder in 100 Jahren sein wird?

— MICHAEL GRANDT, INVESTIGATIVER JOURNALIST UND AUTOR

Wir müssen unser ganzes Sein auf den Klimawandel konzentrieren.[1]

— GRETA THUNBERG

In 11 Jahren geht die Welt unter.[2]

— *DER SPIEGEL*, 31. MAI 2019

Wir haben nicht Zeit zu warten, bis mein Studium zu Ende ist.[3]

— THERESE KAH, »KLIMAAKTIVISTIN«

Wir wollen bis 2050 klimaneutral sein.[4]

— ANGELA MERKEL, BUNDESKANZLERIN

Wenn alle Grünen-Wähler den gleichen CO_2-Ausstoß hätten wie die CDU-Wähler, dann würden wir das Klimaziel 2020 erreichen.[5]

— REINER HASELOFF, CDU

Die Klimaforscher sind nicht der Umweltpolitik verpflichtet, sondern der Wahrheit.[6]

— JOCHEM MAROTZKE
DIREKTOR AM MAX-PLANCK-INSTITUT FÜR METEOROLOGIE IN HAMBURG

Die Klimapolitik benötigt das Element der Furcht, sonst würde sich kein Politiker mehr des Themas annehmen.[7]

— HERMANN OTT, DIE GRÜNEN

Die Grünen kommen mir vor wie jemand, der das Wasser aus dem Pool ablässt, hineinspringt und dann erst überlegt, wie wohl die Landung verlaufen wird.[8]

— GERHARD F., ZUSCHAUER VON *HART ABER FAIR*

Die Weltanschauung der Partei übertrug sich gewissermaßen am erfolgreichsten auf Leute, die unfähig waren, sie zu begreifen.[9]

— GEORGE ORWELL

Es gibt einen sehr schmalen Grat zwischen Heiligkeit und Scheinheiligkeit.[10]

— HELGE LINDH, SPD

Alle 11 Minuten verliebt sich ein Stern-*Redakteur in einen Grünen.*[11]

— JAN FLEISCHHAUER, JOURNALIST

Die Grünen sind die Besten im Zielesetzen, aber nicht im Umsetzen.[12]

— STEPHAN WEIL, SPD

Kann ich meinen Rundfunkbeitrag wenigstens als Parteispende an die Grünen steuerlich absetzen?[13]

— THORSTEN ALSLEBEN, CDU-MITTELSTANDSPOLITIKER

Den Grünen ist das Geschäft mit der Angst am besten gelungen.[14]

— BURKARD DREGGER, CDU-FRAKTIONSCHEF, BERLIN

Die Grünen sind keine Partei, sondern der politische Arm von Krawallmachern, Steinewerfern und Brandstiftern.[15]

— ALEXANDER DOBRINDT, CSU

Unser Schicksal ruht in den Händen der Medien.[16]

— MALENA ERNMAN, MUTTER VON GRETA THUNBERG

Ein Experte ist neuerdings ein Mensch, der hinterher erklärt, warum seine computergestützte Prognose nicht gestimmt hat.

— UNBEKANNT

Recht zu haben ist gefährlich, wenn die Regierung unrecht hat.[17]

— VOLTAIRE

Dlya Svetlany, moya dorogaya

Inhalt

Vorspiel

Hart aber fair (ARD), Sendung vom 25. Juni 2019
Umfrage der Redaktion am Flughafen Köln/Bonn

REPORTERIN: Robert Habeck, wie finden Sie den?
FRAU: Attraktiv.
REPORTERIN: Haben Sie die Partei bei der Wahl auch unterstützt?
FRAU: Ja.
REPORTERIN: Und wo fliegen Sie jetzt hin?
FRAU: Nach Bulgarien ... passt vielleicht nicht so zu den Klimazielen, aber okay.

Moderator Frank Plasberg: »Kann man mit solchen Wählern nachhaltige Politik machen? [...] Grüne toll finden ist das eine, aber konsequent handeln etwas ganz anderes. Wie reagieren die Wähler, wenn es ans Bezahlen geht? Und die Währung ist nicht nur der Euro, sondern auch Verzicht. [...] Es ist sehr leicht, bei der Wahl ein Kreuz bei den Grünen zu machen, aber dann das Leben danach zu ändern ist vielleicht schwieriger, als man denkt.«

Zum Wütendwerden

Je größer euer Kohlenstofffußabdruck ist, umso größer ist eure moralische Verpflichtung.[1]

— GRETA THUNBERG

Im Juni 2019 auf dem Evangelischen Kirchentag in Dortmund sprach Angela Merkel, offenbar von den grünen Wahlerfolgen und Greta getrieben, davon, dass Deutschland die »Verpflichtung« habe, Vorreiter bei der Klimaneutralität zu sein. Diese Pflicht begründete sie in den Augen ihrer Kritiker in unglaublicher Weise sogar als »historische Schuld«: Als Industrieland, das das Klima schon seit Langem belaste, habe Deutschland die »Pflicht«, innovative Lösungen zu entwickeln.[2] Fremdschämen für unseren Wirtschaftserfolg durch die eigene Kanzlerin. Das machte viele wütend.

Vorwort

Ich gestehe: Ich bin ein »Klimaskeptiker«, ein »Klimaschädling« und ein »Klimakiller«, denn ich benutze einen Wagen, habe ein Smartphone, schaue Fernsehen, esse einmal in der Woche Fleisch und fliege gerne.

Wenn Sie mit meinem Lebensstil nicht einverstanden sind, können Sie das Buch jetzt wieder weglegen. Wenn Sie jedoch weiterlesen, erfahren Sie Antworten auf viele spannende Fragen. Zum Beispiel:

Wie kann es sein, dass wir uns heute für einen Lebensstil rechtfertigen müssen, der vor ein paar Monaten noch völlig normal war?

Wie kann es sein, dass ein kleines Mädchen und wohlstandsverwöhnte Kinder unsere Regierung, Politiker, Medien und sogar die Kanzlerin vor sich hertreiben?

Wie kann es sein, dass die kleinste Oppositionspartei im Bundestag im Gewand der »Klimarettung« die »Transformation« unserer Gesellschaft in einen ökosozialistischen Staat propagiert und dafür immer mehr Stimmen erhält?

Wie kann es sein, dass über die wahren Hintergründe des angeblichen »Klimawandels« in den Systemmedien so gut wie nichts zu erfahren ist?

Um diese wichtigen Fragen beantworten zu können, musste ich tief in die Materie eintauchen. Ich habe lange recherchiert, viele Gespräche geführt, unzählige Studien und wissenschaftliche Analysen durchgearbeitet, Skeptiker und Befürworter befragt, war auf der Straße und in Büros, wurde beleidigt, bedroht und – wie kann es auch anders sein – als »rechter Klimaleugner« diffamiert. Ich habe alle wichtigen Protagonisten des »Klima-Irrsinns« im Sinne eines ausgewogenen Journalismus angeschrieben und wollte Antworten auf meine Klartextfragen bekommen. Ferner habe ich eine exklusive Umfrage bei Jugendlichen durchgeführt, dessen Ergebnis mich, ehrlich gesagt, selbst überraschte.

Ich arbeite heraus, wie die »Fridays for Future«-Bewegung, sozusagen als »Trojanisches Pferd« der Linken und der Grünen, deren ökosozialistische Ideologien verbreitet und die Medien deren abstruse Forderungen teils ungeprüft übernehmen. Ich werde belegen, wie manche der Hauptakteure der Freitagsdemonstrationen keine Scheu vor der Kooperation mit linksextremen Gewalttätern haben und wer tatsächlich hinter der »Fridays for Future«-Bewegung steht. Zudem untersuche ich das irritierende Finanzgebaren der »Schüler-Bewegung«.

Ich entlarve das beliebte Argument der angeblichen Klimaschützer, »97 Prozent der Wissenschaftler seien sich einig« als reine PR-Kampagne, die keiner wissenschaftlichen Evaluierung standhält. Zudem nenne ich die Konzerne und Organisationen, die jetzt schon Milliarden mit der Klimahysterie verdienen und künftig sogar Billionenprofite machen wollen.

Ferner führe ich die Argumente der angeblichen »Klimaschützer« auf und auch die jener, die nicht an einen menschengemachten Klimawandel glauben, sodass sich der Leser ein eigenes Urteil bilden kann. Außerdem zeige ich, wie ideologisch und politisch die UN-Klimaberichte in Wahrheit zustande kommen und dass sie im Endeffekt mit einer neutralen und objektiven Forschung und Wissenschaft nichts, aber auch gar nichts zu tun haben. Mehr noch: Das Wissenschaftsverständnis zur Klimafrage soll nicht mehr nur von Wissenschaftlichkeit, also objektiven Forschungen und deren Ergebnissen, ausgehen, sondern sich, gemäß postnormalen Fakten, auch an sozialen und programmatischen Fragen orientieren. Die herkömmliche Forschung soll durch das Aushandeln von Kompromissen quasi »ausgehebelt« werden, um das politisch gewollte Ergebnis zu erzielen.

Ich erläutere ungeschminkt, was der Klima-Irrsinn für jeden Einzelnen von uns bedeuten und was er tatsächlich kosten wird. Dann gebe ich Ihnen einige Beispiele, wie sehr uns die grüne Öko-Doppelmoral geschadet hat und immer noch schadet.

Ich entlarve den scheinheiligen Hype um Greta Thunberg und warum sie für mich eine radikale Klimapopulistin ist, die sich auch nicht scheut, mit Linksextremen zu »kuscheln«. Dann beschreibe ich, welche Organisationen und Personen tatsächlich hinter der PR-Kunstfigur stecken. In ähnlicher Weise verfahre ich mit Rezo und den »Fridays for Future«-Verantwortlichen. Anschließend führe ich Sie durch das Geflecht von Unternehmen, Stiftungen, Vereinen, NGOs und Parteien und nenne deren Profiteure beim Namen. So erfahren Sie, wer tatsächlich hinter der ganzen Klimahysterie steckt und wie man die Öffentlichkeit belügt und betrügt, um den grünen Kommunismus und den Ökosozialismus durch die Hintertür einzuführen.

Ein eigenes Kapitel widme ich unserer »wohlstandsverwöhnten« Jugend, der es besser geht als jeder anderen Generation zuvor und die sich naiv vor den vergrünten Karren spannen lässt. Ich erläutere, worauf diese Kids in Wirklichkeit verzichten müssten, wenn sie ihre Proteste ernst meinten, und warum ihre Forderungen für mich pure Heuchelei sind.

Anschließend kläre ich über die grünen Ökoverbrechen im Namen des Umwelt- und Klimaschutzes auf und demaskiere Windkraft, E-Autos & Co. als wahre »Ökokiller«, die zudem höchst gesundheitsgefährdend für Menschen, Tiere und Insekten sind. Die verheerenden Folgen der regenerativen Energien, die von den sogenannten »Klimaschützern« und Politikern entweder verschwiegen oder schöngeredet werden, dokumentiere ich Punkt für Punkt.

In Kapitel 15: »Über ›Klimaleugner‹ und ›Klimaschädlinge‹« beschreibe ich die Skrupellosigkeit, mit der jeder, der nicht an den menschengemachten Klimawandel glaubt, bekämpft wird. Die hetzerische Ausgrenzung, die Unterdrückung von Kritik und die Zerstörung der wirtschaftlichen Existenz angeblicher »Klimaleugner« werden nämlich immer schlimmer. Die Klimahysteriker haben keine Skrupel davor, sogar Nazi-Begriffe für jene zu verwenden, die anders denken und auch andere Forschungsergebnisse präsentieren. Ein Professor forderte eine »Öko-Stasi«, ein anderer sogar die Todesstrafe für »Klimaleugner«.

Zum Schluss geht es um die Frage, die Ihnen in dieser Form kein »Klimabefürworter« und kein Politiker beantworten wird: Wohlstand *oder* radikaler Klimaschutz?

Wer meine vorangegangenen Bücher kennt, weiß, wie ich arbeite: Ich gebe zu jedem Zitat und zu jedem Sachverhalt eine verifizierbare Quelle an. So kann der Leser jedes meiner Argumente selbst nachprüfen. Auch bei diesem Buch kamen so über 1300 Quellen zusammen. Bevor mich Kritiker also wie üblich diffamieren und beleidigen, sollten Sie zunächst diese Quellen widerlegen oder ganz schweigen.

Auch bei diesem Projekt wird mir das widerfahren, was mir aufgrund meiner bisherigen unbequemen Publikationen widerfahren ist:

- Verächtlichmachung,
- Unterstellung von extremistischen Gedanken,
- persönliche Angriffe und Diffamierungen,
- das In-die-rechte-Ecke-Drängen,
- Versuche, mich finanziell zu ruinieren,
- juristische Attacken.

Ich werde Sie auf meiner Homepage (*www.michaelgrandt.de*) auch diesmal wieder auf dem Laufenden halten. Meinen Kritikern wünsche ich jetzt schon viel Spaß, meine Quellen sachlich zu widerlegen.

Ihnen alles Gute, bleiben Sie mir treu und vor allem: Bleiben Sie mutig!

Ihr
Michael Grandt

Einleitung

Ich bestreite nicht, dass sich das Klima seit Jahrmillionen verändert. Nach den Recherchen zu diesem Buch bestreite ich jedoch, dass der Klimawandel *nur* oder *hauptsächlich* »menschengemacht« ist. Im Gegenteil sogar: Meinen Erkenntnissen nach sind wir nur für einen kleinen Teil dieser Veränderungen verantwortlich. Klimawandel, also der Wechsel zwischen Warm- und Kaltperioden, ist völlig natürlich. Vor 40 Jahren glaubten die US-Klimatologen noch, es stehe eine neue Eiszeit bevor, heute propagieren sie das genaue Gegenteil.

Was mich allerdings sehr misstrauisch macht: Viele der »Klimapanik-Apologeten« benehmen sich schon lange nicht mehr wie neutrale und objektive Wissenschaftler, sondern wie Propheten und Hellseher, die uns die absolute und einzige Wahrheit verkaufen wollen.

Fest steht: In der gesamten Geschichte der Menschheit ist die einzige Konstante der Wandel. Und das Klima wandelt sich seit Urzeiten. Dennoch schallt es uns von allen Seiten entgegen: Der Klimawandel ist allein die Schuld des Menschen. Sendungen zum Thema häufen sich, die Schlagzeilen über apokalyptische Schreckensszenarien werden immer größer, Panik und Hysterie beherrschen die Medien und die Politik. Wahr ist jedoch: Die Wissenschaft ist sich nicht einig.

Die grünen Weltuntergangspropheten und deren instrumentalisierte »Klima-Kinder« weissagen wie Hellseher auf einem Jahrmarkt, wie das Klima in 20, 30 oder gar in 100 Jahren sein wird. »Weissagen« deshalb, weil auch aufwendig entwickelte Programme bis heute keine genauen Berechnungen erstellen können. Denn das Wetter ist halt so, wie es ist: unberechenbar. Und doch werden die bruchstückhaften Ergebnisse der Computersimulationen als Fakt genommen.

Es ist einfach erschreckend, wie die »Wissenschaft« in Sachen »Klima« mit These, Antithese und Synthese zu einer Charade verkommen ist. Milliarden werden dafür ausgegeben, um in eine Glaskugel zu schauen, unglaublich teure Computermodelle sollen das Klima der Erde und dessen zukünftige Entwicklung simulieren: die Temperaturen in den verschiedenen Ländern vorhersagen, die Entstehung von Winden, die Zirkulation in der Atmosphäre und in den Ozeanen, die Zu- und Abnahme der Feuchtigkeit und die Entwicklung der Bevölkerung. Und das alles für die nächsten 100 oder gar 1000 Jahre, auf zwei Kommastellen genau. Diese »Berechnungen« bilden dann die Grundlagen für die daraus resultierende Politik.[1]

Was Mensch und Computer jedoch nicht exakt können: Ozeane nachahmen, Wirbel stimulieren und wärmetransportierende Strömungen wiedergeben. Die neuesten Modelle und Berechnungen können die Bildung und das Verhalten von Wolken (Nukleationskeime) und Wassertröpfchen in der Atmosphäre wenig oder gar nicht darstellen. Vor allem das Verhalten von Aerosolen* wird kaum verstanden; daher können sie in den Modellen auch nicht exakt abgebildet werden. Auch die Stimulation von unterkühltem Wasser in den Wolken, die sich über der Antarktis und den Ozeanen bilden, ist äußerst schwierig.[2] Die Klimaforscher tappen also im Dunkeln, und ihre angeblich »genauen« Modelle liefern unrealistische und häufig sogar lückenhafte oder falsche Ergebnisse.

Und doch machen sich, dank unaufhörlicher apokalyptischer Partei- und Medienpropaganda, drei Viertel aller Deutschen Sorgen um die Zukunft des Planeten. 42 Prozent wollen weniger Strom verbrauchen, jeder Dritte ist bereit, häufiger auf das Auto zu verzichten. Wer dennoch fliegt, soll sein schlechtes Gewissen beruhigen und zum CO_2-Ausgleich Geld spenden.[3]

> Im Stil der katholischen Kirche warnen Umweltschützer seit einem Vierteljahrhundert vor der Treibhaushölle. Durch die globale Erwärmung, so ihre düstere Prophezeiung, würden Plagen biblischen Ausmaßes in Marsch gesetzt: Dauerdürren, Sintfluten und Wirbelstürme von nie da gewesener Wucht.
>
> Doch inzwischen glauben deutlich weniger Menschen an den Weltuntergang. […] Die Deutschen verlieren die Angst vor dem Klimawandel.[4]

---

* Feinste Verteilung schwebender fester oder flüssiger Stoffe in Gasen, besonders in der Luft.

Was sich wie das Geschreibsel von »rechten« Klimaleugnern anhört, publizierte der *Spiegel* vor gut 6 Jahren, nämlich im Herbst 2013. Heute schreibt das Nachrichtenmagazin genau das Gegenteil: »Entweder die CO_2-Emissionen sinken dramatisch bis 2030, oder die Welt wird nicht mehr zu retten sein.«[5]

Dieser Glaubenssatz ist zur neuen »Offenbarung« für die angeblichen Klimabefürworter geworden. Er ist die Rechtfertigung für die Transformation unserer Gesellschaft in den von den Grün-Linken schon seit Jahrzehnten propagierten Ökosozialismus. Doch der Satz beruht lediglich auf »Modellrechnungen« einer höchst komplexen Wissenschaft und ist keinesfalls die Ultima Ratio.

Die angeblichen Klimaschützer setzen auf Schockeffekte und Emotionen anstatt auf Fakten. Grünen-Fraktionschef Anton Hofreiter warnte schon zu Beginn des Sommers: »Hitzesommer, Extremwetter, Ernteausfälle – alle Alarmzeichen stehen auf Rot«.[6] Annalena Baerbock, die Mitchefin der Grünen, heizte die Hysterie noch zusätzlich an: »Beim Klimaschutz kommt es auf jeden Tag an!« und erntete vom Publikum bei *Maybrit Illner* dafür auch noch tosenden Applaus.[7]

»Nachhaltigkeit« wird dank grüner Propaganda zum quasireligiösen Heilsversprechen, und der UN-Generalsekretär taxiert den »menschengemachten« Klimawandel sogar als »größte systematische Bedrohung für die Menschheit«[8].

All das erinnert mich ans tiefste Mittelalter: Seit dem »plötzlichen« Auftauchen der »Klimaheiligen« Greta Thunberg findet die Lehre vom anthropogenen (menschengemachten) Klimawandel regen Zulauf. Die Marktschreier (Medien) tragen die Kunde der Heiligen in die Welt, und Millionen Apostel-Schüler folgen ihrer Prophetin. Greta, die zornige Klimagöttin, warnt eindringlich vor der Apokalypse, sollte die Menschheit nicht von ihrem klimaschädlichen Tun ablassen: Auto fahren, fliegen, heizen, Fleisch essen und vielleicht bald sogar Kinder gebären sind bereits verpönt. Schämt euch, wenn ihr atmet![9]

Wie bei der katholischen Kirche kommt nun der Ablasshandel ins Spiel, und zwar in Form einer CO_2- und/oder Kerosinsteuer. So können die »Klimasünder« wenigstens eine finanzielle Abbitte leisten.

Frei nach dem mittelalterlichen Motto: »Wenn das Geld im Kasten klingt, die Seele in den (Klima-)Himmel springt.«

Dabei ist das ideologische Rezept ganz einfach: Man nimmt ein Naturereignis, stilisiert es zu einer Überlebensfrage, verspricht die einzig wahre Lösung, warnt vor der Apokalypse, erhöht das Problem ins Religiöse, macht daraus einen Glaubenssatz und diffamiert Kritiker. So spielen Fakten plötzlich keine Rolle mehr, und die Gesellschaft kann grün »umgebaut« werden. Professor Christian Rieck dazu:

> Man weiß auch, dass Hysterie die Vernunft ausschaltet. Jeder Trickbetrüger arbeitet mit Zeitdruck, denn wenn das Opfer nachdenken könnte, dann würde es den Trick schnell durchschauen. Indem man Hysterie erzeugt, kann man auch demokratische Prozesse aushebeln.[10]

Im Falle der Klimahysterie sind wir zugleich Opfer und Täter, denn wir brauchen das CO_2, um überhaupt leben zu können, und produzieren es gleichzeitig. Wir alle sind also betroffen; jeder ist schuldig; jeder muss um seine Zukunft bangen und den Klimaschutzgesetzen gehorchen. Verängstigt man die Menschen in diesem Sinne, glauben sie tatsächlich, dass nur sie für das Klima verantwortlich sind.

So entsteht eine neue »Klimareligion«, denn alle Religionen basieren auf einer wissenschaftlich nicht nachweisbaren Hypothese. Doch die neue Religion ist ideologisch mit einem gefährlichen grünen Kommunismus und Ökosozialismus verbunden, der uns letztendlich den richtigen, den heilbringenden Weg weisen soll. Diese Ideologie geht einher mit Wohlstandsverlust und Gleichmacherei.

Es ist verrückt: Deutschland ist das einzige Land der Welt, das gleichzeitig aus der Kohle (bis 2038) und aus der Atomkraft aussteigen will. Demgegenüber haben die 120 größten Kohlekonzerne aktuell knapp 1400 neue Kraftwerke in 59 Ländern in Planung oder sogar schon im Bau.[11] Zudem sind 111 Atomkraftwerke geplant, davon allein 43 in China, 24 in Russland und 14 in Indien.[12]

Dass etwas fürs Klima getan werden muss, ist klar. Es kommt nur darauf an, was und vor allem wie. Am Ende dieses Buches sollen Sie selbst entscheiden, wem Sie mehr Glauben schenken: den Hysterikern oder den Skeptikern.

KAPITEL 1

Die Entstehung des Ökosozialismus

Schon Mitte der 1950er-Jahre war der Umweltschutz ein Element der sowjetischen Langzeitstrategie, die westliche Gesellschaft schleichend zu unterwandern und ideologisch zu zersetzen. Die Kommunistische Partei der Sowjetunion (KPdSU) entwickelte bereits in jenen Jahren die Grundlagen eines neuen Sozialismus, der die soziale Frage mit dem Umweltschutz verbinden[1] und letztlich zu einer sozialistischen Weltregierung führen sollte.

Eine ökosozialistische »Weltregierung« und die »Klimaschuld«

Christopher Monckton, britischer Politiker und ehemaliger Berater von Margaret Thatcher, der heute als »Klimaleugner«[2] diffamiert wird, warnte bereits 2009 im Vorfeld der Kopenhagener Klimakonferenz vor der Errichtung einer kommunistischen Weltregierung:

> Bei der Kopenhagener Klimakonferenz im kommenden Dezember wird ein Abkommen ratifiziert werden. Der US-Präsident wird es unterzeichnen. Die meisten Länder der Dritten Welt ebenfalls, da sie sich davon einen Geldsegen versprechen. Und auch die meisten linksgerichteten Regime der EU werden es abnicken. In der Tat, fast niemand wird die Unterschrift verweigern. Nun, ich habe das Abkommen gelesen, und darin steht, dass eine »Weltregierung« etabliert werden soll. Die Erschaffung dieser »Regierung« ist das erste von drei Zielen, die im Resolutionsentwurf genannt werden. Das zweite Ziel besteht in der Übertragung von Vermögen – aus den Ländern des Westens in die der Dritten Welt, um die »Klimaschuld« zu begleichen – denn schließlich hätten ja wir das ganze CO_2 in die Luft gejagt und damit das Klima verkorkst, nicht sie. Das dritte Ziel ist die Zwangsvollstreckung der beiden genannten Ziele. […]
>
> Es geht um eine Weltregierung, die die Macht besitzt, alle Märkte weltweit zu regulieren, die Macht, Marktregeln durch politische Entscheidungen zu beeinflussen, obwohl sie nicht gewählt ist.[3]

Iwan Timofejewitsch Frolow (1929-1999), Chefredakteur der Zeitschriften *Kommunist** und *Prawda*, Sekretär des ZK** und Vollmitglied des Politbüros der KPdSU,[4] war ein eifriger Verfechter dieses Gedankens.[5]

In seinem Buch *Global Problems and the Future of Mankind* beschrieb der ZK-Mann bereits in den 1970er-Jahren, also rund 50 Jahre vor Greta, um die Erde habe sich eine Schicht von Kohlendioxid gebildet, wodurch die Gefahr ungünstiger Klimaveränderungen entstanden sei, mit vielleicht katastrophalen Folgen.[6] Frolows Schlussfolgerungen:

> Eine umfassende Lösung dieses Problems kann nur durch eine radikale soziale Umgestaltung der Welt und durch die Überwindung der Klassengegensätze erreicht werden.[7]

Frolow betonte zudem die »tragende Rolle«, welche die kommunistischen Parteien (kontrolliert von der UdSSR) bereits in den 1960er-Jahren beim Aufbau der Ökobewegungen in den westlichen Staaten gespielt hatten. Er erwähnte beispielsweise das Internationale Symposium (März 1972 in Prag) unter dem Motto »Der Marxismus-Leninismus und die Probleme der Umwelterhaltung«, bei dem es auch darum ging, den Umweltschutz im »Zusammenhang mit den Aufgaben des antiimperialistischen Kampfes« sowie »die Einstellung zur Natur als Gegenstand des verstärkten ideologischen Kampfes« einzusetzen. Die angebliche Bedrohung der Umwelt sollte so zu »einem Bereich des Klassenkampfes« werden.[8]

Das Jahr 1968 war geprägt von Studentenunruhen in fast allen westlichen Staaten. Diese »Revolten« waren hauptsächlich von linken und/oder kommunistischen Agitatoren initiiert, die später auch in die »etablierten Parteien« eintraten. Andere 68-er gründeten Kleinparteien, »K-Gruppen« oder »Neue Soziale Bewegungen«. Dazu gehörten vor allem die Friedensbewegung sowie die Öko- und die Anti-Kernkraft-Bewegung. Kader aus diesen Bewegungen schlossen sich dann später zu den Grünen zusammen.[9]

---

* Das theoretische und politische Organ des Zentralkomitees der KPdSU.

** Zentralkomitee der Kommunistischen Partei der Sowjetunion.

Grünen-Ikone Joschka Fischer schrieb bereits 1989 in seinem Buch *Der Umbau der Industriegesellschaft*:

> Denn der ökologische Umbau wird die Industriegesellschaften auch zu einem kulturellen Umbruch nötigen, der unser Verhältnis zu unseren natürlichen Lebensgrundlagen, zur Umwelt also und zu ihren Ressourcen, völlig verändern wird.[10]

Er sprach in diesem Zusammenhang von einer »ökologischen Kulturrevolution«[11].

Der Klassenkampf durch Umweltschutz geht derweil auch hierzulande munter weiter. Ein Vehikel für die gesellschaftliche Transformation in einen Ökosozialismus ist, neben den Grünen und den Linken, die »Fridays for Future«-Bewegung. Nicht rein zufällig weisen die Forderungen der »Kids« in eine sozialistische Umverteilungsrichtung, und es werden wohl nicht umsonst Plakate mit der Aufschrift »Klimakampf ist Klassenkampf«[12] in die Höhe gereckt. So schließt sich der links-sozialistische Kreis.

KAPITEL 2

Auf in den grünen Kommunismus!

Wir müssen fast alles in unserer heutigen Gesellschaft verändern.[1]

— GRETA THUNBERG

Mit dem »Klima« punkten vor allem die Grünen. Das ist kein Wunder, schreiben sich die »Ökos« Umwelt- und Naturschutz doch seit jeher auf die Fahnen. Keine andere Partei in Deutschland wird so sehr mit diesem Thema identifiziert. Seit ihrer Gründung im Jahr 1980 haben die Grünen den ökologischen Gedanken in ihrem Programm und vertreten ihn mehr oder weniger gemäßigt oder radikal.

Allerdings gab es von Anfang an zum Teil heftige Auseinandersetzungen zwischen dem wertkonservativen und dem linksorientierten Parteiflügel.[2] Die Rechten wollten Ökologie in eine naturalistisch-konservative Ideenwelt integrieren, die Mitte in die linksliberale und die Linken in ihre sozialistische Ideologie.[3]

Es waren viele verschiedene Gruppierungen und Strömungen an der Etablierung der Grünen beteiligt: etwa die »konservativen Grünen«, denen es um die Bewahrung der natürlichen Lebensgrundlagen ging; dann die »Gemeinschaftsdenker«, die spezifische Gemeinschaftsvorstellungen hegten, die sie dem westlich-liberalen Begriff »Gesellschaft« gegenüberstellten; die »antiautoritären Anthroposophen«[4]; die »undogmatische Linke«, die auf Dezentralität, Selbstorganisation und Basisbezug setzte, und die »dogmatische Linke«, ehemalige kommunistische Kader, die bei den Grünen ein neues Forum suchten und Marxismus und Ökologie miteinander in Einklang zu bringen gedachten.[5]

Zusammenfassend kann gesagt werden, dass die Grünen das »Produkt der Protestbewegungen«[6] in Deutschland waren. Dabei standen sich auch zwei Ausrichtungen gegenüber, die heute wieder die Oberhand zu gewinnen scheinen: der aus dem fundamentalistischen, eher aus dem bürgerlichen Lager kommende »radikalökologische« Flügel und der nicht minder fundamentalistische »ökosozialistische« Flügel, ebenfalls aus dem Bürgertum kommend und Erben der kommunistischen Sekten aus den 1970er-Jahren.[7]

Das Parlament[8] dazu:

> Die Radikalökologen hatten nicht selten ein gebrochenes Verhältnis zu der Idee von Demokratie und offener Gesellschaft; die Ökologie ist ihnen eine normative Leitwissenschaft, aus der die Regeln des richtigen Verhaltens zwingend ableitbar sind; mit ihrer Vorstellung von Naturalisierung der Politik neigen sie dazu, die Ökologie über die Demokratie zu stellen. […] Eine auf apokalyptischer Drohung basierende Politik hat auf Dauer nie eine Chance.[9]

Ökologie, Marxismus und linksradikale Tendenzen scheinen mittlerweile wieder »hoffähig« bei den Grünen zu sein. Schon über deren Gründung schrieb Helmut Fogt in seinem »Soziogramm«, dass es den »Linksextremisten« gelungen sei, klassische Bestandteile der marxistischen Kerndogmatik in das grüne Parteiprogramm hinüberzuretten.[10]

Der Wissenschaftler Siegfried Uhl ergänzt:

> Die Strategie des »Entrismus«, des Einsickerns in die grüne Partei und der Durchsetzung sozialistischer und marxistischer Programmpunkte … setzte sich jedoch mit zunehmendem Erfolg durch. Teils lösten sich die kommunistischen Splitterparteien auf, wobei zahlreiche Mitglieder anschließend den Grünen beitraten und dort teilweise Führungspositionen bekleideten, teils blieben sie bestehen, empfahlen ihren Anhängern aber die »verdeckte Mitarbeit« unter anderem bei den Grünen, »um dort revolutionär-sozialistische Strömungen zu entwickeln«.[11]

Die *Zeit* schrieb im Mai 1985:

> Wer die politische Geographie der Grünen verstehen will, muß die der linksradikalen Grüppchen und Sekten in den siebziger Jahren kennen. In der Hamburger Grün-Alternativen Liste (GAL) dominieren die vormaligen Mitglieder des Kommunistischen Bundes (KB). In der Berliner Alternativen Liste (AL) trafen sich die ehemaligen Genossen der maoistischen KPD wieder, und in Hessen geben einstige Frankfurter Spontis den

> Ton an. Wo die Studentenbewegung und die aus ihr hervorgegangenen Kadersekten nie Fuß gefaßt haben, auf dem Land, vor allem in Bayern, Niedersachsen und Baden-Württemberg, bestimmen eher die Naturschützer und Wertkonservativen das Bild der Partei, wenngleich auch dort, zum Beispiel in Baden-Württemberg, Linkssozialisten und Spontis wichtige Positionen besetzt haben.[12]

Schon im Jahr 1985 hatte eine die Analyse des Verfassungsschutzes ergeben, dass die Grünen dem links-extremen Umfeld entstammten, und zwar:

- ein Zehntel der 94 Mitglieder der Landesvorstände;
- knapp ein Achtel aller 35 Landtagsabgeordneten;
- ein Drittel der 27 Bundestagsabgeordneten;
- die Hälfte der 11 Bundesvorständler;
- über die Hälfte der sieben Europaparlamentarier.[13]

Seither waren vor allem zwei Themen besonders bestimmend: die Umweltfrage und die Friedenssicherung. Letzteres kann man bei den vielen grünen Bundestagszustimmungen zu den zum Teil völkerrechtswidrigen Kriegen allerdings getrost vergessen.[14] Die Themen Umwelt und Natur zeigen sich im grünen Klimaschutzhype Hand in Hand mit radikalökologischen und ökosozialistischen Ideologien. Doch geblendet durch die lückenhafte Medienberichterstattung, erkennt der Großteil der Bevölkerung nicht, was tatsächlich dahintersteckt.

Auch der Politikwissenschaftler Hajo Funke glaubt nicht, dass sich der Klimahype so schnell verflüchtigen wird. Er sagt:

> Dafür ist das Führungspotenzial und die geschlossene Präsenz der Grünen zu stark. Letztlich sind die Grünen aktuell eine Stabilitätsversicherung für die Demokratie und Menschenwürde, diese Werte werden von den Grünen aktiv vertreten.[15]

Glaubt Hajo Funke, der früher im Sozialistischen Büro (SB), einer Organisation der Neuen Linken, aktiv gewesen war,[16] allen Ernstes, dass die Grünen eine »Stabilitätssicherung« für die Demokratie sind? Genauso verkaufen uns auch die Systemmedien tagtäglich diese ökosozialistische Partei, die im grünen Wolfspelz daherkommt. Aber auch andere »linke« Zuträger hypen eine Gesellschaftsveränderung.

Der *Spiegel*:

> Die Wirtschaft muss grün werden. Die Politik muss nachhaltiges Handeln belohnen und schädliches Verhalten verteuern.[17]

Anton Hofreiter, Fraktionschef der Grünen im Bundestag, visiert bereits einen ökologischen und sozialen Umbau an. Das Herzstück der Sozialpolitik soll »mehr Staat und weniger Eigenverantwortung« sein.[18]

In der Gesellschaft ist eine neue Dynamik entstanden, vor allem, weil der Klimaschutz jetzt als Gerechtigkeitsfrage verhandelt wird: Alt gegen Jung, Arm gegen Reich, Klimaschützer gegen Klimaskeptiker, SUV-Fahrer gegen Radfahrer und Fleischesser gegen Veganer.

Vor allem die grünen Mitmenschen können mit Besserwisserattitüde und erhobenem Zeigefinger Lektionen in korrekter Lebensführung erteilen. Das sieht dann so aus: Diese »Drei-F« sind mittlerweile verpönt: Fliegen, Fleischessen, Fahren. Das grüne Konzept dagegen: Askese, CO_2-Steuer, Kerosinsteuer, Flugverbote, Fahrverbote und so weiter und so fort.

Tilman Kuban, der Vorsitzende der Jungen Union (JU), ließ sich in einer Rede über den »Verbotsfetischismus« der Grünen folgendermaßen aus:

> In die Innenstadt fahren: verboten!
> Straftäter abschieben: verboten!
> Fleisch essen: verboten!
> Heizpilze: verboten!
> Cola in der Schule: verboten! Ich könnte diese Liste unendlich weiterführen. […] Gegen diese Verbotspartei … stehen wir auf und reden Klartext![19]

Alexander Neubacher schrieb im *Spiegel* über die Grünen:

> Sie halten den Durchschnittsbürger für einen lenkungsbedürftigen Konsumtrottel, dem der Einblick in höhere Wirkzusammenhänge fehle.[20]

GRÜNE VERBOTE 2019 (KLEINE AUSWAHL)

Allein in diesem Jahr gibt es viele Verbote, die die Grünen fordern. Hier nur drei Beispiele:

1. Schottergartenverbot (NRW)

In Velbert wollten die Grünen den Bürgern per Bebauungsplan verbieten, Schotterlandschaften in ihren Vorgärten anzulegen. Begründung: Steingärten würden das städtische Mikroklima durch »unnötige Wärmebestrahlung« nachteilig beeinflussen.[21]

2. Feuerwerksverbot (Berlin/Bayern)

In München und Berlin wollen die Grünen den Bürgern das private Abbrennen von Raketen an Silvester verbieten. Begründung: zu gefährlich, zu laut, zu dreckig.[22]

3. Bierverbot (Berlin)

Vollrad Kuhn, Vizebezirksbürgermeister der Grünen in Berlin Pankow, hat dafür gesorgt, dass in einem Kiezlokal kein Alkohol mehr an Eltern vom Spielplatz nebenan ausgegeben wird. Die Bar ist ein Familientreff, und seit 20 Jahren hat sich daran niemand gestört, aber der Grüne verwies auf das »Berliner Grünanlagengesetz«, das ein Alkoholverbot vorsieht.[23] Dass im Görlitzer Park aber unter der Ägide von Links-Grün Schwarzafrikaner Drogen verkaufen, daran stört er sich wohl nicht. ■

Verbote über Verbote. Auch das ist bei den Grünen nichts Neues. Sie gelten gemeinhin als die Verbotspartei. Dabei lassen sich immer mehr Menschen den grünen Verbotswahn gefallen. Auch sogenannte »Experten« versuchen, Verbote schönzureden und gesellschaftsfähig zu machen. Ein Beispiel ist der Psychologe Stephan Grünewald:

»Die Menschen wünschen Verbote, damit sie sich nicht selbst disziplinieren müssen.«[24] Das heißt für ihn: Der Verbraucher spurt am besten, wenn er keine Alternativen hat: »Die Deutschen haben ja die Angewohnheit, solchen Regeln dann besonders gewissenhaft zu folgen, das sieht man ja schon bei der Mülltrennung.«[25]

Das Nachrichtenmagazin *Spiegel* schlägt in dieselbe Kerbe:

> Wenn sich die Politik jetzt nicht traut, immer wieder zu sagen: »Das dürft ihr nicht!«, dann lässt sich kaum ein ganzes Land zu wirklich umweltschonendem Verhalten bewegen.[26]

Verbote, Verbote, Verbote. Es ist mehr als erschreckend, wie wenig die Menschen dagegenzusetzen haben, wenn man die Wahlerfolge der Grünen betrachtet. Wegnehmen und verbieten. Die neue grüne politische Kultur ist eine Bankrotterklärung für unsere Demokratie.

Nur im Osten Deutschlands – historisch bedingt gebrannte Kinder, was staatliche Eingriffe in die individuelle Lebensführung anbelangt – haben die Ökosozialisten wenig Chancen. Das haben die Landtagswahlen in Brandenburg und Sachsen Anfang September 2019 eindrucksvoll gezeigt: Der Klima-Irrsinn spielte dort fast keine Rolle, und die Grünen schnitten denkbar schlecht ab, auch wenn der linksgrüne Mainstream ihre 10,8 Prozent in Brandenburg und die mageren 8,6 Prozent in Sachsen verzweifelt versuchte, noch als »Erfolg« zu verkaufen. Im Westen hingegen, bei den wohlstandsverwöhnten Bürgern und Jugendlichen, die noch unter keiner Diktatur leben mussten, hypen die Grünen dagegen ohne Ende.

Nur ein Wahlkämpfer in Berlin warnte: »Wir sollten uns dem Hype nicht hingeben«,[27] und erinnerte daran, dass die Partei noch vor nicht allzu langer Zeit als »Verbots- und Pädophilenpartei« gehandelt worden sei.[28] Aber genau das scheinen die meisten Wähler zu vergessen oder zu tolerieren, anders kann ich mir ihr Abstimmungsverhalten nicht erklären.

Der grüne Kindersex-GAU

Vor der vorletzten Bundestagswahl 2013 ereignete sich für die Grünen der Super-GAU: Eine Debatte über Kindersex holte die Partei ein, die in den 1980er-Jahren begonnen hatte und nun thematisiert wurde.

Mehr und mehr über das unglaubliche Gedankengut mancher Grüner aus dieser Zeit kam an die Öffentlichkeit, aber auch, wie sich Funktionsträger darin verstrickten und manche bis heute damit zu kämpfen haben.

Die Grünen wagten es offensichtlich nicht, von sich aus eine Aufarbeitung ihrer heiklen Geschichte anzustreben, sondern erst auf Druck der Öffentlichkeit. Dies geschah meiner Ansicht nach nicht aus »schlechtem Gewissen«, sondern aus wahlkampftaktischen (!) Überlegungen.

So ähnlich äußerte sich auch Prof. Dr. Franz Walter, der Direktor des Instituts für Demokratieforschung, der mit der Untersuchung der Vorgänge beauftragt worden war:

> Gerade unter den Grünen gab es dem Vernehmen nach viele, die im Frühjahr 2013 der festen Überzeugung waren, dass die Aufregungswelle zwar 2 oder 3 Wochen anhalten möge, aber spätestens dann … die berühmte nächste Sau durchs Dorf getrieben werden würde. Als dies nicht so recht geschehen wollte, warf der Grünen-Bundesvorstand das Steuer herum und entschied sich für eine wissenschaftliche Aufarbeitung.[29]

Schließlich hatte ja man 30 Jahre Zeit gehabt, dieses Thema aufzuarbeiten. Dies war jedoch nicht geschehen.

Dabei war es Claudia Roth, die (damalige) Bundesvorsitzende der Grünen, die im Jahr 2010 die katholische Kirche öffentlich an den Pranger stellte, als neue Missbrauchsfälle in klerikalen Institutionen ans Tageslicht kamen. Sie sagte:

> Es ist nicht nur haarsträubend, sondern auch eine beispiellose Verhöhnung der Opfer sexuellen Missbrauchs, wenn an diesem Skandal innerhalb der katholischen Kirche nun andere schuld sein sollen.[30]

Weiter sagte sie, der Augsburger Bischof Mixa verhöhne die Opfer, wenn er einer Sexualisierung der Gesellschaft eine Mitschuld an den Vorfällen gebe.[31] Dabei sind es jetzt die Grünen selbst, die ihre Pädophilenaffinität in den betreffenden Jahren mit der »Ausrede« rechtfertigen, dass die sexuelle Befreiung (auch der Kinder) damals in Gesellschaft und Wissenschaft diskutiert wurde, wie Prof. Dr. Franz Walter, der mit der Erstellung des Abschlussberichts betraut wurde, erläutert:

> Wie oft bekamen wir es in den Monaten unserer Recherche zu hören: Man müsse die anderen Zeiten, gar den damaligen Zeitgeist berücksichtigen …[32]

Relativieren von Kindesmissbrauch aufgrund des »Zeitgeistes«? In meinem Buch *Die Grünen – Zwischen Kindersex, Kriegshetze und Zwangsbeglückung*[33] gehe ich ausführlich auf die grünen Aktivisten und ihre pädophilenfreundlichen Taten ein, und zwar mit Dokumenten und Belegen der Grünen.

Genau das, was die Grünen der katholischen Kirche vorwerfen, machen sie selbst. Das zeigt mir einmal mehr die Doppelmoral und die Scheinheiligkeit – und das bei einem so sensiblen Thema.

Prof. Dr. Franz Walter weiter:

> Grüne lebten ja in den vergangenen Jahren vom Anspruch und der Aura, anders zu sein als all die anderen, nicht allein in Opportunitäten zu denken, sondern auch Prinzipien der politischen Moral hochzuhalten.[34]

Und an anderer Stelle:

> Dass sich die Häme so ungebremst über die Grünen ergoss, sollten sie allerdings als eine verständliche Reaktion auf eigene Verhaltensweisen in den Jahren zuvor begreifen. Wer sich stets und lautstark als Primus von Moral und demokratischer Bürgerkultur geriert, dem wird irgendwann voller Hohn eine saftige Rechnung mit der Auflistung eigener Verfehlungen präsentiert werden.[35]

Das ist der Punkt. Aber die Grünen messen offenbar mit zweierlei Maß, denn sie vergessen nur allzu oft die eigenen »Leichen« im Keller und zeigen stattdessen auf andere. Ich werde in den Kapiteln 10: »Grüne Umweltverbrechen im Namen des Klimaschutzes« und 14: »Grüne Öko-Doppelmoral« darauf zurückkommen.

Nach dem genauen Studium des Abschlussberichtes[36] des Göttinger Parteienforschers Franz Walter vom Institut für Demokratieforschung über *Die Grünen und die Pädosexualität. Eine bundesdeutsche Geschichte*[37] komme ich zu folgendem Ergebnis: Es waren eben keine einzelnen oder zufälligen Beschlüsse[38] innerhalb der Grünen, die die Legalisierung von Sex mit Kindern forderten, sondern dieses Ansinnen zog sich viele Jahre quer durch die Partei.

Und es waren nicht nur die »ersten Jahre« der Grünen – wie Stephan Klecha schreibt, obwohl er es als Mitherausgeber des Abschlussberichtes besser wissen müsste –, in denen sich Teile der Partei und Parteimitglieder in verschiedenen Landesverbänden äußerst ambivalent mit diesem Thema auseinandersetzten, sondern es geht um einen Zeitraum von 16 Jahren: von 1979 bis 1995. 16 Jahre in einer Partei, die es bis dahin erst 35 Jahre gab!

Zum anderen handelte es sich bei den Pädophilen-Aktivisten tatsächlich um eine Minderheit, aber sie hatten großen Einfluss auf die Partei, was die Tatsache zeigt, wie oft ihre Anträge in verschiedene Programme der Grünen aufgenommen wurden.[39] Lassen Sie sich also keine Scheuklappen verpassen!

Die Grüne Partei hat sich mit den Themen »Legalisierung von Sex zwischen Erwachsenen und Kindern« sowie »Entkriminalisierung der Pädosexualität« über viele Jahre hinweg sehr schwer getan und forderte sogar straffreien Sex zwischen Geschwistern.[40] Alles vergeben und vergessen? Wes Geistes Kinder sind eigentlich diese Partei und ihre Wähler?

Was ist mit unserem Land geschehen, dass eine kleine Partei, die sich vor nur wenigen Jahren noch Kindersex-Vorwürfen aussetzen musste, jetzt unser Leben bestimmt? Wie kann es sein, dass eine Partei, die bei der Bundestagswahl 2017 gerade mal 8,9 Prozent erreicht hat und damit die kleinste Oppositionspartei ist, plötzlich die Regierung samt Kanzlerin vor sich hertreibt?

Der Weg in den »grünen Kommunismus« ist bereitet, und zwar über das Thema »Klimaschutz«: grün, links, umweltbewusst. Die Jugend verortet sich hauptsächlich wieder links, und die grüne Ideologie nutzt deren Idealismus schamlos aus: Aufgeschlossene Jugendliche sind die idealen Opfer. Mit ihren »Fridays for Future«-Demonstrationen sorgen sie für mediale und politische Aufregung. Alles Zufall? Die »Forderungen« von Fridays for Future könnten tatsächlich aus dem Partei- und Wahlprogramm der Grünen stammen:

> Fridays for Future fordert die Einhaltung der Ziele des Pariser Abkommens und des 1,5 °C-Ziels. Explizit fordern wir für Deutschland:
>
> - Nettonull 2035 erreichen
> - Kohleausstieg bis 2030
> - 100% erneuerbare Energieversorgung bis 2035

Entscheidend für die Einhaltung des 1,5°-C-Ziels ist, die Treibhausgasemissionen so schnell wie möglich stark zu reduzieren. Deshalb fordern wir bis Ende 2019:

- Das Ende der Subventionen für fossile Energieträger
- 1/4 der Kohlekraft abschalten
- Eine Steuer auf alle Treibhausgasemissionen. Der Preis für den Ausstoß von Treibhausgasen muss schnell so hoch werden wie die Kosten, die dadurch uns und zukünftigen Generationen entstehen. Laut UBA sind das 180 € pro Tonne CO_2.[41]

Umfragen, die nachdenklich machen

Fast täglich werden wir mit neuen Umfragen zum Thema »Klimaschutz« bombardiert. Stellvertretend für jene, präsentiere ich nachfolgend drei Umfragen, um zu illustrieren, wie ein Großteil der Menschen in unserer Gesellschaft, aufgehetzt durch Medien, getrieben durch Politiker und Panikmache von jugendlichen Demonstranten, mittlerweile denkt.

Klimawandel

Im Spätsommer 2019 zählten 44 Prozent der Frauen und 35 Prozent der Männer Naturkatastrophen zu den größten Sicherheitsrisiken – gleich nach Terrorismus und Krieg.[42]

Nicht weniger als 41 Prozent von ihnen glaubten, dass durch »mehr Umweltbewusstsein« die Gefahr von Naturkatastrophen verringert werden könnte. Die Forscher sprachen von einem »Greta-Effekt«, vor allem unter jungen Menschen.[43]

CO_2-Steuer

Frage: »Halten Sie eine CO_2-Steuer, die die Kosten für Umweltschäden dem Verursacher auferlegt, grundsätzlich für sinnvoll?«

Ja:	50 %
Nein:	47 %
Weiß nicht:	3 %[44]

Für »sinnvoll« votierten Anhänger folgender Parteien:

Grüne:	72 %
SPD:	52 %
Linke:	44 %
CDU/CSU:	43 %
FDP:	40 %
AfD:	31 %[45]

»Fridays for Future«-Demos

Frage: »Finden Sie es richtig, dass Schülerinnen und Schüler für die Teilnahme an Klimaschutzdemonstrationen freitags dem Unterricht fernbleiben?«

Ja:	53 %
Nein:	44 %
Weiß nicht:	3 %[46]

Mit »Ja« votierten Anhänger folgender Parteien:

Grüne:	77 %
Linke:	77 %
SPD:	65 %
FDP:	48 %
CDU/CSU:	38 %
AfD:	17 %[47]

Allein diese beiden Umfragen zeigen deutlich, dass Klimasteuer und die »Fridays for Future«-Demonstrationen vor allem von einem grün-linken Milieu befürwortet werden. Doch auch die SPD und die CDU/CSU lassen sich von den Grünen treiben und ordnen sich ihnen unter. Doch Fakt ist nach wie vor:

- Rund 80 Prozent der Wähler haben die Grünen bei der Europawahl nicht gewählt.
- Im Bundestag sitzen die Grünen immer noch mit nur mit 8,9 Prozent Wählerstimmen.

- Nur 67 der 795 Sitze im EU-Parlament entfallen auf die Fraktion der Grünen.
- In Europa sind die Grünen faktisch eine »Sektiererpartei«.
- In Ostdeutschland finden die grünen Gängelungsfantasien kaum Zuspruch.

Dennoch ist hierzulande die »Klimapolitik« quasi zur Ersatzreligion geworden, mit der »heiligen Greta« an der Spitze. Eine Melange aus »Klimabefürwortern«, deren allzu willigen Medienhelfern, eine sich (noch) im Hintergrund haltende Ökoindustrie und verschiedene Nichtregierungsorganisationen (NGOs) machen es möglich. Eine Moral ohne Verstand treibt uns unaufhaltsam in den grünen Kommunismus, der uns unseren Wohlstand kosten wird.

Der Wahrheitsanspruch der Grünen, ihre Welterlösungsfantasien und ihr Anspruch auf totale Kontrolle über Verbote und Ächtungen teilen unsere Republik in schwarz und weiß, in Ungeziefer (»Klimaschädlinge«) und die Guten (»Klimaunterstützer«). Die einfache Formel lautet nur noch: »Schädlinge« gegen »Unterstützer«, und dieses Denken beherrscht mehr und mehr die Medien, die Gesellschaft und die Politik. Der einst irrationale Ruf nach einer »Ökodiktatur« nimmt langsam reale Formen an. NS-Propagandaminister Joseph Goebbels hätte es sich wohl nicht besser ausdenken können.

Malena Ernman, die Mutter der »Klima-Madonna« Greta Thunberg, beschrieb in ihrem Buch *Szenen aus dem Herzen: Unser Leben für das Klima*[48] zunächst den »Klassenfeind«, ganz im Stil einer antikapitalistischen Agitatorin:

> Die reichsten zehn Prozent der Weltbevölkerung stehen für die Hälfte der ausgestoßenen Treibhausgase, die eine der wichtigsten natürlichen Ressourcen gefährden, nämlich eine für uns intakte Erdatmosphäre. […] Kevin Anderson [siehe »Schreibt Greta ihre ›Reden‹ wirklich selbst?«, S. 146 f.] sagt, wenn die reichsten zehn Prozent der Weltbevölkerung ihr Emissionsniveau dem EU-Durchschnitt anpassen würde, könnte der weltweite Ausstoß um dreißig Prozent reduziert werden.[49]

Und dann beschreibt sie, wie die Lösung durch den Ökosozialismus aussehen soll:

> Die Krise soll nicht als Krise betrachtet werden, sondern als Chance für die Etablierung einer »Green Economy«. Das ist der Plan, mit dem wir die Welt retten wollen. [...] Die Lösungen setzen voraus, das wir unser Leben entschleunigen und damit beginnen, kleiner, kollektiver und lokaler zu denken. [...] Denn kollektive Probleme wollen kollektiv gelöst werden. [...] Wir müssen unsere Gewohnheiten grundlegend ändern, und die meisten von uns müssen in ökologischer Hinsicht ein paar Schritte zurücktreten.[50]

Das heißt nichts anderes als Kollektivismus und Wohlstandsverluste. Gretas Mutter ergänzt:

> Eine Krise können wir nur dann lösen, wenn wir sie auch wie eine Krise behandeln. [...] Weil wir in einer Krise unsere Gewohnheiten und unser Verhalten ändern. In einer Krise sind wir zu fast allem imstande.[51]

Das heißt nicht anderes, als eine künstliche Hysterie aufzubauen und durch die so erzeugte Angst die Menschen in die gewünschte Richtung zu lenken. Weiter im Text:

> Unser Schicksal ruht in den Händen der Medien. Niemand sonst kann in der verschwindend kurzen Zeit, die uns noch bleibt, vergleichbar viele Menschen erreichen.[52]

Sie sehen: Was Gretas Mutter in ihrem Buch niederschrieb, ist der exakte Fahrplan, nach dem die »Fridays for Future«-Bewegung und die Grünen offenbar agieren. Wort für Wort, Schritt für Schritt.

Ein Leser des Nachrichtenmagazins *Spiegel* brachte die grünen Umverteilungsfantasien auf den Punkt:

> Alles muss auf das Gemeinwohl ausgerichtet werden. Private Autos, Flugzeuge, Sportboote und so weiter kann es nicht mehr geben, weil das unser Planet nicht mehr verkraftet.[53]

Was sich für Sie vielleicht wie ein Witz anhört, scheint für den Leserbriefschreiber wohl purer Ernst zu sein. Das Erschreckende: So wie er denken mittlerweile viele Menschen, und täglich werden es mehr. Die

Geblendeten marschieren euphorisiert hinter grünen Fahnen direkt in die Ökodiktatur, und das alles im Namen des Klimas.

Roger Köppel, seines Zeichens Chefredakteur der *Schweizer Weltwoche*, demaskiert den grünen Kommunismus in unnachahmlicher Form:

> Ich vergleiche die Klimaretter mit den Kommunisten. […] Die Klimatisten sind die Rächer und Retter des angeblich misshandelten Klimas, das sie zum Wohle der Menschheit gegen die Menschheit verteidigen müssen. […] Wie die Kommunisten die Geschichte, so durchschauen die Klimaretter das Klima, ein hochkomplexes Multifaktorensystem demagogisch auf ein paar einprägsame Slogans eindampfend. Die grünen Kommunisten können bei Wahlen gewinnen, aber wenn ihre Anliegen konkret und teuer werden, stimmen die Bürger in der direkten Demokratie meistens dagegen. Deshalb müssen die Grünen früher oder später, wenn sie ihre Ziele verwirklichen wollen, die Klimadiktatur einführen.[54]

Und weiter:

> Die Grünen sehen es anders. Für sie ist der Staat ein Zwangsinstrument, um die von ihnen als richtig erkannte Lebensweise durchzupeitschen, sie bis in intimste Details zu regeln. Für sie ist die Essenz der Politik die Vorschrift, das Verbot. Den Menschen halten sie für unmündig, für unfähig, selber zu erkennen, was gut für ihn ist. […] Die grüne Intoleranz, ihre fiebrige Ungeduld, der grüne Hass auf Andersdenkende und Kritiker ist die Folge ihres Selbstbilds. Sie vertreten ja nicht irgendeine subjektive Meinung, sondern sie stehen für die Wahrheit, die sie über den niederen Meinungsstreit in Wissenschaft und Demokratie erhebt.[55]

Wichtigstes Mittel, um Menschen in den grünen Kommunismus zu treiben: Angst!

Die Welt geht unter – jetzt!

> Die Zukunft ist kaputt! […] Wir haben noch 10, 12 Jahre, dann ist es unumkehrbar! Die Zeit ist um! Noch drei heiße Sommer können wir uns nicht leisten![56]
>
> —ANTJE BOETIUS
>
> UMWELTPREISGEKRÖNTE POLAR- UND TIEFSEEFORSCHERIN

Am besten funktioniert die grüne Gehirnwäsche mit »Angst«, das hat schon immer funktioniert. Doch diesmal ist es die ultimative Angst, der Schrecken, der nicht mehr zu toppen ist: der Untergang der Zivilisation, ja der gesamten Welt.

Der Irrsinn von Apokalyptikern hält Einzug in unser Denken und wird vom Irrsinn befreit, indem er politisch, gesellschaftlich und medial legitimiert wird. Dabei gibt es diese Vorgehensweise in der Geschichte der Menschheit schon sehr lange. Wie bei allen Endzeitsekten wird der Weltuntergang angedroht, aber dann immer wieder verschoben. Das Christentum ist mit dieser Masche immerhin 2000 Jahre alt geworden. Doch das ist den Klimagläubigen vollkommen egal, denn sie fühlen heißere Sommer, kältere Winter, mächtigere Stürme und wissen einfach, dass das Ende der Welt nahe ist. Das grün-linke Apokalypse-Geschwafel driftet so immer mehr ins Esoterische ab und verabschiedet sich vom rationalen Handeln. Die Paranoia sozialistischer Gewaltsysteme wird uns übergestülpt: In 20, 12, nein 3 Jahren – je nach politischer Gesinnung – geht die Welt unter!

Im Sommer 2017 entstand die »Klimahysterie«. Zu diesem Zeitpunkt hatten sechs führende Wissenschaftler und Entscheidungsträger für Klimafragen im Fachblatt *Nature* geschrieben, dass die Menschheit jetzt exakt »3 Jahre« die Möglichkeit habe, die Kurve der Kohlendioxidemissionen umzulenken. Sollte dies nicht gelingen, wäre eine fatale Abwärtsspirale von Klimakatastrophen die Folge.[57] Damit begann der ganze Klimawahnsinn.

»Zeit, in Panik zu geraten«, titelte die *Süddeutsche Zeitung*.[58] Andere Schlagzeilen des Jahres 2019:

Bild: »Klima-Alarm! EU warnt vor ›Aussterben der Menschheit‹«.[59]

Vice: »Neuer Klimabericht: Unsere Zivilisation könnte 2050 ›sehr wahrscheinlich‹ zusammenbrechen«.[60]

Focus: »Schock-Prognose zur Klimakatastrophe: Mitte des Jahrhunderts ist die Menschheit am Ende«.[61]

B. Z. Berlin: »Globale Erwärmung – Ist die Menschheit in 30 Jahren am Ende?«[62]

Welt: »Der Klimawandel ist unser Dritter Weltkrieg«.[63]

»Die Hölle kommt« und »Die Heißzeit hat begonnen« schrieb der *Spiegel* in einem Artikel über die angebliche »Hitzewelle in Europa« im Juni 2019.[64] Diese war allerdings schnell vorbei, denn nur 2 Wochen später kühlte es deutlich ab, und mancherorts sank die Temperatur auf unter 10 Grad – und das im so medienwirksam gehypten »Hitzesommer«!

Dessen ungeachtet gab uns Maja Göpel, die Generalsekretärin des Wissenschaftlichen Beirats der Bundesregierung Globale Umweltveränderungen (WBGU), ab heute noch 10 Jahre.[65] 10 Jahre. Retten Sie Ihre Kinder! Ab 2030 ist alles vorbei, wenn Sie jetzt nichts tun!

»Grünen-Neusprech« als Gehirnwäsche

> Die Klimakatastrophenbewegung will eben nicht argumentieren. Sie will nicht überzeugen. Sie will einschüchtern. Sie will ihre Meinung und ihre Interessen über alle anderen stellen. Und sie schreckt auch nicht davor zurück, Kinder einzuspannen, um Verunsicherung, Panik und ein vergiftetes Klima zu verbreiten, in dem sich niemand mehr traut, die kritischen Fragen zu stellen.[66]
>
> — ROGER KÖPPEL, CHEFREDAKTEUR *WELTWOCHE*

George Orwell, einer der genialsten Schriftsteller des 20. Jahrhunderts, hat uns mit seinem Buch *1984* eindringlich vor Augen geführt, wie totalitäre Tendenzen in vorgeblich freiheitlichen Gesellschaften zu einem autoritären Staat führen können. Das wichtigste Mittel dazu ist, so Orwell, aber nicht der Terror – keine Umerziehungslager, keine Verfolgungen oder Hinrichtungen –, sondern die Veränderung der Sprache im Sinne des autoritären Staates. »Neusprech« nannte er das.

Demnach befasst sich das »Ministerium für Frieden« in seinem Jahrhundertroman mit Krieg, das »Ministerium für Wahrheit« mit Lügen, das »Ministerium für Liebe« mit Folter und das »Ministerium der Überfülle« mit dem Hungertod.[67] Diese »Neusprache« hat nur das Ziel, den Gedankenspielraum einzuengen. Orwells Schlussfolgerung leitet sich daraus ab:

> Die Revolution wird vollendet sein, wenn die Sprache perfekt ist. [...] Das ganze Denkklima wird anders sein. Es wird überhaupt kein Denken mehr geben, wenigstens nicht in unserem heutigen Sinne.[68]

Der »grüne Klima-Neusprech« erinnert mich an Orwells faschistische Dystopie: Aus »Klimawandel« wird »Klimakrise« oder »Klimanotstand«. Aus »Klimaskeptikern« werden »Klimaleugner« oder gar »Klimaschädlinge«, die bestraft werden sollen.[69]

Tichys Einblick schreibt dazu:

> Schon werden Kritiker als »Klimaschädlinge« bezeichnet, die es zu bestrafen gelte – die Klimahaltung ersetzt den richtigen Klassenstandpunkt. [...] Längst hat die Klimapolitik eine neue Qualität. Mit ihrem unbedingten Wahrheitsanspruch, ihrer angeblichen Wissenschaftlichkeit, der Unerbittlichkeit, mit der sie gegen jeden Widerstand durchgepeitscht wird und die totale Kontrolle über das Leben, die Zahl der Kinder und privateste Lebensführung einfordert, ähnelt sie dem mörderischen Klassenkampf.[70]

Wohl nicht umsonst vertritt Grünen-Frontmann Robert Habeck die These: Wer die Sprache beherrscht, beherrscht die Köpfe.[71] In seinem Buch *Wer wir sein könnten* spricht er offen über »Sprache ist Handlung«,[72] »Die Umwertung von Begriffen«[73] und bezeichnenderweise auch vom »Diskurs der Angst«[74].

Beispiele von Wörtern und Begriffen, die in unserer Gesinnungsgesellschaft bereits »umgewertet« wurden:

- Aus der »Flüchtlings- und Migrationskrise« wurde die »Willkommenskultur«;
- aus »Manipulation« wurde »Haltung«;
- aus »Menschenschlepperei« wurde »Seenotrettung«;
- aus dem »Ausschluss aus dem demokratischen Diskurs« wurde »Toleranz«;
- aus »Widerspruch« wurde »Hassrede«;
- aus dem »Verschweigen der Identitäten« bei Strafdelikten wurde »Buntheit«;
- aus dem, was noch vor ein paar Jahren die CDU/CSU vertrat, wurde »rechtsradikal«.[75]

Die Grünen-Politikerin Katrin Göring-Eckardt spricht bereits vom »Saubermenschen«, von »Zukunftsradikalität«[76] und dass etwas »Neues« angefangen habe.[77] Andere in ihrer Partei reden jetzt nicht mehr von »sozialer Gerechtigkeit«, sondern von »Klimagerechtigkeit«.[78] Und die Grünen-Mitchefin Annalena Baerbock vermeidet das Killerwort »Steuer« und redet als eine der Ersten stattdessen von einer »CO_2-Bepreisung«[79]. Es soll eine »Abgabe« sein nach Verbrauch. Das Wort »Abgabe« schafft mehr Vertrauen[80] als »Steuer«, denn nur 14 Prozent der Bevölkerung wollen eine CO_2-Steuer.[81] So wird aus »Verboten«, die zu sehr nach Ökodiktatur klingen, die neutralere »Ordnungspolitik«.[82]

Wehret den Anfängen – denkt an George Orwell! Doch der grüne Populismus mit seiner Verbots- und Bevormundungsorientierung geht derweil munter weiter.

> In Diktaturen gibt es keine Widerrede. Es regiert eine Orwell'sche Sprachpolizei, die bestimmte Begriffe und Worte verbannt.[83]
>
> — ROBERT HABECK

Die Klimawandelpanik soll zum Ökosozialismus führen

Der Weltklimarat (IPCC*) ist einer der Hauptprotagonisten, wenn es um das Credo der menschengemachten Klimaerwärmung geht.

Seit mehr als 2 Jahrzehnten versuchen die Berechnungsmodelle des IPCC, Menschen und vor allem Politikern Angst einzuflößen. Dies geschah zunächst mit der Überlegung, dass 2 Grad Erwärmung gegenüber dem Ende des 18. Jahrhunderts nicht überschritten werden dürften. Dann würden bis zu 4 oder 5 Grad Erderwärmung erreicht, wenn nichts geschehe, und zwar noch in diesem Jahrhundert.[84]

Doch sehr zum Entsetzen der IPCC-Erderwärmungsbefürworter fiel die tatsächliche Erwärmung geringer aus als von ihnen prognostiziert. Irgendetwas war also falsch an der Annahme, die Klimaentwicklung der letzten 150 Jahre werde allein vom Menschen bestimmt. Folgerichtig gaben im Jahr 2017 die Hälfte der US-Meteorologen den Beitrag von CO_2 zur Erwärmung der Welt nur noch mit 60 Prozent an.[85] Was also tun?

Fritz Vahrenholt, der frühere Umweltsenator in Hamburg und Honorarprofessor im Fachbereich Chemie der Uni Hamburg, schrieb in *Tichys Einblick* dazu:

---

* Intergovernmental Panel on Climate Change.

> Für die Apologeten des menschengemachten Klimawandels schien es deshalb wohl notwendig, die Panik neu anzufachen. Flugs waren schärfere Ziele notwendig: Neu wurde das 1,5-Grad-Ziel propagiert, bei Überschreitung erwarte uns Armageddon. Dass es im prosperierenden Mittelalter um 1000 n. Chr. ähnlich warm gewesen ist, wird unter den Tisch gekehrt. Mit dem 1,5-Grad-Ziel kann man aber wieder tiefgreifende gesellschaftliche Veränderungen verlangen.[86]

Vahrenholt weiter:

> Und ein zweiter genialer Schachzug gelang den Alarmisten. Außergewöhnliche Wetterphänomene, wie sie es seit Menschengedenken gibt – Sturmfluten, Dürreperioden, Starkregen oder Hagel und ihre Folgen wie Waldbrände oder Überschwemmungen –, wurden dem menschengemachten Klimawandel zugeordnet.[87]

Laut den Klimawandelbefürwortern müsste die Erderwärmung seit 150 Jahren verheerende Folgen haben. Doch dies scheint nicht der Fall zu sein. Dazu zwei Beispiele:

① Das Bundesamt für Seeschifffahrt und Hydrografie stellte bereits 2017 fest: »Es gibt in Norddeutschland nicht mehr Sturmfluten als vor 50 Jahren. Ein generell steigender Trend bei der Häufigkeit und Intensität von Sturmfluten als Vorbote des globalen Klimawandels ist gegenwärtig nicht erkennbar.«[88]
② Das Umweltbundesamt schrieb 2015 über die damals letzten 65 Jahre, in denen, laut IPCC, »vermehrt« Katastrophen durch den »menschengemachten« Klimawandel aufgetreten wären: »Keine statistisch gesicherte Zunahme von Dürren seit 1951.«[89]

Bei den letzten UN-Konferenzen in Südkorea, Paris und Katowice zum Thema »Klima« wurde diskutiert, was erforderlich wäre, um die Erwärmung auf 1,5 Grad Celsius einzudämmen. Das Ergebnis: Dieses Ziel könne nur erreicht werden, wenn die CO_2-Emissionen innerhalb der nächsten 12 Jahre global um 40 Prozent zurückgehen würden. Demzufolge forderte der Weltklimarat, dass bis im Jahr 2050 »Klimaneutralität« erreicht werden müsse.[90] Das würde bedeuten:

- Diesel- und Benzinmotoren für Autos und Lkw wären verboten.
- Flüge müssten reduziert werden.
- Es gäbe keine Kohlekraftwerke mehr.
- Ein Großteil der weltweiten Landwirtschaft müsste auf die Herstellung von Biotreibstoffen umgestellt werden.

Der grüne Kommunismus soll dementsprechend mit einer Ökoplanwirtschaft beginnen und mit dem totalen Umbau der Energiewirtschaft. Die Automobilwirtschaft und die Landwirtschaft sollen folgen, danach die anderen Sektoren. Konsumenten sollen in ihrer individuellen Lebensweise gelenkt, die Produktionsweisen vorgeschrieben und schließlich über Gesetze verordnet werden. Bei Verstößen drohen Strafen. Demzufolge soll diese Ökodiktatur in Form einer »Großen Transformation« umgesetzt werden.

Das gemeinsame Ziel von Linksideologen wie Extinction Rebellion, Fridays for Future oder anderen, ähnlich positionierten NGOs, Gruppen und Organisationen ist die radikale Umgestaltung der Gesellschaft. Sie wollen den Systemwechsel, die »Große Transformation« in eine postindustrielle Gesellschaft, so wie es bereits 2011 in einem Gutachten des Wissenschaftlichen Beirats der Bundesregierung Globale Umweltveränderungen (WBGU) beschrieben wird.[91] Darin heißt es:

> Das Ausmaß des vor uns liegenden Übergangs ist kaum zu überschätzen. Er ist hinsichtlich der Eingriffstiefe vergleichbar mit den beiden fundamentalen Transformationen der Weltgeschichte: der Neolithischen Revolution, also der Erfindung und Verbreitung von Ackerbau und Viehzucht, sowie der Industriellen Revolution, die von Karl Polanyi (1944) als »Great Transformation« beschrieben wurde und den Übergang von der Agrar- zur Industriegesellschaft beschreibt.[92]

Übrigens: Der damalige Vorsitzende des Beirats, Hans-Joachim Schellnhuber, ist auch Mitglied beim Club of Rome[93] (siehe unten).

Ganz ähnlich ist auch die Diktion der grünen Heinrich-Böll-Stiftung, die von einem »radikalen Realismus« zum Zwecke einer sozialökologischen Transformation spricht.[94]

Aufgehorcht habe ich, als ich den Begriff der »gesellschaftlichen Transformation« auch von Luisa Neubauer, einer der Hauptfiguren der »Fridays for Future«-Demonstrationen (auch »deutsche Greta« genannt), gehört habe. Von einer Studentin also, die »nur« das Klima retten will:

> Wir müssen anfangen, die Dramatik der Lage auf den Punkt zu bringen. Wir müssen anfangen, ehrlich darüber zu sprechen, dass diese Veränderung, die kommt, drastisch sein wird, dass wir radikale Veränderungen fordern, dass diese Veränderungen uns alle beeinträchtigen werden. Dass wir als Gesellschaft eine Transformation durchlaufen werden, die wir alle noch nicht erlebt haben. [...] Und dass es unbequem wird. [...] Wir werden das gemeinsam rocken.[95]

Neubauer ist also ganz auf »Kurs«.

Nach dem Sonderbericht »SR1.5« des Weltklimarats müssten für diese »Transformation« allein im Energiebereich jährlich 2,4 Billionen Dollar investiert werden.[96]

Ich wiederhole, weil es so wichtig ist: Die angebliche Klimaschutzpolitk scheint in Wahrheit lediglich als Vehikel für eine gesellschaftliche Transformation zu dienen, die uns Wohlstand kosten, Ausplünderung und Bevormundung bringen wird. Und dennoch klatschen die Menschen jeden Freitag Beifall für die Demonstrationen für den angeblichen Klimaschutz. Was dann kommt, ist Gängelung, Bevormundung, Verbote und Strafen für jeden »Klimaabweichler« und für jeden »Klimaschädling«. Dementsprechende Forderungen, und seien sie noch so abstrus, gibt es jetzt schon.

Für das Klima: Linke will Hunde und Katzen verbieten

Die Journalistin Katharina Schwirkus, die auch für das linksradikale, »antideutsche« und schon vom nordrhein-westfälischen Verfassungsschutz beobachtete[97] Blatt *jungle.world* und die linke *taz* geschrieben hat,[98] meint in einer Kolumne im *Neuen Deutschland*: »Vierbeiner verschmutzen nicht nur Parks und Gehwege, sondern sind auch eine unnötige Belastung für das Klima.« Sie fordert: »Sie sollen endlich aus unseren Städten und aus unserem Leben verschwinden.«[99] Sie schreibt:

> Neben ihren ekelhaften Ausscheidungen sind die Haustiere auch schlecht für das Klima. Denn sie fressen Fleisch und tragen damit zum Ausstoß

von Kohlenstoffdioxid bei. Die Ökobilanz eines Hundes entspricht einer jährlichen Autofahrleistung von 3700 Kilometern, die einer Katze 1400 jährlichen Fahrkilometern. Ein durchschnittliches Fahrzeug in Deutschland legt pro Jahr 13 000 Kilometer zurück.[100]

Schwirkus ist entsetzt:

Der ökologische Fußabdruck einer deutschen Katze ist im Durchschnitt genauso groß wie der eines Ägypters. Bei den angegebenen Werten wird davon ausgegangen, dass die Tiere herkömmliches Dosenfutter bekommen. Je besser das Futter, desto schlechter ist die Bilanz für das Klima.[101]

Und weiter:

Gerade wohlhabende und besonders tierliebe Besitzer*innen kaufen für ihren Begleiter Luxusnahrung, die zu 75 Prozent aus hochwertigem Fleisch bestehen. Durch die gute Versorgung steigt die Lebenserwartung der Tiere, was letztlich wiederum ihren ökologischen Fußabdruck weiter wachsen lässt.[102]

Dann macht sie noch auf ein zusätzliches Problem aufmerksam:

Auch die schrecklichen Plastiktüten, mit welchen die Halter den Mist entsorgen sollen, werden zunehmend zum Problem. Sie hängen in jedem Park und fliegen lose oder auch mit Inhalt durch die Gegend. Dass Plastiktüten ein Klimakiller sind, gehört mittlerweile zum Allgemeinwissen. […] Problematisch an den Hundekackbeuteln ist außerdem, dass sie nur ein einziges Mal benutzt werden können. Recycling: Fehlanzeige.[103]

Ihre Forderungen deshalb:

Wer dem Klima etwas Gutes tun will, sollte sich weder einen Hund noch eine Katze anschaffen. Langfristig sollte die Züchtung der Vierbeiner eingestellt werden.[104]

Kindern sollte schon in jungen Jahren klar gemacht werden, dass es absolut egoistisch ist, in einer Stadt einen Hund oder eine Katze zu halten.[105]

Das Thema könnte von den »Fridays For Future«-Aktivist*innen aufgenommen werden. Zehn- bis 18-jährige Schüler*innen, die eine Anhebung der Hundesteuer fordern.[106]

Wehret den Anfängen: Der Weg vom »Verbot« von Haustieren bis hin zur staatlichen Geburtenkontrolle ist nicht allzu weit. Was, wenn die Ökosozialisten auch noch eine Quote für die Nachkommenschaft einführen wollen?

Professor Hans-Otto Pörtner, IPCC-Autor, sprach die »Verringerung der Weltbevölkerung«, um »Bodendegradation* zu bekämpfen« und den Klimawandel zu verhindern, bereits bei der Pressekonferenz zum IPCC-Sonderbericht »Climate Change and Land« (August 2019) völlig ungeniert und von den versammelten Journalisten unhinterfragt, schon einmal an.[107]

Bekommt jeder bald sein persönliches CO_2-Konto?

Das zumindest forderte bereits vor 10 Jahren der damalige Leiter der britischen Umweltbehörde, Lord Smith of Finsbury.[108] Angesichts der anhaltenden Klimahysterie könnte seine Idee vielleicht bald auch hierzulande Gefallen finden.

Finsbury schlug damals vor, dass allen Menschen ein jährliches CO_2-Kontingent zugewiesen werden sollte. Wenn eine Person die ihm zugewiesene Menge an CO_2-Emissionen überschreite, würden Geldstrafen fällig. Damals dachte die britische Regierung sogar darüber nach, Karten einzuführen, mit denen bei Käufen die CO_2-Emissionseinheiten verrechnet werden könnten.[109]

Finsbury hatte eine klare Vorstellung, wie das CO_2-Konto organisiert werden sollte:

- Jeder erwachsenen Privatperson sollte staatlicherseits ein gleich hohes CO_2-Kontingent zugesprochen werden.
- Jede erwachsene Privatperson sollte dann eine ID-Nummer erhalten (einen CO_2-Ausweis), die jedes Mal angegeben werden müsste, wenn stark CO_2-haltige Produkte wie Benzin, Strom oder Flugreisen gekauft würden.
- Auf den persönlichen Konten ließe sich dann einsehen, wie viel bereits ausgegeben worden sei.

---

* Gemeint ist die Verschlechterung der Ökosystemdienstleistungen des Bodens bis hin zu deren völligem Verlust.

- Wer sein Kontingent überschreite, müsste von denjenigen, die weniger bräuchten, Anteile erwerben.
- Solche Kontingente seien für ärmere Menschen gerechter als eine allgemein höhere Besteuerung.[110]

Sollte man diese krude Ideen umsetzen, würde das für jeden von uns Folgendes bedeuten: weniger Urlaubsflüge, weniger Autofahrten, weniger Stromverbrauch, weniger Konsum. Allerdings müsste dafür ein Bürokratiemonster erschaffen werden, welches die persönlichen Daten sammelt. In Zeiten von Google, Alexa, Whatsapp, Facebook & Co. dürfte dies allerdings kein großes Problem mehr sein, da die meisten Menschen ihre Daten in den Social Media sowieso freiwillig zur Verfügung stellen.

KAPITEL 3

Die Medien als Erfüllungsgehilfen der Grünen

> Vielmehr werde ich die Medien auffordern, dass sie anfangen, die Krise als Krise zu behandeln.[1]
>
> — GRETA THUNBERG

Das Herz deutscher Journalisten schlägt »links-grün«

Auffallend: Unsere »Haltungsmedien« haben die SPD fallen lassen und stellen sich immer mehr in den Dienst der Grünen. Grund dafür dürfte die politische Einstellung unser »Meinungsmacher« sein. Denn das Herz der meisten deutschen Journalisten »schlägt links«. Das nämlich haben empirische Studien in den vergangenen Jahren gezeigt.

Beispiel 1: Eine Studie des Allensbach-Instituts kam im Februar 2019 zu dem Schluss:

> Verantwortlich für den gegenwärtigen Aufschwung der Grünen scheint nicht die programmatische und personelle Überzeugungskraft der Partei zu sein, sondern die Schwäche der Konkurrenzparteien, die gewachsene strategische Bedeutung der Grünen im Parteienspektrum und vor allem – wie auch bei dem Hoch zwischen den letzten Bundestagswahlen – der Tenor der Medienberichterstattung.[2]

Beispiel 2: Die Studie »Journalismus in Deutschland« aus dem Jahr 2017, für die 775 Journalisten befragt wurden, kam zu dem Ergebnis, dass die Vertreter der Medien politisch »eher im linksliberalen Spektrum« stehen.[3]

Beispiel 3: Die Freie Universität Berlin verfasste 2010 eine Studie im Auftrag des Deutschen Fachjournalisten-Verbandes (DFJV). Damals war das Ergebnis fast identisch: 26,9 Prozent fühlten sich den Grünen, 15,5 Prozent der SPD und 4,2 Prozent den Linken verbunden. Insgesamt 46,6 Prozent tendierten zum »linken« Spektrum, während sich nur 9 Prozent der konservativen CDU/CSU und nur 7,4 Prozent der

FDP nahe sahen. Die anderen waren parteilos. Auch hier: eine satte Mehrheit für »links«.[4]

Beispiel 4: Eine Studie der Wissenschaftler Weischenberg, Malik und Scholl mit dem Titel *Die Souffleure der Mediengesellschaft* aus dem Jahr 2005, kam ebenfalls zu dem Ergebnis, dass sich (politische) Journalisten im Durchschnitt deutlich »links der Mitte« verorten.[5]

Beispiel 5: Eine Befragung von Journalisten durch dieselben Wissenschaftler aus dem Jahr 1993 hatte ergeben, dass sich 48 Prozent dem linken Spektrum und nur 12 Prozent den Konservativen nahe sahen.[6]

Wohl nicht umsonst sagte wohl der ehemalige *Focus*-Chefredakteur Helmut Markwort, die meisten Journalisten seien laut Umfragen Wähler der Grünen:

> Da denke ich schon, dass diese gefühlte Neigung zu den Grünen sich auch in der Auswahl der Themen, in der Gewichtung der Meldungen widerspiegelt.[7]

Das meint auch der Kommunikationswissenschaftler Hans Mathias Kepplinger: »Bei ihrem Erfolg profitieren die Grünen nicht zuletzt von der Unterstützung durch ihre zahlreichen Anhänger in Presse, Funk und Onlinemedien.« Und er fragt sich: »Wie wurde aus kritischen Journalisten, die Auswirkungen von Abgaswolken recherchierten und anprangerten, ein Heer von unkritischen Apokalyptikern?«[8]

Der CDU-Mittelstandspolitiker Thorsten Alsleben schrieb auf Twitter: »Kann ich meinen Rundfunkbeitrag wenigstens als Parteispende an die Grünen steuerlich absetzen?«[9] Und der Journalist Boris Reitschuster twitterte: »Vielleicht wäre es gar nicht so schlecht für die Zukunft der ARD, wenn sie wenigstens versucht, politisch neutral zu wirken, und nicht wie die Grünen-Pressestelle.«[10]

Die Medien, die Grünen und der Klimahype

In den 1970er-Jahren warnte das *Time Magazine* in seinen Schlagzeilen noch: »The Big Freeze«[11] oder »The Cooling of America«[12], heute warnt es vor »Global Warming«[13] oder »The Heat Is On«[14].

Es begann am 11. August 1986. Das Nachrichtenmagazin *Der Spiegel* brachte auf seinem Cover den Kölner Dom, der halb im Wasser untergegangen war. Titel: »Die Klimakatastrophe«. Untertitel: »Ozon-Loch, Pol-Schmelze, Treibhaus-Effekt: Forscher warnen«.[15] Zum ersten Mal erschien das Wort »Klimakatastrophe« in einem großen deutschen Medium und aktivierte in der Öffentlichkeit einen Schuldreflex, der bis heute anhält und von den Medien täglich neu befeuert wird.

Dann ging es munter weiter. *Bild*: »Erderwärmung macht Winter kälter!«[16] Damit konnte man Kritikern, die behaupteten, es werde doch kälter anstatt wärmer, gleich den Wind aus den Segeln nehmen. *Bild,* Ausgabe Köln: »Unser Planet stirbt!«[17] *Bild,* Ausgabe Leipzig: »Wir haben nur noch 13 Jahre …«[18]

Dann aber meldete der *Focus* überraschend: »Forscher sagen Mini-Eiszeit wie im Mittelalter voraus«.[19] Bei dieser Headline waren wohl so manche Grünen perplex. Das durfte doch nicht sein! Aber das Magazin beruhigte: »Die Erderwärmung soll davon aber nicht ausgebremst werden.«[20] Na, Gott sei Dank!

Klimaschutz und Klimaapokalypse sind seit jeher die Themen der Grünen, und so fügt sich, was zusammenpasst: Die Grünen kommen in den letzten Jahren bei den Journalisten einfach gut weg.

Ein weiteres Beispiel ist Jana Hensel von *Zeit Online,* die 2010 mit dem Theodor-Heuss-Preis der deutschen Zeitungen ausgezeichnet wurde. Sie sieht bereits eine »Backlashbewegung« zwischen »Klimaleugnern« und »Nationalisten«[21] und diskreditiert dadurch gleich jeden, der nicht im Grünen-Hype einstimmt, zum Rechtspopulisten. Übrigens kam ihr Sohn »glühend« von einer »Fridays for Future«-Demonstration zurück.[22]

Auch Christian Stöcker von *Spiegel Online* fantasiert davon, dass dieser Planet in »40 bis 50 Jahren unbewohnbar«[23] ist, und stottert exakt die Panikmache nach, die die angeblichen Klimaschützer so gerne verbreiten. »Grün scheint die letzte Hoffnung zu sein«[24], sagte auch der Moderator des *Presseclubs* in einer Sendung zum Thema »Grüne«.

Aber manche Leser/Zuhörer durchschauen die Sympathie zwischen Medien und den Grünen: *Spiegel*-Leser Andreas M. schrieb aufgrund des *Spiegel*-Artikels »Operation Kanzleramt. Weniger Gefühl, mehr Politik – wie sich die Grünen auf die Macht vorbereiten«[25] treffend: »Ihr Artikel ist eine Wahlwerbung für die Grünen.«[26]

Herbert W., ein weiterer Leser:

> Es ist offensichtlich, dass seit einem Jahr die bürgerlichen Leitmedien die Grünen zur Regierungspartei und zur Kanzlerschaft hochschreiben wollen, ihre Themen setzen, ihre Vorsitzenden in jeder Talkshow, auf jeder Titelseite, in jedem Kommentar anpreisen. Diese Titelgeschichte scheint geradewegs aus der grünen Pressestelle zu stammen und setzt unverhohlen die Werbung für die grüne Regierung fort. Nichts über die inneren Widersprüche, die Weltfremdheit und die Risiken der Grünenpolitik, kein kritisches Nachhaken. Parteipropaganda statt kritischer Journalismus.[27]

Der Journalist Jan Fleischhauer, der lange für den *Spiegel* schrieb und jetzt für den *Focus* arbeitet, sagte in einer Fernsehsendung: »Es gibt einen Spruch: Alle elf Minuten verliebt sich ein *Stern*-Redakteur in einen Grünen. Das gilt natürlich für einen ganz großen Teil meines Gewerbes.«[28] Er fügte hinzu: »Wenn man heute in den großen Redaktionen eine Umfrage machen würde, würden 60 bis 70 Prozent Grüne wählen. Das ist so.«[29] Fleischhauer sinnierte, ob dies vielleicht etwas damit zu tun haben könnte, dass ein Großteil der Journalisten in Großstädten lebt und auch dort arbeitet.[30]

In den *Tagesthemen* (ARD) gab Hauptstadtkorrespondentin Kristin Joachim im Juli 2019 ein paar Statements ab, die direkt von der Grünen-Agenda zu kommen schienen und die wütende Zuschauerreaktionen hervorriefen. Sie sagte:

- »Fliegen muss teurer werden. Und zwar ordentlich.«
- »Der Mensch funktioniert eben nicht über Freiwilligkeit. Er will gezwungen werden.«
- »Er braucht in diesem Fall einen finanziellen Anreiz. Deshalb her mit der höheren Luftverkehrsabgabe oder am besten gleich mit einer Kerosinsteuer.«
- »Fliegen ist auch kein Grundrecht.«[31]

Das sind Aussagen auf einem öffentlich-rechtlichen Sender – der eigentlich politisch neutral sein sollte (was er aber nicht ist, siehe mein Buch: GEZ[32])–, die sich anhören wie aus dem Parteiprogramm der Grünen.

Doch es ging munter weiter. Im Juli 2019 brachte der *Spiegel* eine große Titelstory mit der Überschrift: »Richtig und gut leben – Die Welt retten, ohne sich einzuschränken – geht das?«.

Leser Julian R. mokierte in seinem Leserbrief daraufhin Folgendes:

> Vielen Dank für diese gelungene Titelgeschichte. Leider wird ihre Glaubwürdigkeit wieder zunichtegemacht durch eine Schwäche, die ich beim *Spiegel* schon oft beobachtet habe: Warum muss ausgerechnet dieser Ausgabe eine Werbebeilage für Kreuzfahrten beigelegt werden?[33]

»Wahr« ist nur noch, worauf man sich einigt

Das Oben Erwähnte macht klar, dass die politischen Einstellungen und Parteipräferenzen von Journalisten mit dem Durchschnitt der Bevölkerung nicht übereinstimmen. Und genau das hat Auswirkungen: Heute wird alles zu »Fake News« und zur »Verschwörungstheorie« verklärt, was dem Mainstream und den politisch korrekten Bunt- und Gutmenschen nicht passt. Die Medien selektieren und fokussieren auf Teufel komm raus. Sie konstruieren so ihre eigene Scheinwirklichkeit, die sich vom Empfinden der Menschen kolossal unterscheidet. »Wahr« ist nur noch das, worauf man sich medial einigt. So verwundert es nicht, dass sich die Pressemeldungen in den verschiedenen Medien so sehr ähneln, als würden »Journalisten« nur noch voneinander abschreiben.

Die Vorstellung eines »neutralen« Journalismus ist eine Illusion. Aber eine derartig tendenziöse und propagandistische Berichterstattung, wie wir sie heutzutage erleben, erinnert mich an vergangene, dunkle Zeiten. Doch trotz Multi-Kulti-Gesinnungs-Republik, Social-Media-Zensur und Sagbarkeitsregeln: Immer mehr Menschen haben die Nase gestrichen voll. Der Widerstand formiert sich.

> Sprache schafft Wirklichkeit. Medien müssen auf den Titelseiten über den Klimawandel berichten.[34]
>
> —LUISA NEUBAUER
> FRIDAYS FOR FUTURE

KAPITEL 4

Klimaapokalypse!!! – Die Mainstream-Version

> Es geht den Akteuren nicht um das Klima, es geht ihnen darum, möglichst viel ihrer Ideologien umzusetzen.
>
> — AUS EINEM LESERBRIEF

So schätzten Klimaforscher angesehener Universitäten und Institute objektiv die Ursachen der Erderwärmung in den letzten 50 Jahren ein:

Hauptsächlich oder vollständig (81–100 %) menschengemacht	15 %
Größtenteils menschengemacht (60–80 %)	34 %
Etwa zur Hälfte menschengemacht	21 %
Größtenteils natürliche Ursachen (60–80 %)	13 %
Hauptsächlich natürliche Ursachen (81–100 %)	8 %
Wir wissen es nicht	8 %
Es gab keine Klimaveränderung in den letzten 50 Jahren	1 %

Quellen: George Mason University, Fairfax, Climate Central, Princeton, Meteorological Society, Boston[2]

Sie erkennen daran, dass nur rund die Hälfte der Wissenschaftler den vorrangig »menschengemachten« Klimawandel für wahrscheinlich hält. Dennoch wird diese bisher unbewiesene These tagtäglich durch »Experten«, Politiker und Medien propagiert. Demzufolge ist sich auch die Weltgemeinschaft einig: Die meisten Staaten tun zu wenig, um ihre Ziele zur Absenkung des CO_2-Ausstoßes zu erreichen, und setzen damit die »menschengemachte« Erderwärmung als unumkehrbares Dogma voraus.

Der Sonderbericht des IPCC – »Climate Change and Land«[3], verfasst von 107 Forschern aus 52 Ländern – heizte die Hysterie im August 2019 noch einmal so richtig an. Darin hieß es, seit der Industriellen Revolution sei die Temperatur über Land bereits um 1,53 °C gestiegen. Dies habe vermehrt Hitzewellen, Dürren, Starkregen, eine Verschlechterung des Bodens und Verwüstungen zur Folge gehabt.

Land werde knapp und nur ein radikales und sofortiges Umsteuern bei der Landnutzung und im Konsumverhalten könne die wachsende Erdbevölkerung dauerhaft ernähren und zugleich das Klima schützen. Die Produktion von Fleisch trage erheblich zum Klimawandel bei.[4]

Nur wenige Minuten nach der Veröffentlichung des Berichts fragte die größte europäische Tageszeitung, *Bild*: »Kann jeder durch sein eigenes Einkaufs- und Essverhalten einen Beitrag leisten?«[5]

Und weiter:

> Die Treibhausgas-Bilanz fällt nach Zahlen aus dem Bundesumweltministerium vor allem bei Rindfleisch verheerend aus: Beim Anbau von einem Kilo frischem Gemüse entstehen 153 Gramm CO_2-Äquivalent, bei biologischem Anbau sogar nur 130 Gramm. Bei einem Kilogramm Rindfleisch seien es dagegen 13 311 Gramm, beziehungsweise 11 374 in der Ökolandwirtschaft.[6]

Bundesumweltministerin Svenja Schulze (SPD) heizte die Panik noch weiter an: Klimaschutz sei eine »Existenzfrage«, andere Sektoren müssten jetzt nachziehen. CO_2-Preis, Gesetze und Ordnungsrecht gehörten »natürlich« dazu: »Es muss noch eine ganze Menge passieren.«[7]

WOHER KOMMT UNSERE ENERGIE?

Bruttostromerzeugung nach Energieträgern (2017)

Braunkohle	22,5 %
Windkraft	16,3 %
Steinkohle	14,1 %
Erdgas	13,2 %
Kernenergie	11,7 %
Fotovoltaik, Geothermie	6,1 %
Biogas	5,0 %
Wasserkraft	3,1 %
Sonstige	8,0 %

Quelle: *Handelsblatt*[8]

Eines der Hauptargumente der angeblichen Klimaschützer: 97 Prozent der Wissenschaftler seien sich darüber einig, dass der Klimawandel »menschengemacht« sei. 97 Prozent! Dieses wird mantramäßig wiederholt und von den Medien ungeprüft übernommen. Zeit also, sich diese – in der Wissenschaft wohl einzigartige – »Übereinstimmung« einmal genauer anzusehen.

Die Zahl »97« stimmt zwar, aber in einem ganz anderen Zusammenhang, über den der Mainstream nicht berichtet und über den die angeblichen Klimaschützer lieber schweigen wollen.

Warum die Aussage, 97 Prozent der Wissenschaftler seien sich einig, nur die halbe Wahrheit ist

Für mich ist diese Zahl, angesichts der unglaublichen Komplexität der Materie, eher ein Alarmsignal als ein »Beweis«. Es gibt wohl kein anderes Forschungsfeld, bei dem sich die Wissenschaftler angeblich so einig sind. Meine Zweifel stellten sich als berechtigt heraus, als ich begann, über diese Aussage zu recherchieren, denn sie kam in Wirklichkeit sehr ominös zustande:

Anlässlich des UNO-Klimagipfels 2014 in New York hatten 97 Forscher Stellungnahmen veröffentlicht, die Einigkeit zum Klimathema betonen sollten. Sie warnten vor schmelzenden Gletschern, steigendem Meeresspiegel, versauernden Ozeanen und »katastrophalen Umweltveränderungen in der nahen Zukunft« – all das könnten Folgen des Klimawandels sein, wie angeblich Tausende Studien zeigen.[9]

Spiegel Online schrieb damals [Hervorhebungen durch MG]:

> Die 97 Wissenschaftler suggerieren mit ihrer Kampagne, bei der sie sich auf die Konsens-Studie[10] berufen, es herrsche Einigkeit zu all diesen Themen unter 97 Prozent der Klimaforscher. Doch damit täuschen sie die Öffentlichkeit.[11]

Denn:

> Weniger als ein Prozent der Studien widersprachen ausdrücklich dem Einfluss des Menschen. Gut zwei Drittel hatten *keine Position* zu dem Thema – sie blieben außen vor. Das Resümee von Cook und seinen Kollegen:

> 97 Prozent legten einen menschlichen Einfluss zugrunde. Die Studie belegt … lediglich eine Banalität: Wissenschaftler sind sich weitgehend einig, dass der Mensch zur Klimaerwärmung *beiträgt*. Selbst hartgesottene Kritiker der Klimaforschung zweifeln nicht an dem physikalischen Grundsatz, dass Treibhausgase aus Autos, Fabriken und Kraftwerken die Luft wärmen.[12]

Zu den entscheidenden Fragen macht die »Konsens-Studie« allerdings keine Aussagen:

- Wie groß ist der menschengemachte Anteil am Klimawandel?
- Wie groß sind die Folgen?

Eine Antwort dürfte schwierig sein, denn hier gehen die Meinungen der Wissenschaftler bis heute *weit* auseinander![13]

Die Wissenschaftler gaben selbst zu, warum sie dennoch eine »97-prozentige Einigkeit« suggerierten: Weil die Öffentlichkeit bei der Unterstützung des Klimaschutzes aus Unwissenheit über den Wissenschaftlerkonsens »zögere«. Die 97-Prozent-Kampagne solle die Aussage der Studie »verstärken«.[14]

Bei den Umweltverbänden erntete diese Strategie, die auf keiner wissenschaftlichen Übereinstimmung beruht, natürlich Beifall. In Wirklichkeit aber ist sie nur eine »PR-Kampagne« und sonst gar nichts.[15]

Der Klimaökonom Richard Tol vom Economic and Social Research Institute in Dublin übte im *Guardian* methodische Kritik an der Konsens-Studie:

- Die ausgewerteten Klimastudien seien willkürlich ausgewählt worden.
- Ob die Auswerter vertrauenswürdig gearbeitet hätten, sei nicht getestet worden.[16]

Der Schweizer Journalist Alex Baur nahm die Konsens-Studie Stück für Stück auseinander:

> 2013 wertete ein Team unter der Leitung des australischen Kognitionswissenschaftlers John Cook die Zusammenfassungen (Abstracts) von 12 000

wissenschaftlichen Publikationen aus 1980 Zeitschriften aus, die die Stichwörter »Klimawandel« oder »Klimaerwärmung« enthielten. Die erfassten Fachartikel wurden in acht Kategorien unterteilt:

a) Die Klimaerwärmung ist hauptsächlich durch Menschen verursacht.
b) Der Mensch ist an der Klimaerwärmung beteiligt.
c) Die Studie nimmt Bezug auf eine menschenverursachte Erwärmung.
d) Es wird keine Aussage zur menschengemachten Klimaerwärmung gemacht.
e) Die Rolle des Menschen wird erwähnt, es werden aber keine Schlüsse gezogen.
f) Der Mensch hat einen unbedeutenden Einfluss auf die Klimaerwärmung.
g) Der Einfluss des Menschen auf die Klimaerwärmung ist nicht nachweisbar.
h) Die menschengemachten CO_2-Emissionen sind vernachlässigbar.[17]

Alex Baur weiter:

In der Auswertung wurden die Artikel der Kategorien a bis c als »Zustimmung« gewertet, f bis h galten als »Ablehnung«. Die Kategorien d und e, denen man zwei Drittel der Arbeiten zuordnete, wurden als irrelevant eliminiert.

Durch diesen statistischen Trick wurden aus den 32,6 Prozent, die den Kategorien a bis c entsprachen, plötzlich 97 Prozent »Zustimmung«.[18]

Dr. Sebastian Lüning, ehemaliger Gutachter des IPCC, referierte im April 2019 vor dem Umweltausschuss des Deutschen Bundestages zum Thema »Bepreisung von Kohlenstoffdioxid (CO_2)«. Sein Statement in Bezug auf den menschengemachten Klimawandel: Das naturwissenschaftliche Fundament sei »nicht so solide«.[19]

Das Thema sei außerdem viel zu ernst, als dass »streikende Jugendliche ohne jegliche Fachqualifikation die Politik vor sich hertreiben sollten«.[20]

Zur Behauptung, 97 Prozent der Wissenschaftler seien sich einig, riet Dr. Lüning dazu, »diese Studie nicht mehr zu verwenden, denn wir sehen: Sie ist nicht belastbar«. Darin würden nämlich nur diejenigen zu den restlichen 3 Prozent gezählt, »die CO_2 komplett als klimaunwirksam ansehen«. Die Studie sei deshalb »Teil der emotionalen Kulisse.«[21]

Die »Fridays for Future«-Verblendeten und die Grünen mit ihren Umwelt-NGOs im Schlepptau wollen uns also »Fakes« als »Fakten« verkaufen. Trotzdem wird das falsche »97-Prozent-Argument« immer wieder herangezogen, um einen angeblich menschengemachten Klimawandel zu beweisen.

Aus dem so vorgetäuschten Katastrophenszenario folgt, dass unser Planet sich »überhitzen« wird und Lebensräume verloren gehen. Verheerende Naturkatastrophen wie Überschwemmungen und Hitzewellen werden billionenschwere Schäden verursachen.

Wie oben schon erläutert, scheint aufgrund des 97-Prozent-Dogmas das größte Problem zu einem besseren Klimaschutz ausgemacht: Es fließt zu wenig Geld in CO_2-arme und zu viel Geld in CO_2-intensive Technologien und Branchen. Die »reichen« Industrieländer haben sich das Ziel gesetzt, ab 2020 jährlich 100 Milliarden Dollar aus öffentlichen und privaten Quellen zu mobilisieren. Dieses Geld soll in die Reduzierung von Treibhausgasemissionen in den Entwicklungsländern fließen, aber auch in den Schutz der tropischen Wälder, die besonders viel CO_2 speichern.

Doch 100 Milliarden Dollar pro Jahr für die Rettung des Planeten seien noch viel zu wenig, sagt die UN und schätzt, dass die Entwicklungsländer bis 2030 allein 140 bis 300 Milliarden Dollar brauchen werden, um den negativen Folgen der »Erderhitzung« zu begegnen, plus Milliardenkosten für die CO_2-Vermeidung. Und die Industrieländer müssten sogar Billionen von Euro auftreiben, um den CO_2-Ausstoß ihrer Strom-, Industrie-, Wärme- und Verkehrssektoren zu reduzieren.[22]

Laut Klimaforschern gelangen nämlich jedes Jahr rund 40 Gigatonnen »menschengemachtes« CO_2 in die Atmosphäre. Der Spielraum zum Erreichen des 1,5-Grad-Ziels werde so von Jahr zu Jahr kleiner. Laut Berechnungen darf die Menschheit insgesamt nur noch etwa 800 Gigatonnen freisetzen. Dies entspricht 20 Jahren mit jeweils 40 Gigatonnen.[23] Aber auch die Zahl von »800« Gigatonnen ist, wie so vieles bei dieser Thematik, unsicher. Andere Studien gehen nämlich gerade mal von 600[24] Gigatonnen aus.[25]

HINTERGRUND: CO_2

CO_2 ist kein »Supergift«, wie man es Ihnen tagtäglich durch Medien und Politiker suggerieren will. CO_2 hat mehrere positive Effekte. Einer davon: Es hat in der Vergangenheit die langfristige Klimaabkühlung gestoppt.[26]

Kohlenstoffdioxid (auch: Kohlendioxid) ist eine chemische Verbindung aus Kohlenstoff und Sauerstoff, ein unbrennbares, saures und farbloses Gas. Es kommt in der Luft nur zu 0,038 Prozent vor. Es wird von der Natur zu 96 Prozent selbst produziert: Algen, Pflanzen, Bäume und manche Bakterien (Archaeen) wandeln CO_2 durch Fixierung in Biomasse um. Bei der Fotosynthese entsteht aus anorganischem CO_2 und Wasser Glucose: Jeder grüne Baum saugt CO_2 ein. Wenn Sonnenlicht auf ihn fällt, verwandelt er den anorganischen Kohlenstoff in organisches Pflanzenmaterial und scheidet – sozusagen als »Abfallprodukt« – Sauerstoff aus. Die Pflanzen produzieren bei der Fotosynthese gleichzeitig Zucker, Eiweiße und Fette.

Laienhaft ausgedrückt: Das CO_2 dient den Pflanzen zusammen mit der Sonnenenergie als Hauptnahrungsmittel. CO_2 ist die Grundlage des pflanzlichen Stoffwechsels. Der Kreislauf des Gases ist nur durch das Zusammenspiel zwischen der natürlichen CO_2-Abgabe, Verbrennungsprozessen und Aufnahme von CO_2 durch Pflanzen gewährt.[27] Pro Hektar bindet ein natürlich gewachsener Wald 120 Tonnen Kohlenstoff.[28]

Die Gesamtmasse an Kohlenstoffdioxid in der Atmosphäre beträgt circa 3000 Gigatonnen. Die vom Menschen verursachten Kohlenstoffdioxid-Emissionen betragen jährlich 36,3 Gigatonnen.[29] Sie sind also nur ein kleiner Anteil des überwiegend aus natürlichen Quellen stammenden Kohlenstoffdioxids von jährlich etwa 550 Gigatonnen.[30] *Vom Menschen gelangen also 6,6 Prozent Kohlenstoffdioxid in die Atmosphäre, von der Natur die restlichen 93,4 Prozent.* Eine Tatsache, die von den angeblichen Klimaschützern genau ins Gegenteil verdreht wird – und zwar so:

Laut Potsdam-Institut für Klimafolgenforschung (PIK) bleiben 44 Prozent (rund 16 Gigatonnen) des menschengemachten CO_2 in der Atmosphäre, 29 Prozent werde von der Landvegetation aufgenommen und 22 Prozent von den Ozeanen. Die restlichen 5 Prozent könnten zum Teil auf Rundungsfehler und zum Teil darauf zurückgeführt werden, dass die Emissionen und natürlichen Senken nicht genau bestimmbar seien.[31] So weit, so gut. Doch diese 16 Gigatonnen (das sind 0,5 Prozent der rund 3000 Gigatonnen CO_2 in der Atmosphäre), die in der Atmosphäre bleiben und nicht in den natürlichen CO_2-Kreislauf eingehen, sollen letztendlich den verheerenden Klimawandel hervorrufen, der unsere ganze Erde zerstören wird. Doch genau darüber ist sich die Wissenschaft nicht einig!

Der CO_2-Anteil der wichtigsten Industriestaaten an den »menschengemachten« 36,3 Gigatonnen beträgt:

China:	28,2 %
USA:	15,9 %
Indien:	6,2 %
Russland:	4,5 %
Japan:	3,7 %
Deutschland:	2,2 %
Andere Länder:	39,3 %[32]

Der Wissenschafts- und Technikjournalist Holger Douglas schreibt:

> Niemand weiß, ob CO_2 tatsächlich einen Einfluss auf das Klima hat. Experimentell bewiesen ist nichts, vermutet wird viel, belegt ist lediglich, dass infrarote Strahlung Energie auf Dipolmoleküle wie CO_2 übertragen kann, aber – das ist der Witz bei der Geschichte – genauso schnell wieder abgeben kann. [...]
>
> An den einzelnen mikroskopischen Prozessen zweifelt niemand. Was das aber konkret für das Erdklima bedeutet und welche Folgen sich aus dem Zusammenspiel komplexer Prozesse für die Menschheit ergeben, weiß ebenso niemand.[33]

Fakt ist aber auch: Bäume, Weizen, Roggen und Reis wachsen besser mit steigendem CO_2-Gehalt der Luft.[34] Wie Satellitenaufnahmen zeigen, wird die Erde sogar immer grüner![35] Selbst die Sahelzone hat sich stabilisiert: Mehr Regen und mehr CO_2 führten dazu, dass die Vegetationsabdeckung südlich der Sahara in den letzten 20 Jahren um 8 Prozent zugenommen hat. Etwa 70 Prozent der Zunahme sind auf die gesteigerte Fotosynthese durch CO_2 zurückzuführen, weil sich durch die Erwärmung auch die Feuchtigkeit in der Luft erhöht hat. Die Ernteerträge sind – nicht nur, aber auch – wegen des angeblichen »Klimagiftes« CO_2 gestiegen.[36]

Das heißt: Wenn es wärmer wird, dann steigt die Baumgrenze, es entsteht mehr Waldfläche und die Bäume absorbieren und binden das CO_2 für ihr Wachstum. So entsteht Holz. CO_2 ist der wichtigste »Dünger« für Pflanzen, der für die Fotosynthese notwendig ist. Je mehr CO_2 in der Luft enthalten ist, je mehr wachsen und gedeihen die Bäume und Sträucher, wie auch Pflanzen für die Lebensmittelproduktion. Das weiß jeder Botaniker, aber die meisten Politiker anscheinend nicht. Ich komme weiter unten noch einmal darauf zurück.

Was würde also geschehen, wenn wir das gesamte CO_2 aus der Luft entfernen würden? Die Antwort darauf ist einfach: Alle Pflanzen würden sterben, und ohne sie gäbe es keine Nahrung und auch keinen Sauerstoff mehr in der Atemluft. ■

HINTERGRUND: DER TREIBHAUSEFFEKT

Auch der sogenannte »Treibhauseffekt« wird von den angeblichen Klimaschützern verteufelt bis zum Gehtnichtmehr. Dabei kann man ihn leicht verständlich erklären:

Der CO_2-Gehalt ist in Gewächshäusern geringer als im Freien, weil das Treibhaus nicht die Wärmestrahlung festhält, sondern die warme Luft. Im Freien hingegen können die Leistung der Fotosynthese und die Produktivität der Pflanzen optimiert werden. Durch eine Anreicherung von CO_2 im Gewächshaus kann das Pflanzenwachstum um bis zu 40 Prozent gesteigert werden. Dieser Prozess wird »CO_2-Düngung« genannt, und mehrere Firmen bieten sogar Anlagen zur Gewächshausdüngung an. Mehr CO_2 ist für diese Pflanzen also nicht schädlich, sondern nützlich. ■

HINTERGRUND: METHAN, DIE GRÖSSERE GEFAHR?

Bei der Klimadebatte dreht sich so gut wie alles um das Kohlendioxid. Dabei wird ein besonders schädliches Klimagas vergessen, nämlich das Methan.

Zwei neuseeländische Atmosphärenforscher warnten bereits im Sommer 2019 davor, dass die Emissionen von Methan in der öffentlichen Wahrnehmung völlig unterrepräsentiert seien, obwohl die Klimawirkung des Spurengases die von Kohlendioxid *um das 25-Fache übersteige*.[37]

Methan bildet sich immer dort, wo sich organisches Material unter Luftabschluss zersetzt: vor allem bei der Massentierhaltung, in der Forstwirtschaft, in Klärwerken, Biogasanlagen und auf Mülldeponien.

Rund ein Drittel der globalen Erwärmung, so die Forscher, gehe auf das Konto des Klimagases. Der Methananteil steige. Die Gründe dafür seien unklar, schreiben Sara Mikaloff Fletcher und Hinrich Schaefer vom National Institute of Water and Atmospheric Research in Wellington. Die Forscher gehen davon aus, dass mehrere Prozesse zusammenwirken.[38]

Klimaexperte Mojib Latif vom Kieler Geomar Helmholtz-Zentrum für Ozeanforschung bestätigt die Unsicherheit: »Wir wissen immer noch nicht genug über den Methan-Kreislauf.«[39] ■

Die Lösung der angeblichen Klimaschützer: Die globalen Finanzströme müssten »in Richtung Klimaschutz gelenkt« werden. Aber mit staatlichen Krediten allein lässt sich dieses Ziel nicht erreichen, auch private Investoren und Menschen wie Sie und ich müssten ran. Der Verbrauch von CO_2 müsse weltweit unrentabel werden beziehungsweise der Preis für den Kohlendioxidausstoß müsse exorbitant steigen. Dann würden sich Investitionen in CO_2-arme und CO_2-freie Technologien automatisch lohnen, Investitionen in Kohlekraftwerke und andere klimaschädliche Technologien dagegen würden unattraktiver.

Das bedeutet für den »normalen« Bürger: steigende Mineralöl-, Strom-, Kreuzfahrt- und Flugreisekosten. Dazu kämen höhere Endverbraucherpreise auf Konsumartikel, wenn die Unternehmen die CO_2-Kosten auf die Preise umlegen.

Derzeit liegt der EU-weite Preis für Unternehmen, die CO_2 ausstoßen, bei 20 Dollar pro Tonne.[40] Führende Wissenschaftler fordern allerdings das Doppelte[41] und manche gar das Drei- oder Vierfache dieses Preises.

Aber nicht nur die Verteuerung der CO_2-Zertifikate, sondern auch deren Verknappung würde den Preis nach oben treiben.[42]

Bisher wird CO_2 nur in 51 Regionen oder Staaten bepreist,[43] was sich schnell ändern soll. Grundlage dafür sind die Berichte des »Weltklimarats«. Den Reibach machen andere, wie ich im Unterkapitel »Das Billionen-Klimageschäft« (S. 97 ff.) zeigen werde.

Geheim gehalten: Unglaubliches »Geschacher« um die »Klimahoheit«

> Dieser Weltklimarat hat sich selbst erfunden, den hat niemand eingesetzt. Die Bezeichnung »Weltklimarat« ist eine schwere Übertreibung. Diese ganze Debatte ist hysterisch, überhitzt – auch und vor allem durch die Medien. Klimatischen Wechsel hat es auf dieser Erde immer gegeben, seit es sie gibt.[44]
>
> —HELMUT SCHMIDT
> ALTKANZLER

Die UN-Klimaberichte des Weltklimarats IPCC (Intergovernmental Panel on Climate Change) sind wohl die wichtigsten Dokumente in Sachen Klimaforschung. Sie können auch mal über 2000 Seiten umfassen. Doch für die Politiker wird traditionsgemäß eine »Zusammenfassung« geschrieben, die nur rund 30 Seiten stark ist. Sie allein bildet letztlich die Basis der globalen Umwelt- und Energiepolitik – und entsprechend umkämpft sind die darin enthaltenen Daten.[45] Denn um diese »Zusammenfassungen« gibt es jedes Mal ein unglaubliches Geschacher: Politische Delegierte der Staatengemeinschaften und Wissenschaftler stimmen in Geheimen Verhandlungen über jedes Wort des Dokuments ab. Doch schon zuvor kämpfen Interessenverbände und Regierungsvertreter um die Deutung der Klimadaten, sowohl öffentlich als auch vertraulich.

HINTERGRUND: WAS IST DAS IPCC?

Das Intergovernmental Panel on Climate Change (IPCC)[46] – auf Deutsch »Zwischenstaatlicher Ausschuss für Klimaveränderungen« (mit Sitz in Genf) – wurde 1988 vom Umweltprogramm der Vereinten Nationen (UNEP) und der World Meteorological Organization (WMO) gegründet, die ebenfalls zur UNO gehört. Der erste Vorsitzende des IPCC war von 1988 bis 1996 der schwedische Meteorologe Bert Bolin, gefolgt von dem britischen Chemiker Robert Watson. Im Jahr 2002 übernahm der indische Ökonom Rajendra Kumar Pachauri den Vorsitz.

Pachauri war bekannt für seine »lauten« Berichte vor einem drohenden Klimakollaps. Er reiste mit einem Tross Tausender Experten und Beobachter von Konferenz zu Konferenz, um seine Warnungen an den Mann zu bringen.

Im Jahr 2009 enthüllte die britische Zeitung *Daily Telegraph* jedoch, dass der »unabhängige« Chef der UN-Organisation ein weltweites Portfolio milliardenschwerer Investitionen aufgebaut hatte, deren Erfolg von Empfehlungen »seines« IPCC abhängig war.[47] Er war auch als Beirat an der Chicago Climate Exchange tätig, der »größten und lukrativsten Börse für den Handel mit Rechten für den Kohlendioxidausstoß – einem Geschäft, das man getrost als Ergebnis des IPCC-Prozesses ansehen darf«,[48] wie die *Welt* schrieb. Doch das war nur ein Teil von Pachauris umtriebigen Aktivitäten, denn auch Risikokapitalfirmen im Bereich erneuerbarer Energien hatten ihn sich als »Berater« geangelt. Die *Welt* schrieb damals:

> Insbesondere seine Tätigkeit beim indischen Energieforschungsinstitut TERI – einem Ableger des in dem Land sehr einflussreichen multinationalen Stahl-, Energie- und Autokonzerns Tata, dem inzwischen Land Rover und Jaguar gehören – hat dem Chef des Weltklimarates einschlägige Jobs verschafft. So sei TERI in Bio-Energieanlagen engagiert, finanziert von der EU. In einem anderen Projekt, kofinanziert vom Londoner Umweltministerium und der Münchener Rückversicherung, erarbeite man gerade eine zukunftsträchtige Studie: Sie soll aufzeigen, wie die indische Versicherungsbranche – in der auch Tata engagiert ist – die angenommenen Risiken eines Klimawandels am

lukrativsten nutzen könne. Warum britische Steuerzahler eine Studie finanzieren, um die Profite indischer Versicherungsunternehmen zu verbessern, wird nicht erklärt.[49]

Aber Pachauri hatte noch mehr drauf: Er war Chef des Klimainstitutes der Yale-Universität, bestens ausgestattet mit Geldern der US-Regierung, Klimawandelberater der Deutschen Bank und Direktor des japanischen Institute for Global Environmental Strategies.[50]

Gegen Pachauri, den Chef des Weltklimarats, wurde schließlich auch wegen sexueller Belästigung, Stalking und Einschüchterung von Frauen ermittelt.[51] Er trat daraufhin von seinem Amt zurück.[52] Sein Nachfolger war der Südkoreaner Hoesung Lee, der seither Vorsitzender des Weltklimarates ist.

Übrigens: Die IPCC-Arbeitsgruppen werden auch mit deutschen Steuergeldern finanziert.[53] ■

Der »Weltklimarat« IPCC soll eigentlich »umfassend, objektiv und ergebnisoffen« die wissenschaftlichen, technischen und sozioökonomischen Informationen über den »von Menschen verursachten« Klimawandel bewerten.[54] Dieser wird vom IPCC also als Fakt vorausgesetzt. Deshalb kann die Institution von vornherein nicht als objektiv und neutral gelten.

Das Gremium, dem Hunderte von Wissenschaftlern in aller Welt zuarbeiten, soll die Folgen und Risiken der Klimaveränderung abschätzen, ferner ausloten, wie man diese abschwächen oder wie man sich anpassen kann. Das IPCC führt jedoch keine eigenen Forschungsprojekte durch, sondern analysiert die Ergebnisse wissenschaftlicher Veröffentlichungen, die dem Peer-Review-Verfahren (d.h. der Prüfung von Fachartikeln durch unabhängige Gutachter) gefolgt sind.[55]

In den umfangreichen Berichten des IPCC gibt es haufenweise sich widersprechende Darstellungen. Wie oben schon angesprochen, sind die Kurzzusammenfassungen vereinfacht, »geglättet« und nach dem politischen Konsensprinzip verfasst.[56] Kurz: Über die wissenschaftliche »Wahrheit« wird zwischen den verschiedensten politischen Strömungen innerhalb des IPCC abgestimmt.

Auf die Kritik an der »Hockeyschlägerkurve«[57], mit der das IPCC angeblich die Messungen zur Erderwärmung manipulierte und diese als »menschengemacht« darstellen wollte, oder auf die »Climagate-E-Mails«[58], die beweisen sollten, dass Wissenschaftler Daten zum Klimawandel manipuliert hatten, um die Erwärmung zu übertreiben, möchte ich an dieser Stelle nicht eingehen. Das würde den Rahmen des Buches sprengen. Nur so viel: IPCC-Verteidiger halten die Vorgänge für eine »Verschwörungstheorie« der »Klimaleugner«, IPCC-Kritiker hingegen für eine »Vertuschung« der »Klimahysteriker«. Aufgrund der mir vorliegenden Unterlagen sind die Vorgänge juristisch nicht einwandfrei zu verifizieren. Auch hier ranken sich viele Mythen, Theorien und Halbwahrheiten, denen ich mich nicht anschließen möchte.

Meine Kritik am IPCC: Die Weltklimaberichte haben den Anspruch auf Unfehlbarkeit und stellen das Gegenteil von objektiver und ergebnisoffener Wissenschaft dar. Eine der wichtigsten Maximen wissenschaftlicher Forschung wird ignoriert und sogar sanktioniert (siehe Kapitel 15: »Wie in der NS-Zeit: Über ›Klimaleugner‹ und ›Klimaschädlinge‹«), nämlich Kritik an den eigenen Theorien zuzulassen. Außerdem entspricht die Panikmache in den Berichten des IPCC keiner objektiven Darstellung, sondern einer ideologischen Zementierung der selbst aufgestellten Thesen. Dies hat zur Folge, dass die Medien die Berichte des Weltklimarats weitgehend kritiklos übernehmen und diese dem Mainstream anpassen, um sie dann als wissenschaftlich fundierte »Katastrophenmeldungen« zu verkaufen. Demgegenüber ist die grundsätzliche Möglichkeit, dass Klimaschwankungen auch natürlichen Ursprungs sein könnten – beispielsweise durch eine erhöhte Sonneneinstrahlung oder andere Faktoren, die bisher noch nicht erforscht wurden –, im Auftrag des IPCC noch nicht einmal enthalten.

So gleichen die Berichte eher einem »Koalitionsvertrag« der UN-Staaten als wissenschaftlichen Expertisen. Denn auch Regierungsvertreter bereiten Formulierungsvorschläge für die Klimaberichte vor, wollen Statements verschärfen oder mildern, je nach ihrer Position zum Thema. Es geht konkret darum, Ton, Inhalt und Wortlaut der IPCC-Zusammenfassung zu beeinflussen.[59] Das hat in meinen Augen mit wissenschaftlich objektiver Forschung nichts zu tun.

Als Gegenspieler der angeblichen Klimaschützer fungieren bei den IPCC-Verhandlungen traditionell die Erdölstaaten, die versuchen, die

Unsicherheiten des Klimawissens hervorzuheben und mögliche Risiken herunterzuspielen.[60]

Judith Curry von der University of Chicago sprach über dieses »Geschacher« Klartext: Die Konsenspolitik des IPCC verfälsche die Ergebnisse, indem sie wissenschaftliche Unsicherheiten zudecke. Politisch engagierte IPCC-Wissenschaftler würden die Verhandlungen bisweilen in eine Richtung drängen.[61]

Klimabericht: Statt Fakten werden Umfragen präsentiert!

Der *Spiegel* deckte schon vor ein paar Jahren auf, wie es mit den Berichten des Weltklimarats beschaffen war. Nur ein weiteres Beispiel, wie der »Klimawandel« von seinen Befürwortern zurechtgebogen wird. Hier ist die Geschichte: Im IPCC-Bericht von 2013 glaubten einige Forscher, der Klimarat lasse wesentliche Unsicherheiten seiner Szenarien unerwähnt. Denn unter Berufung auf zusätzliche Daten aus 6 Jahren stufte das IPCC in seinem Report seine Gewissheit darüber, dass der Mensch mit seinen Abgasen den Großteil der Erwärmung seit den 1950er-Jahren verursacht hat, von 90 auf 95 Prozent in die Höhe. Ideologiegemäß fand diese »Einschätzung« die »sofortige Zustimmung« von »sämtlichen« Regierungen im IPCC-Plenum.[62]

Anstatt »90« sollten jetzt plötzlich also »95« Prozent der Klimaerwärmung auf Menschen zurückzuführen sein. Sie erinnern sich: Nur 36,3 Gigatonnen CO_2[63] von insgesamt jährlich rund 550 Gigatonnen, die aus überwiegend natürlichen Quellen stammen, werden vom Menschen verursacht. Man muss kein Mathegenie sein, um zu erkennen, dass 36 Gigatonnen niemals 95 Prozent von 550 Gigatonnen entsprechen können.

Aber sei's drum, denn »95 Prozent« ist ein politisch sehr bedeutender Wert, der bis heute in den Köpfen von Klimaapokalyptikern und links-grünen Politikern herumschwirrt und immer wieder als Argument vorgebracht wird. Doch wie wurde dieser Wert ermittelt? Fakten? Belege? Forschungen? Mitnichten. Er beruhte nicht direkt auf wissenschaftlichen Berechnungen, sondern wurde in einer Meinungsumfrage (!) unter »einigen« IPCC-Forschern ermittelt, die aber ungenannt blieben. Und obgleich es keine statistische Basis für sie gab, wurde die Zahl von da an »mit großer Präzision verwendet«.[64]

Derjenige, der damals genau jenes Kapitel im IPCC-Report zu verantworten hatte, war Michael Oppenheimer von der Princeton University in den USA. Oppenheimer hatte bezeichnenderweise zuvor für einen Umweltverband gearbeitet.[65]

Wie *Spiegel Online* bereits berichtete, haben zahlreiche führende Klimaforscher für Umweltverbände gearbeitet. Manche von ihnen erhielten sogar hohe »Preisgelder«. Allein am ersten Teil des UNO-Klimaberichts von 2015 haben demnach mindestens zwei »koordinierende Leitautoren« mitgearbeitet, die für einzelne Kapitel des Klimareports verantwortlich zeichneten, zuvor aber bei Umweltverbänden tätig waren.[66] Dementsprechend fielen auch die Berichte aus, wie das obige Beispiel zeigt.

Es kann nicht sein, was nicht sein darf: Erderwärmungspause wird politisch korrekt verklärt

In den Jahren 1998 bis 2012 blieb die angeblich so katastrophale globale Erwärmung des Klimas plötzlich aus. Die »Klimaschützer« drehten fast durch. Denn ihrer These zufolge hatten die Menschen in dieser Zeit rund ein Drittel der Treibhausgase seit Beginn der Industrialisierung ausgestoßen.[67] Aber wo verdammt steckte deren Wärmewirkung?

Die Fakten bestätigten genau das Gegenteil: Die bodennahe Temperatur im weltweiten Durchschnitt stieg, je nach Messreihe, entweder gar nicht (laut britischem Met Office), oder nur um 0,05 Grad (laut US-amerikanischem Wetterdienst).[68] Nicht einmal der Klimareport der Vereinten Nationen konnte sich das erklären.[69] Das IPCC hatte die 14 Jahre andauernde Temperaturstagnation einfach nicht »erwartet«.[70]

Natürlich konnte nicht sein, was nicht sein durfte, sonst wäre die gesamte These des »menschlich verursachten« Klimawandels in sich zusammengefallen wie ein Kartenhaus. Die Klimaforscher liefen deshalb zur Höchstform auf. Sie erarbeiteten mehr als einhundert »Erklärungsversuche«, die teilweise grotesk anmuteten. Hier einige davon:

- Kleinere Vulkanausbrüche hätten die Erwärmung seit 1999 gebremst.
- Die Aktivität der Sonne schwächele.

- Abgase in Asien könnten das Sonnenlicht verstärkt blockiert haben.
- Starke Passatwinde über dem Pazifik könnten eine Ursache sein.
- Winde könnten Strömungen verschoben und so Wärme ins Meer verfrachtet haben.
- Womöglich stehe der Pazifik am Beginn einer Kaltphase wie zuletzt zwischen 1945 und 1976, als die Erwärmung ebenfalls pausierte.[71]
- Und so weiter und so fort.

Und das alles nur, um das Dogma der »menschengemachten Klimaerwärmung« auf Teufel komm raus zu halten.

Die nicht erklärbare Erwärmungspause nährte zudem die Vermutung, dass die Computersimulationen (plötzlich) das Klima nur ungenügend vorhersagen könnten. Denn sie hatten weder vor noch nach der Erwärmungspause die erstaunliche Klimaschwankung von 1998 bis 2012 berechnet.[72]

Das renommierte Wissenschaftsmagazin *Nature* lieferte dann eine für die Klimaerwärmungsbefürworter befriedigende Erklärung: Die Pause der Erwärmung sei »bedeutungslos« und lasse sich mit »natürlichen Klimaschwankungen« erklären.[73] »Natürliche Klimaschwankungen«? Dieses Argument gilt doch für Klimaskeptiker nicht – für angebliche Klimaschützer dann aber doch?

Auch das Versagen der Computersimulationen wurde schnell relativiert: Dies bliebe eine »Herausforderung«, sei jedoch kein Grund, an den Klimamodellen zu zweifeln.[74] Der ehemalige Generalsekretär der Weltmeteorologischen Organisation WMO, Michel Jarraud, pflichtete schnell bei: »Schwankungen über kurze Zeiträume sagen nichts aus.«[75]

Plötzlich rückten die IPCC-Forscher von der Lufttemperatur an der Erdoberfläche ab, die bis dahin als die entscheidende Klimagröße gegolten hatte, und konzentrierten sich auf die weiter steigenden Meerestemperaturen.[76]

Auf Vorschlag Deutschlands und weniger anderer Länder wurde im entsprechenden IPCC-Bericht dann anstatt einer »Stagnierung« eine »Verlangsamung des Temperaturanstiegs« festgestellt.[77] Diese Diktion erinnert an das den beschönigenden Begriff »Negativgewinne« statt »Schulden«. Ich werde weiter unten noch einmal genauer darauf eingehen.

Doch nicht alle Forscher ließen dem IPCC diese Verfälschung durchgehen: Der Klimatologe Eduardo Zorita vom Helmholtz-Zentrum für Küstenforschung machte deutlich, dass nur drei (!) von 114 Klimasimulationen den Trend der letzten 15 Jahre wiedergeben konnten und dass der Grund für die Abweichung zwischen Modellen und Beobachtungen unklar blieb. Und er ergänzte: Wichtige Defizite der Klimamodelle seien »noch nicht verstanden«.[78]

Der Umweltforscher Roger Pielke junior von der University of Colorado in Boulder, USA, bescheinigte dem IPCC »engagierte Öffentlichkeitsarbeit in eigener Sache«: Einerseits poche der Klimarat darauf, dass Daten aus 6 zusätzlichen Jahren die Qualität seiner Einschätzungen von einem Klimareport zum anderen entscheidend vergrößert haben, andererseits reichten 15 Jahre Erwärmungspause angeblich nicht aus, um wissenschaftlich eine Rolle zu spielen.[79]

Sie sehen also an diesem einen Beispiel, wie verzweifelt das IPCC seine These vom menschengemachten Klimawandel zurechtbiegt, allen wissenschaftlichen Erkenntnissen zum Trotz.

Der renommierte Umweltökonom Richard Tol von der University of Sussex trat aus Protest gegen Formulierungen im Welt-Klimareport 2014 zurück. Tol gehörte der Gruppe an, die den Klimareport zusammenfassen sollte. Im Fokus standen die wirtschaftlichen Folgen des erwarteten Klimawandels. Tol monierte, dass entscheidende Formulierungen aus dem Entwurf des Reports für die Schlussfassung getilgt worden seien.[80]

Beispiele: Im Entwurf des IPCC-Berichts hieß es durch die Wissenschaftler noch, Klimarisiken könnten mit Anpassungsmaßnahmen »gemanagt« werden. Diese Feststellung wurde in der Endfassung jedoch getilgt. »Zugunsten der apokalyptischen Reiter«, so Tol, der es zudem als ein »dämliches Statement« empfand, dass die Menschen in Kriegsgebieten »besonders« durch den Klimawandel gefährdet seien. »Ich schätze aber, dass Leute in Syrien Chemiewaffen mehr fürchten als die Erwärmung«, sagte Tol politisch völlig unkorrekt, der zudem die positiven Folgen des Klimawandels darlegen wollte.

In der Zusammenfassung des Klimareports wurden seiner Ansicht nach auch weiterhin zu hohe Risiken betont.[81] Tols Ansichten schreckten die Klimaerwärmungsfetischisten so gegen ihn auf, dass er letztlich aus der IPCC-Gruppe zurücktrat.[82]

Umweltministerium vertuscht Stillstand der Klimaerwärmung

Der Weltklimarat IPCC veröffentlichte Ende 2013 einen »Sachstandsbericht«, um den verzweifelt gerungen wurde. Auf der Konferenz wurde aus dem 1000 Seiten umfassenden Klimakonvolut eine 30 Seiten lange Zusammenfassung für Politiker ausgehandelt. Als problematisch erwies sich auch die Sperrfrist für den UNO-Klimabericht: Studien, die später als März 2013 erschienen waren, durften nicht mehr berücksichtigt werden.[83] Die damals entscheidenden Fragen lauteten: Wie sollte das IPCC mit der stagnierenden Erwärmung umgehen (siehe oben), und wie verlässlich waren die Computermodelle, auf denen die Vorhersagen beruhten, wenn diese das Temperaturplateau nicht hatten kommen sehen?

Im Vorfeld der Beratungen war es über dieses Thema bereits zu Spannungen zwischen Klimaforschern und Regierungsvertretern im IPCC gekommen. Um die im Bericht enthaltenen Aussagen zu beeinflussen, schickten die Regierungen Vertreter aus ihren zuständigen Ministerien.[84] »Die Klimapolitik benötigt das Element der Furcht«, gab der Grünen-Politiker Hermann Ott offen zu, »sonst würde sich kein Politiker mehr des Themas annehmen.«[85]

Aus diesem Grund wohl wollte das deutsche Forschungsministerium die Diskussion um die Temperaturstagnation am liebsten ganz aus der Zusammenfassung des damaligen IPCC-Reports heraushalten: »In der Klimaforschung zählen erst Veränderungen auf einer Zeitskala von 30 Jahren«, behauptete ein Delegierter aus dem Ministerium von Johanna Wanka (CDU), der an den Verhandlungen in Stockholm teilnahm. »Klimaschwankungen, die nicht so lange anhalten, sind wissenschaftlich nicht relevant«, hieß es auch aus dem Umweltministerium.[86]

Bei den Verhandlungen wollten die deutschen Delegierten deshalb verhindern, dass im IPCC-Bericht überhaupt eine »Pause« der Erwärmung festgestellt wurde. Lediglich eine »Verlangsamung des Temperaturanstiegs« sollte zugegeben werden. Das war eine Umdeutung, die nicht den neuesten Erkenntnissen der Wissenschaft entsprach[87] – und das von einem Ministerium.

Gegen eine derartige Leugnung dieser Tatsachen wehrte sich Jochem Marotzke, Direktor am Max-Planck-Institut für Meteorologie in Hamburg und damaliger wissenschaftlicher Spitzenmann bei den Beratungen: »Diese 30 Jahre sind vollkommen willkürlich gewählt. Manche Klimaphänomene verlaufen auf kürzeren Zeitskalen, andere auf längeren.« Die Klimaforscher seien nicht der Umweltpolitik verpflichtet, sondern der Wahrheit.[88] Der *Spiegel* schrieb dazu:

> Die Umweltpolitiker im IPCC fürchten jedoch, Klimaskeptiker und Industrielobbyisten könnten die wissenschaftlichen Unsicherheiten für ihre Zwecke ausschlachten. So verschanzt sich der Weltklimarat weiterhin wie in einer Wagenburg. Um die Deutungshoheit über die Klimaprognosen sicherzustellen, wird der vollständige Bericht erst geraume Zeit nach der Zusammenfassung veröffentlicht. Nicht mal eine Mitschrift der Verhandlungen in Stockholm soll es geben. […][89] Die Beiträge der Delegierten bleiben auch nach Beendigung der IPCC-Verhandlungen geheim, eine Aufzeichnung wird nicht veröffentlicht.«[90]

UN-Klimarat-Bericht unterschlägt wissenschaftliche Kenntnisse

Im Jahr 2014 veröffentlichte die UNO den sogenannten »IPCC-Synthesereport«[91] des Klimarats, der ein »Fahrplan« für Politiker sein sollte. Auch darin wurde Panik geschürt: Es bleibe nur noch wenig Zeit, um eine Erwärmung über 2 Grad Celsius zu verhindern, notwendig sei die Reduzierung der CO_2-Emissionen um 40 bis 70 Prozent bis 2050 und so weiter und so fort.[92] Auch dieser Bericht unterschlug wesentliche wissenschaftliche Erkenntnisse. Die erheblichen Unsicherheiten der Prognosen und die gravierenden Wissenslücken zum Thema wurden üblicherweise nicht einmal erwähnt.[93]

UN-Klimarat bestätigt, dass es zwanzigmal schnellere Klimaschwankungen gab als im 20. Jahrhundert

Belogen und betrogen? Was stimmt und was stimmt nicht in den Berichten des UN-Klimarats? Ein weiteres Beispiel, das misstrauisch macht: Im ersten Teil des IPCC-Reports *Climate Change 2013: The Physical Science Basis*[94] wird aufgezeigt, dass es während der Eiszeit in größeren Teilen der Welt Klimaschwankungen von 10 Grad innerhalb von 50 Jahren gab, also zwanzigmal schneller als im 20. Jahrhundert.

Größere klimabedingte Artensterben seien nicht dokumentiert. Womöglich weil die Klimaschwankungen vor allem höhere Breiten betrafen.[95] Im »Synthesereport«[96] für die politischen Entscheidungsträger stand jedoch, dass das erwartete Aussterben von diversen Klimaphänomenen wie Erwärmung, schrumpfenden Flüssen, Ozeanversauerung und Sauerstoffverknappung in Gewässern ausgelöst werde.[97]

Fakt ist aber auch: Während der Klimareport von 2007 noch vorhersagte, dass bei einer globalen Erwärmung von 2 bis 3 Grad seit Beginn der Industrialisierung 20 bis 30 Prozent der Tier- und Pflanzen auszusterben drohten, machte der Report von 2013 gleich gar keine konkreten Prognosen mehr. Grund: Die Unsicherheiten seien zu groß.[98]

UN-Klimarat streicht den Satz »Klimawandel kann förderlich sein« aus seinem Bericht

Die Manipulationen in den Berichten des IPCC gingen weiter. 2014 strich der Klimarat im zweiten Teil seines Reports eine entscheidende Stelle. Denn bis dahin stand auf Seite 34 von Kapitel 10 über wirtschaftliche Auswirkungen: »Moderater Klimawandel könnte förderlich sein.«[99] Das ging natürlich nicht. Folgerichtig fehlte der Satz dann auch in der finalen Version des Berichts, der veröffentlicht wurde.[100]

Klimareports einer »Zombiewissenschaft«

Klimasoziologe Reiner Grundmann von der Universität Nottingham kritisierte »mangelnde Dauerhaftigkeit« als ein »Problem« des IPCC-Reports[101] und lieferte auch gleich die Gründe mit: Szenarien früherer Berichte würden nicht verglichen; Warnungen aus dem letzten Report vor zunehmenden Extremereignissen wie Hurrikanen, Tornados oder Stürmen etwa wurden mittlerweile als »wenig vertrauenswürdig« eingestuft – und in der neuen Zusammenfassung des Reports schon gar nicht mehr erwähnt.[102]

Der bereits erwähnte Roger Pielke sprach im Hinblick auf die Forschungsergebnisse sogar von einer »Zombie-Wissenschaft«.[103] Zudem monierten viele renommierte Forscher unabhängig voneinander fragwürdige Abweichungen zwischen dem IPCC-Report und seiner Zusammenfassung für Politiker.[104]

BUNDESMINISTERIUM: WISSENSCHAFTLICH IST, WORAUF MAN SICH EINIGT

Unglaublich, aber wahr. Das Bundesministerium für Bildung und Forschung hat sich bereits 2003 dafür entschieden, dass die »Wissenschaft« zum Thema Klima nicht mehr allein von Wissenschaftlichkeit abhängig sein soll. Das Ministerium unter der damaligen SPD-Ministerin Edelgard Bulmahn,[105] in der rot-grünen Bundesregierung, gab einen Bericht mit dem Titel »Herausforderung Klimawandel« heraus. Aber erst heute wird richtig klar, was da schon vor mehr als 15 Jahren geschah: nämlich die Abkehr von der Wissenschaftlichkeit der Klimawissenschaft. Hier Auszüge aus dem Bericht:

> Klimaforschung ist »postnormal science«, d. h., große Unsicherheit und hohe Risiken sind miteinander gekoppelt. Die Unsicherheit kann nur in einem beschränkten Maße durch weitere Forschung vermindert werden; oftmals erhöht die Forschung die Unsicherheit im Umgang mit dem Problem als Ganzes. Die Wissenschaftstheorie sagt für diesen Fall die Konkurrenz von verschiedenen Wissensformen voraus, und dies lässt sich im Falle der Klimaproblematik auch gut beobachten.[106]

Und jetzt kommt das schier Unglaubliche, was das Bundesministerium für Bildung und Forschung schrieb:

> Wissenschaft ist nicht mehr der wichtigste gesellschaftliche Ratgeber, und wissenschaftliche Argumente sind nicht die einzigen, die in den Köpfen der Wissenschaftler wirken.[107]

Noch unglaublicher:

> Klimaforschung wird damit zu einem sozialen Prozess, und in einem demokratischen System ist es angezeigt, den Beratungsprozess und seine Dynamik im Hinblick auf vorgefasste Meinungen und sozio-kulturell geprägtes Wissen zu analysieren. Bisher wurde die Klimaforschung weitgehend disziplinär von physikalisch aus-

> gebildeten Meteorologen und Ozeanografen betrieben. Es ist an der Zeit, die Forschung programmatisch neu zu gestalten, d. h. in einem genuinen transdisziplinären Verbund, um Öffentlichkeit und Politik über die Problematik der Klimaänderung »holistisch« beraten zu können.[108]

Das heißt für mich: Das Wissenschaftsverständnis zur Klimafrage soll nicht mehr nur von Wissenschaftlichkeit, also objektiven Forschungen und deren Ergebnissen, ausgehen, sondern sich, gemäß postnormalen Fakten, auch an sozialen und programmatischen Fragen orientieren. Die herkömmliche Forschung soll so durch das »Aushandeln von Kompromissen« (so wie es der Weltklimarat IPCC ja macht, ebenso das Klimakabinett der Bundesregierung) quasi »ausgehebelt« werden, um das politisch gewollte Ergebnis zu erhalten. Sprich: Bei der postnormalen Wissenschaft geht es zunehmend auch um politisch-ideologische »Gleichschaltung«, wodurch andere Forschungsergebnisse, die dem nicht entsprechen, diskreditiert werden. Genau das ist zu beobachten, wenn heute jemand nicht an den menschengemachten Klimawandel glaubt.

Der Wissenschaftsjournalist Jürgen Koller beschreibt die postnormale Wissenschaft ähnlich:

> Wenn nun die Qualität von Informationen in einem Diskurs zwischen falsifizierbarer wissenschaftlicher Erkenntnis und subjektivem Meinen ausgehandelt wird, ergibt sich (natur-)wissenschaftliche Erkenntnis postmoderner Agitation. Hinter dem Konzept postnormaler Wissenschaft steht, so sehe ich das auch, eine politische Agenda (vgl. Wesselink/Hoppe, S. 2 f.)[109], eine subjektive Weltanschauung. Machtstreben und Eigeninteresse weichen wissenschaftlicher Neugier und Wahrheitssuche. […] Subjektive Bewertungen müssen in gewissem Sinne objektiviert werden, um gesellschaftliche Geltung beanspruchen zu können. Dies kann, so scheint mir, über eine Politisierung der Medien und Etablierung bestimmter Grundnormen erfolgen, welche bei Zuwiderhandlung gesellschaftliche Sanktionen nach sich ziehen, und scheint dann von Erfolg geprägt zu sein, wenn die breite Masse der Bürger bezüglich der aufgeworfenen Fragestel-

> lung nicht über genügend wissenschaftliche Kompetenz verfügt und/oder wenig Eigeninteresse oder Motivation für einen Eintritt in den Machtdiskurs aufbringt. [...] So scheint sich auch hier das Sprichwort, dass der Sieger die Geschichte schreibt, zu bewahrheiten.[110]

Die »Sieger« sind in diesem Fall die Grünen und die anderen Systemparteien, die jegliche andere Fakten und Meinungen zum angeblich »menschengemachten Klimawandel« als »Lüge« oder »Verschwörungstheorie« diffamieren, obwohl eigentlich sie einer Verschwörungstheorie huldigen, nämlich der des IPCC. ■

Unverschämt: Angeblich vom Klimawandel ausgestorbene Schnecke lebt einfach weiter

Rhachistia aldabrae ist der Name einer Schnecke, die seit Urzeiten auf dem Seychellen-Atoll Aldabra lebt. Doch Ende der 1990er-Jahre schien sie plötzlich verschwunden zu sein.

Eifrig berichteten die »renommierten« Forscher der angesehenen Royal Society, die Schnecke sei aufgrund des »Klimawandels« ausgestorben.[111]

Das Verschwinden der Schnecke bestärkte den IPCC, in seinem Sachstandsbericht vor einem »Artensterben aufgrund des Klimawandels« zu warnen. *Rhachistia aldabrae* galt dabei als eines der wenigen Beispiele für Tiere, die dem Klimawandel bereits zum Opfer gefallen sein könnten.[112]

Doch im Jahr 2014 wurde die Schnecke plötzlich »wiedergefunden«, was die britische Wissenschaftsakademie Royal Society in arge Bedrängnis brachte.[113] Unangenehm war der Vorfall auch für den UN-Klimarat, bei dem sich wieder einmal die Frage nach der Glaubwürdigkeit stellte.[114]

Der Forscher Clive Hambler von der University of Oxford gab eine andere Erklärung für das Artensterben: »Wehklagen über den Klimawandel lenkt nur ab von den wesentlichen Ursachen des Artensterbens«.[115] Denn der Mensch treibe viele Lebewesen in die Enge – mit rücksichtsloser Landwirtschaft, Fischerei oder Jagd. Mindestens 77 Säugetierarten verschwanden laut der Roten Liste seit dem Jahr 1500 von der Erdoberfläche und zudem 130 Vogel-, 22 Reptilien- und 34 Amphibienarten.[116]

Ups! Zugspitz-Rekord: So hoch lag der Schnee fast 40 Jahre nicht mehr

Im Frühjahr 2019 »schockte« eine andere Nachricht die angeblichen Klimaschützer. Es gab nämlich einen neuen Rekordwert auf Deutschlands höchstem Berg: Auf der Zugspitze bei Grainau im Landkreis Garmisch-Partenkirchen lagen 6,45 Meter Schnee – so viel wie seit fast 40 Jahren nicht mehr.

Wetterexperte Michael Sachweh bestätigte diesen Spitzenwert. Ursache der Schneemengen waren die ungewöhnlich häufigen Kaltluft- und die Tiefdruckwetterlagen im Zusammenwirken mit vorherrschend nördlichen Winden. Im Frühjahr 2019 war es die dritthöchste Schneehöhe im Mai seit Beginn der Messungen im Jahr 1901. Ups! Das hätte wohl nicht passieren dürfen und passt, wie so vieles, gar nicht zur angeblichen Klimaapokalypse.[117]

Nach all den Pannen, die die Computerberechnungsmodelle in Sachen »Klima« bisher produzierten, scheint eine Folge schon jetzt absehbar: Der nächste IPCC-Bericht, der voraussichtlich im Jahr 2021 erscheinen soll, wird sich nicht mehr so »stark« auf Modelle stützen. Dies sagte laut der Fachzeitschrift *Science* der IPCC-Autor und Klimawissenschaftler Thorsten Mauritsen (Universität Stockholm). Sein Kollege John Fyfe, Klimawissenschaftler am Canadian Centre for Climate Modeling and Analysis, ergänzte: Das IPCC werde auf andere Indizien zurückgreifen und voraussichtlich nicht die Prognosen von allen Modellen gleich gewichten.[118] Die nächste Manipulation zugunsten der Klimaerwärmungshysteriker steht also an.

Die Klimaapokalyptiker verbreiteten auch schon in der Vergangenheit Panik und Hysterie

Hier einige Beispiele, die illustrieren sollen, wie oft die Klimaapokalyptiker in der Vergangenheit bereits Panik verbreitet haben:

1970

»Rettet uns vor dem Waldsterben!«

1978

»Rettet uns vor einer neuen Eiszeit!«

1980

»Rettet uns vor der Atomkraft!«

1985

»Rettet uns vor der Pol-Schmelze!«

1986

»Rettet uns vor dem Treibhaus-Effekt!«

1989–2019

Noel Brown, der damalige Direktor des New Yorker Büros des Umweltprogramms der Vereinten Nationen (UNEP), warnte schon fast hysterisch von einem steigenden Meeresspiegel, der ganze Nationen von der Landkarte verschwinden lassen könnte, sollte die globale Erwärmung nicht bis im Jahr 2000 umgekehrt werden.[119]

Doch die Katastrophe blieb aus. Macht nichts, dann kommt sie 30 Jahre später halt wieder auf die Tagesordnung:

> Wenn nicht schnell gehandelt wird, könnten Millionen Menschen ihre Heimat verlieren, prognostizieren Forscher. Denn der Wasserspiegel der Meere steigt nach ihren Aussagen mehr als doppelt so hoch wie bislang erwartet.[120]

Herausgeber dieser Studie[121] ist die renommierte US-amerikanische National Academy of Sciences, 1863 von Abraham Lincoln persönlich ins Leben gerufen. Präsidentin der Akademie ist seit 2016 Marcia Kemper McNutt.[122] Sie wurde vom damaligen Präsidenten Barack Obama eingesetzt.[123] Dieser ist nach wie vor ein absoluter Verfechter des »menschengemachten Klimawandels«. Anfang April 2019 sagte er beim »World Leadership Summit« in Köln: »Es geschieht genau jetzt« und lobte das leidenschaftliche Engagement junger Menschen.[124]

1990

»Rettet uns vor dem Ozonloch!«

2000

»Rettet uns vor dem Feinstaub!«

2003

»Angst vor saurem Regen!«

2010

»Rettet uns vor dem Müllproblem!«

2012

Der ehemalige Weltklimarat-Chef Rajendra Pachauri erklärte das Jahr 2012 zur »Deadline« in Sachen Klimaapokalpyse: »Wenn bis 2012 nicht gehandelt wird, ist es zu spät.«[125]

2019

»Rettet uns vor der Klimaerwärmung!«

2020

»Rettet uns vor den Grünen!«

KAPITEL 5

Klimaapokalypse??? – Die Anti-Mainstream-Version

> Hilfe, die Deutschen sind … verrückt geworden.[1]
>
> —*DIE PRESSE*/ÖSTERREICH

Gibt es den »rein menschengemachten« Klimawandel überhaupt?

Die meisten Anti-Mainstream-Wissenschaftler zweifeln am Dogma des IPCC, der Klimawandel sei »rein menschengemacht« (zu »95 Prozent«, wie ich oben erläutert habe). Sie verweisen auf die erdgeschichtlichen Klimaschwankungen, die es zweifellos gab und immer noch gibt. Diese sind allerdings im Gegensatz zum rein menschengemachten Klimawandel, den der Mainstream so vehement vertritt, wissenschaftlich bewiesen.

Zwischen 1530 und 1564 prägte eine auffällige Warmphase unser Klima. Zu Beginn des 17. Jahrhunderts wechselten sich dann sehr warme und sehr kalte Winter ab. Beispielsweise blühten im Jahr 1602 die Kirschen bereits Anfang April, 1607 sogar Mitte März. Renward Cysat, Chronist aus dem schweizerischen Luzern, berichtete, dass er im Januar (!) 1609 in seinem Garten reife Erdbeeren pflücken konnte.[2]

Nichtsdestoweniger und geschichtlichen Fakten zuwider: Die Grünen verströmen eine unglaubliche Katastrophen-Euphemismus. Für sie und ihre Helfershelfer geht die Welt ja bekanntermaßen in 10 Jahren unter.

Doch bis heute sind die Lager gespalten: Die politisch korrekte Wissenschaft stellt die Erderwärmung nicht infrage, während jene, die es tun, als »Klimaleugner«, »Verschwörungstheoretiker« und »Rechte« beschimpft werden.

Aber auch ein »seriöser« und im Mainstream anerkannter Wissenschaftler wie der Meteorologe Victor Venema[3] von der Universität Bonn schrieb in seiner viel beachteten Studie »Five reasons scientists do not like the consensus on climate change«, dass in den meisten Fragen der Klimaforschung »keine Einigkeit« herrsche, die Erkenntnisse in der Forschung nicht über »Abstimmungen« erzielt würden (siehe Unterkapitel »Klimabericht: Statt ›Fakten‹ werden ›Umfragen‹ präsentiert!«, S. 67 f.) und dass es ein gutes Prinzip der Forschung sei, politische Debatten aus der Wissenschaft herauszuhalten.[4]

Denn die Wissenschaftler sind sich seit Jahrzehnten uneinig. Die Daten, die über das Klima erhoben werden, sind einfach zu mangelhaft und enthalten beträchtliche Ungewissheiten. Das verwundert nicht, handelt es sich beim Klima doch um ein gekoppeltes, nicht lineares und dynamisches, sondern um ein sehr komplexes System, das schwer vorherzusagen und sogar von den teuersten und modernsten Computerberechnungsprogrammen nicht fehlerfrei darzustellen ist.

Sind Klimaschwankungen normal?

Nicht daran zu zweifeln ist wohl, dass es tatsächlich einen anthropogenen, also einen von Menschen verursachten Effekt auf das Klima gibt. Die entscheidenden Fragen sind jedoch:

① Wie hoch ist dieser Anteil?
② Lässt sich die »rein menschengemachte« Erderwärmung mit Gewissheit bestätigen?

Fakt ist zunächst einmal, dass unser Klima im Laufe der Erdgeschichte weiten und langperiodischen Schwankungen unterlag. Zeiten mit ungewöhnlich hohen Temperaturen gab es schon immer und extrem heiße Sommer ebenfalls. Siehe den »Jahrhundertsommer 2003«: Damals stiegen die Temperaturen auf bis zu 47,5 °C – und zwar nicht in Afrika, sondern in Europa. Dieser Sommer war tatsächlich eine der größten Naturkatastrophen in der Geschichte des Kontinents. Wälder brannten, Flüsse trockneten aus – und Zehntausende Menschen starben.[5] Eine EU-weite Studie[6] ergab, dass in Frankreich und in Italien etwa 20 000 Menschen mehr als in anderen Jahren starben. Betroffen waren aber auch Belgien, Luxemburg, Portugal und Spanien, heißt es in der von der EU finanzierten Studie. In Deutschland sollen rund 7000 Menschen an den Folgen der Hitzewelle gestorben sein.[7] Dennoch sprachen die damals noch »unbegrünten« Medien von »Hitzesommer«, »Rekordsommer« und »Jahrhundertsommer«,[8] heute wäre die Diktion sicherlich eine rein apokalyptische.

Seither sind 16 Jahre verstrichen. Was lag dazwischen? Bis auf den Sommer 2018 wieder einige kühlere Jahre. 2012 begann beispielsweise mit einer extremen Kältewelle von bis zu minus 45 Grad,[9] die in weiten Teilen Europas und angrenzenden Räumen für lang anhaltende, tiefe Fröste und darüber hinaus für schwere Schneefälle im Mittelmeer- und Schwarzmeerraum sorgte. Infolge der Kältewelle starben mehr als 600 Menschen als direkte Kälteopfer.[10] In diesen Fällen wurde betont, es handle sich um »lokale Anomalien«, die Erderwärmung bestehe trotzdem. Auffallend: Umgekehrt gilt diese Argumentation natürlich nicht.

Uneins sind sich die Klimaforscher auch über das berühmte »Zwei-Grad-Ziel« der internationalen Klimapolitik, nachdem die globale Erwärmung auf weniger als 2 °C bis zum Jahr 2100 gegenüber dem Niveau vor Beginn der Industrialisierung begrenzt werden soll. Doch da fangen die Probleme schon an:

- Wann genau soll denn diese »vorindustrielle Zeit« geendet haben? 1780? Oder 1880?
- Wie hoch war eigentlich die Durchschnittstemperatur auf der Erde vor 150 oder 200 Jahren? Denn für Regionen wie die Arktis fehlen Messdaten – die Temperaturen werden dann anhand von Modellen berechnet, mit – je nach Modell – anderen Ergebnissen.[11]

Ungenügende Datensätze?

Der australische IT-Experte und unabhängige Forscher John McLean nahm sich die Datensätze des Klimarats vor, der vor allem mit dem sogenannten »HadCRUT4« arbeitet. In seiner Studie stellte McLean fest, dass dieser Datensatz ungeheuerliche Fehler beinhaltet: »Er ist ungefähr so schlampig und amateurhaft gemacht wie auf dem Niveau eines Erstsemesters«.[12] McLean begründete dies auch: Durchschnittstemperaturen seien ohne jegliche Informationen oder aufgrund von Informationen berechnet worden, die häufig aus Schätzungen resultieren. So wurde »die Temperatur über Land in der südlichen Hemisphäre anhand einer einzigen Messstelle in Indonesien geschätzt.«[13] Die Karibikinsel St. Kitts sei einen ganzen Monat lang mit einer Temperatur von »0 °C« registriert worden.[14] Und so weiter und so fort. Natürlich wurde der Forscher sofort angegangen und diffamiert.

Auch der Atmosphärenphysiker Professor Richard S. Lindzen, bis 2013 am Massachusetts Institute of Technology (MIT) tätig, widersprach seinen klimaapokalyptischen Kollegen: Es sei völlig unglaubwürdig, ein derart komplexes und zahlreiche Faktoren betreffendes System wie das Klima auf eine einzige Variable zu reduzieren, nämlich die Erwärmung der durchschnittlichen globalen Temperatur, die sich in erster Linie durch eine nur 1- bis 2-prozentige Schwankung im Energiehaushalt aufgrund von CO_2 verändere.[15]

In einem umstrittenen Buchbeitrag setzte Lindzen den politisch korrekten Konsens zur »dringend notwendigen Regulierung« der Energienutzung sowie die Reaktion von Interessengruppen und Politik mit der Eugenik um 1900 gleich. Auch damals habe man der breiten Öffentlichkeit die »wissenschaftliche Untermauerung« politisch gewünschter Thesen vorgehalten, trotz entgegenlaufender Forschungsergebnisse.[16] Außerdem kritisierte er den Weltklimarat scharf: Die Klimaerwärmung sei ein »politisches« und kein wissenschaftliches Projekt:

> Eine unglaubwürdige Vermutung wird, gestützt durch falsche Beweise, die unermüdlich wiederholt werden, zu »Wissen«, das dazu dient, sich für den Umsturz der industriellen Zivilisation stark zu machen.[17]

Auch hier schlug das Imperium zurück: Von Greenpeace wurde ihm von der Ölindustrie finanzierte Forschung vorgeworfen,[18] als ob die Organisation selbst völlig neutral wäre.

Die Oregon-Petition

In der sogenannten »Oregon-Petition«,[19] die immerhin von 31000 US-Wissenschaftlern[20] unterzeichnet wurde, heißt es:

> Es gibt keinen überzeugenden wissenschaftlichen Nachweis, dass menschengemachtes CO_2, Methan oder andere Treibhausgase heute oder in absehbarer Zukunft eine katastrophale Erwärmung der Erdatmosphäre

und eine Umwälzung des Erdklimas bewirken. Darüber hinaus ist wissenschaftlich eindeutig belegt, dass eine CO_2-Zunahme in der Atmosphäre viele positive Auswirkungen auf die natürliche Pflanzen- und Tierwelt erbringt.[21]

Natürlich schlug auch hier das Imperium zurück, aber erst, nachdem angebliche »Rechtspopulisten«[22] diese Petition verbreitet hatten. Das Portal *Klimafakten.de* schrieb:

> Im Januar 2018 griff das bei Rechtspopulisten beliebte Internet-Portal *epochtimes.de* diese alte Meldung auf, und seitdem kursiert sie verstärkt auch im deutschsprachigen Raum.[23]

Klimafakten.de schreibt selbst über die Oregon-Petition:

> Das Ziel dieser Petition ist es, durch eine eindrucksvoll große Zahl an Unterzeichnenden Zweifel zu säen am wissenschaftlichen Konsens der Fachwelt zum menschengemachten Klimawandel. Doch schaut man genauer auf die Unterschriften, dann stammt nur ein Bruchteil (lediglich 39, das entspricht 0,1 Prozent) von Personen, die wohl tatsächlich in der Klimaforschung aktiv sind. Und auch die Gesamtzahl von 31 000 ist winzig im Vergleich zur Zahl der Naturwissenschaftler in den USA. Als Petition relativ weniger und fast ausschließlich fachfremder Personen sagt diese Initiative deshalb nichts aus über den tatsächlichen Stand der Klimaforschung.[24]

Mit den Argumenten, »Rechte« griffen das Thema auf und die Petition sei hauptsächlich von Nichtexperten unterzeichnet worden, wurde sie also vom Tisch gewischt. Eine andere Petition konnte von den angeblichen Klimaschützern jedoch nicht so einfach negiert werden:

Petition: Neunzig führende italienische Wissenschaftler gegen die CO_2-Theorie

Im Juni 2019 wandten sich neunzig angesehene italienische Wissenschaftler in einer anderen Petition[25] gegen das Dogma des menschengemachten Klimawandels an die höchsten italienischen Staats- und

Regierungsvertreter. Sie riefen diese dazu auf, keine antiwissenschaftlichen Maßnahmen zur CO_2-Reduktion mehr durchzuführen.

Initiator der Petition war Uberto Crescenti, Professor für Angewandte Geologie an der Università degli Studi »Gabriele d'Annunzio« Chieti (Rektor der G. Universität d'Annunzio von 1985 bis 1997, Präsident der Italienischen Geologischen Gesellschaft von 1999 bis 2005, Gründer und Präsident der Italienischen Vereinigung für angewandte Geologie und Umwelt von 1999 bis 2005, Gründer und Präsident der Italienischen Vereinigung für Geologie und Tourismus im Jahr 2001).

Des Weiteren:

- Giuliano Panza, Professor für Seismologie, Universität Triest, Akademiker der Lincei und der National Academy of Sciences, bekannt als XL, Internationaler Preis 2018 der American Geophysical Union.
- Alberto Prestininzi, Professor für Angewandte Geologie, Universität La Sapienza, Rom, ehemaliger wissenschaftlicher Leiter der internationalen Zeitschrift IJEGE und Direktor des Forschungszentrums für geologische Risikoprognose und -kontrolle.
- Franco Prodi, Professor für Physik der Atmosphäre, Universität Ferrara.
- Franco Battaglia, Professor für Physikalische Chemie, Universität Modena.
- Mario Giaccio, Professor für Technologie und Wirtschaft der Energiequellen, Universität G. d'Annunzio, ehemaliger Dekan der Wirtschaftsfakultät.
- Enrico Miccadei, Professor für Geografie, Physik und Geomorphologie, Universität G. d'Annunzio.
- Nicola Scafetta, Professorin für Atmosphärenphysik und Ozeanografie, Universität Federico II, Neapel,[26] und andere.

Hier die Hauptaussagen der Petition:

- Wir müssen uns bewusst sein, dass Kohlendioxid selbst kein Schadstoff ist. Im Gegenteil ist es für das Leben auf unserem Planeten unerlässlich.
- Der anthropogene Ursprung der globalen Erwärmung ist jedoch eine unbewiesene Vermutung, die nur aus einigen Klimamodellen – komplexen

Computerprogrammen, den sogenannten General Circulation Models – abgeleitet wird.

- Die im letzten Jahrhundert beobachtete anthropogene Verantwortung für den Klimawandel ist daher zu Unrecht übertrieben worden und die katastrophalen Vorhersagen sind unrealistisch.
- Klimasimulationsmodelle reproduzieren nicht die beobachtete natürliche Variabilität des Klimas und rekonstruieren insbesondere nicht die heißen Perioden der letzten 10 000 Jahre.
- Es ist wissenschaftlich unrealistisch, dem Menschen die Verantwortung für die Erwärmung zuzuschreiben, die vom vergangenen Jahrhundert bis in die Gegenwart beobachtet wurde.
- Viele neuere Studien, die auf experimentellen Daten basieren, schätzen, dass die Klimasensitivität auf CO_2 deutlich geringer ist als die, die in den Modellen des IPCC angenommen wird.
- Die weitreichenden alarmierenden Vorhersagen sind daher nicht glaubwürdig, da sie auf Modellen basieren, deren Ergebnisse im Widerspruch zu den experimentellen Daten stehen.
- Alle Beweise deuten darauf hin, dass diese Modelle den anthropogenen Beitrag überschätzen und die natürliche klimatische Variabilität unterschätzen, insbesondere die durch die Sonne, den Mond und die Meerestemperaturschwankungen verursachte.
- Wir müssen uns bewusst sein, dass die wissenschaftliche Methode erfordert, dass es Fakten und nicht die Anzahl der Anhänger sind, die die Vermutung zu einer konsolidierten wissenschaftlichen Theorie machen.
- Auf jeden Fall gibt es den vermeintlichen Konsens nicht. Tatsächlich gibt es eine beträchtliche Meinungsverschiedenheit zwischen den Fachleuten.
- Angesichts der entscheidenden Bedeutung, die fossile Brennstoffe für die Energieversorgung der Menschheit haben, schlagen wir abschließend vor, dass wir uns nicht an eine Politik der unkritischen Reduzierung der Kohlendioxidemissionen in die Atmosphäre mit dem illusorischen Anspruch halten, das Klima zu regieren.[27]

Damit ist eigentlich alles gesagt, was die angeblichen Klimaschützer nicht wahrhaben wollen. Ich bin gespannt, wann diese hochrangigen italienischen Wissenschaftler ebenfalls als »Rechte« und »Klimaleugner« beschimpft und verunglimpft werden.

Seriöse Wissenschaftler beweisen: Der Klimawandel wird nicht vom Menschen verursacht

Ein weiterer Schock für die Klimaaktivisten: Finnische Wissenschaftler fanden im Juli 2019 heraus, dass der Klimawandel von Menschen offenbar gar nicht verursacht werden kann. Sie stellten nach einer Reihe von Untersuchungen »praktisch keinen anthropogenen [vom Menschen verursachten] Klimawandel« fest: »In den letzten 100 Jahren stieg die Temperatur aufgrund von Kohlendioxid um etwa 0,1 °C. Der menschliche Beitrag lag bei etwa 0,01 °C.«[28]

Zusammen mit einem Team der Universität Kobe in Japan wurde die Theorie der finnischen Forscher vorangetrieben: »Neue Erkenntnisse deuten darauf hin, dass hochenergetische Partikel aus dem Weltraum, die als galaktische kosmische Strahlung bekannt sind, das Erdklima beeinflussen, indem sie die Wolkendecke vergrößern und einen ›Regenschirmeffekt‹ verursachen«, heißt es in der Zusammenfassung der Studie, die in der Zeitschrift *Science Daily* publiziert wurde.[29] Die Ergebnisse sind von großer Bedeutung. Denn der »Regenschirmeffekt« – ein ganz natürliches Ereignis – könnte der Hauptgrund für die Klimaerwärmung sein, und eben nicht die von Menschen verursachten Faktoren.[30]

Professor Hyodo kommentierte in *Science Daily*:

> Das IPCC hat die Auswirkungen der Wolkendecke auf das Klima diskutiert, dieses Phänomen wurde jedoch aufgrund des unzureichenden physikalischen Verständnisses in Klimavorhersagen nie berücksichtigt. Diese Studie bietet die Möglichkeit, den Einfluss von Wolken auf das Klima zu überdenken. Wenn die kosmische Strahlung zunimmt, steigen auch die niedrigen Wolken. Wenn die Strahlung abnimmt, so tun es auch die Wolken. Die Klimaerwärmung kann also durch einen gegensätzlichen Regenschirmeffekt verursacht werden.[31]

Die Wissenschaftler:

> Wir haben bewiesen, dass die im IPCC-Bericht AR5 verwendeten GCM-Modelle die in der globalen Temperatur enthaltenen natürlichen Komponenten nicht korrekt berechnen können. Der Grund dafür ist, dass

> diese Modelle die Einflüsse einer niedrigen Wolkendecke auf die globale Temperatur nicht berücksichtigen. Dies führt dazu, dass der Einfluss von kleinen natürlichen Faktoren, wie etwa der Anteil von Treibhausgasen wie Kohlendioxid, überproportional groß dargestellt wird. Aus diesem Grund repräsentieren J. Kauppinen und P. Malmi … die Klimasensitivität um mehr als eine Größenordnung höher als unsere Sensitivität von 0,24 °C. Da der anthropogene Anteil am erhöhten CO_2 weniger als 10 Prozent beträgt, haben wir praktisch keinen nachweisbaren anthropogenen Klimawandel. Die globale Temperatur wird hauptsächlich von den tiefen Wolken gesteuert.[32]

Das Team in Japan hat eine vollständige Neubewertung der aktuellen Klimamodelle gefordert:

> Wir bezweifeln jedoch, dass die Ideologen … sich mit den neuen wissenschaftlichen Erkenntnissen auseinandersetzen werden. Wir hoffen, dass die US-amerikanische Forschungsgemeinschaft über die Präsentation der neuen Forschungsergebnisse nachdenkt und diskutiert, bevor es zu spät ist. Zu spät, um genaue wissenschaftliche Erkenntnisse zu gewinnen und um eine irreparable wirtschaftliche Katastrophe abzuwehren, die zweifellos Menschen und Umwelt ins Elend führen würde.[33]

Nanu: Steigender CO_2-Gehalt fördert Pflanzenwachstum?

Forscher im Fachmagazin *Nature Climate Change* berichteten bereits 2016, dass sich die Treibhausgasemissionen unseren Planeten sichtbar verändert hätten, aber zum Positiven: Er werde immer grüner.

Durch den »Düngeeffekt« des Kohlendioxids sei die Vegetation der Erde messbar üppiger geworden. Die Zunahme an Biomasse entspreche einem grünen Kontinent, doppelt so groß wie die USA.

Die Messungen wurden durch Satelliten angestellt, die durch die Reflexion von Infrarotlicht analysierten, wie groß die Blattfläche und Dichte der Vegetation in einem Gebiet jeweils war. Das Ergebnis: Seit 1982 ist die Pflanzenwelt auf einem Großteil der irdischen Landflächen üppiger und damit grüner geworden. Die Blattfläche der Bäume, Sträucher und sonstigen Pflanzen haben sich messbar vergrößert. Insgesamt habe die pflanzliche Biomasse in einem Viertel bis zur Hälfte der mit Pflanzen bewachsenen Landgebiete zugenommen. Als Ursache dafür benannten die Forscher den Düngeeffekt der steigenden CO_2-Werte. Dieser Effekt wirke sich nahezu flächendeckend in allen Regionen der Erde aus, doch zu viel CO_2 würde das Pflanzenwachstum negativ beeinflussen.[34]

Exkurs: Klimaschutzpolitik tötet Menschen!

Die ugandische Menschenrechtlerin Fiona Kobusingye rechnete in einem viel beachteten Artikel bereits vor 10 Jahren mit den sogenannten »Klimaschützern« ab. Dabei ging es ihr um die Menschen in Afrika, die durch die sich damals schon abzeichnende Klimahysterie einfach vergessen werden. Ihr Statement ist heute aktueller denn je, weswegen ich einige Auszüge zitieren möchte:

> Uns wird gesagt, Öl und Benzin sowie auch das Verbrennen von Holz und Kohle werden unseren Planeten gefährlich aufheizen, die Eiskappen abschmelzen, die Küstenstädte überschwemmen und Stürme, Dürren, Krankheiten und Artensterben verursachen. Mehr als 700 Klimaforscher und 31 000 andere Wissenschaftler sagen, Mensch und Kohlendioxid hätten nur minimale Auswirkungen auf die Temperatur und das Klima der Erde und eine »Klimakatastrophe« finde nicht statt. Aber mit ihren Ansichten und Studien werden sie nie eingeladen oder gar in Foren der »Klimakrise« geduldet. […] Stattdessen werden die Afrikaner belehrt: Klimawandel »bedroht die Menschheit mehr als HIV/AIDS«. Kann das stimmen bei mehr als 2,2 Millionen afrikanischen AIDS-Todesopfern jedes Jahr?[35]
>
> Doch unser eigentliches Problem ist weder in einer fragwürdigen oder gefälschten Wissenschaft zu sehen noch in hysterischen Forderungen oder wertlosen Computermodellen, die Klimakatastrophen vorhersagen. Das Problem ist, dass sie uns Afrikanern vorschreiben wollen, keine Kohle- oder Erdgas-Elektro-Kraftwerke zu errichten. Gerade das fast völlige Fehlen von Strom behindert uns doch bei der Schaffung von Arbeitsplätzen und modernen Gesellschaften. Tatsache ist, dass diese Politik *tötet*.[36]
>
> Die durchschnittliche Lebenserwartung in Afrika ist niedriger als in den Vereinigten Staaten und Europa vor 100 Jahren. Aber uns Afrikanern wird gesagt, wir sollten uns nicht entwickeln, keinen Strom oder Autos haben, denn jetzt, da diese Länder reicher sind, als Afrikaner sich das

> überhaupt vorstellen können, machen sie sich über die globale Erwärmung Sorgen. Al Gore und der UN-Klima-Chef … sagen uns, die Welt brauche eine Energiediät. Nun, ich habe Neuigkeiten für sie. Wir Afrikaner machen bereits eine Energiediät: Wir verhungern![37]
>
> Kein Strom bedeutet auch Krankheit und Tod. Es bedeutet, Millionen sterben an Lungeninfektionen, weil sie zum Kochen und Heizen nur offenes Feuer haben; sie sterben an Darmerkrankungen durch verdorbene Lebensmittel und Trinkwasser; sie sterben an Malaria, Tuberkulose, Cholera, Masern und anderen Krankheiten, die wir verhindern oder behandeln könnten, wenn wir angemessene medizinische Einrichtungen hätten. Ist etwa die hypothetische globale Erwärmung in 100 Jahren schlimmer als das?[38]
>
> Den Menschen in Afrika vorzuschreiben, sie könnten keinen Strom und keine wirtschaftliche Entwicklung haben – außer dem bisschen, was einige kleine Windturbinen oder Solarzellen produzieren – das ist unmoralisch. Es ist ein Verbrechen gegen die Menschheit.[39]
>
> Inzwischen bauen China und Indien jede Woche neue Kohlekraftwerke und bringen damit ihre Leute aus der Armut heraus. Selbst wenn also Afrika verarmt bleibt – und wenn die USA und Europa auf Windmühlen und Atomkraft umschalten – die globalen Kohlendioxidwerte würden trotzdem jahrzehntelang weiter steigen.[40]
>
> Umweltradikale … behaupten, die globale Erwärmung würde Malaria noch schlimmer machen. Das ist lächerlich, denn die Krankheit war einst in ganz Europa verbreitet, in den Vereinigten Staaten und sogar in Sibirien.[41]
>
> Wir brauchen nicht noch mehr Hilfe – vor allem nicht solche Hilfe, die vor allem an korrupte Beamte geht, welche das Geld auf ihre privaten Bankkonten leiten, Propagandakonferenzen über Global Warming abhalten und gleichzeitig ihr eigenes Volk arm halten. Wir brauchen keine reichen Länder, die uns Unterstützung beim Klimawandel anbieten (vielleicht irgendwann in 10 Jahren), wenn wir versprechen, uns nicht zu entwickeln. […] Wir müssen aufhören, den Scharlatanen« zu glauben, die uns das Märchen von der globalen Erwärmung verkaufen wollen.[42]

Mich würde interessieren, mit welchen Argumenten Grüne und die »Fridays for Future«-Verblendeten die einzelnen Punkte von Frau Kobusingye widerlegen können.

Atomkraft: JA – danke!

Maybrit Illner zu Robert Habeck: »Die Franzosen haben eine viel bessere Klimabilanz als wir, weil sie Atomstrom nutzen. Dürfen wir die Atomenergie weiter so verfemen wie bisher?« Der Grüne möchte nicht recht auf das Thema einsteigen.[43]

Wir brauchen den Atomstrom, um unser Klima zu retten, sagen manche Kritiker der Atom- und Kohleausstiegspläne der Bundesregierung. Beispielsweise CDU-Energieexperte Klaus-Peter Willsch:

> Wer sich für eine CO_2-arme Energiegewinnung ausspricht und gleichzeitig Energieversorgungssicherheit gewährleisten möchte, wird an der Kernenergie nicht vorbeikommen. Im Sinne des Klimaschutzes ist die Kernenergie die sauberste Art der Energiegewinnung. Das hat sogar Greta verstanden, bis sie von ihrem Kampagnenmanager zurückgepfiffen wurde.[44]

Und tatsächlich hatte die »Klimaaktivistin« davon gesprochen, dass Atomenergie »ein kleiner Teil einer sehr großen neuen kohlenstofffreien Energielösung« sein könne. Aber kurz darauf änderte sie ihre Meinung wieder.[45]

Andere Staaten halten jedenfalls an der Atomkraft fest: Die Regierung in Finnland lässt derzeit wieder neue, moderne Kernkraftwerke bauen, um ihre Klimaziele zu erreichen.[46] Auch andere Länder denken nicht daran, die Kraftwerke stillzulegen. Das führt zu einer irrwitzigen Situation: Wir schalten unsere modernen Atomkraftwerke ab – nebenan laufen Schrott-Werke weiter. Nicht zu vergessen. An unseren Grenzen befinden sich mehrere sogenannte »Hochrisikoreaktoren«, beispielsweise:

- AKW Fessenheim in Frankreich (Inbetriebnahme 1977)
- Tihange in Belgien (1975)
- Dukovany in Tschechien (1985)[47]

Zudem sind 111 neue Atomkraftwerke geplant, davon allein 43 in China, 24 in Russland und 14 in Indien.[48]

Auch hierzulande denken immer mehr Entscheider aus Politik und Wirtschaft laut über eine Verlängerung des Atomausstiegs nach. Grund: der Klimaschutz![49] Denn es gibt immer größere Zweifel (und auch berechtigte Zweifel), ob die deutschen Klimaziele ohne die Atomkraft überhaupt zu erreichen sind. Zumindest wenn unser Strom für alle bezahlbar bleiben soll.

Offene Fragen

Ich habe nun das Für- und Wider einer scheinbar drohenden Klimaapokalypse dargestellt, damit Sie sich ihr eigenes Urteil bilden können. Dennoch müssen folgende Fragen von den angeblichen Klimaschützern beantwortet und folgende Fakten widerlegt werden, um überhaupt glaubhaft zu sein:

- Das Klima hat sich seit Entstehung der Erde vor 4,5 Milliarden Jahren kontinuierlich verändert.
- Über etwa 75 Prozent der letzten 550 Millionen Jahre lag der CO_2-Gehalt unserer Atmosphäre zwei- bis fünfzehnmal höher als heute. Die Evolution blühte auf. Das Aussterben von Arten aufgrund einer Überhitzung durch CO_2 ist nicht bekannt.
- Die ungenauen und sich widersprechenden Klimamodelle sind die Achillesferse der Klimaforschung. Sie leben von Daten, die nach bestimmten Algorithmen arbeiten. Problem: Es sind weder alle Daten noch alle Mechanismen des Klimasystems überhaupt bekannt. Zudem sind die Interaktionen zwischen Meeren, Wolken, CO_2 etc. noch nicht vollständig erforscht. Doch die Klimaentwicklung ist ein nichtlineares, chaotisches System (Temperatur, Luftdruck, Feuchtigkeit, Niederschlag, Luftbewegung, Windrichtung, Windstärke, Wolkenbildung etc.), bei dem keine längerfristigen Vorhersagen möglich sind. Das IPCC schrieb selbst: »Das Klimasystem ist ein gekoppeltes, nichtlineares chaotisches System. Daher ist die langfristige Vorhersage zukünftiger Klimazustände nicht möglich.«[50]
- Der Glaube an eine konstante Erdtemperatur ist nachweislich falsch.
- Die Definition einer Idealtemperatur ist ein Blick in die Glaskugel. Denn was ist die Idealtemperatur? Die heutige? Die der vorindustriellen Zeit?

- Inwieweit die kosmische Strahlung Einfluss auf das Klima nimmt, wird bei den IPCC-Modellrechnungen gar nicht berücksichtigt.
- Das IPCC will auch für den geplanten Sachstandsbericht, der für 2021 geplant ist, keine Geologen mit einbinden. Warum eigentlich nicht?
- Das Klima hat sich im Verlauf der Erdgeschichte unzählige Male sehr viel dramatischer verändert (Erwärmung, Erkaltung) als heute.
- Warum hat man in England schon in der Römerzeit Wein angebaut? Am Vorstoß und Rückzug der Weinbaugrenze lassen sich somit recht genau die Klimaschwankungen der letzten 2000 Jahre zurückverfolgen. Während des sogenannten »Klima-Optimums« der Römerzeit und rund 1000 Jahre später, während der mittelalterlichen Warmphase, wurden in nördlichen Breiten Weinberge angelegt. Während der Kältephasen der Völkerwanderungszeit und des frühen Mittelalters und besonders in der frühen Neuzeit – der sogenannten »Kleinen Eiszeit« – verschwanden viele dieser Weinberge. Heute sind sie wieder auf dem Vormarsch.[51]
- Warum gab es auf Grönland (»Grünland«) einst grüne Wiesen und Wälder?[52]
- Warum stellt der Weltklimarat IPCC den Einfluss der Sonne (Sonnenstrahlung, Sonnenflecken, Sonnenaktivitäten) auf das Klima als bedeutungslos dar?
- Warum stellt der Weltklimarat den Einfluss kosmischer Strahlungen, kosmischer Felder, der Kondensationskerne und des Magnetfelds der Sonne nicht dar?
- Der Bevölkerungsanstieg der letzten 11 000 Jahre hatte keinen Effekt auf die Temperatur: Sie fiel und stieg, während die CO_2 ausstoßende Weltbevölkerung (und damit auch Atmung, Verdauung, Viehzucht, Verbrennungsprozesse, Verwesung etc.) stetig anwuchs: Die Weltbevölkerung stieg von rund 5 Millionen (vor 11 000 Jahren) auf rund 7,7 Milliarden Menschen (2019) an. Die durchschnittliche Temperatur zeigt aber in diesem Zeitraum ein Auf und ein Ab und eben nicht einen kontinuierlichen Anstieg.
- Der Mensch hat nur auf 3 Prozent des CO_2 in der Atmosphäre überhaupt einen Einfluss, davon 1,2 Prozent durch das Verbrennen von Brennstoffen. Die restlichen 97 Prozent stammen aus natürlichen Quellen wie Wäldern, Ozeanen, Vulkanen, Sümpfen und Laub.

- Wie sollen rund 36 Gigatonnen »menschengemachtes« CO_2 plötzlich 95 Prozent von 550 Gigatonnen CO_2 sein, das jährlich in die Atmosphäre gelangt?
- Von der Klimawissenschaft wird offiziell anerkannt, dass erhöhtes CO_2 *die Folge* von höheren Temperaturen ist. Wenn die Erde aus einer Eiszeit kommt, wird die Erwärmung nicht durch CO_2 verursacht, sondern durch Veränderungen der Erdumlaufbahn und der Erdachse.[53]
- Infolge des Temperaturanstiegs geben die Meere CO_2 ab, das die Erwärmung verstärkt und über den gesamten Planeten verteilt.[54] Immerhin sind 71 Prozent der Erde von Wasser bedeckt,[55] das löst ein Vielfaches mehr CO_2 aus als alles andere zusammen.
- Ein einziger Vulkanausbruch kann den CO_2-Anstieg in der Atmosphäre gigantisch erhöhen.
- Vor 300 Millionen Jahren waren die CO_2-Konzentrationen zehn- bis zwanzigmal so hoch wie heute, aber gleichzeitig herrschte eine Eiszeit. Nach der IPCC-Logik hätte die Atmosphäre also niemals abkühlen und Leben ermöglichen dürfen.

Erst wenn das alles (und noch viel mehr) geklärt ist, steht der sogenannte »menschengemachte Klimawandel« auf einem wirklichen wissenschaftlichen Fundament. Zuvor ist diese »Annahme« nur eine politische Ideologie.

KAPITEL 6

Was uns der grüne Klima-Unsinn wirklich kosten wird

> Eine CO_2-Bepreisung macht manches teurer, da sollte niemand drum herumreden.[1]
>
> —FINANZMINISTER OLAF SCHOLZ, SPD

Das Billionen-Klimageschäft

Der Chefredakteur der Schweizer *Weltwoche,* Roger Köppel, hat erkannt:

> Wer das CO_2 kontrolliert, hat einen gewaltigen Machthebel in der Hand. CO_2 ist überall. Es ist in den Ozeanen, in den Pflanzen, in der Atmosphäre, in den Atemwegen der Tiere und der Menschen. Auf dem Ausstoß von CO_2 in Motoren, Maschinen und Heizungen beruht die moderne Zivilisation und ihre Energieversorgung. Wer das CO_2 in der Hand hat, wer das CO_2 zur wichtigsten politischen Größe der Gegenwart erklärt, hat die Weltherrschaft. Das ist eine mächtige, eine überwältigende Versuchung.[2]

Es geht ums Geld. Ohne Knete keine Fete. Natürlich protestiert der große Teil der Wirtschaft nicht gegen die Pläne der Ökosozialisten, weil die entstehenden Kosten sowieso auf den Endverbraucher durchgereicht werden – und obendrauf noch die handelsübliche Verdienstspanne. Außerdem verspricht der grüne Kommunismus Profit, sehr viel Profit.

Auf der Klimakonferenz 2018 im polnischen Katowice standen immerhin 415 (!) Großbanken, Pensionsfonds, Lebensversicherer, Vermögensverwalter und andere Investoren auf der Matte und tendierten für eine konsequente Bepreisung der Emissionen. Diese Finanzkonzerne legen zusammen Gelder in Höhe von 32 Billionen Dollar an.[3]

Spiegel Online schrieb: »Finanzkonzerne wollen Regierungen zu mehr Klimaschutz zwingen«.[4] Ganz vorn mit dabei: die Allianz,

Vermögensverwaltungstöchter von Großbanken wie der Deutschen Bank, BNP Paribas, UBS und HSBC sowie die Pensionsfonds ABP und PGGM.[5] Die Konzerne forderten von der Politik die Abschaltung von Kohlekraftwerken, das Ende der Subventionierung fossiler Brennstoffe sowie die Einführung eines »bedeutenden« Preises für den Ausstoß des Treibhausgases CO_2.[6]

Die Finanzbranche hat großes Interesse daran, entsprechende Investments voranzubringen, die nachhaltige und soziale Zwecke verfolgen. Diese haben in den vergangenen 2 Jahren um 25 Prozent zugelegt. Axel Weber, Chef der Schweizer Großbank UBS, schrieb, dass nachhaltige Investments zu einem »Massenprodukt« werden können, wenn die Politik mit richtigen Rahmenbedingungen helfe.[7]

Mit »nachhaltigen« Geldanlagen wird jetzt schon viel Geld verdient: Rund 220 Milliarden Euro fließen in nachhaltige Fonds (Fotovoltaik, Windenergie, grüne Immobilien, Netzinfrakstruktur etc.)[8]

Rund 90 Prozent des klimabezogenen Börsenhandels werden von der US-Terminbörse Intercontinental Currency Exchange (ICE) kontrolliert, und zwar über deren Tochterunternehmen European Climate Exchange (London) und Chicago Climate Exchange (CCE). Von Letzterem besaß der Umweltalarmist und einer der Hauptagitatoren des angeblich »menschengemachten« Klimawandels, Al Gore, 10 Prozent Anteile. Seine Kritiker nannten ihn daraufhin den ersten »Kohlenstoffmilliardär«.[9]

Ein weiterer Global Player im Geschäft des »menschengemachten Klimawandels« ist das Unternehmen »Ökoworld AG«. Es wurde im Jahr 1975 von Alfred Platow, einem deutschen Finanzberater, und dem Mathematiker Klaus Odenthal zunächst als »Alfred & Klaus – kollektive Versicherungsagentur« gegründet. Aus der einst kleinen Agentur entstand dann die »versiko AG«, die sich 2013 schließlich den Namen »Ökoworld AG« gab.[10] Sogar Greta wurde eingespannt. Auf der Homepage unter »News« las ich Mitte August 2019: »Nachhaltige Investments: Wo könnte Greta Thunberg jetzt investieren?«[11] Nun ja, allein schon der Name der kleinen Greta scheint auch hier Geld zu bringen. Die Klimahysterie wird gut vermarktet.

All diese »Klimaheuschrecken«, von denen uns die Grünen übrigens nichts erzählen, hoffen sie auf Milliardengeschäfte durch eine globale Energiewende. Punkt. Aus.

Aber auch hier wird gemauschelt, dass die Bude kracht, denn viele CO_2-Preissysteme sind anfällig für Betrug. *Spiegel Online*: »Industriestaaten wurde teils vorgeworfen, Emissionen in anderen Staaten bewusst nach oben zu treiben, nur um sie anschließend mit eigenen Projekten wieder zu reduzieren und damit ihre eigene Klimabilanz zu verbessern. 2011 haben zudem Hacker mangelnde Sicherheitsregeln ausgenutzt, um 2 Millionen CO_2-Zertifikate zu stehlen.«[12]

Ich fasse noch einmal zusammen:

- Laut angeblichen Klimaschützern ist die größte Gefahr, dass zu wenig Geld in CO_2-arme und zu viel Geld in CO_2-intensive Technologien und Branchen fließt.
- Um dieses Problem zu lösen, müssen die globalen Finanzströme in Richtung Klimaschutz gelenkt werden.
- Ein wirksamer Hebel dafür wäre eine globale Bepreisung des CO_2-Ausstoßes.[13]

Diese Idee findet immer mehr Unterstützer in Politik und Wirtschaft,[14] vor allem bei den Grünen.

Aus der CO_2-Steuer wird im Neusprech »CO_2-Bepreisung«

Ich habe oben schon angedeutet, wie der Grünen-Neusprech unser Verhalten steuern und Kritiker diffamieren soll. Ein gutes Beispiel für die Verdummung der Bürger ist die Änderung des Wortes CO_2-»Steuer« in CO_2-»Bepreisung«. Damit wären wir beim Lieblingsthema der Grünen: Verbote, Abgaben, Steuern, Gängelungen, Begrenzungen. Zum Beispiel Zuckersteuer, Fettsteuer, Plastiksteuer, Windkraft, Ökostrom, Ökosteuer, Frauenquote, Autofeindschaft, Gender und Multikulti. Die Grünen wollen uns »zwangsbeglücken«[15] und uns einen Tugendstaat aufzwingen.

Was vor rund 20 Jahren die Ökosteuer war, ist für die Grünen jetzt die CO_2-Steuer (also Steuern auf Treibhausgase), die sie heuchlerisch als »Bepreisung« verherrlichen, was natürlich schnell von den Altparteien übernommen wurde. Dabei geht es nicht um Peanuts: Die Steuer könnte dem Fiskus bis zu 13 Milliarden Euro Neueinnahmen in die Kassen spülen.[16] Eine YouGov-Umfrage im Sommer 2019 ergab:

- 74 Prozent der Deutschen würden auf Kurzstreckenflüge verzichten.
- 63 Prozent wollen weniger Fleisch essen.
- 56 Prozent wollen ihren Wagen in Innenstädten stehen lassen.[17]

Dieselbe Umfrage ergab aber auch:

- Nur 27 Prozent befürworten höhere Spritpreise.
- Nur 20 Prozent wollen mehr Geld für Ökostrom ausgeben.[18]

Doch auch bei der Berechnung der tatsächlichen Kosten für den Klimaschutz wird getrickst, gemauschelt, vertuscht und beschönigt – auf Teufel komm raus.

Kritikern zufolge öffnet die neue CO_2-Steuer, die als »Abgabe« getarnt werden soll, Tür und Tor für untragbare finanzielle Belastungen. Auch die Grünen-»Geisel-Kinder« der »Fridays for Future«-Demonstrationen begreifen nicht, wie sich ihr Leben verändern wird. Alles wird dann teurer:

- Benzin
- Diesel
- Heizöl
- Kohle
- Brennholz
- Lebensmittel
- Kleidung
- Wasser
- Strom
- Reisen
- Fahren
- Fliegen
- Smartphones und andere elektronische Geräte …

Warum? Weil jetzt schon klar ist, dass die Unternehmen die CO_2-Steuer über den Preis an die Endverbraucher weitergeben werden. Die Preise werden also steigen, und der Bürger muss zusätzlich noch eine »Abgabe« zahlen. Wie und woher ein »Ausgleich« dafür kommen soll, sind bisher nur Chimären von orientierungslosen Politikern.

Ich garantiere Ihnen: Wenn es – wie auch immer – zu einem neutralen Ausgleich der CO_2-Steuer kommen sollte (was ich nie im Leben glaube), werden die Preiserhöhungen (und die damit einhergehende höhere Inflation), die dadurch entstanden sind, ganz sicher nicht »belastungsneutral« ausgeglichen werden. Jetzt schon haben wir mit die höchsten Energiesteuern auf der ganzen Welt, was man an der Zapfsäule und der Stromabrechnung sehen kann.

Ähnlich war dies bei der Einführung der Ökosteuer, die von den Grünen auf Biegen und Brechen durchgedrückt wurde. Das Ergebnis: Die Ökosteuer wird zu 100 Prozent nur für die Rentenkasse benutzt und hat Ärmere noch ärmer gemacht.

Berechnungen zufolge würden Greta Thunbergs Forderungen nach einer CO_2-Reduzierung um 90 Prozent eine Durchschnittsfamilie monatlich 150 Euro, jährlich also knapp 2000 Euro kosten (manche Berechnungen gehen sogar von 3000 Euro aus)[19] und Heizöl bis zu 80 Cent teurer machen. Ein Liter Benzin würde dann rund 3 Euro kosten.[20]

Aber es gibt noch viele andere »Ideen«: etwa höhere Kfz-Steuern bei der Neuanmeldung eines Fahrzeugs (»Zulassungssteuer«) oder eine bundesweite »Städtemaut«. Der Fantasie sind keine Grenzen gesetzt.

Sogar die Wirtschaftsweisen plädierten im Sommer 2019 für höhere CO_2-Preise (sprich: »Kohlendioxidsteuer«): Diese gelten heute bereits im sogenannten »Emissionshandel« für die Stromwirtschaft und die Industrie. Sie sollen jetzt auf alle Bereiche der Wirtschaft ausgedehnt werden, also auch auf den Verkehrs- und Gebäudebereich, die bisher nicht vom Emissionshandel erfasst sind.[21]

Aus dem noch »moderaten« Gutachten des Edenhofer-Instituts geht hervor, dass Benzin »zum Start« 14 Cent mehr kosten müsste und 2030 dann 37 Cent – je Liter, wohlgemerkt. Wer eine 80-Quadratmeter-Wohnung mit Gas beheizt, müsste dann 260 Euro im Jahr mehr bezahlen als heute.[22]

Das Institut für Makroökonomie und Konjunkturforschung (IMK), das Deutsche Institut für Wirtschaftsforschung (DIW) und das Forum Ökologisch-Soziale Marktwirtschaft (FÖS) haben bei ihren Berechnungen für 2020 einen CO_2-Preis von 35 Euro je Tonne angenommen. Dieser sollte bis 2030 dann schrittweise auf 180 Euro steigen. Nach dieser Rechnung würden die Spritpreise zunächst 10 Cent mehr je

Liter kosten, am Ende würde der Preis 54 Cent höher liegen als sonst. Belastet werden zudem Menschen, die in schlecht isolierten Häusern wohnen oder Ölheizungen haben.[23]

Fazit: Wer sich klimafreundlicher verhält, etwa durch ein E-Auto oder ein optimal gedämmtes Haus, macht ein Plus. Alle anderen werden tief in die Tasche greifen müssen. *Der Spiegel*:

> Sobald es ans Portemonnaie geht, ändern die Menschen selbst eingefleischte Verhaltensweisen. Wenn der Urlaubsflug nach Thailand nicht mehr 800, sondern 5000 Euro kostet, dann geht's doch lieber mit der Bahn ins Allgäu. Also worauf warten wir noch?[24]

Doch all diese Zahlen, die jetzt durch die Medien geistern, sind viel zu niedrig angesetzt. Die Experten der Nationalen Akademie der Wissenschaften Leopoldina, der Deutschen Akademie für Technikwissenschaften (acatech) und der Union der deutschen Akademien der Wissenschaften haben im Auftrag der Bundesregierung[25] bereits 2017 errechnet, was das Erreichen der Klimaneutralität allein in Deutschland kosten würde. Das Ergebnis: 4,6 bis 5 Billionen Euro![26] Das ist mehr als das Doppelte aller im Jahr 2018 hierzulande hergestellten Güter und Dienstleistungen.[27]

Pro Haushalt würde das monatliche Mehrkosten von 320 Euro bedeuten, wenn die CO_2-Reduktion bis ins Jahr 2050 gestreckt wird. Sollte die CO_2-Senkung bereits bis 2035 durchgedrückt werden, würden monatliche Mehrkosten von 640 Euro auf die Haushalte zukommen.[28] Von diesen Zahlen hören Sie von Politikern wohlweislich nichts.

Die CO_2-Steuer ist in Wahrheit ein gigantisches Wohlstandsvernichtungs- oder Verarmungsprogramm[29] für weite Teile unserer Bevölkerung. Denn wer kann sich diese monatlichen Mehrbelastungen wohl leisten, ohne seine bisherige Lebensführung deutlich einzuschränken?

Sind die wohlstandsverwöhnten und oftmals schon wohlstandsgestörten Jugendlichen und deren Eltern bereit für die Einschränkung ihrer Lebensqualität?

Eine große Klappe können jene haben, die in einer größeren Stadt wohnen: Dort gibt es U-Bahnen, S-Bahnen, Busse, Züge usw. Doch was ist mit den Bewohnern auf dem Land, die die überwiegende Mehrheit darstellen? Bevor man eine CO_2-Steuer einführt, sollte man zunächst einmal den öffentlichen Personennahverkehr (ÖPNV) für ländliche Gegenden sanieren und ausbauen. Sonst ist das Ganze ziemlich sinnlos. Immerhin gibt es 18 Millionen (!) Pendler in der Bundesrepublik – so viele wie noch nie zuvor.[30] Doch eine CO_2-Steuer soll die Verbraucher »lenken«, etwa zum Kauf sparsamerer Autos oder zu besserer Dämmung von Wohnungsgebäuden.

Im August 2019 kam es zum ersten »Schaulaufen«, was der grüne Klima-Irrsinn jenseits einer CO_2- und Kerosinsteuer für uns alle bedeuten wird: Politiker von Grünen, SPD und CDU zeigten sich offen für eine »Preiskorrektur« der Mehrwertsteuer für Fleisch von 7 auf 19 Prozent. Und das alles gegen den Klimawandel, getarnt aber für einen besseren »Schutz für Tiere«.[31]

»Ich bin dafür, die Mehrwertsteuerreduktion für Fleisch aufzuheben«, sagte Friedrich Ostendorff, agrarpolitischer Sprecher der Grünen-Fraktion, und vergaß bei einer Preiserhöhung von 13 Prozent auf Fleisch und Wurst dabei gleich mal die sozial Schwachen. Es sei nicht zu erklären, warum Fleisch mit 7 Prozent und zum Beispiel Hafermilch mit 19 Prozent besteuert werde, so Ostendorff.[32]

Rainer Spiering, agrarpolitischer Sprecher der SPD, sah das ähnlich: »Eine Fleischsteuer, der Einfachheit halber über eine Erhöhung der Mehrwertsteuer auf 19 Prozent, wäre ein möglicher Weg, der sich allerdings hauptsächlich auf die Konsumenten bezieht.«[33] Auch der CDU-Agrarpolitiker Albert Stegemann zeigte sich offen für die Erhöhung der Fleischsteuer.[34] Steuer- und Preiserhöhungen im Namen des Klimas würde dem Staat viele Milliarden zusätzlich in die Kasse spülen.

Doch im August 2019 schlug der Wissenschaftliche Dienst des Bundestages Alarm: Eine CO_2-Steuer würde gegen das Grundgesetz verstoßen.[35] Denn entscheidend für die Erhebung von nationalen Steuern ist nach Auffassung der Gutachter der Steuertypenkatalog des Grundgesetzes. Dieser sehe ein Steuerfindungsrecht, aber kein Steuer*er*findungsrecht vor. Eine CO_2-Emission sei aber weder der Verbrauch eines Verbrauchsguts noch handele es sich um einen Rechts- oder Wirtschaftsvorgang oder den Besitz einer Sache. Deshalb könne man eine CO_2-Emission keinem bestehenden Steuertypus zuordnen;

folglich sei daher eine CO_2-Steuer steuerverfassungsrechtlich ausgeschlossen.[36] Dazu müsste dann das Grundgesetz mit Zweidrittelmehrheit geändert werden.

Das allerdings dürfte bei diesem Thema kein Problem sein. Ich bin mir sicher, dass es so weit kommen wird. SPD, CDU/CSU, Grüne und Linke werden sich in dieser Umverteilungsfrage schon einig werden.

KAPITEL 7

Habeck, Baerbock, Keller: Das »Trio des Grauens«

Die Politik der Grünen bestimmen vor allem zwei Frontfrauen und ein Frontmann: Annalena Baerbock, die mit Robert Habeck die Partei führt, und Ska Keller, Mitvorsitzende der Grünen-Fraktion im EU-Parlament. Grund genug, uns dieses Trio einmal näher anzusehen.

Robert Habeck – zwischen Frauenschwarm und Größenwahn

> Vaterlandsliebe fand ich stets zum Kotzen. Ich wusste mit Deutschland noch nie etwas anzufangen und weiß es bis heute nicht.[1]
>
> —ROBERT HABECK, 2010

Seit den letzten Wahlen sind die »Robert-Habeck-Festspiele« im deutschen Journalismus eröffnet. Die Medien haben einen wahren Narren an dem Philosophen und Schriftsteller gefressen: »Habeck, der neue Kanzler«, der »Habeck-Faktor« und »Ist der nächste Kanzler ein Grüner?« sind nur einige wenige Schlagzeilen der letzten Zeit.[2]

Auch im TV hält der Habeck-Hype an: In der Anmoderation einer *Maybrit-Illner*-Sendung hieß es: »Für die Grünen ist das Kanzleramt in greifbarer Nähe«[3] oder »Dem neuen deutschen Traumduo Baerbock und Habeck scheint alles zu gelingen.«[4] Und der Journalist Hajo Schumacher (Kolumnist der *Berliner Morgenpost*) redet von Habeck sogar als »Germany's next Kennedy«.[5] ARD-Kommentator Rainald Becker sagt in den *Tagesthemen*: »Vielleicht wäre ein grüner Kanzler gar nicht so schlecht für unsere Zukunft.«[6] *Der Spiegel* titelt Mitte Juni 2019: »Operation Kanzleramt. Weniger Gefühl, mehr Politik – wie sich die Grünen auf die Macht vorbereiten«.[7] Und Markus Feldenkirchen schreibt im selben Blatt mit seiner Ironie sogar vom »Dalai Habeck«.[8] Frank Plasberg fragt in seiner Sendung *Hart aber fair*: »Ist Deutschland bereit für einen grünen Kanzler?« Und der Kabarettist und Moderator Florian Schroeder antwortet: »Ja, das glaube ich schon.«[9]

Eine Umfrage der *Bild am Sonntag*, wer der beste Kanzlerkandidat wäre, ergab im Sommer 2019 folgendes Ergebnis:

Habeck – Annegret Kramp-Karrenbauer:	51 % – 24 %
Habeck – Friedrich Merz:	39 % – 33 %
Habeck – Armin Laschet:	40 % – 29 %[10]

Habeck, Habeck, über alles!

Dem Grünen-Mitchef traut der vergrünt-linke Journalismus mittlerweile alles zu. Habeck und seine Mitstreiterin Annalena Baerbock sind das Traumpaar für die Medien. Die »Mitchefin« der Grünen machte schon mal unmissverständlich klar: »Wenn es so weit ist, werden wir Verantwortung übernehmen.«[11] Was das heißt, dürfte klar sein: der Weg in den grünen Kommunismus und ein Albtraum für jeden noch freien, denkenden Bürger. Nur der Journalist Jan Fleischhauer nannte Habeck »Deutschlands größte Nervensäge«, und *Spiegel*-Journalist Feldenkirchen mahnte: »Jedenfalls müssen Journalisten nicht gleich hinaustrompeten, wenn sie sich verknallt haben.«[13]

Habeck den Frauenschwarm hingegen finden viele charmant und toll, vor allem die Wählerinnen; Habeck den Sensiblen, der seit der Geburt seiner Söhne schneller weinen muss, wenn er sich kitschige Filme ansieht.[14] Habeck, der sich »bemüht«, Zug zu fahren, und nur dann fliegt, wenn die Termine »nicht anders zu schaffen sind«. Privat versucht er, einen Beutel zum Einkaufen mitzunehmen und keine Plastiktüten zu kaufen.[15]

HINTERGRUND: STOFFBEUTEL SIND KLIMASCHÄDLICHER ALS PLASTIKBEUTEL

Ein Stoffbeutel ist so umweltschädlich wie 131 Plastiktüten, oder anders ausgedrückt: Ein Jutebeutel muss 131-mal verwendet werden, damit er die Klimabilanz einer Plastiktüte erreicht.

Britische Forscher haben Tüten aus Papier, Stoff und Plastik (Herstellung, Nutzung, Entsorgung) untersucht. Ihr Fazit: »Einweg«-Stoffbeutel sind in der Produktion umweltschädlicher als Einweg-Plastiktüten. Der Anbau von Baumwolle brauche zu viel Wasser, Dünger und Pestizide.[16] ■

HINTERGRUND: »BIO« ALLEIN SCHÜTZT DIE UMWELT NICHT

Bio-Kartoffeln oder -Kiwis, zum Beispiel aus dem Mittelmeerraum, Afrika oder Südamerika, sind in der CO_2-Bilanz durchaus problematisch. Das vor allem, wenn sie in trockenen Regionen mit hohem Wasserbedarf produziert werden und dann durch die halbe Welt bis zu uns geflogen werden. Das ist Ressourcenverschwendung. Regional ist besser.[17] ■

Hier sind einige Aussagen von Habeck, die illustrieren, wohin die Grünen unser Land führen wollen:

> Wer uns wählt, wählt gravierende Veränderungen.[18]

Auf die Frage, ob er versprechen kann, dass die Umstellung auf den Klimaschutz zu 100 Prozent sozial aufgefangen wird und »keiner« draufzahlen muss, antwortete Habeck:

> »Keiner« ist mir Verlaub eine überzogene Forderung in der Politik. […] Einige werden mehr bezahlen, die Mehrheit wird Vergünstigungen erreichen.[19]

> Natürlich sollten einige Leute ihr Verhalten verändern, das ist doch klar.[20]

Habeck, der in Dänemark studiert hat, war selbst einmal Umwelt- und Landwirtschaftsminister in Schleswig-Holstein, und zwar 6 Jahre lang – von 2012 bis 2018. Ole Eggers, Landesgeschäftsführer der Umweltschutzorganisation BUND, kritisierte ihn damals scharf: »Aber für uns als Umweltverbände ist da auch ein Aber. Denn nur reden nützt uns nichts bei den brennenden Fragen.«[21] Habeck sei »zu lasch« mit dem Thema Klimaschutz umgegangen, genauso wie mit der Landwirtschaft, fand Eggers.

Die Bauernlobby hatte Habecks Politik als »Zumutung« wahrgenommen.[22] Werner Schwarz, Präsident des Bauernverbands Schleswig-Holstein, sagte, Habeck habe in seinen 6 Jahren als Minister überhaupt nichts gelernt. Auch mit den schleswig-holsteinischen Fischern hatte sich Habeck gezofft.[23]

Das sind nicht gerade Bestnoten für einen Spitzen-Grünen, der mit den Themen »Umwelt und Klima« tagein, tagaus auf Stimmenfang geht und das Land radikal umwandeln will.

Nichtsdestoweniger: Ein grüner Kanzler Habeck könnte nach der kommenden Bundestagswahl eine Regierung aus Grünen, SPD und Linken formieren. Für diese Option gibt es auch schon ein griffiges Kürzel in linken Kreisen: »GR2«.[24] Und das ist kein Geheimnis. Denn schon seit Jahren treffen sich Vertreter der drei Parteien, um über Gemeinsamkeiten zu diskutieren. Zum Beispiel bei n-tv:

> Bei den Enteignungsideen von Kevin Kühnert gab es bemerkenswerten Applaus von Spitzengrünen. Für die Linksbündnis-Befürworter in den drei Parteien ist darum die Koalitionsbildung in Bremen von symbolischer Bedeutung. Auch auf Bundesebene gibt es gute Beziehungen von Grünen-Chefin Annalena Baerbock zur Linken-Chefin Katja Kipping. [...] Der Vorsitzende der Linken-Bundestagsfraktion, Dietmar Bartsch, ist zwar noch skeptisch, macht sich aber bereits laute Gedanken um GR2 unter einem Bundeskanzler Habeck.[25]

Wie dem auch sei, sollte Habeck wirklich »Kanzler« werden, beschwichtigt Baden-Württembergs grüner Ministerpräsident Winfried Kretschmann schon mal vorab:

> Niemand muss Angst vor einem grünen Kanzler oder einer grünen Kanzlerin haben. [...] Wir sind keine Trumps oder Erdoğans oder Orbáns, die alles über den Haufen werfen.[26]

Annalena Baerbock – zwischen Verrat und Weltretterin

Die zweite »Hauptpersonin« der Grünen ist Annalena Baerbock, die zusammen mit Robert Habeck die Partei führt. Sie ist 38 Jahre alt und Mutter von zwei Töchtern. Aufgewachsen ist sie auf einem Hof in einem kleinen Dorf in Niedersachsen. Ihre Mutter ist Sozialpädagogin, der Vater Maschinenbauingenieur. Annalena profilierte sich als Leistungssportlerin auf dem Trampolin und wollte eigentlich Journalistin werden, bis sie bei den Grünen im Europaparlament ein Praktikum machte. Dort war es dann um sie geschehen.[27]

Bevor sie Parteichefin wurde, war sie Landesvorsitzende in Brandenburg und klimapolitische Sprecherin der Grünen-Fraktion im Bundestag. Und das treibt sie hauptsächlich an: Kriege verhindern; Flüchtlinge; die Erde, die man retten müsse.[28]

Habeck ist beim Volk beliebter, aber die Frau mit der piepsigen Stimme ist diejenige, die die Partei zusammenhält. Selbst Ex-Grünen-Chefin Claudia Roth gibt zu: »Annalena ist die Wurzel unseres Baumes. So manche Blüte von Robert würde ohne sie schnell verwelken.«[29] Oder anders formuliert: Ihren Höhenflug verdankt die Partei Habeck, dass dieser anhält, aber Baerbock.

Als Parteichefin im ersten Jahr mischte sie sich überall ein, hielt anfangs jede Rede, wollte selbst bei den Slogans für Wahlplakate in den Ländern mitreden, bis der Geschäftsführer sie bat, das zu lassen. Sogar dem *Spiegel* fiel auf:

> Bei der Bundesfrauenkonferenz der Grünen vergangenen September wurde sie so laut, dass sich eine Grüne zu ihrer Sitznachbarin drehte: »Was schreit die denn so?« Baerbock spricht schnell, zu schnell. Manchmal verhaspelt sie sich. [...] In Talkshows fängt sie manchmal an zu kieksen, weil sie vor Aufregung nicht richtig atmet.[30]

Doch Habeck schwärmt: »Ich bin nicht ein einziges Mal enttäuscht worden. Ich lerne von Annalena in hohem Maße.«[31] Sie habe zudem eine »Wertekonsequenz«, die er »bewundere«. »Schwächen? Da fallen mir keine ein.« Allerdings: »Manchmal will sie zu viel auf einmal.«[32]

Auch Agnieszka Brugger, stellvertretende Fraktionsvorsitzende der Grünen, fällt »partout nichts Negatives über Annalena« ein.[33]

Bei all der Lobhudelei sagt Habeck aber, sie seien keine Freunde, sondern eher politische Vertraute: »Wir rufen uns an oder schreiben, wenn wir Rat suchen, wir helfen uns aus der Klemme.«[34]

Und die »Detailfetischistin«[35] Baerbock? Sie ist von Alphatieren schnell genervt und wurde von »älteren« Männern im Bundestagsausschuss oft nicht so richtig ernst genommen. Sie selbst sei durch einen Studentenjob in einer Automobilzulieferfirma »feministisch sozialisiert« worden.[36]

Und doch hat Baerbock die Grünen-Grundsätze verraten, als es bei den Koalitionsverhandlungen um eine Regierungsbeteiligung in Hessen ging. In einem Interview mit der *Süddeutschen* forderte sie, »straffällige Asylbewerber, die unsere Rechtsordnung nicht akzeptieren und vollziehbar ausreisepflichtig sind«, schneller abzuschieben. Eine Position, die die Grünen bis dahin nicht offensiv vertreten hatten.[37] Aber es ging ja schließlich um Macht, und so half die Formulierung den hessischen Grünen bei ihren Verhandlungen mit der CDU und beim Abschluss des Koalitionsvertrages. Seither sitzen die Ökos in Hessen in der Regierung und stellen den Wirtschaftsminister, den Integrationsminister, die Wissenschafts- und die Umweltministerin.[38] Baerbock selbst erklärte den »Verrat« der Grünen-Standpunkte so: Man müsse eben »einen Preis zahlen«.[39]

Aber auch sonst ist Baerbock »gut« drauf. In einer TV-Sendung erklärte sie ernsthaft: »Wir haben die Klimakrise hautnah. Die Temperatur. Ich bin gerade aus dem Irak zurückgekommen, da waren 45 Grad. Aber wenn wir uns das vorstellen, dass wir das demnächst hier haben …«[40]

Die Temperaturen scheinen jedenfalls im Irak auch für die Grüne noch »normal« zu sein. Immerhin gibt Baerbock zu, manchmal auch zu »grillen«[41], was Hoffnung macht.

Ska Keller – zwischen Punks und Antifa

Ska Keller, ihres Zeichens deutsche Spitzenpolitikerin der Grünen im Europäischen Parlament und Teil der Fraktion Die Grünen/EFA, der sie gemeinsam mit Philippe Lamberts seit 2016 vorsteht, wird allgemein dem linken Flügel der Grünen zugerechnet. Doch das scheint eher eine Verharmlosung.

Keller kommt für mich eindeutig aus dem linksradikalen, wenn nicht sogar aus dem linksextremen Lager: Sie schlug sich in ihrer Jugendzeit die Nächte mit den Punks der lokalen Antifa um die Ohren und wurde so schlecht in der Schule, dass sie eine Klasse sogar wiederholen musste.[42] Auf ihrem offiziellen Instagram-Account posierte Keller mit einer schwarzen Sturmhaube, dem Markenzeichen der Autonomen, der gewalttätigen Antifa und des kriminellen »Schwarzen Blocks«.[43]

Im Internet kursiert sogar ein Foto,[44] auf dem sie im Plenum des Europaparlaments mit einer kleinen Gruppe und der Antifa-Fahne zu sehen ist. Ihre »Ausrede« ist so scheinheilig, dass man es nicht glauben kann: »Ich bin kein Mitglied der Antifa, das ist ja auch kein Verein. Die Leute auf dem Foto sind allesamt Europaabgeordnete, und wir wollen einfach ein Zeichen gegen Rechtsextremismus setzen.«[45] Und das ausgerechnet mit der Fahne einer linksextremen Bewegung, die in den USA als »Terrororganisation« eingestuft werden soll[46] und hierzulande durch viele Gewaltaktionen auf sich aufmerksam macht.

KAPITEL 8

Grüne Klimaschutzfantasien

Die irren Klimaschutzfantasien der Grünen werden unsere Individualität einschränken, uns einen Teil unseres Wohlstandes kosten, uns bevormunden, gängeln und uns mit Verboten und Strafen überhäufen. Tatsächlich wird nichts mehr so sein, wie es einmal war. Hier ein kleiner Ausschnitt, was die Top-Grünen so alles im Kopf haben:

Fliegen wird teurer

Jetten oder Klima retten? Ein Flug in die USA verbucht immerhin 4 Tonnen CO_2 pro Person. 2018 flogen laut Statistischem Bundesamt 23,5 Millionen Passagiere im Inland. Dem gesamten Verkehrssektor werden rund 163 Millionen Tonnen zugerechnet.[1] Die Passagierzahlen in Deutschland bei In- und Auslandsflügen:

2016: 223 Millionen Passagiere
2017: 235 Millionen
2018: 244 Millionen[2]

Robert Habeck spricht davon, dass Flüge im Durchschnitt teurer werden sollen. Die Tickets sollen nach »ökologischer Bepreisung« mehr kosten, indem man etwa 19 Prozent Mehrwertsteuer auf die Tickets draufschlägt.[3]

Der Grüne Dieter Janecek plädiert dafür, dass jeder Bürger nur noch dreimal im Jahr international fliegen dürfe, ansonsten müssen teure Zertifikate gekauft werden. Tickets sollen dadurch 30 bis 50 Prozent teurer werden.

Beispiel: Flüge ab Köln nach Mallorca in den Herbstferien (Eurowings, hin und zurück) kosten für eine vierköpfige Familie 1649,12 Euro. Mit dem Zuschlag kämen zwischen 455 und 758 Euro auf den reinen Flugpreis obendrauf.[4]

Sexautorin Charlotte Roche, seit Anfang 2019 Mitglied bei den Grünen und vehemente Verfechterin der »Fridays for Future«-Forderungen, ist komplett gegen das Fliegen. In der Sendung Markus Lanz sagte sie:

> Zum Beispiel kann ich es überhaupt nicht mehr aushalten, dass Kerosin nicht mehr besteuert wird. Das ist für mich persönlich nicht mehr auszuhalten, sodass man sich nackt an Flugzeuge ketten sollte, damit die nicht mehr fliegen. Das versaut so sehr die Umwelt, und alle fliegen billig in der Gegend rum. Das soll teuer sein! Alles muss teuer werden, was schädlich ist für die Umwelt.[5]

Wenn es nach Lisa Badum, der klimapolitischen Sprecherin der Grünen, geht, dann sollten bis spätestens 2038 sowieso keine Flugzeuge mehr zwischen deutschen Städten hin und her fliegen: »Ich bin der Meinung, dass man keinen innerdeutschen Flugverkehr braucht.«[6]

Markus Lanz fragte in seiner Sendung die Grünen-Mitchefin Baerbock: »Im Flugzeug sitzen ein Investmentbanker und eine Kindergärtnerin nebeneinander. Dann zahlen die beiden mehr?« Baerbock: »Ja, natürlich, wenn sie im gleichen Flugzeug sitzen …«[7] Später in der Sendung sagte sie: »Klimaschutz ist ein Beitrag zur sozialen Gerechtigkeit«[8], und Habeck bekräftigte: »Es geht um einen Verteilungskampf.«[9] Doch ein paar Wochen später ruderte Habeck etwas zurück. In einer anderen TV-Sendung erklärte er etwas moderater: »Wir wollen Binnenflüge überflüssig machen, nicht verbieten.«[10]

Auf die Frage »Welches Verkehrsmittel wollen Sie 2019 für Ihre Urlaubsreise nutzen?« antworteten im Sommer 2019:

Auto:	55 %
Flugzeug:	40 %
Bahn:	16 %
Fernbus:	7 %

Quelle: Umfrage des Marktforschungsinstituts YouGov[11]

Jetzt nur noch die Autos abschaffen, die Flüge verteuern und die Grünen haben endlich das Ergebnis, das sie sich wünschen. In einem Positionspapier stellten die Grünen konkret dar, was sie planen: Bis 2035 sollen Inlandsflüge überflüssig sein. Die Bahn hingegen soll jährlich 3 Milliarden Euro bekommen, um das Schienennetz auszubauen und schneller zu machen. Alternativ zu internationalen Flügen soll ein »europäisches Nachtzugnetz« Reisende auf die Schiene locken.[12]

Der Plan der Grünen ist für mich Irrsinn: Neue Bahnstrecken bauen und Tausende Kilometer neue Schienen verlegen. Was glauben Sie, was das CO_2 produziert? Von Grundstücksenteignungen ganz zu schweigen.

Aber die Grünen sind nicht allein mit ihren Umverteilungs-, Verbots- und Vorschriftenorgien. Voller Panik, wohl wegen der schlechten Wahlergebnisse und Umfragen, sprang vor allem die SPD auf den »Fliegen-teurer-machen«-Zug auf. Bundesumweltministerin Svenja Schulze (SPD) forderte bereits im Juli 2019:

> Ich bin … dafür, dass wir die deutsche Luftverkehrsabgabe in einem ersten Schritt erhöhen. Frankreich geht ja in die gleiche Richtung.[13] […] Es kann nicht sein, dass auf bestimmten Strecken Fliegen weniger kostet als Bahnfahren.[14]

Die Grünen-Nachbeterin vergisst dabei, dass es in Deutschland bereits eine Luftverkehrsabgabe gibt. Nichtsdestoweniger drohte Schulze sogar mit »Ordnungsrecht«, um ihre Forderungen bei den Bürgern durchzusetzen.[15] Sie will zudem über ein Klimaschutzgesetz auch für die Sektoren Verkehr, Landwirtschaft, Industrie und Wärme eigene CO_2-Einsparziele verbindlich festzurren.[16] Ein vertraulicher Entwurf des SPD-geführten Bundesumweltministeriums zeigte ohne Wenn und Aber: Die Klimasteuer wird teuer.[17]

Die CDU, ebenso getrieben von den Grünen, reihte sich sofort in die CO_2-Hysterie ein. Unions-Fraktionsvize Andreas Jung erläuterte seinen Plan folgendermaßen:

> Wenn mit der CO_2-Bepreisung fossile Kraft- und Brennstoffe schrittweise teurer werden, muss es im Gegenzug finanzielle Erleichterungen geben.[18]

Beim Strompreis könne man die EEG-Umlage abschaffen, die jeder mit der Stromrechnung zahle und über die Ökostrom gefördert werde. Für den ländlichen Raum wünschte er sich eine »Mobilitätspauschale« als »bessere Pendlerpauschale«, die vor allem Menschen mit geringem Einkommen erhalten sollen. Sie könne etwa mit Anreizen für sparsamere Autos, Fahrgemeinschaften oder die Nutzung des öffentlichen Nahverkehrs verbunden werden.[19] Finanzieren will der stellvertretende Unions-Vize das aus höheren Abgaben des Flugverkehrs, sprich: teurere Tickets.[20]

Auch sechzehn einflussreiche Bundestagsabgeordnete aus der Unionsfraktion hatten bereits im Sommer 2019 ein Konzept erarbeitet, wie der Treibhausgasausstoß bis 2050 auf null gesenkt werden soll. Das Positionspapier mit dem Titel »Unser Weg zur grünen Null« beschrieb, wie sich das die stärkste Regierungspartei vorstellt: Über den Marktpreis würden in den kommenden Jahren zusätzliche CO_2-Preissteigerungen erfolgen. Im Klartext: Die Unternehmen werden die zusätzlichen Kosten an die Endverbraucher weitergeben. Der Staat solle diese jedoch in Form von Programmen, die insbesondere einkommensschwache Haushalte beim Energiesparen unterstützen, zurückgeben.[21] Summa summarum: Fliegen, Tanken und Heizen sollen auch laut CDU künftig teurer werden. Sachsens Ministerpräsident Kretschmer (CDU) prophezeite: »Jeder weiß, dass die Bahntickets nicht billiger werden, nur weil das Fliegen teurer wird.«[22] Er mahnte aber auch: »Die Union muss aufhören, den Grünen hinterherzulaufen. Sonst steht sie plötzlich an einer Stelle, wo sie nicht hingehört.«[23] Das wurde bei den Landtagswahlen im Osten deutlich.

Doch Linken-Chef Bernd Riexinger setzte noch einen drauf. Er will Fluggesellschaften gleich ganz verstaatlichen: »Was so dramatische gesellschaftliche Folgen haben kann, darf nicht marktwirtschaftlich und unreguliert bleiben. Fluggesellschaften gehören in staatliche Hand – genauso wie die Energieversorgung oder die Bahn.« Insgesamt ist laut Riexinger eine Klimapolitik vonnöten, die den Konzernen klare Vorgaben mache.[24]

Weg mit den großen Autos

Vor allem die SUVs sind den Grünen ein Dorn im Auge. Annalena Baerbock prophezeite bereits:

> Es wird eine andere Mobilität auf den Straßen geben. […] Es muss ein Ausstiegsdatum für den fossilen Verbrennungsmotor geben, und das umfasst vor allem auch größere Autos.[25]

Auch die Regierungsparteien sprangen schnell auf den Zug auf. Vorgaben für Lkws wurden geprüft, und auch einen »Strafzuschlag« für den Kauf eines spritfressenden Autos wurde von einer Wissenschaftlergruppe Anfang September 2019 im Auftrag des Bundesverkehrsministeriums andiskutiert. Verkehrsminister Scheuer (CSU) lehnt diesen (bisher) noch ab.[26]

Windkrafträder und Stromtrassen sind unsere Zukunft

In seiner Sendung fragte Markus Lanz Grünen-Chef Robert Habeck:

> Wenn Windkrafträder nicht in Wäldern und 1000 Meter von Häusern entfernt gebaut werden dürfen, haben diese bald ihren Peak erreicht. Es gibt dann keine Flächen mehr für diese und man braucht Stromtrassen, um den Windstrom von Norden nach Süden zu bringen?[27]

Für Habeck ist das kein großes Problem, man könne ja »aufs Meer« ausweichen, zudem müsse man in ganz Europa umdenken, denn die Fläche in Deutschland sei zu klein für viele Windkrafträder. Wegen der Stromtrassen appellierte er an die »Solidarität« der Betroffenen.[28] Mehr über Windkraftanlagen in Kapitel 14: »Grüne Umweltverbrechen im Namen des Klimaschutzes«.

Enteignungen sind kein Tabu

Lanz fragte Habeck in derselben Sendung hinsichtlich des notwendigen Baus von Windkrafträdern und Stromtrassen: »Zur Not auch Enteignung?«[29]

Habeck lehnte das grundsätzlich nicht ab, sondern hielt es sogar für möglich, wenn auch nicht gleich:

> Das ist zurzeit nicht dringend notwendig. […] Bei großen Infrastrukturprojekten … sieht das die Bundesgesetzgebung so vor … Dass eine Gesellschaft nicht so funktionieren kann, dass ein einzelner Widerstand am Ende entscheidet, wohin sich die Gemeinschaft bewegt, ist natürlich auch richtig und konsequent. Enteignung ist ja auch immer mit Entschädigung verbunden.[30]

Die Armen werden noch ärmer

Schon bei der Einführung der Hartz-IV-Gesetze haben die Grünen gezeigt, dass sie einen großen Anteil daran hatten, Arme noch ärmer zu machen.[31] Beim Klima wird das nicht anders sein, was ich im Unterkapitel »Wer soll das bezahlen?« (S. 299 f.) noch ansprechen werde.

Wir haben jetzt schon die höchsten CO_2-Ausstiegskosten der Welt, die höchsten Strompreise und die höchsten Steuern. Aber mit der grünen Klimapolitik wird das alles noch viel schlimmer werden.

Annalena Baerbock brüstet sich zwar damit, dass »Menschen, die nicht so viel haben«, am »Ende des Jahres 100 Euro pro Kopf zurückbekommen« sollen,[32] aber diese Rechnung ist wieder eine typische Milchmädchenrechnung: Jeder Deutsche erzeugt im Durchschnitt pro Kopf 10 Tonnen CO_2 pro Jahr; wer pendelt, erzeugt einiges mehr. Die Grünen wollen den Preis pro Tonne zunächst von 20 auf 40 Euro anheben. Das wären 400 Euro im Jahr pro Kopf. Erhält man also 100 Euro »Energiegeld« zurück, hätte man immer noch Mehrkosten von 300 Euro.

Es wird mehr Arbeitslose geben

Fakt ist: Die Staaten um uns herum, vor allem die Ost- und Südeuropäer, wollen den grünen Klima-Irrsinn nicht mitmachen, geschweige denn die größten CO_2-Verursacher: China, die USA und Indien. Auch Russland und Brasilien wollen nichts davon wissen.

Kein anderes EU-Land steigt vollkommen aus der Atomkraft aus, nur Deutschland. Die Franzosen reiben sich jetzt schon die Hände, denn eine CO_2-Steuer würde uns wirtschaftlich erheblich schwächen. Noch mehr französischer Atomstrom würde nach Deutschland fließen, was den Franzosen zusätzliche Profite bescheren dürfte. Ausstieg aus der Kohle, Ausstieg aus der Atomkraft, das Ende des Verbrennungsmotors, der Einstieg in die Elektromotorisierung und eine CO_2-Steuer – das alles kostet Arbeitsplätze, viele Arbeitsplätze!

Beispiel: VW wird allein 20 Prozent seiner Jobs in Deutschland verlieren, das sind rund 40 000 Mitarbeiter.[33] Das Fraunhofer Institut hat errechnet, wie viele Arbeitsplätze die Einführung von E-Autos kosten würde:

25 % Marktanteil E-Autos:	74 000-80 000
40 % Marktanteil:	80 000-90 000
80 % Marktanteil:	107 000-125 000

Quelle: Fraunhofer IAO 2018[34]

Der Chemiekonzern BASF hat seinen CO_2-Ausstoß bereits halbiert, mehr geht nicht. Auch die Stahl-, Aluminium- und Zementindustrien sind vielerorts bereits am Limit des Machbaren. Die immer drastischeren Klimaziele bringen viele Konzerne jetzt schon zum Nachdenken, und zwar über eine Verschiebung ihrer Investitionen,[35] sprich: Abwanderung in andere Länder. Hierzulande würde das viele Arbeitsplätze kosten, und zwar aus den bereits als »schmutzige Industrien«[36] bezeichneten Branchen:

- Eisen und Stahl
- Raffinerien
- Industrie und Baukalk
- Sonstige mineralverarbeitende Industrien
- Chemie
- Zement[37]

Ich frage die grünen Ökosozialisten deshalb: Wie wollt ihr aus einem Mechatroniker einen Solarenergieexperten und aus einem Kohlebergmann einen Fachmann für Erneuerbare Energie machen?

Habeck lässt scheinen solche Argumente kalt zu lassen:

> Es ist unstrittig, dass dies … eine große Veränderung in der Gesellschaft bedeuten wird, im Verhalten und in der Arbeitsplatzstruktur. […] Wir werden in großer Geschwindigkeit eine hoch entwickelte Industrie verändern müssen, um wettbewerbsfähig zu sein und die ökologischen Ziele zu erreichen.[38]

Der »Gängelstaat« wird kommen

Die Grünen sind bekannt dafür, dass sie für Verbote stehen und den scheinbar »doofen« Bürgern vorschreiben wollen, was sie essen, trinken, wie sie sich kleiden, wie sie fahren und wie sie reisen sollen (siehe Kapitel 2: »Auf in den grünen Kommunismus!«).

Robert Habeck jedenfalls steht für eine Regierung, die »viel Verantwortung« übernehmen soll.[39] Was das heißt, können Sie sich wohl vorstellen: noch mehr Gängelungen, noch mehr Verbote, noch mehr Vorschriften.

Anmerkung am Rande: Jedes Mal, wenn Baerbock und Habeck ihre Statements in einer Talkshow abgaben, klatschten die Zuschauer frenetisch.

KAPITEL 9

Grünes Dummgeschwätz

Die Frontleute der Grünen, die sich so medienwirksam als »Fachleute« für Klima und Umwelt präsentieren, scheinen in Wirklichkeit nur wenig oder gar keine Ahnung von der Materie zu haben. Hier drei Beispiele:

Beispiel 1: Annalena Baerbock, Grünen-Mitchefin

> Deutschland hat eine Pro-Kopf-Emission von 9 Gigatonnen pro Einwohner. Das ist zehnmal mehr als in Bangladesch zum Beispiel.[1]

Richtig ist:
Die Pro-Kopf-CO_2-Emissionen betragen pro Jahr rund 9 Tonnen und nicht 9 Gigatonnen. Laut Baerbock wäre die Emission pro Einwohner in Deutschland also eine Milliarde mal höher.

Und ebenfalls zur Klarstellung: Die CO_2-Emissionen in Deutschland gehen seit 2013 ständig zurück: Betrugen sie 2005 noch 993 Millionen Tonnen, waren es 2013 bereits 942 Millionen, 2017 noch 907 Millionen und 2018 rund 870 Millionen Tonnen.[2]

Beispiel 2: Cem Özdemir, ehemaliger Parteivorsitzender der Grünen

> Im Spitzenlastbereich … dann, wenn der Energieverbrauch am höchsten ist in Deutschland, das ist ungefähr mittags zwischen elf und zwölf, verbrauchen wir etwa 80 Gigabyte. Wir produzieren aber ungefähr 140 Gigabyte, das heißt, das Anderthalbfache dessen haben wir immer noch übrig, was wir brauchen.[3]

Richtig ist:
Energie wird nicht in »Byte«, sondern in »Watt« gemessen. Es geht bei Energie beziehungsweise bei Strom um Leistung und Verbrauch und nicht um Datenmengen.

Beispiel 3: Anton Hofreiter, Vorsitzender der Grünen-Bundestagsfraktion

> Und obwohl sich die Bundesregierung zum Klimaschutz verpflichtet hat, wird sie ihr selbst gesetztes Klimaschutzziel 2020 krachend verfehlen. Noch haben wir deutlich die Chancen, deutlich unter 2 Prozent zu bleiben. Deshalb schlagen wir Ihnen vor, den Klimaschutz im Grundgesetz zu verankern.[4]

Richtig ist:
Es geht um das sogenannte 2-Grad-Ziel, also um 2 °C, und nicht um 2 Prozent.

KAPITEL 10

Grüne Öko-Doppelmoral

Nicht nur beim Thema »Klimaschutz« entwickelten die Grünen eine unglaubliche Doppelmoral:

- Die sogenannte »Friedenspartei« stimmte mehrfach für die Beteiligung an Kriegen, die zum Teil auch völkerrechtswidrig waren.
- Die »Toleranzpartei« pflegt eine ideologische Intoleranz Andersdenkenden gegenüber.
- Die »Meinungsfreiheitspartei« will gängeln und bevormunden.
- Die »Partei für die Armen« machte diese Menschen noch ärmer, denn sie haben mit überwältigender Mehrheit für die Hartz-IV-Gesetze gestimmt.[1]
- In Nordrhein-Westfalen stimmten die Grünen einst der Abholzung von 90 Prozent des angeblich so unantastbaren Hambacher Forsts zu.[2]

Die Grünen geben sich als die Öko-Musterschüler. Doch sie haben genug »Öko-Dreck« am Stecken. Nicht nur, dass ihr grüner Ministerpräsident Winfried Kretschmann die SUV-Produzenten Daimler und Porsche wie seine Augäpfel hegt und pflegt; nicht nur, dass die »Friedenspartei« unter Gerhard Schröder Bundeswehrsoldaten in den Krieg schickte; nein, auch ihren Widerstand gegen den Bau des dritten Terminals am Frankfurter Flughafen gaben sie auf[3] – Klimaschutz hin oder her.

Die Öko-Doppelmoral der Grünen geht aber noch viel weiter, wie folgende Beispiele exemplarisch zeigen sollen:

Beispiel 1: Katharina Schulze

Katharina Schulze, die Fraktionsvorsitzende der Grünen in Bayern, ist wohl ein Paradebeispiel für grüne Doppelmoral. Hier zunächst ein paar ihrer »Ergüsse«:

> Wir Grüne wissen, dass der Klimawandel menschengemacht ist.[4]

Oder dies:

> Es ist mehr als an der Zeit, dass wir nicht nur über Klimaschutz reden, sondern ihn auch umsetzen.[5]

»Umsetzen«? Genau das macht die grüne Politikerin jedoch nicht. Auf Instagram zeigte sie noch im Januar 2019 unverhohlen ein Foto mit einem riesigen Eisbecher in ihrer Hand. Nichts Verbotenes, werden Sie denken, aber für die »Ökoistin«, die sich ganz dem Klimaschutz verschrieben zu haben scheint, beinhaltete das Bild gleich mehrere No-Gos:

- Sie aß aus einem Eisbecher und nicht aus einer Waffel.
- Sie benutzte einen Plastiklöffel.
- Sie postete das Bild aus ihrem Urlaub in – Kalifornien.

Um die halbe Welt fliegen und dann einen Eisbecher mit Plastiklöffel posten? Die scheinheilige Ausrede der »Klimaschützerin«:

> Ich habe in den USA studiert … und ich finde es wichtig, die deutsch-amerikanischen Beziehungen auch weiter zu pflegen, und ja, in die USA komme ich nur mit dem Schiff und mit dem Flugzeug. Jetzt ist meine politische Haltung: Wir brauchen nicht den besseren Menschen, sondern eine bessere Politik. Diese Individualisierung und das Überstülpen auf den Einzelnen, um die Klimakrise in den Griff zu bekommen, finde ich falsch. […] Wir müssen an die großen Treiber ran, das kann doch nicht der Einzelne machen.[6]

Im selben Atemzug will sie dann, dass man künftig Kurzstreckenflüge »vermeidet«, und fordert eine Kerosinsteuer für Inlandsflüge.[7] Wohlgemerkt nicht für Auslandsflüge, denn dann würde sie ja nicht mehr so schnell in die USA kommen.

Der Kabarettist Florian Schroeder brachte es auf den Punkt: »Es gibt wohl keine Partei, die so attraktiv für Doppelmoral ist wie die Grünen.«[8]

HINTERGRUND: DIE GRÜNEN VIELFLIEGER

Die »deutsche Greta«, Luisa Neubauer, die in Deutschland zu den führenden »Fridays for Future«-Aktivistinnen gehört, wird in Insiderkreisen »Vielflieger-Luisa« genannt, weil sie durch die ganze Welt jettete (mehr dazu in Kapitel 12, S. 228 ff.). Aber auch viele andere Grüne und deren Wähler benehmen sich angesichts ihrer Ansprüche ziemlich heuchlerisch. Am Beispiel Katharina Schulze haben Sie das ja gerade gesehen. Der Grüne Dieter Janecek fordert: »Die Lust-Vielfliegerei muss eingedämmt werden.« Jeder Bürger soll nur noch ein begrenztes Budget an Flugreisen, praktisch drei »Klima-Joker« pro Jahr, bekommen. Sind diese aufgebraucht, soll jeder weitere Flug Strafgebühren kosten.[9] Doch Janecek flog selbst nach Peking, um über »alternative Antriebe« zu sprechen.[10]

Die Sendung *Kontraste* untersuchte die Fluggewohnheiten der grünen Bundestagsabgeordneten:

- Parteichef Robert Habeck flog nach Indien, um dort für die Klimawende zu werben.[11]
- Cem Özdemir, heute Vorsitzender des Verkehrsausschusses im Bundestag, wurde in Südamerika erwischt. Er rechtfertigte sich so: »Stimmt, nach Argentinien rudere ich nicht, sondern wenn ich meine Familie besuche, fliege ich da hin. Das lässt sich nicht vermeiden.« Er hält die Flugbudgets für »nicht praktikabel«.[12] Auf Twitter schrieb er mit Sonnenbrille, Hut und Poncho: »Habe auf 4380 Metern Höhe über Neujahr mit Tochter & auf dem Pferderücken ... die Anden überquert & Energie für das neue Jahr getankt.«[13]
- Fraktionschef Anton Hofreiter flog ins ewige Eis nach Grönland. Auf Facebook verkündete er: »Ich bin für drei Tage nach Grönland in die Arktis gereist. Es hat mich erschüttert, die Auswirkung des Klimawandels so mit eigenen Augen zu sehen.« Seine Entschuldigung: »Man hofft dabei immer, durch das, was man politisch erreicht, durch den politischen Impact, deutlich mehr zu erreichen, als wie der eigene persönliche Lebensstil an CO_2-Aus-

stoß bewirkt.« Und: »Wenn man transatlantisch in dem knappen Zeitkontingent das alles mit dem Schiff fahren könnte, würde der CO_2-Ausstoß auch nicht optimal sein.«[14]

- Die Grünen-Bundestagsvizepräsidentin Claudia Roth flog sogar 41000 Kilometer, um das Klima zu »retten«. In der Buisness Class ging es kreuz und quer um die Welt: von den Fidschi-Inseln nach Bangladesch, dann nach Sydney und Brisbane. Ihre Öko-Bilanz: 17 Tonnen CO_2.[15]
- Der Berliner Grünen-Politiker Georg Kössler setzte einen Tweet ab, der für Empörung sorgte: Klima-»Aktivisten« (für mich: linke Gewalttäter) in NRW zertrampelten die Möhrenfelder eines Bauern. Der Grüne Kössler twitterte dazu: »Deine Möhren sind nicht wichtiger als unser Klima. Sorry.«[16] Doch kurze Zeit später kam heraus, dass der Grüne ein Vielflieger ist und um die ganze Welt jettet. Dies wurde anhand von Kösslers Instagram-Fotos aus fernen Ländern (u.a. Myanmar, Thailand, USA) rekonstruiert.[17]

Kontraste: »Fliegen und grüner Lebensstil. Das scheint zusammenzugehören. Mehr als Anhänger anderer Parteien sagen Grüne: ›Ich fliege gern.‹ Sie fliegen auch am meisten. Und leisten sich dafür, der Umwelt zuliebe ›ein richtig schlechtes Gewissen‹ zu haben.«[18]

Annalena Baerbock, mit Habeck eine der Parteivorsitzenden der Grünen, wurde gefragt: »Wie stehen Sie zu der Forderung von persönlichen Flugkontingenten?« Ihre Antwort:

> Ich halte das für keinen sinnvollen Vorschlag, weil die Frage, wie man unsere Wirtschaft ökologisiert, die muss nicht individuell geklärt werden, sondern der Rahmen muss richtig gesetzt werden. Deswegen brauchen wir eine Kerosinbesteuerung.[19]

Die Forschungsgruppe Wahlen befragte schon vor einiger Zeit Bürger nach ihrer Flugreiseeinstellung. Diejenigen, die am meisten fliegen, sind mit Abstand die Grünen-Wähler: 49 Prozent gaben mindestens einen Flug in den letzten 12 Monaten an. Wähler der Linken: 42 Prozent; CDU/CSU: 36 Prozent; SPD-Wähler: 32 Prozent.[20]

Noch deutlicher war der Unterschied bei jenen Befragten, die noch nie in ihrem Leben geflogen sind: Als einzige Wählergruppe kamen die Grünen hier auf null Prozent. Bei den anderen Parteien lag der Anteil der Nichtflieger zwischen 13 Prozent (SPD) und 17 Prozent (Linke).[21] Die grüne Flugfreude erklärt sich auch durch die gesellschaftliche Stellung von Grünen-Wählern: Sie sind vergleichsweise jung, gut ausgebildet und gut verdienend.[22]

CSU-Fraktionschef Thomas Kreuzer brachte die grüne Scheinheiligkeit in einem Interview mit *Focus Online* auf den Punkt:

> Verzicht zu predigen, ihn aber nicht zu praktizieren. Es ist bekannt, dass die grünen Abgeordneten diejenigen sind, die am häufigsten mit dem Flugzeug reisen. Eine grüne Landtagsabgeordnete [gemeint war Katharina Schulze] hat sogar via Facebook verbreitet, dass sie zum Eisessen in die USA geflogen ist. Mir fehlt es bei so was an Glaubwürdigkeit.[23]

Das Fliegen also teurer machen wollen, aber selbst um die Welt jetten. Die Grünen-Klientel und die Grünen-Abgeordneten können sich das leisten, zeigen mit dem ausgestreckten Finger aber auf andere. Doppelmoral at its best! ■

Beispiel 2: Düngeverordnung

Der Nitratgehalt in Deutschlands Grundwasser ist zu hoch. Der Europäische Gerichtshof hatte die Bundesregierung wegen der Überschreitung der Höchstgrenzen verurteilt. Sollte keine schnelle Lösung her, muss Deutschland pro Tag 850 000 Euro Strafe zahlen.[24] Das Bundeslandwirtschaftsministerium besserte daraufhin die Düngeordnung nach. Genau diese Nachbesserung kritisierte jedoch die Öko-Partei. Kurz vor der Europawahl, im Mai 2019, hatten neun zuständige Landesminister der Grünen höchst medienwirksam in einem Brief an Bundeslandwirtschaftsministerin Julia Klöckner (CDU) die Nachbesserung der Düngeverordnung als »ungenügend« bezeichnet.[25]

Die Bundeslandwirtschaftsministerin reagierte sehr schnell: Bereits 5 Tage danach lud sie die Unterzeichner zu einem Arbeitstreffen ein. Das Ergebnis: Kein einziger der unterzeichnenden grünen Minister kam. Stattdessen jammerten sie, das Treffen sei zu kurzfristig angesetzt gewesen.[26]

Beispiel 3: Biogasanlagen

Im Juni 2019 warnte das Umweltbundesamt (UBA) vor Gefahren durch Biogasanlagen für Menschen, Tiere und Pflanzen. Es handele sich dabei um »komplexe Anlagen mit erheblichem Gefährdungspotenzial«.[27]

Die Grünen hatten Biogasanlagen jedoch über Jahre hinweg als »Heilsbringer der grünen Wende«[28] bezeichnet, und viele ihrer »Bauern-Jünger« sind ihnen gefolgt und haben die Anlagen installiert. Deutschland wurde so zum Biogasland Nummer 1.[29]

HINTERGRUND: WAS SIND BIOGASANLAGEN?

Dazu das Umweltbundesamt (UBA):

> In Biogasanlagen wird pflanzliches oder tierisches Material mit Hilfe von Bakterien unter Ausschluss von Sauerstoff (anaerob) abgebaut, wobei Biogas entsteht. Je nach eingesetztem Material produzieren die Bakterien Biogas mit einem Methangehalt von 50 bis 75 %. Aus diesem kann direkt vor Ort in einem Blockheizkraftwerk Strom und Wärme gewonnen werden oder es kann auf Erdgasqualität aufbereitet und in das Erdgasnetz eingespeist werden. Die beim Abbau entstehenden Gärreste können in der Regel als Dünger in der Landwirtschaft verwertet werden.
>
> Die Stromerzeugung aus Biogas wird durch das Erneuerbare Energien Gesetz (EEG) gefördert. Dadurch kam es zwischen 2007 und 2014 zu einem starken Zubau. Mit dem EEG 2014 wurde die Förderung für Biogasanlagen gesenkt; seitdem hat sich der Zubau deutlich verlangsamt.
>
> Derzeit werden in Deutschland mehr als 9000 Biogasanlagen betrieben. Im Jahr 2017 haben die in Deutschland betriebenen Biogasanlagen etwa 32 Terawattstunden (TWh) Strom erzeugt und haben damit 5,4 % des Stromverbrauchs in Deutschland gedeckt (Quelle: Erneuerbare Energien in Zahlen 2017, Bundesministerium für Wirtschaft und Energie (BMWi), September 2018).[30] ■

Nichtsdestoweniger schrieb das UBA, dass es durchschnittlich alle 2 Wochen zu einem Unfall in einer Biogasanlage komme. Und das mit teils gravierenden Folgen. Seit 2005 seien dadurch 17 Menschen getötet und 74 verletzt worden. Kontrollen hätten ergeben, dass zwischen 70 und 85 Prozent der geprüften Biogasanlagen »erhebliche sicherheitstechnische Mängel aufweisen«.[31]

Das UBA gibt ein verheerendes Fazit ab:

> So begrüßenswert die Energiegewinnung (Strom, Abwärme oder »Biomethan«) aus erneuerbaren Energieträgern auch ist, Biogasanlagen sind komplexe Industrieanlagen mit erheblichem Risikopotenzial. Denn in Biogasanlagen werden erhebliche Mengen extrem entzündbarer und klimaschädlicher Gase erzeugt, gespeichert und umgesetzt. In Biogasanlagen sind erhebliche Volumina allgemein wassergefährdender Stoffe in Form von Gülle, Substraten oder Gärresten vorhanden.[32]

Das Umweltbundesamt warnte in diesem Zusammenhang auch vor sogenannten »Gülle-Tsunamis«, bei denen in einigen Fällen Millionen Liter Gülle oder Gärreste auslaufen würden. Solche Vorfälle können »Gebäude fluten, Fischsterben in Gewässern auslösen und Schutzgebiete erheblich schädigen.«[33]

Die von den Grünen einst so gehypten Biogasanlagen sind also gefährlich für Mensch und Tier; sie erzeugen erhebliche Mengen klimaschädlicher Gase und wassergefährdender Stoffe.

Chemieprofessor Gerhard Wenz von der Saar-Uni scheint trotzdem immer noch ein Verfechter von Biogasanlagen zu sein. Dabei ist Wenz nicht nur irgendwer, er hat an seiner Uni mit anderen Professoren die Gruppe »Scientists for Future« (eine »Untergruppe« von Fridays for Future) gegründet, deren Studien Einfluss nehmen. In einem Interview in der *Saarbrücker Zeitung* vom 20. Mai 2019 sagte er:

> Wenn die Sonne nicht scheint und kein Wind weht, gibt es immer noch den Strom aus Biogas und erdgasgetriebenen Blockheizkraftwerken mit Kraft-Wärme-Kopplung.[34]

Wenz bleibt der »grünen« Linie treu. Dies verwundert nicht, wenn man weiß, dass er bei der Europawahl ein Kandidat der Grünen war.[35]

Beispiel 4: Klimaschutz in die Verfassung übernehmen

Ein weiteres Beispiel für die grüne Doppelmoral ist ihr Plan zur Verankerung des Klimaschutzes im Grundgesetz (Artikel 20a).[36] Auf Bundesebene fordern das die Grünen vehement. Dies wurde bereits in ihrem Antrag vom 25. September 2018 deutlich.[37] Unterstützung bekam das Vorhaben auch von der Partei Die Linke.[38]

Der AfD-Abgeordnete Thomas Seitz warf den Grünen in seiner Rede vor, es gehe ihnen eigentlich darum, Grundstücke für den Bau von Windkraftanlagen enteignen, Fahrverbote verhängen oder Produktionserlaubnisse entziehen zu können. Jede weitere Staatszielbestimmung sei »ein Trojanisches Pferd« mit dem Ziel, die Grundrechte der Menschen zu beschränken.[39] Dennoch bleiben die Grünen bei ihrer Forderung – bis heute.

Doch der CSU-Vorsitzende Markus Söder entlarvte die Doppelmoral der Grünen, indem er in der Sendung *Maybrit Illner* genau das konterkarierte: Die Grünen würden verweigern, dass der Klimaschutz in die Bayrische Verfassung aufgenommen werde, obwohl dies ja ihr Antrag im Bundestag sei. Die Ablehnung auf der Bundesebene rege die Grünen auf, doch in Bayern würden sie die Aufnahme verweigern.[40]

Beispiel 5: Ökosprit »E10«

Wohl keiner anderen Partei verdankt der Ökosprit E10 so viel wie den Grünen.

Der Wissenschaftliche Beirat der Bundesregierung Globale Umweltveränderungen (WGBU) empfahl 2008, die Bundesregierung solle das Gesetz zur Beimischung von Biokraftstoffen stoppen, den Anteil der vermeintlichen Ökosprits am Benzin auf null fahren und jede Förderung einstellen.[41] Und weiter:

> Die Klimaschutzwirkung praktisch aller in Deutschland angebauten Biosprit-Sorten ist negativ.[42]

Das hieß im Klartext: Der Kraftstoff schadet dem Klima mehr, als er ihm nützt.

Die Ursache für diese Einschätzung: Gewaltige Landflächen müssten für die Biospritproduktion reserviert werden. Das wiederum habe globale Folgen. Denn wenn ein deutscher Bauer ein Feld auf die Biospritproduktion umstelle, müsse die wegfallende Kapazität für die Nahrungsmittelherstellung an irgendeinem Ort der Welt ersetzt werden.[43]

Dabei sind die Berechnungen des Wissenschaftlichen Beirats noch äußerst vorsichtig:

> Wir haben in zwei Szenarien angenommen, dass nur die Hälfte oder ein Viertel der in Deutschland wegfallenden Nahrungsmittel-Ackerflächen anderswo ersetzt werden. Und schon da war die Klimabilanz des Biosprits negativ.[44]

Dazu kommt, dass auf der ganzen Welt die Getreidepreise gestiegen sind, weil Agrarflächen für Biosprit verwendet wurden, anstatt Hungernde zu ernähren. Ganz zu schweigen von den Umweltschäden durch den starken Einsatz von Kunstdünger beim Energiepflanzenanbau. Im Extremfall kann die Treibhauswirkung des Biosprits um 70 Prozent höher liegen als beim konventionellen Treibstoff.[45]

Auch viele Tierarten können im Mais nicht überleben: Storchennester bleiben leer, der Bestand an Vögeln und anderen Tieren, etwa Hasen, nimmt dort ab. Der Maisanbau fördert Schädlinge, provoziert Insektizideinsatz und gefährdet Schmetterlinge und andere Insekten.[46] Die Forscher am Energy Institute der Universität Michigan unter der Leitung von John DeCicco kommen zu folgendem Fazit: »Biotreibstoffe sind schlimmer als Benzin.«[47]

Aber auch ethisch ist der von den Grünen einst propagierte Ökosprit mehr als fragwürdig: Lester Brown, Gründer des Washingtoner Earth Policy Institute, nannte in einem Essay für den *Spiegel* beeindruckende Zahlen: Von dem Getreide, das nötig sei, um den 120-Liter-Tank eines Geländewagens mit Ethanol zu füllen, könne sich ein Mensch ein Jahr lang ernähren.[48]

Greenpeace verurteilte den Öko-Sprit ebenfalls:

> Es wird zu erhöhten Lachgasemissionen, Überdüngung von Gewässern und Biodiversitätsverlusten durch den Anbau in Monokultur kommen.

> Zusätzlich kann der steigende Anbau der Treibstoffpflanzen dazu führen, dass Lebensmittel knapp und sehr teuer werden. Das trifft die Ärmsten besonders hart.
>
> Gleichzeitig erhöht es den Run auf die Abholzung der letzten Urwälder – um weitere Anbauflächen für die Landwirtschaft zu erschließen. Ein schrecklicher Kreislauf auf Kosten unseres Klimas.[49]

Immerhin verursacht das Abholzen der Regenwälder 11 Prozent des weltweiten CO_2-Ausstoßes,[50] ganz zu schweigen davon, dass diese Flächen für die Fotosynthese (siehe »Hintergrund: CO_2«, S. 59 ff.) nicht mehr zur Verfügung stehen.

Dennoch pries der damalige grüne Bundesumweltminister Jürgen Trittin den Biosprit als »Kraftstoff für unsere Zukunftsfähigkeit«: »Der Acker wird zum Bohrloch des 21. Jahrhunderts, der Landwirt wird zum Energiewirt« verkündete er im November 2005 auf dem Internationalen Fachkongress für Biokraftstoffe.[51]

Und Renate Künast, die damalige Landwirtschaftsministerin der Grünen, verlautbarte:

> Wir wollen Landwirten den Weg für den Einsatz von Biokraftstoffen ebnen und deren Markteinführung beschleunigen.[52]

Die Grüne Bärbel Höhn ging sogar so weit, die Förderung von Bioenergie zu einer Frage der nationalen Sicherheit zu machen: Denn Öl sei ein Rohstoff, um den immer wieder Kriege geführt würden. Deshalb sei die Förderung alternativer Energien auch unter dem Gesichtspunkt globaler Sicherheitsfragen »für unsere Gesellschaft von großer Bedeutung«.[53]

Im Jahr 2003 wurden die Kraftstoffe »reiner Biodiesel« und »reines Bioethanol« dann von der Steuer befreit, ein Jahr später folgte die Steuerbegünstigung für die Mischung mit fossilen Brennstoffen. Dazu kamen der Technologiebonus, der Güllebonus, der Landschaftspflegebonus, was Strom aus Biomasse zum Teil noch teurer als Solarstrom macht.[54]

Und dennoch hatte Renate Künast die Dummdreistigkeit, später im *ARD-Morgenmagazin* zu behaupten: »Wir waren immer gegen E10.«[55] Die FAZ schrieb dazu:

> Diese Positionierung ist nicht so einfach mit Künasts früherer Politik in Einklang zu bringen. Es waren nämlich SPD und Grüne, die 2003 den Biokraftstoffen zu ihrem ersten Boom in Deutschland verhalfen. Reiner Biodiesel und reines Bioethanol wurden damals von Steuern befreit.[56]

Und weiter:

> Ein engagierter Förderer des Biosprits war unter Rot-Grün der damalige Bundesumweltminister Jürgen Trittin. Ein Hauptargument dafür war, dass Treibstoff aus Mais, Getreide und Raps die Abhängigkeit vom Erdöl verringerten. [...] Trittin wollte im Jahr 2005 den Anteil alternativer Kraftstoffe sogar auf ein Viertel steigern. [...] Die Grünen förderten Biosprit auf viele Weise: Das Agrarministerium startete einen Modellversuch, in dem eine Motorentechnik gefördert wurde, die Bio- und fossile Kraftstoffe mischte; der damalige Grünen-Staatssekretär Matthias Berninger warb mit erwarteten CO_2-Einsparungen.[57]

Bei jeder anderen Partei hätten die Verantwortlichen für einen der folgenschwersten Ökoirrtümer der jüngeren Geschichte wohl zurücktreten müssen. Nicht so bei den Grünen: Künast erklärte damals erneut ihre Kandidatur für den Führungsposten als Fraktionsvorsitzende.[58]

Beispiel 6: Grüner Ministerpräsident schützt Dieselfahrer

Ende Juli 2019 spitzte sich der Kampf Grün gegen Grün in der Landesregierung von Baden-Württemberg zu: Der grüne Verkehrsminister Winfried Hermann wollte das ab Januar 2020 geltende Fahrverbot für Dieselfahrzeuge der Abgasnorm 5 schon früher im Luftreinhalteplan für die Stadt Stuttgart festlegen. Der grüne Ministerpräsident Winfried Kretschmann hingegen wollte zunächst weitere Messungen abwarten und verwies darauf, dass es »nur« noch vier stark belastete Zonen in Stuttgart gebe. Ein zonales Fahrverbot sei deshalb nicht mehr zwingend.

Schon im Februar 2019 hatte es Krach zwischen Grün und Grün gegeben. Ministerpräsident Kretschmann entzog seinem Parteikollegen und Verkehrsminister daraufhin die interministerielle Arbeitsgruppe, die Maßnahmen zur Luftreinhaltung umsetzen sollte, und unterstellte sie kurzerhand seinem eigenen Ministerium.[59]

HINTERGRUND: GRENZWERT FÜR STICKSTOFFDIOXID IN INNENRÄUMEN HÖHER ALS DRAUSSEN

Die Mitgliedstaaten der EU haben sich im Jahr 1999 darauf geeinigt, dass ab dem Jahr 2010 der Jahresmittelwert von 40 Mikrogramm Stickstoffdioxid-Belastung pro Kubikmeter auf den Straßen (Außenluft) eingehalten werden soll.[60]

In Innenräumen wird auch noch der Wochenmittelwert von 60 Mikrogramm pro Kubikmeter Luft (Wochenmittelwert) genannt. Diese Zahl stammt laut Umweltbundesamt aus den 1990er-Jahren und wurde seitdem nicht aktualisiert. Es handelt sich dabei um einen Richtwert. Das Umweltbundesamt empfiehlt jedoch aufgrund neuerer wissenschaftlicher Erkenntnisse, diesen Wert nicht mehr anzuwenden. Eine Überarbeitung der Richtwerte für Stickstoffdioxid stehe derzeit aber noch aus werde sich aber voraussichtlich ebenfalls an dem Beurteilungswert für die Außenluft orientieren.[61] ■

Beispiel 7: Energiesparlampen

Erinnern Sie sich noch an den Hype um die Energiesparlampen? Aufgrund der Interventionen von »Umweltschützern« wie den Grünen, BUND, Greenpeace und dem WWF[62] sprach die EU schließlich ein Glühlampenverbot aus. Seit 2012 ist mit ihnen europaweit Schluss.[63] Die »Energiesparlampe« sollte die Glühlampe ersetzen, und man hörte wochenlang nichts anderes mehr in den Medien als das Lob, wie sparsam und damit umweltfreundlich diese seien.

Doch auch das ist ein Irrtum, dem die Menschen bis heute aufsitzen. Die Energiesparlampen sind nämlich überhaupt nicht »umweltfreundlich«. Im Gegenteil: Jede Lampe enthält das Umweltgift Quecksilber und damit einen gefährlichen Schadstoff. Geht so eine Lampe während des Versands kaputt, kann das schwerwiegende Folgen haben, weshalb ihr Transport oft durch Logistiker ausgeschlossen ist – und zwar bis heute, wie ein Urteil vom Landgericht Duisburg im Juni 2019 bestätigte.[64]

Energiesparlampen müssen Quecksilber enthalten, sonst leuchten sie nicht. Wenn die Lampe kaputtgeht und Quecksilber austritt, müssen Sie zu Hause sehr aufpassen. Das Umweltbundesamt rät besonders bei Schwangeren, Säuglingen und Kleinkindern zur Vorsicht. Zerbricht die Lampe in Ihrer Wohnung, sollten Sie das Fenster öffnen und den Raum gut lüften. Anschließend sollten die Scherben aufgesammelt oder vorsichtig mit einem Blatt Papier zusammengekehrt werden. In einem geschlossenen Behälter sollen die Scherben dann zum Wertstoffhof gebracht werden. Benutzen Sie auf keinen Fall den Staubsauger![65] So giftig sind diese Lampen.

Die Stiftung Warentest riet sogar: »Wenn Sie auf Nummer sicher gehen wollen: Wählen Sie eine Energiesparlampe mit Kunststoffummantelung (Splitterschutz).«[66]

Lieber Quecksilber und Kunststoff als die alte Glühbirne? Die Grünen und die Umweltverbände haben uns praktisch gezwungen, giftige Quecksilberlampen in Küche, Kinder- und Schlafzimmer zu verwenden. Totaler Irrsinn!

Was viele außerdem nicht wissen: Bei der Produktion einer Energiesparlampe wird etwa zwölfmal so viel Energie benötigt (Studie: EU-Kommission 2008) wie bei einer normalen Glühbirne. Außerdem gibt es den sogenannten »Rebound-Effekt«, der psychologisch erklärbar ist: Vermeintlich nachhaltige Produkte werden oft viel häufiger benutzt. Im Falle einer Energiesparlampe bleibt diese also viel länger angeschaltet, weil man denkt, es sei ja ökologisch. So ist die »gute« Energiebilanz aber schnell dahin.[67]

Beispiel 8: Der Reinhardswald

Die grüne Öko-Doppelmoral zeichnet sich auch in der Naturzerstörung aus. Zum Beispiel im Reinhardswald in Hessen, in dem neue Windkraftanlagen gebaut werden sollen. Am 30. Juli 2019 wurde der Antrag zur Genehmigung im Regierungspräsidium (RP) Kassel abgegeben.[68]

Ein einzelnes Windrad misst 241 Meter Höhe und ist somit 84 Meter höher als der Kölner Dom. 150 Meter Durchmesser hat ein Rotor und kann damit eine Fläche von 17 660 Quadratmetern überstreichen.[69] Die Folgen des Baus für den Wald:

- Eine Million Quadratmeter Wald könnten gerodet, verdichtet, betoniert und zerstört werden.[70]
- 10 000 Lastwagenfahrten wären allein für 5 Kilometer Zuwegung im Wald erforderlich. Darin sind noch keine Schwerlastfahrten für die Anlagen selbst und für die Fundamente enthalten.[71]
- Geschützte Vögel, Fledermäuse und Millionen von Insekten würden durch die rotierenden Wind- und Radflügel zerfetzt.[72]
- Waldflächen würden hektarweise gerodet und verdichtet.[73]
- Das Grundwasser würde verschmutzt werden.[74]
- Ein intaktes Ökosystem würde dauerhaft zerstört werden.[75]

Die Initiative »Rettet den Reinhardswald« schreibt:

> Im hessischen Reinhardswald missbraucht man immer noch den Klimaschutz als Rechtfertigung für den Bau von Windanlagen. Es handelt sich dabei jedoch in erster Linie um ein Wirtschaftsprojekt. Der umweltbewusste Bürger wird in die Irre geführt. Sobald ein geschlossenes Waldgebiet wie der Reinhardswald erstmalig industriell genutzt wurde, gilt es als vorgeschädigt. Es verliert somit seinen besonderen Schutzstatus. Weitere Eingriffe, z. B. Schneisen für Hochspannungsleitungen und sonstige Maßnahmen, werden dadurch automatisch ermöglicht.[76]

Doch das »Aus« für einen Teil des 800 Jahre alten Märchenwalds der Brüder Grimm ist beschlossen. 2020 werden wohl 120 000 Bäume für 20 Windkraftanlagen abgeholzt. Aber ein einziger Baum filtert pro Tag die Luft, um den Sauerstoff für vier Menschen zu generieren.

Und das, weil die Grünen (die in der hessischen Landesregierung zusammen mit der CDU sitzen) es auch so wollen. Es sind (bisher) zwar »nur« 3 Quadratkilometer von den insgesamt etwa 200 Quadratkilometern, aber der Strom muss ja auch noch zu den Verbrauchern gebracht werden. Dazu müssen oberirdische Leitungen verlegt werden. Das heißt: breite Schneisen quer durch den Wald, die wiederum Tausende von Bäumen das Leben kosten werden.[77]

Correctiv, der »Faktencheck für die Demokratie«[78] (für mich eher ein Instrument, um den Mainstream zu verteidigen), schrieb pflichtgehorsamst, dass die Berichterstattungen darüber »übertrieben«[79] seien:

> Was stimmt: Ein kleiner Teil des Waldes gehört zu den Gebieten in Hessen, in denen Windräder gebaut werden dürfen. Dafür würden im Fall einer Genehmigung auch Bäume gefällt. [...] Die Grünen waren daran beteiligt, Flächen für diese Bebauung zu bestimmen. Aber sie haben das nicht alleine entschieden. Auch die CDU, SPD, die FDP und die Piraten haben zugestimmt. Nur die Linken nicht – weil sie damals nicht in der Regionalversammlung vertreten waren.[80]

Die Grünen, die Klimaschützer, waren also »nur« daran »beteiligt«, was wie eine entschuldigende Ausrede klingt, doch damit macht sich die Ökopartei eindeutig mitschuldig. Mehr zum Thema »Windkraft« in Kapitel 14: »Grüne Umweltverbrechen im Namen des Klimaschutzes«.

Beispiel 9: »Waldwende«

Im Jahr 2003 erklärte die damalige grüne Bundeslandwirtschaftsministerin Renate Künast das Waldsterben für beendet.

In einem *Spiegel*-Interview im Spätsommer 2019 forderte sie dann jedoch: »Wir brauchen eine Waldwende«[81] und weiter: »Besser Pferde zum Holzrücken als Riesenmaschinen.«[82] Zudem verlangte sie mehr »Mischwald«.[83]

Auf die Frage, warum sie denn Mischwälder nicht schon in ihrer Amtszeit angelegt habe, antwortete sie:

> Ich konnte aber nicht alles gleichzeitig durchsetzen. [...] Am Ende hat mich die Förderalismusreform überholt, die die Zuständigkeit der Länder bestärkte.[84]

Aber weshalb erklärte die damalige Ministerin das Waldsterben für beendet, wenn jetzt wieder vom »Waldsterben 2.0« die Rede ist? Dazu Künast:

> Früher ging es vor allem um das Leiden der Wälder, das die Industrie verursachte, Stichwort saurer Regen. Heute ist unsere Art zu wirtschaften insgesamt ein Problem für das Klima. [...] Das Ausmaß dessen, was wir vor uns sehen, ist viel größer als 2003.[85]

Das sollte wohl eher heißen: Ich wasche meine Hände in grüner Unschuld.

Sie sehen an diesen wenigen Beispielen, wie sehr die grüne Öko-Doppelmoral geschadet uns und der Natur hat und immer noch schadet. Aber auch, wie die Grünen Wasser predigen und selbst Wein trinken (Stichwort »Vielfliegerei«) und wie uneinsichtig die grünen Protagonisten bis heute sind, ihre eigenen Fehler zuzugeben.

Doch genauso dubios ist, wer tatsächlich hinter der ganzen Klimahysterie steckt und wie man die Öffentlichkeit belügt und betrügt, um den grünen Kommunismus und den Ökosozialismus durch die Hintertür zu verbreiten.

KAPITEL 11

Wer steckt hinter dem Klimaschutzwahn?

Wie ich in Kapitel 2: »Auf in den grünen Kommunismus!« bereits erläutert habe, soll die Klimahysterie letztlich zum Ökosozialismus führen: Gleichmacherei für alle, Wohlstandsverluste, staatliche Kontrollen und Eingriffe in unser Privatleben. Der Klimawahn und seine Folgen sind erst der Beginn einer gigantischen, globalen Umverteilungsmaschinerie, die aber nicht nur wirtschaftliche Änderungen mit sich bringen wird, sondern auch gesellschaftliche und vor allem ideologische.

Die Naturwissenschaftlerin Sonja Margolina schrieb im Frühsommer 2019 über die Hintergründe der Klimahysterie:

> Die Obsession für den Klimawandel ist eine überwiegend westliche Marotte. Nirgendwo sonst geriet er dermaßen zur Ideologie. [...] Doch ausgerechnet Schlüsselbegriffe der Klima-Ideologie führen ihren nichtwissenschaftlichen Charakter vor Augen. So steht der »Klimawandel« zugleich für einen Kampf gegen den Kapitalismus, denn er ist Folge der Wachstumsökonomie, der Ausbeutung von Natur und Ressourcen sowie der Entwicklungsländer. [...]
>
> Klimawandel ist ein hochideologischer, subversiver Begriff, der eine Utopie der »Klimarettung« zum Ziel des politischen Handelns und zum moralischen Gebot erhoben hat. Nach den Milliarden-Investitionen und garantierten Subventionen für wirtschaftlich nicht konkurrenzfähige Erneuerbare Energien bedient sie handfeste Interessen zahlreicher Profiteure aus der Politik, Zivilgesellschaft und dem mit ihnen verbundenen öko-industriellen Komplex. Klimaschutz ist ein Milliardengeschäft und eine Umverteilungsmaschine von unten nach oben, von den reuigen Europäern an die Eliten der Entwicklungsländer.[1]

Der Weg von der Klimaideologie zum Ökosozialismus, der mit faschistoiden Mitteln (Verbote, Strafen, Zensuren, Diskriminierungen etc.) »eingepeitscht« werden soll, hat schon begonnen – und zwar mit einem kleinen Mädchen.

Greta, die »Klima-Madonna« aus dem Nichts

> Wenn man eine 16-Jährige mit Asperger-Syndrom präsentiert und sagt: »Untersteht euch, sie zu kritisieren, denn das wäre unhöflich gegenüber einem behinderten Kind« – nun ja, tut mir leid, aber wenn sie politische Thesen vorbringt, muss man sie kritisieren dürfen.[2]
>
> —MATT RIDLEY, WISSENSCHAFTLER

Für die einen ist sie die »Wunderwaffe der Grünen«[3], für die anderen eine »öko-religiöse Putte«[4]. Gemeint ist die inzwischen 16-jährige Schwedin Greta Thunberg (eigentlich: Greta Tintin Eleonora Ernman Thunberg).

Begonnen haben die öffentliche Wahrnehmung und die medial gewollte Inszenierung damit, dass das kleine, kranke Mädchen angeblich ganz allein mit einem Schild vor dem schwedischen Parlament für den Klimaschutz protestierte.

Eine herzzerreißende Geschichte. Zu schön, um wahr zu sein. Und doch ist Greta mittlerweile die »Fridays for Future«-Galionsfigur, die »Klima-Madonna«, die von vielen der angeblichen Klimaschützer schon fast religiös verehrt wird, ein Teenager, der die Welt retten will, uns moralisch unter Druck setzt und vor dem eingeschüchterte Erwachsene kuschen.

Der Berliner Bischof Heiner Koch schrieb über Greta fast schon verzückt:

> Mich erinnern die Freitagsdemos ein wenig an die biblische Szene vom Einzug Jesu in Jerusalem. Auch das war für viele eine Art Triumphzug für einen Volkshelden, der bei den Menschen große Erwartungen ausgelöst hatte und auf den sich viele Hoffnungen auf Besserung richteten. Mancher sah in dem Mann aus Galiläa einen Propheten, einen nationalen Retter. Sie jubelten ihm zu, winkten mit Palmzweigen, dem Symbol zur Huldigung von Königen, und priesen ihn mit Hosanna-Rufen und lautem Jubel.
>
> Es geht mir jedoch nicht darum, die jugendliche Klimaschützerin Greta aus Schweden zu einem weiblichen Messias zu machen, indem ich sie mit Jesus von Nazareth vergleiche. Auch möchte ich nicht falsch verstanden werden, als hielte ich den Beifall, den sie von den Schülerinnen und Schülern bekommt, nur für ein kurzes Strohfeuer, dem vielleicht bald

> die Enttäuschung folgt. Ich möchte jedoch daran erinnern, dass unsere Gesellschaft und auch unsere Kirche von Zeit zu Zeit echte Propheten braucht.[5]

Amen! ... Das 16-jährige Mädchen ist in den Augen des Bischofs demnach eine »echte Prophetin«. Auch für die Grüne Katrin Göring-Eckardt, zwischen 2009 und 2013 Präses der Synode der Evangelischen Kirche Deutschlands (EKD), ist Greta eine »moderne Prophetin«.[6] In den Medien wird sie auch schon mal als »Jeanne d'Arc der Klimarettung«[7] betitelt.

In Berlin erhielt Greta bereits die Goldene Kamera. Die *Bild* schrieb euphorisch: »Der Auftritt von Greta wurde zum Gänsehaut-Moment. Sie erhielt Standing Ovations von allen Menschen im Saal – und den Sonderpreis für Klimaschutz.«[8] So mancher Promi hatte sogar »Tränen in den Augen«.[9] In ihrer Rede sprach die 16-jährige Schwedin »ihr« prominentes Publikum direkt an und nahm jeden in die Pflicht: »Wir stehen jetzt an einem Scheideweg unserer Geschichte.«[10]

Sogar der Papst empfing das Mädchen, ebenso der amerikanische Ex-Präsident Barack Hussein Obama. Die Universität Mons in Belgien ehrte die 16-Jährige, die noch keinen Schulabschluss besitzt, keine Ausbildung absolvierte und noch nie gearbeitet hat, sogar mit der Ehrendoktorwürde. In Schweden wurde die 16-Jährige zweimal »Frau (!) des Jahres«.[11]

Auf dem Klimagipfel »R20 Austrian World Summit« im Frühsommer 2019 saß Greta natürlich in der ersten Reihe, gleich neben Arnold Schwarzenegger. Auch UNO-Generalsekretär António Guterres und der Astronaut Scott Kelly waren da. Der österreichische Bundespräsident Alexander Van der Bellen (ehemaliger Grüner) sagte in ergreifender Manier: »Ich danke dir für die Hoffnung, die du in so vielen von uns geweckt hast.«[12] Amen!

Doch dann legte das kleine Mädchen los und stellte die gesamte versammelte Elite in den Senkel, auf Deutsch: machte sie zur »Sau«:

> Viele von Ihnen hier im Saal sind Führungspersönlichkeiten. Hier sitzen Präsidenten, Politiker, Firmenchefs, Prominente, Journalisten. Die Menschen hören Ihnen zu, sie werden von Ihnen beeinflusst. Deshalb tragen Sie eine gewaltige Verantwortung. Und wenn wir ehrlich sind, haben die

> meisten von Ihnen diese Verantwortung bisher nicht übernommen. […] So handelt man nicht in einer Krise![13]

Und wissen Sie was? Anstatt dem Mädchen ihrerseits über den unverschämten Ton die Leviten zu lesen, standen alle Menschen im Saal für Greta auf und applaudierten.[14] Greta, Greta über alles! Ist das noch normal?

HINTERGRUND: WER IST GRETA?

Greta Tintin Eleonora Ernman Thunberg wurde am 3. Januar 2003 in Schweden geboren. Sie ist offiziell eine »Klimaschutzaktivistin«, und ihr instrumentalisierter Einsatz für eine konsequente Klimapolitik findet international größte Beachtung. Sie ist die ältere von zwei Töchtern der Opernsängerin Malena Ernman und des Schauspielers Svante Thunberg.[15]

Rein »zufällig« ist Greta Nachfahrin des Chemienobelpreisträgers Svante Arrhenius, der einst eine globale Erderwärmung durch einen steigenden CO_2-Gehalt in der Atmosphäre voraussagte. Greta hörte »rein zufällig« im Alter von 8 Jahren erstmals vom Klimawandel. Mit 11 machte sie sich große Sorgen, bekam Depressionen, hörte zeitweise auf zu sprechen und zu essen. Mit 15 begann sie dann mit ihrem Protest.[16]

In Schweden nennen manche sie, auch wegen ihrer Zöpfe, die »Pippi Langstrumpf des Klimas«. Greta ernährt sich vegan und ist angeblich noch nie geflogen.[17] ■

Die »offizielle« Geschichte über Gretas »Erweckung« konnte man in der FAZ nachlesen:

> Im Mai 2018 gewann Thunberg einen Schreibwettbewerb vom *Svenska Dagbladet* zur Umweltpolitik, da war sie 15 Jahre alt. Ihr Text wurde veröffentlicht, in einer der wichtigsten Zeitungen des Landes. Danach nahmen mehrere Personen Kontakt zu ihr auf. So hat sie auf ihrer Facebook-Seite ihre Anfänge einmal beschrieben. Ein Klimaaktivist brachte sie mit anderen jungen Aktivisten zusammen. Einer schlug einen Schulstreik vor,

Thunberg mochte die Idee. Die anderen hätten daran kein Interesse gehabt, ihre Eltern seien nicht begeistert gewesen. Sie hätte es ohne ihre Unterstützung durchziehen müssen. Am 20. August 2018 protestierte sie zum ersten Mal vor dem Reichstag in Stockholm. »Skolstrejk för Klimatet« steht auf ihrem Schild. Danach ging alles rasend schnell. Ihre Rede auf der Klimakonferenz in Polen, nach Davos mit dem Zug, Treffen und Gespräche mit Politikern und Journalisten – und seit Wochen gehen in mehreren Ländern Zigtausende Schüler jeden Freitag auf die Straße, um für eine bessere Klimapolitik zu demonstrieren. Thunberg ist überall.[18]

Gretas Mutter Malena Ernman beschreibt das so: »In einer Schulstunde sah Greta einen Film über die Verschmutzung der Weltmeere, sie brach daraufhin in Tränen aus. Sie will nach Hause, aber sie darf nicht und soll in der Schulmensa tote Tiere essen.«[19]

Auch für ihre Mutter scheint Greta eine »Heilige« zu sein, denn sie schreibt ihrer Tochter Wunderkräfte zu: »Sie sieht, was wir anderen nicht sehen wollen. Greta gehört zu den wenigen, die unsere Kohlendioxide mit bloßem Auge erkennen können.«[20] Amen!

HINTERGRUND: DAS »GRETA-BUCH«

Im Frühjahr 2019 erschien das Buch *Szenen aus dem Herzen – Unser Leben für das Klima* auch auf Deutsch und eroberte im Sturm die *Spiegel*-Bestsellerliste. Als Autoren zeichnen sich Greta & Svante Thunberg, Beata & Malena Ernman, nach »Absprache« mit Greta und ihrer Schwester Beata.[21]

Doch das »Greta-Buch« hat hauptsächlich ihre Mutter Malena Ernman (eine Opernsängerin) im Namen ihrer beiden Töchter und ihres Ehemannes (eines Schauspielers und Produzenten) geschrieben.[22] Die Einnahmen des Buches sollen gespendet werden.[23] Verifizierbar ist das freilich nicht.

Das Fazit des *Spiegel* zum Buch: »Die Geschichte der Thunbergs ist eine moderne Erlösungsgeschichte, in der erst die Krankheit dafür sorgt, dass Menschen die Dinge so sehen, wie sie sind. Was richtig ist und was falsch: Flugzeuge benutzen, Volvo fahren, Fleisch essen, Kohlekraftwerke laufen lassen ...«[24] Amen! ■

Was viele nicht wissen: Greta leidet unter dem sogenannten »Asperger-Syndrom«. Wissenschaftler verstehen darunter eine »eher milde Variante der Entwicklungsstörung«.[25]

HINTERGRUND: DAS ASPERGER-SYNDROM

> Ich glaube, dass wir Autisten in vielerlei Hinsicht die Normalen und die übrigen Menschen ziemlich seltsam sind.[26]
>
> — GRETA THUNBERG

Zu diesem Krankheitsbild zitiere ich die Website *neurologen-und-psychiater-im-netz.org*:

> Das Asperger-Syndrom und der frühkindliche Autismus unterscheiden sich im Wesentlichen durch ihre Entwicklung. Die kommunikativen und sprachlichen Fähigkeiten von Kindern mit Asperger-Syndrom sind – im Gegensatz zu Patienten mit frühkindlichem Autismus – in den ersten drei Lebensjahren unauffällig. Erste Schritte zum Selbstständigwerden und die Neugier an ihrer Umgebung sind vorhanden. Die motorische Entwicklung tritt zum Teil verzögert ein.
>
> Diese Form des Autismus wird daher meist erst im Vorschul- oder Schulalter deutlich. Obwohl die Kinder oft durchschnittlich intelligent sind, haben sie häufig in Kindergarten und Schule Schwierigkeiten. Sie weisen eine gestörte soziale Interaktion und stereotype Verhaltensmuster auf – in vielen Fällen aber schwächer ausgeprägt als beim frühkindlichen Autismus. In der Regel zeigen sich diese Auffälligkeiten beim gemeinsamen Spielen mit gleichaltrigen Kindern, an dem Kinder mit Asperger-Syndrom entweder kein Interesse haben oder es nach eigenen Regeln spielen wollen, sodass es oft zu Streit kommt.
>
> In bestimmten Wissensbereichen, die das Allgemeinwissen deutlich dominieren, können Personen mit Asperger-Syndrom häufig erstaunliche Fähigkeiten, Kenntnisse und Gedächtnisleistungen zeigen (Inselbegabung).[27]

Gretas Mutter beschreibt in ihrem Buch, wie sich die Krankheit auf Greta auswirkt: Sie weint im Bett, sie weint auf dem Weg in die

Schule, sie weint im Unterricht und in den Pausen, hört auf zu lachen, hört auf zu reden, hört auf zu essen.[28] Es folgen Angstattacken und die Ärzte empfehlen, Greta in die Jugendpsychiatrie zu bringen.[29] Diagnose: Asperger, hochfunktionaler Autismus und Zwangsstörungen (OCD).[30]

Dann bekennt ihre Mutter die Medikamentierung ihrer Tochter:

> Wir fangen mit Sertralin[31] an, einem Antidepressivum, dessen Dosierung nach und nach leicht erhöht wird.[32]

Zu all den psychischen Problemen kommt hinzu: Greta wird in der Schule gemobbt. Man lacht offen über sie, obwohl die Eltern neben ihr stehen. Sie wird auf dem Schulhof verprügelt und systematisch ausgegrenzt. Die Schulleitung meint jedoch, Greta sei selbst schuld daran, weil sie sich »sonderbar« verhalte.[33] ■

In der Sendung *Anne Will* am 31. März 2019 hatte Greta die großartige Botschaft gesendet: »Ich bin Realistin. Ich sehe Fakten.«[34]

Die Moderatorin wollte von Greta auch wissen, ob das bei ihr diagnostizierte Asperger-Syndrom sich auf ihre Haltung auswirke. Die 16-Jährige bejahte:

> Ohne die Diagnose hätte ich wohl so weitergemacht. Aber jetzt arbeite ich anders. Wenn mir etwas wichtig ist, mache ich das zu 100 Prozent.[35]

Will fragte die Schwedin nach ihrer Motivation. Diese antwortete, als sie im August 2018 begonnen habe, vor dem schwedischen Parlament zu demonstrieren, habe sie keine Bewegung starten wollen: »Ich wollte nur tun, was ich tun kann.« Ihre Mission sei es, »alles zu tun, um die Welt mit dem Pariser Klimaabkommen in Einklang zu bringen«. Dazu brauche es aber »Kooperation«.[36]

Die von Will erwähnten Vorwürfe, sie schreibe ihre Reden nicht selbst und werde manipuliert, wies Greta empört von sich: »Es ist lächerlich, dass Menschen so wenig voneinander halten, dass sie versuchen, andere niederzumachen.«[37] Sie bekräftigte, sie schreibe ihre

Reden selbst, hole sich »nur« Informationen von Wissenschaftlern. Auf Facebook hatte Greta dazu auch einen Post veröffentlicht:

> Es steht niemand hinter mir außer mir selbst. [...] Ich gehöre keiner Organisation an. Manchmal werde ich von einigen NGOs, die sich mit Klima und Umwelt beschäftigen, unterstützt und arbeite mit ihnen zusammen. [...] Und ja, ich schreibe meine Reden selbst. [...] Ich kenne einige Wissenschaftler, die ich häufig um Rat frage.[38]

Das entlarvt doch mehr, als es verbergen soll: Einerseits steht »niemand« hinter Greta, wie sie selbst schreibt, andererseits wird sie von anderen NGOs »unterstützt« und fragt Wissenschaftler »um Rat«.

HINTERGRUND: SCHREIBT GRETA IHRE REDEN WIRKLICH SELBST?

Greta Thunberg ist die berühmteste Klimaschützerin der Welt. Sie bekräftigt immer wieder, sie schreibe ihre Reden selbst und hole sich nur Informationen von Wissenschaftlern.[39]

Kritiker werfen der 16-jährigen Schülerin vor, sie formuliere nur das, was ihre Berater ihr einflüstern würden. Einer davon soll Kevin Anderson sein. Er ist Professor für Klimawandel und Energie an den Universitäten Manchester und Uppsala. Im »Greta-Buch« kommt er ebenfalls öfters zu Wort.[40] Jahrelang war er stellvertretender Direktor des britischen Forschungsverbundes Tyndall Centre for Climate Change Research. Heute boykottiert er Flugzeuge. Zudem ist es für ihn »lächerlich«, dass noch immer 1500 Kilogramm schwere Autos 80 Kilo schwere Menschen ein paar Kilometer weit transportieren.[41]

Auch Anderson widersprach dem Vorwurf, er würde Gretas Reden schreiben:

> Was Sie aus dem Mund von Greta Thunberg hören, ist das, worüber Greta Thunberg nachdenkt und was sie dann aufschreibt. Sie ist nicht das Sprachrohr ihrer Eltern, einer PR-Kampagne oder von uns Wissenschaftlern. Auch wenn das manche Leute nicht wahrhaben wollen – allen voran einige ältere weiße Männer.[42]

Schließlich gab er dann doch zu: »Greta schickt mir manchmal Manuskripte und bittet mich zu prüfen, ob alles inhaltlich richtig ist. Manchmal diskutieren wir beide natürlich auch über Themen.«[43]

Andersons eigenen Aussagen nach hat die Familie Thunberg ihn angesprochen, weil Greta »hochinteressiert« am Klimawandel sei, und seit sie dann mit dem Streik angefangen habe, stünden sie »regelmäßig« in Kontakt.[44] Anderson schwärmt in dem Interview geradezu von dem Mädchen:

> Für mich ist sie wie das Kind im Märchen *Des Kaisers neue Kleider,* das ruft: »Aber er hat ja gar nichts an.« So ist es auch mit dem Klima: Wir emittieren immer mehr CO_2 – und reden uns das schön, beschwichtigen, zögern große Veränderung hinaus. Aber Greta sagt, wie es ist. Eben deswegen wird sie so verehrt.[45]

Darauf angesprochen, ob eine 16-Jährige dieses hochkomplexe Thema überhaupt überblicken kann, antwortete er:

> Es ist dumm von Politikern, Gretas vernünftige Statements abzuqualifizieren, bloß weil sie eine Jugendliche ist. [...] Sie ist sehr wohl Expertin – für Kommunikation. Sie schafft es, Unmengen von Informationen zu prägnanten, einfachen, ehrlichen Botschaften zusammenzufassen. Diese Expertise hat uns bislang gefehlt. Greta erreicht Menschen, die wir Wissenschaftler nie erreicht haben, allen voran Kinder und Jugendliche.[46]

Genau das scheint, nebenbei gesagt, auch ein Grund für ihre »Inszenierung« zu sein. ■

Greta Thunberg ist für mich jedoch eine radikale Klimapopulistin, die Panik und Hysterie verbreitet und uns dreist bevormunden will. Hier einige Beispiele aus ihren Reden:

> Dies [die Klimakrise] ist vor allem ein Notfall und nicht nur irgendein Notfall, dies ist die größte Krise der Menschheit.[47]

> Zu lange sind die Mächtigen davongekommen, nichts gegen den Klimawandel zu unternehmen. Sie sind damit davongekommen, unsere Zukunft zu stehlen für Profite. Aber wir jungen Leute stehen auf und wir versprechen: Wir lassen sie nicht mehr davonkommen![48]
>
> Fliegen ist das absolut Schlimmste, was man machen kann.[49]
>
> Ihr braucht nicht irgendwohin zu gehen, um gegen die Klimakrise zu protestieren. Denn der Klimawandel ist überall. Ihr könnt euch vor jedes Regierungsgebäude auf der Welt stellen oder setzen. [...] Ihr könnt euch vor jedes Öl- oder Energieunternehmen stellen. Und vor jeden Lebensmittelladen, jede Zeitung, jeden Flughafen, jede Tankstelle, jeden Fleischproduzenten oder jeden Fernsehsender der Welt.[50]
>
> Alles und alle müssen sich ändern.[51]
>
> Wir stehen vor einer existenziellen Bedrohung, und uns bleibt keine Zeit mehr, diesen Weg des Wahnsinns zu verlassen.[52]
>
> Unser Haus steht in Flammen.[53]
>
> Wir stehen vor unsagbarem Leid für eine ungeheure Menge von Menschen.[54]

Über das Schulschwänzen sagt sie:

> Aber warum sollen wir für eine Zukunft lernen, die es schon bald nicht mehr geben wird, wenn niemand etwas unternimmt, die Zukunft zu retten?[55]
>
> Und welchen Sinn hat es, in der Schule Fakten zu lernen, wenn die wichtigsten Fakten, belegt durch die modernste Forschung ebendieses Bildungssystems, unseren Politikern und unserer Gesellschaft offensichtlich nichts bedeuten?[56]

Diese Aussagen »beten« die »Fridays for Future«-Verblendeten in den Medien fast wortwörtlich nach. Gretas »Lieblingsfeinde« sind:

- Klimaleugner,
- Technikoptimisten,
- Veganer, die regelmäßig weite Flugreisen auf sich nehmen, um die Welt mit neuen exotischen Rezepten zu retten.[57]

Wer profitiert von Greta?

> Greta Thunberg hat keine Ahnung von Physik, Meteorologie oder Klimatologie, aber sie wird an große Klimakonferenzen eingeladen. Das beweist, dass diese Klimakonferenzen keine wissenschaftlichen, sondern politische Veranstaltungen sind.[58]
>
> —ROGER KOEPPEL

»Die Vermarktung ist professioneller geworden«, sagt die Reporterin im *Auslandsjournal* in einem Bericht über Greta. »Mittlerweile gibt es ehrenamtliche Helfer von Greta Thunberg Media. […] Was ist Inszenierung, was ist echt?«[59]

Ausgerechnet die linke *taz* brachte einen Artikel über die monetären Hintergründe zum Greta-Hype. Darin heißt es:

> Klimaaktivistin Greta Thunberg bringt Geld ein: Ein schwedischer Geschäftsmann, der für sich in Anspruch nimmt, sie »entdeckt« zu haben, zog mit ihrem Namen Investoren für ein Start-up an. Umgerechnet rund eine Million Euro an neuem Aktienkapital kamen zusammen.[60]

Gretas Eltern betonten jedoch schnell: »Wir haben nichts davon gewusst.«[61] Aber auch das ist – wie vieles in dieser scheinheiligen Komödie – nur die halbe Wahrheit. Doch von Anfang an:

Der Finanzmarktjongleur Ingmar Rentzhog plante schon vor einigen Jahren, das »weltweit größte soziale Netzwerk für Klimaaktion« zu schaffen.[62] Im September 2017 gründete er dafür die Aktiengesellschaft We Don't Have Time«.[63]

Auf seinem LinkedIn-Account formulierte Rentzhog sein Ziel, nämlich eine Plattform aufzubauen, »auf der sich Millionen von Mitgliedern zusammentun, um Druck auf Leader, Politiker und Unternehmen auszuüben, um für das Klima zu agieren«.[64] Er wolle ein Netzwerk mit 100 Millionen Usern aufbauen, das Ganze finanziert durch Anzeigen »klimafreundlicher Unternehmen, die bewusste Kunden ansprechen wollen«.[65]

Rentzhog ist in Sachen Klima kein unbescholtenes Blatt: Er ist Mitglied des Climate Reality Project[66] des ehemaligen US-Vizepräsidenten und Klimahysterikers Al Gore und Vorstandsmitglied eines schwedischen Thinktanks für »nachhaltige Entwicklung«. 2018 wurde Rentzhog von einer schwedischen Umweltzeitschrift sogar zum »Umweltbeeinflusser des Jahres« ernannt.[67]

Rentzhog und Gretas Mutter Malena Ernman haben sogar zusammen einen Artikel verfasst mit dem passenden Titel: »Die akute Klimakrise erfordert eine breite politische Bewegung«,[68] erschienen im September 2018 in der Zeitung *Dagens Nyheter.*[69]

Im gleichen Jahr kam dann auch Greta ins Spiel. Sie hatte nämlich am Morgen des 20. August 2018 erstmals mit ihrem Pappschild »Schulstreik für das Klima« vor dem schwedischen Reichstag Platz genommen.[70] Offenbar »plötzlich« und »zufällig« tauchte dort das PR-Genie Rentzhog in Begleitung eines Fotografen auf. Sie nahmen Bilder und ein Video auf und veröffentlichten diese kurz darauf auf Rentzhogs Facebook- und Instagram-Seite. Ein Video mit englischsprachigem Text stellte Rentzhog am gleichen Tag auf dem YouTube-Kanal von We Don't Have Time ein. Später gab er an, er habe »zufällig« von dieser Aktion erfahren und dann auch die Medien darüber unterrichtet.[71]

Gretas Video ging dann wohl auch »zufällig« und ohne ihr Einverständnis um die ganze Welt … Jedenfalls brüstete sich Rentzhog damit, Greta »entdeckt« zu haben:

> Ja, so war es. Ich habe dann guten Kontakt mit Greta und ihrer Familie bekommen. Ich habe Greta bei vielem geholfen und dazu auch mein Kontaktnetzwerk verwendet.[72]

Wieder ganz »zufällig« teilte We Don't Have Time am 24. November 2018 mit, dass die Jugendliche Thunberg nun einen Platz als »Ratgeberin« im Vorstand der Stiftung eingenommen habe. Diese solle die Marke der gleichnamigen Aktiengesellschaft entwickeln, mit dem Ziel, Investoren zu finden, die neues Aktienkapital zeichnen sollten.[73] Die Stiftung ist der Hauptinhaber der Aktiengesellschaft. Sie investiert mindestens 10 Prozent des Unternehmensgewinns für Klimaschutzinitiativen.[74]

In dem Prospekt für die Kundenwerbung taucht elfmal der Name Greta Thunberg auf – als Beispiel für Erfolg und Durchschlagskraft der Firma. Wörtlich heißt es:

> Das Unternehmen trug zu einer erfolgreichen Kampagne zur Steigerung des Klimabewusstseins bei, indem es in seinen eigenen Social-Media-Kanälen den Schulstreik der Klimaaktivistin Greta Thunberg einem internationalen Publikum vorstellte.[75]

Der Publizist Wolfram Weimer schrieb dazu:

> Kommerzielles Ziel der Rentzhog-Kampagne ist es von Anfang an, über die Klima-Ikone Greta die Aktiengesellschaft »We don't have time« zu einer grünen Massen-Plattform auszubauen. Erste Investoren-Runden werden anberaumt und Finanzprospekte geschrieben, um Aktienkapital zeichnen zu lassen. In einem Börsenbriefing heißt es: »Unser Vorbild ist *TripAdvisor.com*, das mit seinen 390 Millionen Usern Unternehmen bewertet und beeinflusst.« Ende November nimmt Greta Thunberg sogar offiziell einen Platz als Beraterin im Vorstand der Stiftung Rentzhogs ein. Beim Klimagipfel in Kattowitz im Dezember 2018 reist sie wie auf einer Road Show mit den »We don't have time«-Managern an und stellt das Projekt vor. Nachdem erste Kritik an der geschäftlichen Konstruktion öffentlich wird, zieht sich Greta von dem Unternehmen plötzlich zurück und erklärt in einem Facebook-Post vom 11. Februar offiziell: »Ich habe keine Verbindungen mehr mit ›We don't have time‹.«[76]

Wolfram Weimer weiter:

> Das Geschäft des neuen Klimakonzerns läuft freilich lebhaft weiter. Mit Annette Nordvall ist sogar eine Größe der schwedischen Venture-Kapitalisten-Szene bei der Rentzhog-Plattform eingestiegen. Das schwedische Wirtschaftsmagazin *Di Digital* bezeichnet Nordvall als »einen von Schwedens mächtigsten Tech-Investoren«. […] In einem gemeinsamen Brief an Investoren schreiben Rentzhog und Nordvall: »Seit wir vor 18 Monaten gestartet sind, haben wir daran gearbeitet, das soziale Netzwerk auszu-

bauen, Investoren anzuziehen und wichtige Klimawandel-Initiativen und junge Klima-Helden wie Greta Thunberg in Szene zu setzen.[77]

Laut Weimer hat das Unternehmen mittlerweile 23 Millionen schwedische Kronen von mehr als 500 Investoren aus sechzehn Ländern eingenommen.[78]

Wussten die Eltern der Minderjährigen davon? Rentzhog windet sich: In diesen konkreten Prozess selbst seien die Eltern nicht eingebunden gewesen: »Sie haben es aber gesehen, nachdem der Prospekt öffentlich wurde. Sie hatten es nicht kommentiert.«[79]

Die Minderjährige wurde also ohne Wissen und ohne Einverständnis ihrer Eltern weltweit »vorgeführt« und übernahm im Vorstand einer Stiftung einen Platz als Ratgeberin? Eine solche widerrechtliche Nutzung des Namens einer Minderjährigen würde normalerweise Abmahnungen und Schadensersatzforderungen nach sich ziehen. Doch all das geschah natürlich nicht. Im Gegenteil: Ihre Eltern nahmen das alles wohl stillschweigend hin … Zurück blieb ein verräterischer Fauxpas, der schnellstens aus der Welt geschaffen werden musste: Thunbergs Eltern betonten, »nichts« von der Aktion gewusst zu haben. Rentzhog habe sie nicht darüber informiert, dass der Name ihrer Tochter in einem Prospekt über finanzielle Investitionen auftauche. Sie hätten diesen Prospekt auch nie gesehen. Damit widersprechen sie Rentzhogs obiger Aussage: »Sie haben es aber gesehen, nachdem der Prospekt öffentlich wurde. Sie hatten es nicht kommentiert.«[80]

Gretas Eltern taten weiterhin unschuldig: So wie sie es verstanden hätten, sei We Don't Have Time eine ideelle Stiftung, die zwar auch einen kommerziellen Ableger habe, mit dem Greta aber überhaupt nichts zu tun habe.[81]

Gretas Vater Svante setzte sogar noch einen drauf: Es sei »unglücklich, wenn sie da kommerziell ausgenutzt wurde. […] Aber sie wusste nichts davon. Niemand von uns wusste davon. Niemand steht hinter Greta als Greta selbst.«[82]

Weitere Schadensbegrenzung folgte: In einer Pressemeldung im Februar 2019 teilte We Don't Have Time schließlich mit, Greta Thunberg habe ihren Platz als Ratgeberin des Stiftungsvorstands verlassen.[83] Das war zu diesem Zeitpunkt kein Problem mehr, denn Greta war bereits weltweit bekannt.

Doch man konnte nicht mehr alles vertuschen, und so hieß es in der Pressemitteilung weiter:

> Greta war nur an der Stiftung beteiligt. Wir möchten auch klarstellen, dass wir niemals eine Zahlung an die Familie Thunberg vorgenommen haben oder dies beabsichtigen und dass wir auch keine Zahlungen von ihnen erhalten haben. Wir haben jedoch häufig die Nachricht über Gretas Protest verbreitet. Wir werden weiterhin wichtige Klimaschutzinitiativen hervorheben, darunter die von Greta und vielen anderen.[84]

Und was sagte Greta selbst, die als unschuldiges »Opfer« und »PR-Marionette« präsentiert wurde? Sie äußerte sich so: Sie sei dadurch »einer der gefragtesten Menschen auf der Welt geworden« und habe für die Tätigkeit bei der Stiftung nun »keine Zeit mehr«. Sie glaube aber weiterhin an We Don't Have Time und werde die Gruppe auch in Zukunft unterstützen.[85]

Doch auch dieses – immer noch verräterische – Statement wurde von Vater Thunberg gleich wieder kassiert: »Sie hat keine Verbindung mehr dazu. Sie will nicht mit irgendeiner Organisation in Verbindung gebracht werden. Ob ideell oder nicht. Sie will ganz frei sein.«[86]

Kein normal denkender Mensch glaubt mehr, dass hinter dem Klima-Popstar Greta keine Hintermänner oder Hinterfrauen stehen. Hinter ihr stecken ökosozialistische NGOs, die unsere Welt verändern und Geld verdienen wollen.

Nichtsdestoweniger setzte sich Greta auch weiterhin in Szene. Mitte August 2019 hatte sie sich vorgenommen, mit einer »emissionsfreien« Hochseejacht nach New York zu segeln. Höchst medienwirksam natürlich. Zusammen mit Skipper Boris Herrmann, Pierre Casiraghi, dem Sohn von Prinzessin Caroline von Monaco, ihrem Vater Svante Thunberg und – wie sollte es auch anders sein – dem Filmemacher Nathan Grossman und seinem Filmteam.[87]

Herrmann hatte Greta angeblich auf einer Demo von Fridays for Future in Hamburg gesehen und sich bei ihr gemeldet, nachdem sie auf Twitter nach Vorschlägen für eine Klimareise nach Süd- und Nordamerika ohne Flugzeug gebeten hatte.[88]

Nach 15 Tagen auf hoher See erreichte die Schwedin »endlich« ihr Ziel. Zu ihrer Begrüßung schickten die Vereinten Nationen 17 Segelboote auf die Wasserfläche vor Manhattan – jedes von ihnen stand für eines der UN-Nachhaltigkeitsziele und war mit einem entsprechenden Symbol auf dem Segel versehen.[89]

Gretas »emissionsfreier« Segeltörn nach New York wurde medial dermaßen aufgebläht, dass alle Nachrichtensender und Zeitungen darüber berichteten. Der Sender n-tv strahlte sogar Sondersendungen aus. Die Reise war als Trip »für das Klima« gedacht, entpuppte sich dann aber als absoluter Flop. Denn fünf Mitarbeiter segelten das Schiff von New York zurück nach Europa. Aber wie waren diese überhaupt in die USA gekommen?

Der Sprecher des Greta-Törns wand sich, musste dann aber doch zugeben: »Natürlich fliegen die da rüber, geht ja gar nicht anders«, und auch einer der Segler, die Greta begleitet hatten, wollte für den Rückweg das Flugzeug nehmen.[90]

Der Trip war also eine absolute Lachnummer, ein Schuss ins Knie, denn hätten Klima-Greta und Vater Svante einfach Hin- und Rückflug nach New York gebucht, wären nur vier Flugreisen zwischen Europa und den USA angefallen.

So waren es dank den fünf Mitarbeitern und Gretas Skipper nun sechs Flugreisen – und damit auch ein entsprechend höherer CO_2-Ausstoß pro Kopf.[91] Skipper Herrmann hatte auf die CO_2-schädlichen Rückflüge nur leidliche Ausreden:

> Man kann nicht alle Verantwortung auf individueller Ebene lösen. […] Wir selbst sind ohnehin ein Rennteam und würden sonst in dieser Zeit trainieren und auch fliegen.[92]

Die zweite Lachnummer des Segeltörns: Der Hauptsponsor des Bootes, war der exklusive »Yacht Club de Monaco«. *Bild* kommentierte das so:

> Ausgerechnet Monaco! Der Markenkern des Fürstentums hat mit Klimaschutz nichts zu tun. Im Gegenteil! Hier blasen Formel-1-Autos ihre Abgase und CO_2 in rauen Mengen in die Luft. Der Jacht-Klub ist Heimat für riesige Schiffe, die mit ihren Dieseln zu den schlimmsten Luftverpestern gehören. Besonders stolz ist man in Monaco darauf, dass man ein Viertel der 100 größten Super-Jachten der Welt beherbergt.[93]

Und weiter:

> Greta hat dem Fürstentum nun eine prominente Werbefläche verschafft. Monaco ist ein globales Symbol für sorgenlosen Verbrauch und Verschwendung. Der Zuschauer ihrer Segeltour könnte fast meinen, das Fürstentum, in dem keine direkten Steuern gezahlt werden, sei ganz in Gretas Sinne ein Vorbild in Sachen Klimaschutz.[94]

Die dritte Lachnummer waren schließlich die Aussagen der Protagonisten. Greta: »Das Fenster, um den globalen Temperaturanstieg unterhalb von 1,5 oder 2 Grad Celsius zu halten, schließt sich sehr schnell. Deshalb unternehme ich diese Reise.«[95]

Segelprofi Herrmann erklärte:

> Die Reise symbolisiert zwei Dinge: Dass es nicht einfach ist, fossile Brennstoffe zu ersetzen, und dass das Meistern dieser Herausforderung ein großartiges Abenteuer sein kann.[96]

Gretas erstes Statement in New York:

> Ich wackele immer noch. Aber ich möchte mich so sehr bei euch bedanken, bei allen, die sich am Kampf für das Klima beteiligen. Es ist unglaublich, dass eine 16-Jährige über den Ozean segeln muss, um diesen Kampf zu führen. Wir müssen zusammenstehen und handeln, sonst ist es zu spät. Lasst uns nicht länger warten.[97]

Mehr als tausend vor allem junge Anhänger jubelten Greta frenetisch zu. Diese gab sich sehr kampflustig: »Wir müssen handeln, bevor es zu spät ist.«[98]

Danach führte sie den Klimastreik vor dem UN-Hauptquartier am East River an. Mehr als 300 Aktivisten saßen am Boden vor dem Gebäude. Die Teenager hielten Plakate hoch mit Slogans wie »Wir haben die Wahl: Wandel oder der Tod!«.[99] Greta-Sprechchöre erschollen, und die Populistin musste sich den Weg durch Reporterhorden bahnen.

Doch auch diese inszenierte »Show« geriet zum Reinfall, denn in Trump-Amerika lag die Zahl der Demonstranten weit unter den Erwartungen – besonders im Vergleich zu Europa, wo meist Tausende demonstrierten. Greta attackierte zugleich den US-Präsidenten: Er solle endlich »auf Wissenschaftler hören«, wies sie den mächtigsten Mann der Welt zurecht und lästerte: »Es ist offensichtlich, dass er das nicht machen wird!«[100]

Die 16-Jährige hatte dennoch einen strammen Terminkalender: Gespräche mit Politikern und Führern der Umweltbewegung in Washington, D. C. Die europäischen Reporter gaben sich euphorisch. Doch in den USA blieb Greta gerade mal eine Randnotiz in den Medien. Klimaschutz ist in den USA nach wie vor kein Topthema, sondern rangiert laut früherer Umfragen nur auf Rang 15 in den Prioritäten der US-Wähler.[101] Sie haben ganz andere Probleme als Fleisch-, Flug- und Fahrscham, die ihnen ein Kind aufdrücken will.

Das *Wall Street Journal* lästerte in einer Headline: »Flugscham kommt in die USA – per Segelboot«.[102] *Bloomberg News* schlug in dieselbe Kerbe: »Greta, es ist OK zu fliegen!«[103] Nur CNN und andere linksliberale Medien berichteten »Greta-Like«. Natürlich erhielt das Mädchen auch Beifall von Ex-Vize-Präsident Al Gore.[104]

Trump reagierte auf seine Art: Er verkündete 2 Stunden nach der Ankunft der Klimapopulistin das Abholzen von Regenwäldern in Alaska und eine Lockerung der Gesetze bezüglich des Ausstoßes des Treibhausgases Methan aus Öl- und Gasquellen.[105]

Am 21. September nahm Greta am UN-Jugend-Klimagipfel teil.[106] Am 23. September 2019 sprach sie auf dem United Nations Climate Action Summit, zu dem UN-Generalsekretär António Guterres nach New York City geladen hatte.[107]

Danach ging es für Greta, die sich für diese Reise ein Sabbatjahr von der Schule nimmt, weiter. Auf dem Plan standen und stehen dann Veranstaltungen in Nord- und Südamerika. Besuche in Kanada, Mexiko und im Dezember 2019 bei der jährlichen UN-Klimakonferenz (COP25) in Santiago de Chile sollen folgen.[108]

Greta ließ Journalisten aus dem Saal werfen!

Anfang August 2019 gab es im schweizerischen Lausanne einen internationalen Gipfel der »Fridays for Future«-Kids. 450 »Kinder« wollten eine gemeinsame Erklärung dafür erarbeiten. Doch dabei flogen gehörig die Fetzen.

Die Stimmung war mies, man konnte sich nicht einigen, und plötzlich hatte Greta Thunberg die Schuldigen ausgemacht: die Medien. Sie plädierte deshalb dafür, die Journalisten auszuschließen, »weil sie es sonst darstellen, als hätten wir Streit«[109] (was ja auch stimmte). Daraufhin erklärten die Kids per Handzeichen ihre Zustimmung, und alle Journalisten mussten den Saal verlassen. So demonstrierte die kleine Greta ihre Ansichten gegenüber einer freien Presse.

Am Ende schafften die Kinder es doch noch, zusammen eine Erklärung zu verabschieden: Es müsse »Klimagerechtigkeit« hergestellt und eine Begrenzung der Erderwärmung auf weniger als 1,5 Grad gegenüber dem vorindustriellen Zeitalter erreicht werden.[110] Natürlich waren sie dann froh, als die Presse darüber berichtete.

Greta, Covergirl und bald auch Friedensnobelpreisträgerin?

Derweil geht der Greta-Boom munter weiter: In der britischen Oktoberausgabe (2019) des Männer- und Lifestyle-Magazins GQ zierte die 16-Jährige im schwarzen XXL-Anzug und mit einem warnenden Zeigefinger die Titelseite. Das Magazin hatte eigens für Greta den Preis »Game Changer of The Year« geschaffen und sie dazu ernannt.[111]

Chefredakteur Dylan Jones begründete den Schritt gegenüber der Zeitung *Irish Independent* folgendermaßen:

> Ihr mutiges Engagement zur Klimakrise macht sie wie geschaffen für diesen Preis. Wir sind so stolz, dass wir sie feiern dürfen.[112]

Und Greta fügte hinzu:

> Ich bin sehr dankbar. Dieser Preis geht an alle, die sich für »Fridays for Future« engagieren, also an alle, die an den Schulstreiks teilnehmen.[113]

Kaum zu glauben: Das damals 15-jährige Mädchen streikte im August 2018 zum ersten Mal vor ihrer Schule in Stockholm für ein besseres Klima. Nicht einmal 5 Monate später war sie schon eine Kandidatin für den Friedensnobelpreis! Denn die Nominierungsfrist für den Preis endet jährlich im Februar, und die Parlamentsabgeordneten der norwegischen Partei SV (»Sozialistische Linkspartei«) hatten Greta nominiert.[114]

2019 wurden insgesamt 223 Personen und 78 Organisationen ausgewählt. Ladbrocks, das größte Wettbüro Großbritanniens, sieht eine gute Chance für Greta. Sie toppt damit die Liste als wahrscheinlichste Preisträgerin und lässt in den Wettquoten sogar Papst Franziskus und Angela Merkel hinter sich.[115] Irre!

Am 25. September 2019 wurde bekannt, dass die Schwedin den Alternativen Friedensnobelpreis erhält, weil sie den Mächtigen der Welt die Wucht des Klimawandels vor Augen führt. War es wieder nur ein »Zufall«, dass ausgerechnet der schwedische Aktivist Ole von Uexküll, die Stiftung leitet, dessen Onkel Preisstifter ist?[116]

»Fucking-«Rezo: Klima-Vlogger will die Altparteien »zerstören«

Bis zum Frühsommer 2019 war der blauhaarige Internet-Influencer, der sich »Rezo« nennt, in der Öffentlichkeit noch weitgehend unbekannt. Doch kurz vor der Europawahl hatte er sich »plötzlich« auf die Fahnen geschrieben, die Altparteien CDU/CSU und SPD sowie die AfD zu »zerstören«.[117]

In seinem 55-minütigen »Zerstörungsvideo«[118] rechnete der »Rezoluzzer« quasi im Frontalunterricht mit den Parteien ab. Teils fundiert, teils verzerrt und übertrieben[119] polemisierte das politische »Greenhorn« in besserwisserischer Art über die Außen-, Klima- und Sozialpolitik[120] und rief zur Nichtwahl von CDU/CSU, SPD und AfD auf. Das »Video« – eine für mich linkspopulistische Werbung, die bis heute millionenfach aufgerufen wurde – erzielte eine gigantische politische Breitenwirkung und war eine klare Wählerbeeinflussung. Zudem war der Zeitpunkt strategisch hervorragend gewählt: eine Woche vor der Europawahl 2019. Denn die Reichweite von YouTube ist nicht zu unterschätzen. Es ist die populärste Videoplattform der Welt und die zweitgrößte Suchmaschine. 90 Prozent der Jugendlichen nutzen mittlerweile YouTube.[121] Selbst der *Spiegel* mutmaßte:

> Und dann Rezo, keine 30 Jahre alt, Informatiker und YouTuber aus Aachen, dessen Video »Die Zerstörung der CDU« über das Versagen der Volksparteien in der Klimapolitik kurz vor der Europawahl veröffentlicht und fast 14 Millionen Mal angeklickt wird. Es hat wohl dazu beigetragen, die Grünen zum Gewinner der Europawahl in Deutschland zu machen.[122]

Natürlich hatte der Blauhaarige nichts dergleichen gegen die Linke oder die Grünen gesagt, sondern im Gegenteil typisch grüne Thesen propagiert, und das alles in fäkaler Jugendsprache, sodass es auch der Dümmste verstehen sollte. Vermutlich beeinflusste der YouTuber die Jungwähler mehr als sämtliche Wahlredner der diffamierten Parteien zusammen.

Rezo sprach natürlich auch über das Klima und machte – wie Greta und die »Fridays for Future«-Kids – voll auf Untergangsstimmung:

- »Nach 9 Jahren treten irreversible Schäden für die Welt auf.« Oder: »Jedes andere Thema muss hintenanstehen.«[123]
- »Mehr oder weniger Arbeitslosigkeit ist egal, wenn die Welt untergeht.«[124]
- Deutschland müsse so schnell wie möglich mit der Kohleenergie und »so'nem Shit« aufhören.[125]
- Wenn der Klimawandel jetzt nicht gestoppt werde, »dann ist die Welt am Arsch«.[126]
- »Egal, was wir tun, das ist dann irreversibel, nicht mehr rückgängig zu machen. In anderen Worten, dann haben wir die Erde kaputtgemacht für eure Kinder, Enkelkinder. Selbst für die Ur-, Ur-, Ur-, Ur-, Urenkelkinder ist die Welt dann am Arsch.«[127]

An die CDU gerichtet, stellte der Nobody sogar Bedingungen für ein Gespräch mit der Regierungspartei:

- »Sagt ihr: ›Ja, wir müssen einen deutlichen Kurswechsel machen und lasst uns mal über das WIE reden‹, oder sagt ihr ›Nee, ein deutlicher Kurswechsel ist nicht nötig‹? Wäre also nice, wenn ihr es wie die SPD ebenfalls schafft, darauf auch eine klare Antwort zu geben.«[128]

Der Vlogger wurde durch sein Fäkalsprachenvideo sogar ein Thema auf Regierungsebene.[129] Selbst die Kanzlerin hatte sich das angeschaut und meinte, darin gebe es Dinge, über die man reden müsse, wie etwa über das Thema Klima. Bemerkenswert sei auch, dass sich ein junger Mensch über so viele Minuten mit Politik auseinandersetze und sich dafür interessiere: »So etwas sollte man aufnehmen.«[130]

Doch die Aussagen in Rezos Video sind mit Vorsicht zu genießen, wie folgende Beispiele zeigen.

Beispiel 1: Kohlendioxid in der Atmosphäre

So propagiert Rezo, der Anstieg von Kohlendioxid in der Atmosphäre würde zu »100 Prozent«[131] von Menschen verursacht, und toppt den UN-Klimarat, der von 95 Prozent ausgeht. Doch von diesem Spurenelement stammen lediglich 3 Prozent aus menschlicher beziehungsweise industrieller Aktivität. Allein beim Ausbruch des Vulkans Pinatubo im Jahr 1991 wurden 50 Millionen Tonnen CO_2 frei – im gesamten deutschen Straßenverkehr waren es 2015 lediglich 0,73 Millionen Tonnen.[132] Rezo-Fake-News!

Beispiel 2: Es gibt (fast) keine Studien, die behaupten, dass der Mensch an der Erderwärmung nicht schuld sei

Und weiter die Rezo-Propaganda: Nur 0,7 Prozent aller wissenschaftlichen Veröffentlichungen würden behaupten, der Mensch sei nicht schuld an der Erderwärmung. Doch bis 2011 gab es bereits mehr als 800 seriöse Studien,[133] die genau das behaupteten, und jetzt sind es noch viel mehr. Rezo-Fake-News!

Nur zwei Beispiele von vielen, aber jedes »Rezo-Argument« zu entkräften würde den Rahmen dieses Buches sprengen. Doch Rezo legte sogar noch nach. In einem zweiten Video, ebenfalls wenige Tage vor der Europawahl, sprach er zusammen mit Dutzenden anderen YouTubern eine knallharte Wahlempfehlung aus: »Wählt nicht CDU, wählt nicht die SPD, und wählt schon gar nicht die AfD!«[134]

Wer ist Rezo?

Eine Zeit lang konnte der Vlogger seinen Klarnamen hinter dem Pseudonym »Rezo« verbergen. Doch wer sich der Medien bedienen will, muss wissen (oder sollte wissen), dass nichts lange geheim bleiben wird. Der bürgerliche Name des Parteienschrecks lautet Yannick Frickenschmidt.[135] Frickenschmidt ist eigenen Angaben nach am 14. August 1992 in Wuppertal geboren.[136] Er ist Informatiker und produziert Webvideos. Er gehört zum Influencer-Netzwerk Tube One (siehe unten). Es ist kein Geheimnis, dass auch politische Akteure Influencer gezielt für Marketing- und Kommunikationszwecke einsetzen, um eine bestimmte Zielgruppe zu erreichen.

Frickenschmidt wuchs in einer Pfarrersfamilie auf und benennt Aachen als seinen Wohnort. Ein guter Schüler war er allerdings nicht, und wegen des ungeliebten Fachs Mathe wäre er sogar fast sitzen geblieben.[137] Dennoch studierte er Informatik an der Technischen Universität Dortmund und schloss 2016 mit einem Master of Science ab. Aber er entschloss sich, sein Geld als Webkünstler, Musiker und Entertainer zu verdienen. So »arbeitete« er als Songwriter, spielte Gitarre und trat auch als Background-Sänger auf. Als Solosänger begann er seine Karriere 2015 bei YouTube. Er raucht nicht, trinkt keinen Alkohol, lebt vegan und ganz wichtig: Er »kifft« auch nicht.[138]

Sein Erkennungsmerkmal sind die blauen Haare: Früher wechselte er die Farbe alle paar Monate. Als er dann als YouTuber durchstartete, waren seine Haare zufällig blau – und sind so bis heute geblieben.[139]

In einem wenig bekannten Interview outete sich Rezo zu seiner politischen Einstellung, wenn auch nur indirekt: »Fakt ist: Jedes kapitalistische System hat die strukturelle Fehleranfälligkeit, dass die Reichen durch ihre überdurchschnittlich große Macht die vielen kleinen Stellschrauben eher zu ihren Gunsten beeinflussen können.«[140] Das ist für mich eindeutig die Sprache der Linken und Grünen.

Im selben Interview sagt er dann, nicht ohne Selbstüberschätzung: »Mein Beitrag zur politischen Aufklärung ist, glaube ich, in meinem Job aktuell wertvoller, als wenn ich in die Politik gehen würde.«[141]

Auch den Grund dafür, dass er Probleme mit Talkshows hat, verriet er: »Aber jeder, der mich schon mal in einer Live-Diskussion gesehen hat, weiß, dass ich ein signifikantes Problem mit Stottern habe. Das ist nicht besonders angenehm für eine solche Live-Diskussionsrunde. Wenn es allerdings in einer Form wäre, in der ich die Chance hätte, meine Antworten abzubrechen und nochmal von vorne neu anzusetzen, würde es für mich wahrscheinlich in Ordnung sein.«[142] Rezo gibt zu, mittlerweile auch »Morddrohungen« zu bekommen.[143]

Der »Journalist« Sascha Lobo (der mit dem roten Hahnenkamm) schrieb auf *Spiegel Online,* dass Rezo »in der digitalöffentlichen Selbstzerstörung des Konservatismus die Rolle des blauhaarigen Tsunamis übernommen hat und sie glänzend fortführt«.[144] Doch der »Held« stottert, in der Schule war er häufig der Kleinste, Mitschüler steckten ihn auch schon mal in den Papierkorb oder warfen seine Turnschuhe in die Toilette. Er dachte sogar an Selbstmord, einmal habe er sogar auf dem Dach gestanden. Er sei in »Behandlung« gewesen, habe sich »geritzt«,[145] aber dann rettete ihn seine Kunstfigur »Rezo«.

Kennt man Frickenschmidts private Seite, sei die – zugegebenermaßen etwas sarkastische – Frage erlaubt: Ist der blauhaarige Rezo die Ausgeburt von Minderwertigkeitskomplexen eines psychisch Labilen, der nach der Anerkennung heischt, die ihm in seiner Vergangenheit verwehrt blieb?

Der *Spiegel* schrieb:

> Mitte Mai war er noch ein gewöhnlicher YouTuber gewesen, der Karaoke sang oder seine Expertise in Masturbation kundtat. Nun ist er der Mann der Stunde, Plasberg, Lanz, Will, alle wollen ihn haben.[146]

Für das Interview mit dem Nachrichtenblatt outet sich der im Video sich so großmäulig gebende »Held« eher als Feigling: Er will nicht, dass man weiß, wo er wohnt, er hat Angst, dass man ihm die Scheiben einwirft, auf der Straße senkt er den Blick, eine Kappe sitzt auf seinem Kopf, darüber eine Kapuze, niemand soll sein Gesicht sehen: »Ich ducke mich auf der Straße weg,« gibt er zu. Gegen Ende des Interviews, als er vom jährlichen Besuch des Weihnachtsgottesdienstes erzählte, fing er plötzlich an zu weinen.[147]

Rezo ist natürlich vollkommen politisch korrekt, ein junger »Bunt-Gutmensch«, wie er im Buche steht: Veganer, vermeidet Plastikmüll, will Flüchtlinge retten.[148] Jens Münster, der Vorsitzende der Jungen Union in Rheinland-Pfalz, bezeichnete Rezo hingegen als linksgrünen Aktivisten, der in einem gläsernen Loft zwischen Vollbart-Hipstern in Berlin Mitte oder Knusperinchen in der Kölner Südstadt seine demagogischen Botschaften produziere.[149]

Für mich ist Rezo – wie Greta – nichts weiter als eine Kunstfigur, ein grün-linker Populist, der das System bekämpft und heuchlerisch Kapital damit verdient, den Kapitalismus zu kritisieren. Zudem hat er – in meinen Augen – ein Werbevideo für die Grünen produziert und verdiente damit noch mehr Kohle, bis heute!

Ein Leser des *Spiegel* brachte es wie folgt auf den Punkt:

> Wer glaubt, er könne Wasser predigen (Konsumverzicht), aber Wein trinken (sich mittels Werbung Einnahmen verschaffen, um ebendiesen Konsumwahn am Laufen zu halten), der hat für mich jede Glaubwürdigkeit in Sachen Umwelt- und Klimaschutz von vornherein verspielt.[150]

Wie eine Journalistin »Fucking«-Rezo und die wohlstandsgestörte Jugend demaskierte

Die Journalistin Kristina Dunz schrieb in der *Rheinischen Post* den folgenden Beitrag:

> Weil es so schön einfach ist, nehmt erst einmal das, Ihr YouTuber und jungen Leute: Hey junge Generation, Ihr echt krassen Billigflieger, Ihr verwöhnten und verzogenen Erben, hört auf mit dem ganzen Halbwahrheiten-Shit! Wie gefällt Euch das, Ihr weich gebetteten, bequemen Social-Media-Nutzer und verdaddelten Pseudo-Politikinteressierten? Ungerecht? Stimmt so nicht? Macht nichts. Hauptsache, was raushauen. Man wird das doch mal sagen dürfen … jetzt bloß nicht empfindlich werden.[151]

Und weiter:

> Der quirlige Typ sitzt an einem Schreibtisch, Gitarren im Hintergrund, er hat ein Käppi auf dem Kopf, darunter ein blauer Pony, er trägt einen orangefarbenen Kapuzenpulli. Die Farbe der CDU. Das häufigste Wort ist wohl »fucking«: »fucking Bundestag«, »fucking Bundesregierung«, »fucking EU-Politik«, »fucking Zukunft«. CDU-Politiker »lügen« und es fehle ihnen an »grundsätzlichen Kompetenzen für ihren Job«. Dabei rudert er mit den Armen und verzieht das Gesicht, wenn sein eigener Faktencheck belegen soll, wie unfähig die CDU sei. Derweil kann man aus dem Fenster auf ein reiches Land schauen, in dem ziemlich viel ziemlich gut funktioniert, vor allem die Demokratie.[152]

Und zum Schluss bringt Kristina Dunz auf den Punkt, was ihr die Wut vieler jugendlicher Kommentatoren einbrachte und einen Shitstorm hervorrief und dennoch folgerichtig war und ist:

> Allein es fehlt der kleine Hinweis, was die Konsequenzen sind, und der Aufruf, dass dann alle umdenken müssen. Auch jene jungen Leute, die gern mal schnell durch die Welt jetten, weil es wenig kostet – beziehungsweise, weil sie das Geld dazu haben, was sie nicht unbedingt vorher selbst verdienten, sondern es von ihren Eltern oder Großeltern bekommen.[153]

Übrigens: Im Monat nach ihrem Öko-Aufruf flogen Rezos YouTuber fast zwei Mal um die ganze Welt![154]

Wer steckt hinter Rezo?

Das Magazin *Cicero* fragte Ende Mai 2019:

> War das CDU-kritische Video des YouTubers Rezo Teil einer Kampagne der Grünen vor der EU-Wahl? Dieses Gerücht kursiert in rechten Blogs.[155]

Das kam nicht von ungefähr, denn wie schon angedeutet, endete das »Zerstörungsvideo« mit der Empfehlung, von allen Parteien würde Rezo am ehesten die Grünen wählen.[156] Auf keinen Fall solle man der AfD seine Stimme geben.

Fakt ist: Rezo gehört zum Influencer-Netzwerk Tube One, das von Ströer Digital[157] vermarktet wird. Ströer wirbt unter anderem mit »Beratung« und »Kreation« von »Kampagnen«.[158] Unter dem Beispiel »Kanäle« ist auch Rezo mit Foto aufgeführt.[159]

Tag24 schrieb über das Unternehmen:

> Ströer ist ein international tätiger Werbevermarkter aus Köln, mit über 12.000 Mitarbeitern. Bekannt dürfte die Firma vor allem durch die an Deutschlands Bahnhöfen fast allgegenwärtigen Info-Tafeln sein, über die Werbe- und Nachrichtenangebote flimmern. Aber auch das Online-Portal T-Online gehört seit 2015 zu Ströer.[160] Inhaltlich verantwortlich bei Tube One ist Mark Lucht. Auf seinem LinkedIn-Profil[161] bezeichnet er Tube One als einen »der Pioniere und stets führende(n) Agentur für Influencer Marketing«. Unter der Überschrift »Social Influencer Advertising« werben Ströer Digital und Tube One in einem PDF mit zahlreichen YouTubern – allen voran Rezo.[162] Von den Profis kann sich der Kunde dort maßgeschneiderte Kampagnen erstellen lassen.[163]

Ist die Kunstfigur »Rezo« also nichts anderes als eine »Werbemarionette« der Grünen? Mit Werbung verdient er ja sein Geld. Neben den Einnahmen über Views verkauft Rezo in einem Onlineshop Kleidung und Stoffbeutel seiner Eigenmarke Rezo sowie Poster.[164] »Von nichts kommt nichts,« sagte er bereits in einem Interview 2017.[165] Wie wahr!

Im selben Interview erklärte er auch neben seinen Einnahmen durch Clicks und seinen Fanshop eine weitere Einnahmequelle: Unternehmen würden zunehmend »Placements« (Produktplatzierungen) in seinen Clips buchen, um mit seinen Fans junge Kundinnen und Kunden gezielt zu erreichen. Wenn er am Ende eines Clips ein bestimmtes Produkt mit einem oder mehreren kurzen Sätzen als gut und cool empfehle, steige der Absatz. So funktioniere das mit Placements.[166]

Eine sehr interessante Aussage machte er 2017: Dass er seine großenteils sehr jungen Fans leicht manipulieren könne, sei ihm bewusst. So etwas wie Wahlwerbung bei der deutschen Bundestagswahl würde er deshalb nicht machen.[167] Aber was interessiert mich mein Geschwätz von gestern?

Correctiv schreibt in seinem »Faktencheck«:

> Unter Kanalinfo gibt der YouTube-Kanal »Rezo ja lol ey«, der das virale Video veröffentlichte, eine Email-Adresse unter der Domain »Tube One« an.[168]

Auf Anfrage von *Correctiv*, ob die Grünen etwas mit dem Video zu tun hätten, antwortete die Pressestelle der Partei am 26. Mai 2019 mit einem Satz: »Die Antwort lautet nein, wir haben mit dem Video nichts zu tun.«[169] Auf eine Anfrage von *Correctiv*, ob das Video im Auftrag eines Kunden produziert wurde, ist keine Antwort verzeichnet.[170] Die Bewertung von *Correctiv*:

> Die Webseiten liefern keine Belege für die Verdächtigung, das Rezo-Video sei eine Kampagne für die Grünen. Die Grünen dementieren, das Video in Auftrag gegeben zu haben.[171]

Dementsprechend schrieb ich am 19. Juni 2019 die Tube One Networks GmbH in Köln an:

PRESSEANFRAGE

Sehr geehrte Damen und Herren,

ich arbeite an einer Publikation zum Thema Klimawandel. In diesem Zusammenhang gehe ich auch auf das »Rezo-Video« ein. Im Netz gibt es viele Gerüchte darüber. Aufgrund dessen habe ich drei Fragen:

1. Wurde das Video im Auftrag eines Kunden produziert?
2. Ist Rezo bei Ihnen angestellt?
3. Hat Ihr Unternehmen Verbindungen zur Partei DIE GRÜNEN?

Für Ihre Antworten bis zum 26. Juni 2019 wäre ich sehr dankbar, damit ich diese in die Publikation aufnehmen kann und ich meiner journalistischen Sorgfaltspflicht nachgekommen bin, beide Seiten zu befragen.

Beste Grüße
Michael Grandt[172]

Antwort der Tube One Networks GmbH: KEINE!

Der Kommunikationswissenschaftler Lutz Frühbrodt glaubt in einem Interview mit *Cicero* auch nicht daran, dass das »Zerstörungs-Video« rein »zufällig« genau eine Woche vor der Europawahl veröffentlicht wurde:

> Das Rezo-Video ist hochgradig professionell produziert worden. Und es ist wohl auch kein Zufall, dass auf das Rezo-Video ein Video von 90 YouTubern folgte, das ebenfalls zu einem Boykott der Regierungsparteien sowie der AfD aufruft und für den Klimaschutz wirbt. Es wirkt wie eine geplante und konzertierte Aktion.[173]

Cicero fragte im gleichen Interview:

> Das Video ist fast eine Stunde lang, und Rezo hat inzwischen eingeräumt, dass er es nicht alleine produziert hat. Gemanagt wird er von Tube One Network, einer Tochterfirma von Deutschlands größtem Online-Vermarkter Ströer. Der betreibt mit T-Online eines der reichweitenstärksten Online-Portale, und T-Online hat Rezo als Helden gefeiert. Ist er die Marionette einer Kampagne?[174]

Antwort des Wissenschaftlers Frühbrodt:

> Es ist üblich, dass Agenturen wie Tube One Erfolg versprechende Videos auf allen möglichen Kanälen promoten – über Instagram, Facebook oder wie in diesem konkreten Fall auch über eigene journalistische Kanäle. Viralität entsteht in aller Regel nicht von alleine, meist nur in Verbindung mit einer gewissen Anschubhilfe. Und das Rezo-Video hat inzwischen elf Millionen Menschen erreicht. Dass im Impressum die Agentur Tube One angegeben wird, ist eine ganz normale Vorgehensweise bei Influencern. Denn sie werden in der Regel von solchen Agenturen bei der Produktion und Vermarktung betreut – oft in Form eines Rund-um-Sorglos-Pakets, das bis zur Konzeption einzelner Videos reicht.[175]

Ein in der Öffentlichkeit als »rechts« betitelter Blog[176] verwies noch auf eine andere mögliche Verbindung: die nämlich der *t-online*-Redaktion, die sich mit der Verbreitung des Videos besonders hervorgetan hätte und deren Chefredakteur Florian Harms[177] sich seit 2017 »konsequent auf links-grünem Kurs« bewege.[178]

Was viele nicht wissen: *t-online* gehört seit 2015 nicht mehr zur Telekom. Die Website wurde – Achtung! – an Ströer verkauft, ausgerechnet jenes Unternehmen, das Rezo über Tube One hypte ohne Ende: »Die redaktionellen Inhalte für *t-online.de* werden von der Ströer News Publishing GmbH (einer Tochter der Ströer Content Group/MGR) bereitgestellt, einem Team aus mehr als 70 Redakteurinnen und Redakteuren«,[179] kann man auf *t-online* selbst lesen.

Ist also das, was man uns auf *t-online* über Rezo »verkauft« hat, in Wirklichkeit also doch nichts anderes als Teil einer gigantischen Marketingkampagne?

Auch das wollte ich genauer wissen und schrieb den Chefredakteur von *t-online* an:

PRESSEANFRAGE

Sehr geehrter Herr Harms,

ich arbeite an einer Publikation zum Thema Klimawandel. In diesem Zusammenhang gehe ich auch auf das »Rezo-Video« ein. Im Netz gibt es viele Gerüchte darüber. In »rechten« Netzwerken ist die Rede davon, dass die *t-online*-Redaktion, die sich mit der Verbreitung des Videos »besonders hervorgetan« habe und deren Chefredakteur Florian Harms sich seit 2017 »konsequent auf links-grünem Kurs« bewege. Aufgrund dessen habe ich drei Fragen:

1. Was sagen Sie zu diesen Vorwürfen?
2. Das Video wurde auf *t-online* tatsächlich oft besprochen und *t-online* gehört ausgerechnet zur Ströer-Gruppe, der wiederum die Tube One Networks GmbH gehört, die das Video produziert hat. Alleine dadurch könnte man vielleicht doch einen Zusammenhang erahnen. Was sagen Sie dazu?
3. Sind Sie politisch tatsächlich links-grün?

Für Ihre Antworten bis zum 26. Juni 2019 wäre ich sehr dankbar, damit ich sie in die Publikation aufnehmen kann und ich meiner journalistischen Sorgfaltspflicht nachgekommen bin, beide Seiten zu befragen.

Beste Grüße
Michael Grandt[180]

Antwort von Florian Harms: KEINE!

Auffallend ist, dass Ströer Ende Mai 2019 das »Greentech Festival« in Berlin unterstützte.[181] Zufall? Für mich drängt sich schon der Eindruck auf, dass Rezo und Greta lancierte Werbeträger sind. Zwar nicht direkt, aber indirekt über links-grüne Netzwerke, NGOs, Sympathisanten und Unterstützer. So geschickt, dass man bis jetzt keinen direkten Draht zur politischen Partei Die Grünen finden kann. Dennoch sind die beiden Jugendlichen in der Lage, Millionen von Menschen, vor allem die der jüngeren Generation, an der Nase herum und die politischen Parteien am Ring durch die Manege zu führen.

KAPITEL 12

Kinder als Geiseln des grünen Ökowahns

Fabian,[1] 10 Jahre alt, fragt seine Mutter, als sie Erdbeeren mit nach Hause bringt: »Weißt du, was für einen ökologischen Rucksack so eine Erdbeere mit sich rumschleppt?« Eine 6-Jährige beschließt, dass es Zeit für ein E-Auto ist, »weil die kein CO_2 machen«, oder eine 12-Jährige, dass sie nicht mehr in ein Flugzeug steigen will.[2]

Die Klimadebatte wird von den Kleinsten auch schon am Frühstückstisch geführt. Viele Eltern sind genervt von Kindern, die ihnen erklären wollen, wie die Welt funktioniert.

Hunderttausende Jugendliche und Kinder gehen auf die Straßen, schwänzen die Schule, pöbeln gegen etablierte Autoritäten und den Lebensstil der »alten weißen Männer«, obwohl gerade sie die Generation sind, die so wohlstandsverwöhnt und wohlstandsgestört ist wie noch keine andere zuvor.

Jeder vierte Jugendliche war bereits einmal oder mehrmals auf einer »Fridays for Future«-Veranstaltung, und 91 Prozent der 14- bis 24-Jährigen kennen die Bewegung.[3]

Der Soziologe und Klimaexperte Harald Welzer sagt:

> Fridays for Future hat mehr politische Durchschlagskraft entwickelt als Greenpeace zu seinen besten Zeiten.[4] […] Der kulturelle Wandlungsprozess, der begonnen hat, lässt sich mit den Händen greifen.[5]

Mittlerweile gibt es außer den mehr als 600 Ortsgruppen in Deutschland, bundesweit noch zwanzig sogenannte »Expertenteams«, »Scientists for Future«, »Farmers for Future«, »Donate for Future«[6] und sogar »Grandparents for Future«[7].

Sie alle prophezeien die Klimaapokalypse und das nahende Ende der Welt:

- Wir haben jetzt gerade noch 12 Jahre Zeit, und es bringt nichts, wenn ich jetzt in die Uni gehe und in 10 Jahren fertig bin.
- In 20 Jahren soll der Planet nicht mehr lebensfähig sein.

- Man soll auf Fleisch, Auto und Fliegen verzichten.[8]
- Wir brauchen jetzt Veränderung. Wenn Deutschland nicht dieses Jahr unseren Forderungen nachkommt, ist es zu spät.[9]

Der Spiegel beschrieb die »Fridays for Future«-Verblendeten so:

> Es gibt ein Foto, das Ende März bei einer »Fridays for Future«-Demonstration in Berlin* aufgenommen wurde. Zu sehen sind junge Leute, auffallend mehr Mädchen als Jungs, die Münder sind weit geöffnet, sie schreien Slogans, ein paar von ihnen haben noch Zahnspangen. Ein Mädchen hat, so wirkt es zumindest, voller Inbrunst die Augen geschlossen …[10]

Und weiter:

> Nur eine der Demonstrantinnen scheint nicht so richtig dazuzugehören, sie ist kleiner als alle anderen. Sie bildet das Zentrum des Bildes. Wie sie da so steht, mittendrin und doch allein, erinnert es ein wenig an Leonardo da Vincis Gemälde »Das Abendmahl«. Ihr Blick ist abgewandt, ihr Mund geschlossen, das Haar zu Zöpfen geflochten. Es ist Greta Thunberg mit ihrem Greta-Thunberg-Gesicht, erhaben und entrückt und fremdelnd und auch ein wenig spöttisch in ihrer heiligen Ernsthaftigkeit.[11]

Amen!

Januskopf Angela Merkel

Ahnte eigentlich die Bundeskanzlerin, welche linken und grünen Gruppen hinter den »Fridays for Future«-Demonstration stecken? Auf der Münchner Sicherheitskonferenz im Februar 2019 nannte sie die Proteste in einem Atemzug mit der »hybriden Kriegsführung im Internet«, auch durch Russland, leitete daraufhin auf »Kampagnen im Internet« über und nannte als Beispiel die Klimaproteste:[12]

> In Deutschland protestieren jetzt Kinder für den Klimaschutz. Das ist ein wirklich wichtiges Anliegen. Aber dass plötzlich alle deutschen Kinder, nach Jahren, ohne jeden äußeren Einfluss, plötzlich auf die Idee kommen,

* Eine Veranstaltung mit 25 000 Teilnehmern.

dass man diesen Protest machen muss, das kann man sich auch nicht vorstellen.[13]

Merkel wurde daraufhin sofort vorgeworfen, »Verschwörungstheorien« zu verbreiten und die Aktionen der Schülerinnen und Schüler zu diskreditieren. Die »deutsche Greta« und Mitinitiatorin der »Fridays for Future«-Demos, Luisa Neubauer, benannte die Äußerungen der Kanzlerin als »haltlose Vorwürfe«.[14] Knapp 2½ Wochen später »fiel« Merkel dann um, wie *t-online* berichtete:

Bundeskanzlerin Angela Merkel hat sich hinter die wöchentlichen Schülerdemonstrationen für mehr Klimaschutz gestellt. »Ich unterstütze sehr, dass Schülerinnen und Schüler für den Klimaschutz auf die Straße gehen und dafür kämpfen«, sagte die CDU-Politikerin in ihrem Videopodcast. »Ich glaube, dass das eine sehr gute Initiative ist.«[15]

Und Ende Juli 2019 legte Merkel noch einen drauf: »Die Ernsthaftigkeit«, mit der Greta und viele andere junge Leute auf die Notwendigkeit für mehr Klimaschutz hinwiesen, »die hat uns schon nochmal dazu gebracht, auch sicher entschlossener an die Sache heranzugehen.« Und: Die Demonstrationen hätten die Bundesregierung »sicherlich zur Beschleunigung getrieben«.[16]

Kopfüber in einen Generationenkonflikt?

Die mittlerweile 24-jährige Lena Puttfarcken klagte auf *Spiegel Online* die ältere Generation an:

Haben diejenigen, die sich gegen ehrgeizige Klimaziele einsetzen, selbst Kinder? Vielleicht sogar Enkel? Und sind sie sich darüber im Klaren, was für eine Erde sie ihnen hinterlassen? Lobbyisten, Politiker und Industrielle tragen mehr Verantwortung für die Gesellschaft als der Normalbürger. Und es ist ihre verdammte Pflicht, sie wahrzunehmen.[17]

Ganz im Grünen-Duktus fährt sie fort:

Warum gibt es zum Beispiel überhaupt eine Flugverbindung von Frankfurt nach Stuttgart? Das ist eine Strecke von 204 Kilometern. Die Bahn braucht für dieselbe Strecke nur 25 Minuten mehr, als der reine Flug dauert. Solche Produkte sind ein schlechter Scherz, der auf Kosten meiner Zukunft gemacht wird. Eigentlich dürfte es sie gar nicht geben.«[18]

Dann holt sie zum Rundumschlag und zu einem Demo-Aufruf aus, der so auch in einem Grünen-Programm stehen könnte:

Wir brauchen eine globale CO_2-Steuer, damit Klimafolgen in Preise eingerechnet werden. Und: Wir müssen radikal Emissionen senken, durch einen schnellen Kohleausstieg und eine massive Begrenzung des CO_2-Ausstoßes. Wenn das nicht passiert, müssen wir laut werden. Und mit »wir« meine ich all die Kinder, die in eine Welt geboren wurden, die andere kaputt gemacht haben. Wir müssen uns in Parteien und Organisationen für den Klimaschutz einsetzen, Petitionen unterschreiben, Demonstrationen organisieren und mit anderen über den Klimawandel reden.[19]

Der Kommentar auf diesen »Gehirnausstoß« von »herm16« spricht mir aus der Seele:

Anfangen, einfach selbst anfangen, wetten das packen Sie nicht, warum? Geboren im Luxus![20]

Erziehungsberater Jan-Uwe Rogge rät den Eltern:

Sie sollten die Kinder in der Diskussion ernst nehmen und bereit sein, von Jüngeren zu lernen. Sie machen uns zu Recht darauf aufmerksam, dass es klimatechnisch so nicht weitergeht.[21]

Doch auf Smartphones und ihr Mama-Papa-Schultaxi wollen die meisten Klimatisten nicht verzichten. Rogge erklärt aber auch das politisch korrekt:

Widersprüche dürfen nicht dazu verwendet werden, den anderen mundtot zu machen. […] Die Familie kann gemeinsam beschließen: Dann nutzt du den öffentlichen Nahverkehr und wir fliegen nicht in die Sommerferien, sondern fahren mit der Bahn nach Oberbayern. Man kann sich als Eltern darauf einlassen – aber konsequent.[22]

Fridays for Future: Schülermissbrauch im Namen des Klimas?

> Die Religion des menschgemachten Klimawandels hat … nun sogar die Kindersoldaten auf den Plan gerufen.[23]
>
> —MATTHIAS MATUSSEK

Wird die »Fridays for Future«-Bewegung (FFF) von grün-linker Seite durch das Thema »Klima« politisch instrumentalisiert, und werden die Kinder und Schüler im Namen einer ökosozialistischen Ideologie missbraucht? Die Website von *fridaysforfuture.de* gibt sich in dieser Hinsicht neutral:

> Wir sind eine Bewegung von jungen Menschen, die aus eigenem Interesse heraus die Aktion Fridays For Future in Deutschland umsetzen und verbreiten. Dabei sind wir keineswegs an Parteien oder andere Organisationen gebunden. […] Vorbild für unsere Aktion ist die Klima-Aktivistin Greta Thunberg. Die 16-jährige Schwedin bestreikt seit Monaten freitags die Schule, um für echten Klimaschutz zu kämpfen. Weltweit haben sich ihr Tausende Schüler*innen angeschlossen und demonstrieren unter dem Motto Fridays for Future vor den Parlamenten, statt in die Schule zu gehen. […] Auch, wenn wir dafür Unterrichtsstunden verpassen: Das ist uns die existenzielle Frage der Klimakrise mehr als wert. Denn der Klimawandel wartet nicht auf unseren Schulabschluss! Und wieso sollten wir für die Zukunft lernen, wenn unsere Zukunft bedroht ist und noch unklar ist, inwiefern es eine Zukunft geben wird?[24]

Die Schüler gehen demnach bloß aus »eigenem Interesse« auf die Straße und sind »keineswegs« an Parteien und Organisationen »gebunden«? Genau das will man uns so verkaufen, und die Mainstream-Medien machen bei dieser Propaganda auch noch unkritisch mit. Dass dies Lügen sind, werde ich im Folgenden Stück für Stück dokumentieren.

Plant-for-the-Planet

Im Mainstream wird Greta Thunberg die Urheberschaft von »Fridays for Future« zugeschrieben. Die Schülerbewegung wird als »Graswurzelbewegung« bezeichnet, die »von unten«, also von der Basis heraus, entstanden ist. Auch das ist falsch.

Was viele nicht wissen: Die Idee zu einem weltweiten Schülerstreik stammt keinesfalls von der »heiligen« Greta, sondern von links-grünen Netzwerken und wurde bereits im Jahr 2015 erdacht, lange bevor das »Mädchen« medial das Licht der Welt erblickte. Am 25. November 2015 veröffentlichte die Organisation Plant-for-the-Planet auf ihrer Website nämlich folgenden Aufruf:

CLIMATE STRIKE

Aufruf an alle Schüler und Studenten der Welt zum WELTWEITEN Klimastreik Am 30. November 2015

Gehst du immer noch zur Schule – machst deine Hausaufgaben – während sie unsere Zukunft verbrennen?

Die Erwachsenen-Generationen haben versprochen, die Klimakrise zu stoppen, aber sie haben ihre Hausaufgaben nicht gemacht, Jahr für Jahr.

Climate Strike ist ein Weckruf für unsere eigene Generation. Und es ist der Beginn eines Netzwerks, das die größte Herausforderung der Menschheitsgeschichte meistern wird. Zusammen.[25]

Und sogar das Schulschwänzen war damals schon auf bestmögliche Weise organisiert:

Den Download für den Antrag auf Schulbefreiung findet ihr hier und den Brief an Eure/n Direktor/in und / oder Lehrer/in hier.[26]

Der Text des Befreiungsantrages mit dem Briefkopf von Plant-for-the-Planet lautete:

ANTRAG AUF SCHULBEFREIUNG

Sehr geehrte Damen und Herren,

hiermit bitte ich Sie, Ihre/n Schüler/in ______________ am 30.11.2015 vom Unterricht freizustellen damit sie/er am Klimaaktionstag »Climate Strike« zum Auftakt der Klimakonferenz der Vereinten Nationen COP 21 teilnehmen kann. *http://climatestrike.net/*

Wie Sie wissen, ist ______________ seit Jahren aktive/r Botschafter/in für Klimagerechtigkeit und engagiert sich bei der Kinder- und Jugendinitiative Plant-for-the-Planet.

Am 30.11. werden verschiedene Aktionen weltweit stattfinden, die von Schülern geplant wurden. Diese individuellen Veranstaltungen unter dem Dach des »Climate Strikes« sollen auf die Notwendigkeit eines Nachfolgeprotokolls des Kyoto-Protokolls aufmerksam machen und aufzeigen, welches enorme Interesse am Klimaschutz auch bei Schülern herrscht. Die Schüler sollen den Tag nutzen, um sich für erneuerbare Energien, Klima- und Ressourcenschutz und globale Verteilungsgerechtigkeit einzusetzen.

Plant-for-the-Planet ist eine Kinder- und Jugendinitiative, in der sich Kinder für die Gestaltung ihrer Zukunft einsetzen. Wichtigstes Merkmal der Initiative ist, dass in den Akademien Kinder andere Kinder ausbilden und sich gegenseitig für die Problematik der Klimakrise sensibilisieren. Die Botschafter für Klimagerechtigkeit geben in den Akademien anderen Kindern ein Beispiel dafür, dass sie die Klimakrise nicht untätig hinnehmen müssen, sondern auch Verantwortung auf globaler Ebene übernehmen und ihre Zukunft aktiv gestalten können. Indem sie in Vorträgen über die Klimakrise informieren, Baumpflanzaktionen organisieren und ihrerseits Andere zum Mitmachen anregen, können die Kinder gemeinsam viel bewegen – in einem globalen Netzwerk von Weltbürgern, die sich für Klimagerechtigkeit einsetzen.

Bei Fragen stehe ich Ihnen gerne zur Verfügung. Sie erreichen mich unter xxxxxx[27], sowie per E-Mail unter xxxxxx.[28]

Mit freundlichen Grüßen
Helge Bork

Hiermit erlaube ich meiner Tochter/meinem Sohn die Teilnahme am »Climate Strike« am 30.11.2015 und beantrage, dass sie/er an diesem Tag von der Schule freigestellt wird.

Mit freundlichen Grüßen[29]

Der Text des Briefes an den/die Schuldirektor/in mit dem Briefkopf von Plant-for-the-Planet lautete:

ES GEHT UNS ALLE AN!

Sehr geehrte/r Frau / Herr Direktor ________________
Liebe/r Frau / Herr ________________

Am 30. November treffen sich in Paris die Staats- und Regierungschefs zur Weltklimakonferenz, bei der unsere Zukunft auf der Tagesordnung steht: Die Verabschiedung eines Klimaabkommens mit einer Begrenzung der globalen Erwärmung auf maximal 2 Grad. Immer eindringlicher warnen Wissenschaftler vor den negativen Auswirkungen der Erderwärmung, die nicht mehr rückgängig zu machen sind. Immer knapper wird die verbleibende Zeit.

Im Mai dieses Jahres haben junge Botschafter für Klimagerechtigkeit von Plant-for-the-Planet beschlossen, daran etwas zu ändern und für den 30. November zu einem weltweiten Climate Strike aufgerufen. Schüler und Jugendliche aus allen Ländern der Erde sollen an diesem Klima-Aktionstag keinen Unterricht machen, sondern durch gemeinsame Aktionen ihre Stimme für den globalen Klimaschutz erheben. Dahinter stehen prominente Unterstützer wie Felipe VI. von Spanien, Gisele Bündchen, Harrison Ford, Jane Goodall, Fürst Albert II. von Monaco und Hans Küng.

Der Begriff Climate Strike darf dabei nicht missverstanden werden. Beim Klima-Aktionstag wollen wir gemeinsam mit Lehrern und Eltern in positiver und kreativer Weise so viel Aufmerksamkeit erzeugen, dass die Botschafter von Plant-for-the-Planet unsere Ansichten während der COP21 einbringen können:

- für Klimagerechtigkeit und gegen den fortschreitenden Missbrauch der Ressourcen;
- für effektive Maßnahmen, die die globale Klimakrise so weit aufhalten, dass eine Destabilisierung des Erdklimas gerade noch vermieden werden kann;

- für eine Welt, die von sauberer Energie angetrieben wird und uns vor der Klimakatastrophe rettet.

Wir wollen die Dringlichkeit unserer Lage verdeutlichen – ohne dabei den Respekt aus den Augen zu verlieren.

Dazu können wir Filme für die Erde und die Energiewende anschauen und darüber sprechen, Vorträge in Klassen halten und Ausstellungen in der Schule präsentieren. Wir können Schülerketten und Demonstrationen organisieren oder musikalische Aufführungen. Wir laden Politiker und Experten zu Diskussionen ein, machen Pflanzaktionen und sprechen mit Lehrern und Direktoren über die Energieeffizienz an der Schule. Den kreativen Ideen soll viel Freiraum gegeben werden.

Bitte unterstützen Sie, sehr geehrte/r Frau / Herr Direktor
______________, liebe/r Frau / Herr ______________

diesen Aufruf und lassen Sie uns gemeinsam möglichst viele Schüler, Jugendliche und Erwachsene wachrütteln. Von Ihrer Unterstützung würde ein ungemein positives Signal ausgehen – und unsere Schule könnte ein Vorreiter beim Klimaschutz und der Umweltbildung sein.

Die Botschafter für Klimagerechtigkeit von Plant-for-the-Planet und die Kinder der Welt verdienen es, unterstützt zu werden. Jedes Ja lässt uns stärker werden. Jedes Nein vergrößert den Abstand zu dem, was für unser Überleben notwendig ist.

Mit unserem Handeln und unserem Unterlassen von heute entscheiden wir über die Zukunft unseres Planeten.

Mit freundlichen Grüßen

____

Name Schüler (Klasse)[30]

climatestrike.net

Auf der Homepage von Plant-for-the-Planet wird noch einmal bestätigt, dass die »Fridays for Future«-Bewegung seine Vorläufer in *climatestrike.net* hat.

Doch was ist »*climatestrike.net*« überhaupt? Zitat Plant-for-the-Planet:

> Diese Webseite wurde 2015 eingerichtet, als einige der Jugendlichen, die bei Plant-for-the-Planet aktiv sind, im Rahmen des Youth Summit die Idee hatten, einen Klimastreik zu organisieren. Sie richteten die Webseite ein und planten Aktionen. Allerdings schlief das Projekt bald wieder ein. Im Rahmen von Fridays for Future erinnerten wir uns an die Webseite und die Jugendlichen brachten sie auf einen aktuellen Stand, um auch zu zeigen, welche Gedanken sie sich damals gemacht hatten.[31]

Wie Sie hieran deutlich erkennen können: Die links-grünen NGOs[32] Plant-for-the-Planet und *climatestrike.net* haben die Schulschwänzereien im Namen des Klimas bereits 2015 initiiert und arbeiten Hand in Hand.

Auch auf der Website *fridaysforfuture.de* gibt es unter »Streiken FAQ« ganz genaue »Anweisungen«, wie Schüler sich verhalten sollten, um beim Schulschwänzen glimpflich davonzukommen, und wie man andere möglichst so zum Mitmachen anwerben kann, dass dies nicht strafbar ist.[33] Das alles scheinen exakte Blaupausen von *climestrike.net* zu sein.

Was ist Plant-for-the-Planet?

Laut Selbstbeschreibung hat alles mit einem »Schulreferat« angefangen. Heute ist Plant-for-the-Planet eine globale Bewegung mit einem großen Ziel: auf der ganzen Welt Bäume pflanzen, um die Klimakrise zu bekämpfen.

Die »Schülerinitiative« Plant-for-the-Planet wurde scheinbar im Jahr 2007 vom erst 9-jährigen (!) Felix Finkbeiner gegründet. Seine Vision: Kinder könnten in jedem Land der Erde eine Million Bäume pflanzen und so auf eigene Faust einen CO_2-Ausgleich schaffen, während die Erwachsenen nur darüber reden. Denn jeder gepflanzte Baum entziehe der Atmosphäre CO_2.[34]

HINTERGRUND: DIE FAMILIE FINKBEINER

Die Plant-for-the-Planet Foundation wird in Deutschland durch Frithjof Finkbeiner repräsentiert, den Vater von Felix Finkbeiner. »Zufällig« ist Finkbeiner sen. mit verschiedenen Thinktanks verbunden. Auf der Website des Club of Rome (eines ebenfalls links-grünen Thinktanks) lese ich:

> Frithjof Finkbeiner ist ein deutscher Unternehmer und Mitbegründer der Global Marshall Plan Foundation und der Global Contract Foundation, Vorsitzender des Aufsichtsrats der Desertec Foundation und Vizepräsident des Deutschen Vereins des Club of Rome.
>
> Als Student war Frithjof aktives Mitglied von AIESEC und koordinierte den Aufbau von Rotaract in Deutschland. 1994 erkannte er, dass soziale Verantwortung nicht auf einzelne Aktionen beschränkt sein kann, sondern dass es erforderlich ist, gemeinsam den globalen Rahmen zu ändern. Seitdem widmet sich Frithjof dem Unternehmen »Mensch« und der Frage, wie man die Welt ausbalanciert.
>
> Frithjof und seine Frau Karolin leben im bayerischen Uffing und haben drei Kinder. Felix, ihr Sohn, ließ sich von Wangari Maathai inspirieren und startete im Alter von nur 9 Jahren eine globale Studenteninitiative, die sich dem Pflanzen von Bäumen widmet. Frithjof und Karolin gründeten daraufhin die Plant-for-the-Planet-Stiftung, um Kindern und Jugendlichen die Möglichkeit zu geben, sich zu stärken.[35] ■

Im Jahre 2007 wurde dann der erste Baum von Plant-for-the-Planet gepflanzt, und Klaus Töpfer, ehemaliger Bundesumweltminister und Vorsitzender des Umweltprogramms der Vereinten Nationen (UNEP), wurde Schirmherr. Ein Jahr später trug der 9-jährige Felix Finkbeiner »seine« Idee von Plant-for-the-Planet in die Welt, wurde UNEP Junior Board Member und sprach auf wichtigen Umwelt- und Klimaveranstaltungen, so zum Beispiel auch vor dem Europäischen Parlament.[36]

Im selben Jahr wurden in Deutschland und weltweit Plant-for-the-Planet-Akademien organisiert, in denen Kinder bis heute »befähigt« werden, als »Botschafter für Klimagerechtigkeit« die Problematik der Klimakrise aktiv zu anzugehen.[37]

Auf der Kinder- und Jugendkonferenz des UNEP 2009 in Südkorea verabschiedeten 800 Kinder und Jugendliche schließlich eine Erklärung für den Klimagipfel in Kopenhagen. Um die Initiative noch bekannter zu machen, wurde eine Kommunikationskampagne mit dem Titel »Stop talking. Start planting.« gestartet. Die Motive mit prominenten Unterstützern wie Harrison Ford, Fürst Albert von Monaco und Michael Otto waren weltweit zu sehen.[38]

Im Jahr 2010 pflanzten die Kinder in Deutschland den millionsten Baum, und zwar gemeinsam mit den Umweltministern aus Deutschland, Dänemark, Kanada, Mexiko und der Türkei. Die Kinder überzeugten die Umweltpolitiker, wie wichtig ein Weltvertrag, basierend auf Klimagerechtigkeit, für ihre Zukunft sei.[39]

Zu Beginn des Jahres 2011 wurde Felix Finkbeiner sogar als Redner ins UN-Hauptquartier eingeladen. Er forderte die Delegierten persönlich auf, im Kampf gegen die Klimakrise nicht mehr nur zu reden, sondern endlich zu handeln.[40]

Sie merken: Felix Finkbeiner und seine PR-Maschinerie sind die perfekten Blaupausen für Greta Thunberg und ihre PR-Maschinerie. Andersherum gesagt: Greta ist nur eine Kopie von Felix!

Doch zurück zu Plant-for-the-Planet: Im November 2011 übergab UNEP, das Umweltprogramm der Vereinten Nationen, die traditionsreiche »Billion Tree Campaign« an die Kinder von Plant-for-the-Planet. Sie trugen von da an die Verantwortung für den Weltbaumzähler und haben den offiziellen Auftrag, alle Menschen zum Bäumepflanzen zu motivieren.[41]

Heute sind über 100 000 Kinder weltweit für die Organisation aktiv. 70 000 von ihnen sind Botschafter für Klimagerechtigkeit. Das sind Kinder im Alter von 9 bis 12 Jahren, die ihr Wissen auf den Akademien an andere weitergeben und sie ebenfalls zu Botschaftern ausbilden. So erreicht Plant-for-the-Planet möglichst viele Kinder und motiviert sie, für ihre Zukunft aktiv zu werden.[42]

Ziel für das Jahr 2050: »Wir wollen unsere Energie weltweit zu 100 % aus erneuerbaren Quellen gewinnen.«[43] Und weiter:

> Der Beirat der Bundesregierung für Globale Umweltveränderungen hat einen neuen Ansatz zur Bewältigung des Klimaproblems entwickelt: eine Obergrenze für den noch erlaubten CO_2-Ausstoß bis 2050. Dieses Globalbudget soll gerecht pro Kopf auf alle Staaten verteilt werden. Das bedeutet: Bis 2050 müssen wir Menschen den CO_2-Ausstoß auf null senken. Die Technologie für eine CO_2-freie Zukunft gibt es längst. Mit der heutigen Technik ist es möglich, dass wir bis 2050 unsere gesamte Energie zu 100 Prozent aus erneuerbaren Quellen und ohne Atomkraftwerke gewinnen.[44]

Dann appellieren die Umweltschützer im wohlbekannten Grünen-Sprech:

> Wir Kinder sind keine Klimaforscher und wissen nicht, ob der Meeresspiegel bis Ende des Jahrhunderts um 0,2 oder 2 Meter ansteigen wird. Drei Dinge wissen wir aber sicher:
>
> - Viele von uns werden gegen Ende dieses Jahrhunderts noch leben.
> - Mit jedem Kilogramm Kohlenstoff, das wir in Form von Erdöl, Kohle und Erdgas aus der Erde holen und als CO_2 in die Atmosphäre gelangen lassen, verstärken wir den Treibhauseffekt.
> - Gemeinsam können wir dem entgegenwirken, unsere Ziele erreichen und unsere Zukunft sichern!
>
> Mach mit![45]

Aber ist Plant-for-the-Planet auch tatsächlich »nur« ein von »Kindern und Jugendlichen« geführter »Verein«, wie es in der Öffentlichkeit dargestellt wird?

Das »Geheimnis« um DOB-Ecology

Auf der Website der Plant-for-the-Planet Initiative e.V. sind die gewählten Mitglieder des Vorstands »Kinder und Jugendliche«. Den Fotos nach zu urteilen sind viele von ihnen aber bereits im »fortgeschrittenen« Alter. Schirmherren sind Fürst Albert II. von Monaco und Klaus Töpfer, der ehemalige Exekutivdirektor des Umweltprogramms der Vereinten Nationen (UNEP), der unter der Regierung Helmut

Kohl auch Umweltminister war. Der wissenschaftliche Beirat fungiert unter dem Vorsitz von Dr. Tom Crowther.[46] Der Ökologe Crowther ist gleichzeitig auch Assistenzprofessor an der Eidgenössischen Technischen Hochschule (ETH) in Zürich.[47]

Im Jahre 2018 erhielt der damals 31-Jährige von der holländischen Stiftung DOB Ecology, die langfristig ausgelegte Forschungsprojekte zum Klimawandel und Wiederaufbau von Wäldern fördert, einen »Grant«* von über 2,7 Millionen Schweizer Franken. Und weiter heißt es dort:

> Das für Phase eins, die drei Jahre dauern wird. Ist Crowther und sein Team in dieser Projektphase erfolgreich, stellt ihm die Stiftung einer holländischen Unternehmerfamilie in den folgenden zehn Jahren weitere 15 Millionen Franken zur Verfügung.[48]

Der Vorsitzende des wissenschaftlichen Beirats einer Umwelt-NGO erhält Millionen Euro für eine Forschungsvision, die »ein hohes Potenzial haben [soll], den menschlichen Umgang mit Ökosystemen für den Kampf gegen Klimawandel und Biodiversitätsverlust zu beeinflussen oder gar umzuwandeln«?[49]

Crowther wird von einer Foundation für den Kampf gegen den Klimawandel also quasi »bezahlt« und ist gleichzeitig wissenschaftlicher Beirat bei Plant-for-the-Planet, die sich ebenfalls gegen den Klimawandel einsetzt.

Die DOB Ecology gab Crowther diese Millionen aber nicht umsonst:

> DOB forderte vom Wissenschaftler ein eigenes Team für digitales Marketing, um Forschungsresultate und den wissenschaftlichen Prozess der Öffentlichkeit zu kommunizieren. Dadurch möchten Crowther und sein Team direkt auf die Gesellschaft einwirken können. »Kommunikation beeinflusst vieles, und sie macht die Wissenschaft besser«, ist der junge Assistenzprofessor überzeugt.[50]

Ich hakte nach und schrieb Herrn Crowther an:

---

* So der Wortlaut auf der Homepage der ETH. Engl. »Grant« steht für »finanzielle Unterstützung«.

PRESSEANFRAGE

Sehr geehrter Herr Crowther,

ich bin freier Journalist und arbeite an einem Buch über den Klimawandel. Darin möchte ich die Gegner, aber auch die Befürworter zu Wort kommen lassen und Hintergründe recherchieren. Während meiner Recherchen bin ich darauf gestoßen, dass Sie wissenschaftlicher Beirat von Plant-for-the-Planet sind. Auf der Homepage Ihrer Hochschule (ETHZ) ist zu lesen:

»Grosser Grant für Ökosystemforscher«

... dass Sie insgesamt 17 Millionen Euro von der DOB Ecology Foundation erhalten sollen.

1. Ist das korrekt?
2. Sehen Sie keine Abhängigkeit von der DOB für ihre neutrale Stellung als wissenschaftlicher Berater von Plant-for-the-Planet?
3. Werden Erkenntnisse Ihrer Forschungsarbeit auch bei Plant-for-the-Planet eingehen?
4. Was sagen Sie zu den Vorwürfen, dass Sie »gekauft« worden sind?
5. Stehen Sie einer politischen Richtung nahe, und wenn ja, welcher?

Es wäre sehr nett, wenn Sie mir die Antworten bis zum 3. Juli 2019 zukommen lassen würden, dann kann ich sie noch berücksichtigen, da ich alle Seiten zu Wort kommen lassen möchte, um meinem journalistischen Auftrag gerecht zu werden.

Beste Grüße
Michael Grandt[51]

Als Antwort der Eidgenössischen Technischen Hochschule Zürich erhielt ich folgendes Schreiben:

Sehr geehrter Herr Grandt,

vielen Dank für Ihr Interesse an unserem Lab. Das klingt nach einem spannenden Buch und gerne würden wir mehr darüber erfahren. Sehr gerne beantworten wir Fragen zu unserer Forschung und Forschungsschwerpunkten – wie wir diese finanzieren und auf welche Weise wir mit Organisationen verbunden sind, können wir ebenfalls gerne ausweisen, tun dies aber gerne in Bezug auf unsere Forschung.

Freundliche Grüße
Patricia Schmidt[52]

Meine Nachfrage:

Sehr geehrte Frau Schmidt,

es wundert mich etwas, dass Sie antworten, obwohl ich Herrn Crowther angeschrieben habe. Meine Fragen an ihn beziehen sich auf die öffentliche Kritik. Ich wünsche mir dazu eine Stellungnahme exakt zu meinen Fragen. Ich denke, es wäre eine Chance für Herrn Crowther, in der Öffentlichkeit mit Gerüchten aufzuräumen.

Meine journalistische Sorgfaltspflicht beinhaltet natürlich auch, eine Nichtantwort zu publizieren. Vielleicht könnten Sie dies Herrn Crowther noch einmal vortragen. Vielen Dank.

Beste Grüße
Michael Grandt[53]

Antwort der ETH Zürich: *Keine*!

Antwort von Dr. Tom Crowther: *Keine*!

Da meine Fragen weder von dem Wissenschaftler Crowther noch von seiner Hochschule beantwortet wurden, interessierte mich, wer eigentlich hinter der DOB Ecology steckt, die den Beirat von Plant-for-the-Planet mit Millionen unterstützt.

Auf der Homepage von DOB Ecology heißt es:

> Die Mission von DOB Ecology ist es, Partner zu unterstützen, die daran arbeiten, bedrohte Ökosysteme zu schützen und wiederherzustellen und die Bedingungen für einen stabilen Lebensunterhalt lokaler Gemeinschaften (wieder) aufzubauen.[54]

DOB ist eine »Non-Profit-Organisation« und ist in den Niederlanden als »gemeinnützig« eingestuft (»ANBI-Status«).[55] Initiiert wurde die Foundation von einer niederländischen Unternehmerfamilie.[56] Es war gar nicht so einfach, Hinweise zu finden, wer diese »Unternehmerfamilie« ist, denn sie hält sich in der Öffentlichkeit sehr bedeckt. Schließlich fand ich Verweise auf die Drogeriemarktkette »Kruidvat« und die dahinterstehende Familie Tobé.[57]

Frank Tobé, Unternehmer, Umweltschützer und Mitglied der Gründerfamilie von DOB, gab ein seltenes Interview. Er sagte:

> Meine Familie hat vor einigen Jahren mit DOB Ecology begonnen. Es zielt darauf ab, Initiativen in den Bereichen Naturschutz, Wiederherstellung und Wissen zu finanzieren, um eine Welt zu schaffen, in der Ökosysteme und Menschen gedeihen. Wir zahlen dafür mit dem Geld, das wir mit dem Verkauf einer Discount-Apothekenkette verdient haben, die mein Großvater in den 50er-Jahren gegründet hat, zu der Superdrug hier in London gehörte.[58]
>
> **Die Mission:**
>
> »Es gibt keine soziale Gerechtigkeit auf einem toten Planeten.« […] Dieses Zitat ist mehr oder weniger der Grund, warum wir unsere Stiftung gegründet haben.[59]

Auf die Frage: »Können Sie uns ein Beispiel für ein Unternehmen nennen, das von DOB Ecology derzeit unterstützt wird?«, antwortete Tobé:

> Das World Resources Institute ist ein in Washington ansässiger Thinktank, der in diesem Bereich tätig ist. Es handelt sich um eine datengesteuerte, parteiübergreifende Organisation mit dem Ziel, eine vernünftigere und nachhaltigere Nutzung der Ressourcen zu fördern.[60]

HINTERGRUND: DAS WORLD RESOURCES INSTITUTE UND DIE NEW ECONOMY COALITION

Das World Resources Institute (WIR) ist eine Umwelt-Denkfabrik mit Sitz in Washington, D. C.

James Gustave Speth gründete die Non-Profit-Organisation im Jahr 1982. Ihre Ziele sind: Umweltschutz, nachhaltige Entwicklung zu forcieren und allgemein die Lebensverhältnisse der Menschen zu verbessern. Schwerpunkte des WRI umfassen unter anderem die globale Erwärmung.[61]

James Gustave Speth, der Gründer des WRI, ist auch Vorstandsmitglied[62] der New Economy Coalition (NEC).[63] Diese ist eine gemeinnützige Organisation mit Sitz in Boston, die früher als New Economics Institute bekannt war. Es ist ein Netzwerk von über 200 Organisationen in den USA und Kanada. Diese wollen »gemeinsam tief greifende Veränderungen in unserer Wirtschaft und Politik [schaffen] – indem wir die Macht in die Hände der Menschen legen und das Vermächtnis des Schadens entwurzeln –, damit ein grundlegend neues System Fuß fassen kann.«[64]

Eine klipp und klar links-sozialistische Umverteilungspolitik im Namen der Ökologie. Und diese soll so umgesetzt werden:

> ① Wir bündeln und vernetzen Führungskräfte, um gemeinsame Herausforderungen bei ihrer Arbeit zum Aufbau einer neuen Wirtschaft anzugehen. ② Wir bringen Artikel, Programme und Analysen in Umlauf und erstellen ein umfassendes New-Economy-Narrativ, das in der Lage ist, eine gemeinsame Identität aufzubauen, Kultur und Politik zu modifizieren und eine klare Vision des kommenden Systems zu propagieren. ③ Wir fördern die Arbeit von Organisationen, die sich der ineinandergreifenden wirtschaftlichen und ökologischen Krise widersetzen und einen umwälzenden Wandel anstreben, indem wir effektive Beziehungen und direkte Unterstützung vermitteln.[65]

Und weiter:

Wir von der New Economy Coalition hegen die Überzeugung, dass alle unsere Anstrengungen – für Rassen-, Wirtschafts- und Klimagerechtigkeit; für echte demokratische Regierungsführung und kommunales Eigentum; für Wohlstand, der in der gegenseitigen Abhängigkeit mit den natürlichen Systemen der Erde begründet ist – eng miteinander verbunden sind.

Um den Herausforderungen beim Aufbau einer besseren Welt zu begegnen, müssen wir unsere wirtschaftlichen und politischen Systeme grundlegend verändern. Wir müssen uns eine Zukunft vorstellen und schaffen, in der das Kapital (Reichtum und die Mittel zu seiner Schaffung) ein Werkzeug der Menschen ist und nicht umgekehrt.

Was wir brauchen, ist ein neues System – eine neue Wirtschaft –, welches die Bedürfnisse des Menschen erfüllt, die Lebensqualität verbessert und es uns ermöglicht, im Gleichgewicht mit der Natur zu leben ...[66]

James Gustave Speth, Gründer des WIR und Vorstandsmitglied der NEC, sagte dementsprechend in einem Vortrag vor dem Nationalen Rat für Wissenschaft und Umwelt, die Organisation wolle eine nachhaltige und fürsorgliche Wirtschaft schaffen.[67]

Die New Economy Coalition stellt die grundlegenden Annahmen der neoklassischen und keynesianischen Volkswirtschaft infrage und propagiert stattdessen eine ökologische Ökonomie (Solidarökonomie).[68]

Ich nenne so etwas »Ökosozialismus«. Das Netzwerk der New-Economy-Bewegung ist in der Tat riesig und umspannt den gesamten Globus. ■

Die Spur von Fridays for Future führt demzufolge über Plant-for-the-Planet und dessen wissenschaftlichen Beirat Crowther zur DOB Ecology, zum World Resources Institute und zur New Economy Coalition.

Einfluss scheint die DOB zu nehmen, zumindest auf den wissenschaftlichen Beirat von Plant-for-the-Planet. Aber wer steckt dahinter? Auch das wollte ich erfahren:

PRESSEANFRAGE AN DIE DOB ECOLOGY

Sehr geehrte Damen und Herren,

ich bin Journalist und arbeite an einem Buch über den Klimawandel. Während meiner Recherchen bin ich auf Ihre Organisation DOB gestoßen. Sie schreiben:

> *The foundation has been initiated by a Dutch entrepreneurial family, whose philanthropy enables the foundation to support the selected partners and programmes.*

Könnten Sie mir den Namen der Gründerfamilie mitteilen. Bitte geben Sie mir bis zum 3. Juli 2019 Bescheid.

Vielen Dank.[69]

Antwort von DOB:

Guten Morgen Herr Grandt, danke für Ihre E-Mail. […]

Ich habe mich gefragt, ob Sie mir ein bisschen mehr Informationen über Ihr Buch geben könnten. Während Ihrer Recherche sind Sie auf unsere Website gestoßen.

Warum möchten Sie mehr über die Familie erfahren? Der Grund, warum ich frage, ist, dass wir nicht den Namen der Familie zur Verfügung stellen, unter anderem aus Sicherheitsgründen.

Mit freundlichen Grüßen
Sarah Bijsterbosch-Armstrong[70]

Meine Antwort und Nachfrage:

Sehr geehrte Frau Bijsterbosch-Armstrong,

danke für Ihre Mail. Mein Buch handelt über Klimabefürworter und Klimaskeptiker. Ich möchte beide Seiten darstellen. Deshalb interessieren mich auch die Hintergründe. DOB ist eine Foundation in diesem Bereich, und es wäre interessant zu wissen, wer dahintersteht. Deshalb noch Zusatzfragen:

① Warum hat die Familie Sicherheitsbedenken, nur weil sie sich für den Klimaschutz einsetzt?
② Ist es richtig, dass Frank Tobé im Vorstand der DOB ist und seine Familie die DOB gegründet hat, die ihrerseits die Drogeriemarktkette »Kruidvat« gründete?
③ Hat die DOB Herrn Tom Crowther von der ETH Zürich einen Millionenzuschuss für seine Forschungen zugesagt?

Beste Grüße
Michael Grandt[71]

Antwort DOB:

Sehr geehrter Herr Grandt,

bei diesen und anderen Fragen verweisen wir Sie gerne auf unsere Website. Hier finden Sie Informationen zu den Zielen und Projekten von DOB Ecology sowie zur Governance der Stiftung.

Wie Sie dort sehen können, konzentrieren wir uns auf die Wiederherstellung und den Schutz der biologischen Vielfalt.

Mit freundlichen Grüßen
Sarah Bijsterbosch-Armstrong[72]

Meine 2. Nachfrage:

Sehr geehrte Frau Bijsterbosch-Armstrong,

unglücklicherweise beantwortet Ihre E-Mail keine einzige meiner spezifischen Fragen. Diese sind auch nicht auf Ihrer Homepage sichtbar. Ich bitte Sie noch einmal, diese Fragen zu beantworten.

Selbstverständlich behalte ich mir das Recht vor, eine Nichtbeantwortung zu veröffentlichen.

Freundliche Grüße
Michael Grandt[73]

Antwort von DOB:

Keine!

Beraten wird Plant-for-the-Planet, bei dem Fridays for Future ein »Unterkonto« besitzt (siehe unten), zudem von Prof. Dr. Dr. Dr. Franz-Josef Radermacher.[74] Auch das ist ein sehr interessanter Mann, denn er ist vor allem durch sein Eintreten für eine weltweite Ökosoziale Marktwirtschaft bekannt geworden. Wohin seiner Meinung nach die Reise gehen soll, zeigen schon die Titel seiner Publikationen:

- *Ökosoziale Marktwirtschaft als Schlüssel zu einer weltweiten nachhaltigen Entwicklung*[75]
- *Global Marshall Plan/planetary contract - ein ökosoziales Programm für eine bessere Welt*[76]
- *Globalisierung gestalten*[77]
- *Global Impact - Der neue Weg zur globalen Verantwortung*[78]
- *Weltklimapolitik nach Kopenhagen - Umsetzung der neuen Potentiale*[79]
- *Welt mit Zukunft - Die ökosoziale Perspektive*[80]
- *Ökosoziale Marktwirtschaft - Historie, Programmatik und Alleinstellungsmerkmale eines zukunftsfähigen globalen Wirtschaftssystems*[81]
- *Klimaneutralität - Hessen geht voran*[82]
- *Wie Deutschland und Europa den globalen Klimaschutz revolutionieren können*[83]

Wohl nicht zufällig engagiert sich Radermacher auch in der »Global Marshall Plan Initiative«, die sich seit 2003 für eine gerechtere Globalisierung, für eine »Welt in Balance« einsetzt.[84]

Die Global Marshall Plan Initiative

Die Idee eines Global Marshall Plan wurde zum ersten Mal 1990 vom US-amerikanischen Politiker, Unternehmer und Umweltschützer Al Gore veröffentlicht.[85] Als einer der Vordenker gilt auch der grüne Politiker Joschka Fischer.[86]

Ziel der Global Marshall Plan Initiative ist: Europa soll sich an die Spitze einer weltweiten Bewegung für einen ökosozialen Global Marshall Plan setzen, sich mit der Ausarbeitung eines Konzepts zur Implementierung und Finanzierung eines solchen Planes beschäftigen und dieses als offizielle Position Europas auf allen zukünftigen Weltgipfeln vertreten. Bei dem Plan geht es darum, die mittlerweile globalisierte Ökonomie mit einem adäquaten weltweiten Ordnungsrahmen der Märkte auszustatten.[87]

Der bereits genannte Franz-Josef Radermacher schrieb in der Online-Fachzeitschrift des Bundesministeriums für Land- und Forstwirtschaft, Umwelt und Wasserwirtschaft bereits 2005:

> Die langfristige Perspektive, die hinter der hier thematisierten Idee steht, ist eine Ökosoziale Weltmarktwirtschaft. [...] Ein Global Marshall Plan/planetary contract wird als Zwischenschritt hin zu einer weltweiten Ökosozialen Marktwirtschaft gesehen.[88]

Und dann wird auf George Soros verwiesen:

> Bezüglich der Finanzierungsnotwendigkeiten werden Analysen der United Nations ... sowie Analysen von George Soros in seinem Bemühen um eine offene Gesellschaft (Open Society Initiatives, G. Soros, *http://www.soros.org*) zugrunde gelegt.[89]

Wie sehr der Milliardär mit diesem Plan verbunden zu sein scheint, darauf deutet folgende Passage in dem Text hin:

> Eine Argumentation für den Ansatz ..., wie er z. B. innerhalb der EU verfolgt wird, ist die Vermeidung besonderer Belastungen solcher Wertschöpfungsprozesse, die eng mit Welthandel und Globalisierung verbunden sind. George Soros weist allerdings als intimer Kenner der Weltfinanzmärkte sehr überzeugend darauf hin, dass gerade in diesem Bereich auch neue, in Bezug auf die Zugriffsmöglichkeiten sehr asymmetrisch verteilte Wertschöpfungspotenziale entstanden sind, sodass man deshalb gerade dort mit guter Begründung ansetzen könnte.[90]

Radermacher geht auch auf die Ideen der Ökosozialisten zur globalen »Umverteilung« ein:

- Eine weltweite Abgabe auf Finanztransaktionen (Tobin-Abgabe).
- Eine Welthandelsabgabe (Terra-Abgabe).
- Direkte staatliche Transfers.
- Belastungen auf Ressourcenverbrauch.

- Belastungen auf sozial belastende Aktivitäten.
- Fairer Handel von Ressourcenzugriffs- und Verschmutzungsrechten.[91]

Und weiter:

> Eine wichtige koordinierende Rolle für die genannten Akteursfelder könnten im Weiteren die United Nations, der World Business Council on Sustainable Development und der Club of Rome übernehmen.[92]

Auch George Soros mischt mit

Wie könnte es auch anders sein? Nicht nur, dass der Multimilliardär und linksliberale Netzwerker durch verschiedene NGOs die Klimabefürworter unterstützt (siehe oben), nein, er sprach sich auch dezidiert für die deutschen Grünen aus. Und zwar am 11. Februar 2019 in seinem Gastbeitrag »Project Syndicate«. Einen großen Teil seines Beitrags widmete Soros der Bundesrepublik Deutschland, die für ihn das »dominierende Land in der EU« darstellt, und dann rechnete er mit den Koalitionsparteien ab.[93] Sein Hoffnungsschimmer: die deutschen Grünen, die sich als einzige konsequent proeuropäische Partei des Landes herausbilden würden.[94]

Das verbreitet Soros auf der Plattform »Project Syndicate«, einer weiteren internationalen Non-Profit-Organisation mit Sitz in Prag. Deren Adresse weist lediglich ein Postfach (»PO Box 130«) auf,[95] ist also offenbar eine Briefkastenfirma, die von woanders aus betrieben wird.

Im »Project Syndicate« sind nach eigenen Angaben zurzeit über 500 Zeitungen und Zeitschriften aus 156 Ländern[96] mit einer Gesamtauflage von über 70 Millionen. Exemplaren zusammengeschlossen. Das Syndikat verbreitet jährlich weltweit Tausende von Kommentaren, die von maßgeblichen Publizisten, Wissenschaftlern, Politikern und politischen Aktivisten verfasst wurden, und lässt die englischen Texte in vierzehn Sprachen übersetzen.[97] Folgende deutsche Zeitungen gehören zu diesem Syndikat:

- *Börsen-Zeitung*
- *Handelsblatt*
- *Süddeutsche Zeitung*
- *Die Welt*

- *Wirtschaftswoche*
- *Germania Plus*[98]

Das Mediensyndikat finanziert sich aus den Beiträgen seiner Mitglieder in den Industriestaaten und aus Zuwendungen privater Stiftungen, darunter die Open Society Foundations von George Soros. Nach eigenen Angaben leisten (unter anderen) folgende NGOs und Institutionen »Unterstützung«:

- Open Society Foundations (Soros)
- Bill & Melinda Gates Foundation
- The MasterCard Foundation
- The European Climate Foundation
- The European Journalism Centre
- Heinrich Böll Stiftung (Die Grünen)
- Friedrich-Ebert-Stiftung (SPD)
- The Google Digital News Initiative
- McKinsey Global Institute[99]

Sie sehen also, wer dieses Meinungsmachernetzwerk unterstützt: Soros, The European Climate Foundation, die Grünen und die SPD. Es gibt im Bereich der Medien kein vergleichbar einflussreiches Mediennetzwerk. Mit ihm sollen sowohl die öffentliche Meinung als auch das öffentliche Interesse für oder gegen bestimmte Themen gelenkt werden. Der Hype um den Klimawandel und die Grünen scheint das eindrucksvoll zu beweisen.

Germanwatch

Nach einer Umfrage des Meinungsforschungsinstituts Infratest dimap vom Juni 2019 hielten 62 Prozent der Befragten es für sinnvoll, die Abgaben für den Ausstoß von Treibhausgas »angemessen« zu erhöhen.[100] Diese Studie gab die Umweltschutzorganisation Germanwatch in Auftrag.[101]

Germanwatch ist ein 1991 gegründeter, gemeinnütziger Verein mit Sitz in Bonn und einem Büro in Berlin. Dieser sieht sich selbst als Entwicklungs- und Umweltorganisation und engagiert sich für globale Gerechtigkeit und den Erhalt von Lebensgrundlagen.[102] Doch »Verein« ist wohl etwas untertrieben. Denn Germanwatch leistet offenbar eine knallharte Lobby-, Kampagnen-, Öffentlichkeits- und Bildungsarbeit und gilt mit seinen Fachpublikationen als Thinktank. Der Dialog mit Politik und Wirtschaft sowie die Informierung und Mobilisierung der Zivilgesellschaft stehen dabei im Mittelpunkt. Informationsaustausch mit Entwicklungs- und Umweltorganisationen sowie Akteuren aus Politik und Wirtschaft geschehen ebenso.[103] Das Germanwatch-Netzwerk kann sich jedenfalls sehen lassen. Ich zitiere aus der Selbstbeschreibung:

> Besonders verantwortliche Positionen etwa im Vorstand, in der politischen Koordination, Sprecherrat oder Beirat haben Germanwatch-MitarbeiterInnen oder Vorstände bei folgenden Partnerorganisationen inne:
>
> - Climate Action Network (CAN) | CAN Int.; CAN EU
> - CorA-Netzwerk für Unternehmensverantwortung
> - CO_2GeoNet
> - Deutsche Physikalische Gesellschaft (AK Energie)
> - European Coalition for Corporate Justice (ECCJ)
> - Global Climate Forum (GCF)
> - Klima-Allianz
> - Munich Climate Insurance Initiative (MCII)
> - Netzwerk Arbeitskreis Rohstoffe
> - Potsdam Institut für Klimafolgenforschung (PIK)
> - Renewables Grid Initiative (RGI)
> - Sustainable Development Solutions Network, German Chapter (SDSN Germany)
> - Wissenschaftsplattform Nachhaltigkeit 2030
>
> Darüber hinaus ist Germanwatch Mitglied in folgenden politischen Netzwerken und Vereinen:
>
> - Agrarbündnis
> - Allianz für Weltoffenheit
> - Allianz »Rechtssicherheit für politische Willensbildung«
> - Attac
> - Berliner Entwicklungspolitischer Ratschlag (BER)

- Deutscher Naturschutzring (DNR)
- Deutsches Institut für Menschenrechte e. V. (DIMR)
- Eine Welt Netz NRW
- Eine Welt Netzwerk Bayern
- Eine Welt Netzwerk Hamburg
- Erlassjahr.de
- European Business Council for Sustainable Energy (e5)
- Forum Menschenrechte
- Forum Nachhaltige Geldanlagen
- Forum Umwelt und Entwicklung
- Global Campaign for Climate Action (GCCA)/tck tck tck Campaign
- Global Challenges Network (GCN)
- Global Compact
- GoodElectronics Netzwerk
- Greenskies
- Netzwerk NGO AK OECD-Leitsätze
- Nord Süd Forum München
- OECD Watch
- Ökowerk NRW
- Our World Is Not For Sale (OWINFS) & Seattle to Brussels Network (S2B)
- Publish what you pay
- Steuer gegen Armut
- Transform[104]
- TTIP unfairhandelbar
- Verband Entwicklungspolitik Deutscher Nichtregierungsorganisationen (VENRO)
- Verbändeplattform zur Reform der EU-Agrarpolitik
- Verbraucherzentrale Bundesverband (vzbv)
- Zukunftsrat Hamburg[105]

Sie erkennen daran, dass Germanwatch wohl einer der einflussreichsten Umwelt- und Klima-Thinktanks in Deutschland ist. »Klüngelt« diese NGO etwa auch mit den Grünen und Fridays for Future? Ich wollte das genau wissen und schrieb Germanwatch deshalb direkt an:

Meine Presseanfrage vom 4. Juni 2019 an Germanwatch, c/o Stefan Küper (Pressesprecher):

PRESSEANFRAGE

Sehr geehrter Herr Küper,

ich bin freier Journalist und arbeite zurzeit an einem Buch zum Thema Klimawandel und Hintergründe. In diesem Zusammenhang ist mir auch Germanwatch ins Auge gefallen. Sie verfügen über ein sehr großes Netzwerk. Meine Fragen dahin gehend:

- Sind Sie politisch völlig unabhängig?
- Werden Sie von DIE GRÜNEN unterstützt, finanziert?
- Haben Sie mit einer Partei Kooperationen?
- Gehören zu Ihren Mitgliedern und Förderern auch DIE GRÜNEN?

Für eine zeitnahe Antwort bedanke ich mich im Voraus.

Beste Grüße
Michael Grandt

Antwort:

Sehr geehrter Herr Dr. Grandt,

vielen Dank für Ihre Fragen und entschuldigen Sie bitte, dass ich wegen der hohen Termindichte der vergangenen Tage erst jetzt dazu komme, Ihnen wie folgt zu antworten.

- *Sind Sie politisch völlig unabhängig?*
  Ja, Germanwatch ist eine politisch unabhängige Organisation.
- *Werden Sie von DIE GRÜNEN unterstützt/finanziert?*
  Wir erhalten von keiner Partei finanzielle Unterstützung. Projektbezogene Einnahmen, z. B. für die Erstellung von Studien, sind für alle demokratischen Parteien möglich, aber sehr selten und dann von geringem Umfang (unter 1% unseres Jahresbudgets).
- *Haben Sie mit einer Partei Kooperationen?*
  Wir haben keinerlei strukturelle Kooperation mit irgendeiner Partei. Kontakte pflegen wir zu allen demokratischen Parteien und dort jeweils in erster Linie zu den für das uns betreffende Thema, z. B. Klimapolitik, zuständigen Personen.
- *Gehören zu Ihren Mitgliedern und Förderern auch DIE GRÜNEN?*
  Parteien gehören nicht zu unseren Mitgliedern oder Förderern. Weitere

> Informationen können Sie auch unseren Rechenschaftsberichten auf der Webseite entnehmen.*
>
> Ich würde mich freuen, wenn Sie mir eine Information zukommen lassen, sobald Ihr Buch erhältlich ist.
>
> Mit freundlichen Grüßen,
> Stefan Küper«[107]

Christoph Bals, der politische Geschäftsführer von Germanwatch, rief im August 2019 dazu auf, dass viele Menschen am 20. September bei der »Fridays for Future«-Demo »Alle fürs Klima«[108] auf die Straße gehen sollten, und bedankte sich bei allen »Fridays for Future«-Aktivisten für ihren »enormen Anteil« am Thema »Klimaschutz«.[109]

Die direkte Finanzierung durch die Grünen ist demnach nicht sehr hoch. Die mediale Unterstützung durch den Aufruf, an der großen »Fridays for Future«-Demonstration am 20. September 2019 teilzunehmen, ist da schon höher zu bewerten und beweist die Affinität zu dieser Bewegung. Weitere »private Geber« für Germanwatch waren:

- Brot für die Welt – Evangelischer Entwicklungsdienst
- Stiftung Mercator
- European Climate Foundation (ECF)
- Humboldt-Viadrina Governance Platform
- Deutsche Bundesstiftung Umwelt (DBU)
- Stiftung Umwelt und Entwicklung NRW
- Eine-Welt-Netz NRW
- Verbraucherzentrale Bundesverband
- Munich Climate Insurance Initiative (MCII)/ GIZ
- Renewables Grid Initiative (RGI)
- Deutsche Gesellschaft für Internationale Zusammenarbeit (GIZ)
- Wallace Global Fund
- Climate Works Foundation
- Stiftung Zukunftsfähigkeit e. V.
- Alexander von Humboldt-Stiftung[110]

Hinter einigen dieser »privaten Geldgeber« scheinen also Kirchen und nach grün-links tendierende Verbände zu stecken.

---

* Dieser führt für 2016 »Projektbezogene Einnahmen« von DIE GRÜNEN/Europäische Freie Allianz von insgesamt 6722,69 Euro auf.[106]

Weitere Hintermänner und Profiteure der Klimahysterie

Wie erwähnt, stand am Anfang die Inszenierung und Ikonisierung von Greta. Ein bewusster PR-Coup, was viele der angeblichen Klimaschützer bis heute verweigern zu glauben, obwohl die Fakten unumstößlich sind. Von den Medien verstärkt, wirkt seither eine gut organisierte, internationale Klimahysteriekampagne auf uns ein. In ihrem Schlepptau haben sich zahlreiche Bewegungen und Organisationen gebildet, die der Wahnvorstellung von einer kurz vor der Apokalypse stehenden Welt huldigen und im Namen des Klimaschutzes gegen die bestehende Gesellschaftsordnung zu Felde ziehen. Ihre medialen Aushängeschilder sind Greta und die »Fridays for Future«-Bewegung. Doch es gibt noch viele andere Finanziers, die hinter den angeblichen Schülerdemonstrationen stehen – weltweit. Eine davon ist die Organisation Climate Emergency Fund.[111] Auch sie sieht die Menschheit in existenzieller Klimagefahr. Wörtlich heißt es auf der Website: »We believe that only a peaceful planet-wide mobilization on the scale of World War II will give us a chance to avoid the worst-case scenarios and restore a safe climate.«[112] (Dt.: »Wir glauben, dass nur eine friedliche weltweite Mobilisierung im Ausmaß des Zweiten Weltkriegs es uns ermöglicht, Worst-Case-Szenarios zu vermeiden und ein sicheres Klima wiederherzustellen.«) Im Klartext: Eine weltweite Mobilisierung im Ausmaß des Zweiten Weltkrieges soll angestrebt werden, um den (angeblichen) Klimawandel zu bekämpfen. *Tichys Einblick* dazu:

> Ziel ist die Sensibilisierung der Öffentlichkeit für die angeblichen Bedrohungen durch den Klimawandel durch eine umfassende Störung des Alltags (»large-scale disruption of everyday life«). Sprich: das Land soll lahmgelegt werden. Inspiriert von Gruppierungen wie Extinction Rebellion (siehe unten) will die neue Organisation sehr viel Geld – vornehmlich bei Milliardären – einsammeln, um Aktivisten und Organisationen bei ihrem Feldzug gegen den Klimawandel zu unterstützen.[113]

Die Organisation verteilte gleich nach ihrer Gründung 600 000 US-Dollar,[114] insbesondere an die Bewegungen »Extinction Rebellion« und zu einem kleineren Teil an »Climate Mobilization«.[115] Zukünftig will der Climate Emergency Fund das Hundertfache bei der globalen Finanzelite einsammeln. *Tichys Einblick*:

> Hinter der neu gegründeten Geldsammelstelle für Fridays for Future & Co steht der amerikanische »Geldadel«. Zum Beispiel Rory Kennedy, Tochter von Robert Kennedy, oder Aileen Getty, Enkelin des Öl-Tycoons John Paul Getty, der einmal als reichster Mann Amerikas galt. Mitbegründer und Leiter des Climate Emergency Fund ist Trevor Neilson. Er ist auch Geschäftsführer und zusammen mit Howard Buffett, dem Enkel des Multimilliardärs Warren Buffett, Mitbegründer von i(x) investments, einer Investmentholding mit Schwerpunkt unter anderem auf erneuerbare Energien und *carbon to value*-Wirtschaft (Wiederverwendung von Kohlenstoff in werthaltigen Produkten).[116]
>
> Der Fonds-Gründer Neilson war zudem Direktor der Global Business Coalition, einer Vereinigung von über 200 multinationalen Unternehmen, die mit Geldern von Bill Gates, George Soros und Ted Turner gegründet worden ist. Neilson war auch Mitglied des Teams, das die Bill & Melinda Gates Foundation gründete, und deren Direktor. Er diente außerdem im Weißen Haus unter Präsident Clinton und ist für die Lobby- und Kampagnenorganisation »One« tätig. Deren »Jugendbotschafterin« ist Luisa Neubauer, Mitglied der Grünen und mediales Aushängeschild von Fridays for Future.[117]

So schließt sich der Kreis.

Extinction Rebellion

Diese Organisation wurde erst Ende Oktober 2018 gegründet und sieht sich im Kampf gegen die ökologische Katastrophe. Am weitesten verbreitet ist sie in England. In Deutschland soll es aber auch schon mehr als 75 Ortsgruppen geben.[118]

Extinction Rebellion setzt auf Gewalt, etwa auf Blockaden, und droht auch mit Sabotageaktionen.[119] Sie will statt Protest Rebellion und Aufstand.[120] Dazu *Tichys Einblick*:

> Sie lässt sich als der radikale, gewaltaffine, große Bruder von Fridays for Future bezeichnen. Zwischen Extinction Rebellion und Fridays for Future gibt es zahlreiche Verbindungen. Man unterstützt sich, wirbt füreinander, und viele von Extinction Rebellion sind auch bei Fridays for Future dabei, wie die deutsche Sprecherin von Extinction Rebellion bestätigte.[121]

In der zweiten Oktoberwoche 2019 versuchten Aktivisten von Extinction Rebellion mit Straßenblockaden den Berliner Verkehr lahmzulegen.

Aber auch Greta und ihre Berater sind mit Extinction Rebellion verbunden: Der schwedische Umweltaktivist Bo Thorén ist einer der Initiatoren von Extinction Rebellion.[122] Er soll es auch gewesen sein, der Greta angeworben und ihr die Idee der Schulstreiks nahegebracht hat.[123] Thorén ist auch weiterhin ihr Berater und eine wichtige Bezugsperson für sie.[124] Eine weitere »Beraterin« ist Janine O'Keeffee, selbst Mitglied bei den schwedischen Grünen, Fridays for Future und Extinction Rebellion.[125] O'Keeffee unterstützt Greta, »wo sie nur kann«.[126]

Die Verbindung des »kleinen Mädchens« Greta zur gewaltbereiten Organisation Extinction Rebellion scheint intensiver als gedacht: Anfang Dezember 2018 erhielt Greta durch die ghanaische Organisation Abibiman Foundation Zugang zur UN-Klimakonferenz in Kattowitz. Diese organisierte auch eine Pressekonferenz mit Greta und Vertretern von Extinction Rebellion.[127]

Weitere Unterstützer sind der Marketingdirektor Marten Thorslund vom Unternehmen We Don't Have Time,[128] gegründet vom besagten schwedischen PR-Manager und Finanzunternehmer Ingmar Rentzhog, der Greta bekannt machte. Rentzhog ist sehr umtriebig: Unter anderem ist er Mitglied des Climate Reality Project des früheren US-Vizepräsidenten Al Gore. Zudem unterhält er gute Kontakte zum Club of Rome.[129]

Im November 2018 moderierte Rentzhog die weltweite Live-Präsentation des Climate Emergency Plan des Club of Rome.[130]

Und auch hier schließt sich der Kreis: Der Vizepräsident der deutschen Sektion des Club of Rome ist Frithjof Finkbeiner, dessen Stiftung »Plant-for-the-Planet Foundation« Fridays for Future finanziell und organisatorisch unterstützt.[131]

Ich wiederhole: Hinter der »Idee« von »Fridays for Future« stecken also sicher kein »kleines Mädchen« (Greta) und »unschuldige« Jugendliche, sondern knallharte Profitunternehmen und genauso knallharte Ideologen links-grüner Netzwerke und NGOs, die durch den angeblich »menschengemachten Klimawandel« eine globale Transformation des Wirtschaftssystems hin zum Ökosozialismus (grüner Kommunismus) anstreben.

Stimmt hier etwas nicht? – Fridays for Future lässt Konten durch »befreundete« Vereine und Organisationen verwalten

Die AfD-Politikerin Beatrix von Storch warf den deutschen »Fridays for Future«-Aktivisten »Etikettenschwindel« vor. Sie twitterte:

> Wo #FridaysForFuture draufsteht, ist die Plant-for-the-Planet-Stiftung drin. Vorne stehen Kinder mit Plakaten, dahinter sammelt die organisierte #Klimalobby die Spendengelder ein.[132]

Von Storch bezog sich auf Vorwürfe, die ein »rechtes« Blog erhoben hatte. Dieses hatte die Verbindungen zwischen Fridays for Future und Plant-for-the-Planet, einer in Deutschland ansässigen Stiftung des Unternehmers und »Club of Rome«-Vizepräsidenten Frithjof Finkbeiner, untersucht. Unter anderem behauptete der Blogautor, Spendengelder für Fridays for Future gingen an die Plant-for-the-Planet-Stiftung.[133]

Natürlich flippten die Systemmedien aus und warfen der AfD-Politikerin alles Mögliche vor. Aber ist das wirklich eine »rechte Verschwörungstheorie«, mit der Frau von Storch diffamiert wurde? Weiter oben habe ich Ihnen bereits Unternehmen, Stiftungen, Vereine und NGOs gezeigt, die mit Fridays for Future sympathisieren, klüngeln oder unter einer Decke stecken. Ganz aus der Luft gegriffen scheint das Ganze also nicht zu sein.

Tatsächlich ist das Finanzgebaren der »Schülerbewegung« für mich irritierend, um es einmal diplomatisch auszudrücken. Jakob Blasel, der von der Presse lediglich als »Schüler«[134] präsentiert wird (zu ihm später mehr), ist einer der Initiatoren des Schülerstreiks in Norddeutschland. In einem *Spiegel-Online*-Interview stand er zu diesem Thema Rede und Antwort:

> ***Spiegel Online*:** Ein rechtes Blog wirft »Fridays for Future« vor, eng an »Plant-for-the-Planet« angebunden zu sein: Unter anderem heißt es, Spendengelder gingen in Wahrheit an »Plant-for-the-Planet«.
>
> **Jakob Blasel:** Unsinn. Die Kollegen von »Plant-for-the-Planet« haben für uns bei ihrer Bank ein Unterkonto für die Spenden eingerichtet. Aber auf das Geld auf diesem Konto greift »Plant-for-the-Planet« nicht zu …

Spiegel Online: Warum hat »Fridays for Future« denn kein eigenes Konto?

Blasel: »Fridays for Future« ist eine gemeinschaftliche Bewegung von jungen Menschen, die gegen die Klimakrise kämpfen. Wir wollen nicht so riesige, bürokratische Strukturen aufbauen mit Vereinsgründung, Vorstandswahlen, Hierarchien und zu viel Papierkram. Wir wollen keine Organisation sein, aber natürlich wollen wir handlungsfähig sein. »Plant-for-the-Planet« war so nett, uns ihre Strukturen zur Verfügung zu stellen…

Spiegel Online: In dem rechten Blog heißt es, die Idee mit dem Schulstreik stamme in Wahrheit auch von »Plant-for-the-Planet«.

Blasel: Klar hat es früher schon mal Schulstreiks von einzelnen Leuten für den Klimaschutz gegeben. Ein Bekannter von uns hat 2015 auch mal gestreikt.* Aber damals hat es nicht viel gebracht. Unsere großen Schulstreiks von heute mit Zehntausenden Teilnehmern sind nicht inspiriert von »Plant-for-the-Planet«, sondern von Greta Thunberg.[135]

Ein Fachmann erklärte im Kommentarbereich dazu:

Gemeinnützigkeitsrechtlich ist das schon ein springender Punkt: Plant for the Planet als gemeinnützige Organisation muss von ihnen selbst vereinnahmte Spendengelder entweder unmittelbar selbst für gemeinnützige Zwecke verwenden oder darf diese nur an andere gemeinnützige Körperschaften weiterleiten – Letzteres ist Fridays for Future nicht, und eine Eigenverwendung durch Weiterleitung an FFF läge nur vor, wenn diese als Hilfspersonen nach § 57 AO für Plant for the Planet auftreten. Letzteres will ja FFF gerade nicht sein. Dass FFF die Gelder für gemeinnützige Zwecke verwendet, würde nicht reichen, weil FFF keine juristische Person des öffentlichen Rechts ist (vgl. § 58 Nr. 1 AO). Unproblematisch wäre dies nur, wenn man im Unterkonto keinen Zufluss an Plant for the Planet sähe. Das könnte man aber nur unterstellen, wenn durch Regelungen mit der Bank sichergestellt wäre, dass Plant for the Planet nicht auf die Gelder des Unterkontos zugreifen kann. Eine bloße lose Abrede wäre zumindest kritisch.[136]

Die Bewegung Plant-for-the-Planet selbst schreibt auf ihrer Website:

---

* Siehe Unterkapitel »Plant-for-the-Planet« (S. 173 ff.).

> Betreut Plant-for-the-Planet ein Konto für Fridays for Future? Ja, das ist korrekt. Das Konto für Schenkungen und Unterstützungen zugunsten von Fridays for Future ist ein von der Plant-for-the-Planet Foundation treuhänderisch geführtes Konto. Die Einnahmen werden auf einem separaten Unterkonto ausgewiesen.[137]

Der Spiegel dazu:

> Die Stiftung* führt nach eigenen Angaben ein Treuhandkonto für »Fridays for Future«; Louis Motaal, der das Markenrecht für die Bewegung angemeldet hat, ist danach ihr Vertragspartner. Nur gegen Vorlage von Rechnungen, heißt es, zahle man davon Gelder aus. Teuerster Posten bisher: die Bühne in Aachen für gut 27 000 Euro. Alles korrekt, sagt Plant-for-the-Planet: Die Schenkungen an FFF würden nicht als gemeinnützig quittiert und nicht als Stiftungsmittel verbucht.[138]

Auf der Website *fridaysforfuture.de* lese ich:

> Als Bewegung wollen wir bewusst so wenig Strukturen wie möglich aufbauen, um jederzeit flexibel auf die Gegebenheiten reagieren zu können. Daher wird das Konto von einer befreundeten Organisation, der Plant-for-the-Planet Foundation, betreut. So können wir sicherstellen, dass alle finanziellen Dinge vollkommen professionell erledigt werden. Dazu gehört, dass Geld nur gegen ordnungsgemäße Abrechnung ausgezahlt wird.[139]

Und zum Thema »Spendenbescheinigungen«: »Leider können keine Spendenbescheinigungen ausgestellt werden.«[140] Und dann doch noch der Hinweis: »Wenn Sie dennoch eine benötigen, können Sie *hier* für den Fridays For Future Sommerkongress[141] spenden.[142]

Natürlich klickte ich auf das »hier« und las:

> Weil so ein Kongress natürlich nicht ganz billig ist, wir aber die Kosten für die Teilnehmer*innen möglichst klein halten wollen, sind wir auf Spenden angewiesen. Die Anmeldegebühren sind nicht kostendeckend. Spendenbescheinigungen können ausgestellt werden![143]

---

* Gemeint ist Plant-for-the-Planet.

Komisch, für Spenden an FFF erhält man keine Spendenbescheinigung, aber für einen »Sommerkongress«, der immerhin mehr als 200 000 Euro kosten soll, schon?[144] Dessen Konto wiederum wird von der GLS-Bank (»zufällig« eine »soziale und ökologische«[145] Bank?) verwaltet. Auf dem Hauptspendenkonto des Sommerkongresses sollten sich, internen Angaben zufolge, 300 000 Euro angesammelt haben, und die »Kriegskasse« bei der GLS-Bank soll mit 60 000 Euro für »Rechtshilfekosten« gefüllt sein (Stand: August 2019).[146]

Tichys Einblick zum Geschäftsgebaren der Bank:

> Auch die GLS-Bank sammelt übrigens Geld für Fridays for Future ein – unter dem Label »Companies for future«. Interessant ist, was die Bank darüber schreibt, wer über die Verwendung der Mittel zu bestimmen hat: »Über die Verwendung des Guthabens entscheiden drei Organisatoren von Fridays for Future gemeinsam.« Eine namentliche Nennung dieser drei erfolgt natürlich nicht. Und wer den drei diese Aufgabe übertragen hat, bleibt unklar.[147]

Und weiter:

> Bezeichnend auch, dass man von »Organisatoren« schreibt. Damit können genauso die Aktiven wie die Hintermänner gemeint sein. Einer dieser Organisatoren ist möglicherweise der Berufsaktivist Louis Motaal. Er ist … die rechte Hand Finkbeiners bei der Plant-for-the-Planet Foundation, bewegt sich ständig im Umfeld von Greta und hat auf sich auch die Markenrechte an »Fridays for Future« beim Deutschen Patent- und Markenamt angemeldet. Laut einem *Welt*-Artikel[148] ist er für das … Spendenkonto bei Fridays for Future zuständig.[149]

Auch bei diesem Konto tritt Fridays for Future nicht direkt auf. Ich lese:

> Das Konto wird von einem befreundeten Verein, organize future! e.V., betreut. Dieser wird auch der offizielle Veranstalter des Kongresses sein. Sollte – entgegen aller Erwartungen – am Ende des Kongresses Geld übrig sein, wird dieses in anderen Bereichen im Sinne der Fridays For Future Bewegung und des Satzungszweckes von organize future! e.V. (Umweltschutz und Bildung) ausgegeben.[150]

Zwei Konten von Fridays for Future, die aber nicht direkt von der Bewegung betreut werden. Das mutet schon etwas seltsam an. Also interessierte mich als Nächstes, wer hinter dem »befreundeten Verein« organize future! e.V. eigentlich steckt. Über diesen »Verein« ist so gut wie nichts zu finden. Aber schließlich »besorgte« ich mir das Protokoll des Vereins, dessen Anmeldung, den Gesellschaftsvertrag, die Urkundenrolle und einen aktuellen Handelsregisterauszug.

Laut Urkundenrolle 296/2019 im Vereinsregister des Amtsgerichts Kiel[151] sind die Vorsitzenden von organize future! e.V., dem Verein, der sich erst am 17. April 2019 gegründet hat, Jakob Blasel (1. Vorsitzender, Mitglied der Grünen Jugend[152]), Ragna Diederichs (2. Vorsitzende, Mitglied der Grünen Jugend[153]) und Lucas Pohl (3. Vorsitzender, Mitglied der Grünen Jugend[154]). Sie alle sind gleichzeitig auch bei Fridays for Future in verantwortungsvoller Position. Pohl wird gleichzeitig im Impressum von Fridays for Future als »verantwortlich für den Inhalt« genannt.[155]

Wer genau ist eigentlich Jakob Blasel?

Jakob Blasel

Jakob Blasel wurde im Jahr 2000 geboren und wuchs in Kronshagen bei Kiel auf. 2017 trat er der Greenpeace-Jugend bei und ist Beisitzer im Vorstand der Grünen Jugend Kiel.[156]

Blasel gehört zum »engen Orgateam« von Fridays for Future in Deutschland.[157] Glaubt man Greenpeace, ist es Blasel und seinen Mitstreitern am 14. Dezember 2018 gelungen, für den ersten von Fridays for Future organisierten bundesweiten Klimastreiktag in Kiel 500 Demonstranten zu mobilisieren.[158]

Blasel tritt immer wieder in Talkshows und Reportagen auf und war während der Feier zur Verleihung der Goldenen Kamera am 30. März 2019 Begleiter von Greta Thunberg.[159]

In einem Interview mit der *Süddeutschen Zeitung* stellte der 19-Jährige dann seine »Forderungen«:

> Ich verlange deshalb, sofort mit der Abschaltung der Kohlekraftwerke zu beginnen sowie ein Ende der Kohleverstromung bis spätestens 2030 zu erreichen. […] Natürlich wünsche ich mir einen sozialverträglichen Kohle-

> ausstieg. Dann muss eben der Bund zugunsten des Klimaschutzes die betroffenen Regionen und Menschen finanziell unterstützen. Ganz ehrlich: Am Geld darf der Kampf gegen den Klimawandel nicht scheitern![160]

In einem anderen Interview bekräftigte er seine Forderungen:

> Ich fordere von der Kohlekommission: Die klimaschädlichsten Kohlekraftwerke sollen sofort abgeschaltet werden, und bis 2030 muss Schluss sein mit der Kohleverstromung. […] Aber es geht eben nicht nur um die Zukunft von 20 000 Arbeitsplätzen in der Kohleindustrie, sondern auch um unsere Zukunft. […] Noch viel schlimmer vom Klimawandel betroffen sind im Übrigen Menschen in anderen Teilen der Welt.[161]

Blasel ist durch und durch Grüner. Auf dem Landesparteitag der Grünen in Schleswig-Holstein, der am 23. und 24. März 2019 stattfand, hielt er als Repräsentant von Fridays for Future (und wohl auch als Beisitzer der Grünen Jugend) eine Rede.[162]

Der Verein »organize future!«

Es lohnt sich auch ein genauerer Blick auf diese bereits genannte Organisation. In der Satzung von organize future! lese ich unter § 2 (2):

> Zweck des Vereins ist die Förderung von Jugendhilfe, Umweltschutz und Bildung.[163]

§ 2 (3) wird deutlicher:

> Der Satzungszweck wird schwerpunktmäßig verwirklicht durch die Organisation von Veranstaltungen, welche vor allem Jugendliche ansprechen sollen. Diese Veranstaltungen bieten Jugendlichen insbesondere die Chance, selbstständige Freizeitgestaltung zu erlernen, sich über Umweltthemen zu bilden und demokratische Handlungsmöglichkeiten sowie Methoden im Bereich des Umweltschutzes kennenzulernen.[164]

Interessant: Bei Auflösung des Vereins soll das Vereinsvermögen an den »Verein zur Förderung politischen Handelns e.V.« in Nordrhein-Westfalen gehen, vertreten durch das Politische Bildungswerk: Junge Erwachsene machen Politik (Jump).[165] »Partner« des Vereins zur Förderung politischen Handelns e.V. (kurz: v.f.h.) sind u.a.:

- Flüchtlingshilfe Bad Godesberg, die Roland Berger Stiftung (die u.a. die Studie »Die Flüchtlingskrise als Chance« publizierte[166]);
- die Deutsche Gesellschaft für die Vereinten Nationen e.V. (die sich u.a. für »Klima und Sicherheit« sowie für »Gender-Gerechtigkeit in Deutschland« einsetzt[167]);
- teamGLOBAL (das Globalisierung »gestalten« will und dessen Mitglieder auch bei FFF-Demos dabei sind[168]);
- das Gustav-Stresemann-Institut e.V. (mitbegründet von Berthold Finkelstein, einem Opfer nationalsozialistischer Verfolgung[169]);
- Jugend für Europa (Nationale Agentur Erasmus).[170]

Die Gemeinnützigkeit von organize future! soll garantiert sein. Der Verein unterstützt nicht direkt Fridays for Future, sondern tritt »nur« als Träger des Kongresses auf. Die Sponsoren können an diesen Verein spenden. Die Stiftung Mercator übernahm 35 000 Euro für Veranstaltungs- und Transportkosten, das Bundesumweltministerium 10 000 Euro.[171] Alles Zufall? Doch es wird noch interessanter. Auch das Gründungsprotokoll von organize future! e.V. liegt mir vor. Der Verein wurde am 17. Mai 2019 in Dortmund ins Leben gerufen. Im Protokoll heißt es unter »TOP 1«:

> Herr Jakob Blasel erläuterte, dass sich aktuell viel in der Politisierung der Jugend verändert. Dazu müssen dringend viele Bildungsveranstaltungen, insbesondere im Bereich des Umwelt- und Klimaschutzes für Jugendliche ausgerichtet werden.[172]

Zur Kassenprüferin wurde Carla Marie Reemtsma aus Münster gewählt,[173] die bei der »Fridays for Future«-Bewegung ebenfalls als populäres Aushängeschild fungiert (siehe hierzu S. 235 f.).

Nach wie vor scheint für die Öffentlichkeit unklar, wer bei Fridays for Future die eigentliche Entscheidungsgewalt über die Finanzen hat. Ist es Plant-for-the-Planet (als »Führer« des Unterkontos von FFF) oder organize future!, ein Verein, der von FFF-Aktivisten augenscheinlich zu dem Zweck gegründet wurde, Spendenbescheinigungen ausgeben zu können? Was geschieht mit dem Geld, das über organize future! hereinkommt und auf dessen Konto der GLS-Bank fließt?

Fragen über Fragen, die ich gern geklärt haben wollte. Daher schrieb ich an die Kassenprüferin des Vereins organize future!:

Sehr geehrte Frau Reemtsma,

ich habe Sie schon einmal angeschrieben und um ein Interview gebeten, das Sie abgelehnt haben.* Allerdings habe ich recherchiert und herausgefunden, dass Sie Kassenprüferin des Vereins organize future! sind, der von FFF-Aktivisten gegründet wurde (Gründungsprotokoll, Handelsregistereintrag und Gesellschaftsvertrag liegen mir vor).

Auf der Seite *fridaysforfuture.de* wird darauf verwiesen, wenn man eine Spendenbescheinigung für Spenden an FFF benötige, könne man *hier* anklicken. Daraufhin gelangt man auf die Seite des FFF-Sommerkongresses und auf das Konto der GLS-Bank, das wiederum vom Verein organize future! »verwaltet« wird. Deshalb meine Fragen:

① Ist der Verein organize future! ein Scheinverein, um die Spendengelder von FFF zu verwalten und Spendenbescheinigungen ausfüllen zu können?

② Was geschieht mit den Geldern, die für den FFF-Sommerkongress auf das organize-future-Konto eingehen? Werden diese doch für FFF-Aktivitäten außerhalb des Kongresses benutzt?

③ Warum geben Sie bei FFF kein eigenes Konto an, sondern lassen es a) durch Plant for the Planet und b) durch einen Verein betreuen, den Sie selbst gegründet haben?

Sie als Kassenprüferin sollten dazu Stellung nehmen können. Ich bitte um Antwort bis zum 10. 7. 2019. Eine jur. Prüfung der Vorgänge mit Spendengeldern über organize future! behalte ich mir vor.

Meiner journalistischen Sorgfaltspflicht nachkommend, gebe ich Ihnen zunächst die Gelegenheit, sich dazu zu äußern.

Beste Grüße
Michael Grandt[174]

---

* Siehe Unterkapitel Carla Reemtsma (S. 235 f.).

Antwort Carla Reemtsma:

Keine!

Deshalb entschloss ich mich, das Finanzgebaren juristisch prüfen zu lassen. Bis zur Drucklegung des Buches lag eine rechtlich verbindliche Einordnung noch nicht vor. Ein Gutachten ist gegenwärtig in Arbeit.

Fridays for Future und Greenpeace

Gebetsmühlenartig wird wiederholt, dass Fridays for Future »unabhängig« sei. Dass dies nicht so zu sein scheint, habe ich bereits erläutert. Zudem »klüngelt« auch noch ein anderer großer Umwelt-Player mit der Schülerbewegung: Greenpeace.

Der *Tagesspiegel* berichtete (Hervorhebungen durch mich):

> Greenpeace etwa hat die Bewegung *einmal praktisch unterstützt* – aber nur auf Anfrage. »*Wenn sie uns um Unterstützung fragen*, sind wir dabei«, sagt die Chefin von Greenpeace International, Jennifer Morgan. So habe man am Aktionstag 15. März* *die eigenen Social-Media-Kanäle für Fridays for Future freigeschaltet*, damit sie mehr Reichweite erzielen. Fridays for Future sei aber *eine vollkommen unabhängige Bewegung und handele komplett eigenständig*, betont Morgan. Es gehe der Jugend darum, eine Katastrophe zu vermeiden.[175]

Allein meine Hervorhebungen zeigen, wie scheinheilig diese Aussagen sind. Denn selbst Carla Reemtsma von Fridays for Future gibt zu: Auf lokaler Ebene gebe es Unterstützung beispielsweise durch Greenpeace, die Ortsgruppen als Treffpunkt einen Raum zur Verfügung stellen würden.[176]

Ich rekapituliere:

- Die »Jugendbewegung« Fridays for Future, die nach eigenen Worten »nur« aus eigenem Interesse heraus agiert und »keineswegs an Parteien oder andere Organisationen gebunden« sein will, bedient sich eines »Unterkontos« der Organisation »Plant-for-the-Planet«.

- Plant-for-the-Planet seinerseits hat bereits 2015 zu einem weltweiten Schülerstreik in Sachen »Klima« aufgerufen und ist somit quasi der »Vorläufer« der »Fridays for Future«-Bewegung.
- Plant-for-the-Planet wurde scheinbar vom 9-jährigen Felix Finkbeiner gegründet, dessen Vater Frithjof »zufällig« Mitbegründer der Global Marshall Plan Foundation und der Global Contract Foundation, Vorsitzender des Aufsichtsrats der Desertec Foundation und Vizepräsident des Deutschen Vereins des Club of Rome ist.
- Der »9-jährige« Finkbeiner wurde sogar bei der UN eingeladen und ist die perfekte Blaupause für die Greta Thunberg der heutigen Zeit.
- Beraten wird Plant-for-the-Planet durch Prof. Dr. Dr. Dr. Franz-Josef Radermacher, der sich für eine ökosoziale Marktwirtschaft einsetzt und sich gleichzeitig für die »Global Marshall Plan Initiative« engagiert, die sich auch für eine ökosoziale weltweite Marktwirtschaft einsetzt.
- Als wissenschaftlicher Beirat von Plant-for-the-Planet fungiert Prof. Tom Crowther, der wiederum von dem Unternehmen DOB Ecology Millionen für seine Forschungen gegen den Klimawandel erhält.
- Die Gründungsfamilie der DOB, die »geheim« bleiben will, unterstützt wiederum die Denkfabrik »World Resources Institute«, dessen Gründer auch Vorstandsmitglied des Netzwerkes »New Economy Coalition« (NEC) ist, das sich wiederum für Ökosozialismus einsetzt.
- Offenbar um Spendenbescheinigungen ausstellen zu können, haben populäre »Fridays for Future«-Mitglieder den Verein organize future! e.V. gegründet, und dieser hat ein Konto bei der GLS-Bank eröffnet.
- Bei Auflösung des Vereins soll das Vereinsvermögen an den »Verein zur Förderung politischen Handelns e.V.« in Nordrhein-Westfalen, vertreten durch das Politische Bildungswerk: Junge Erwachsene machen Politik (Jump) übergehen. »Partner« des Vereins zur Förderung politischen Handelns e.V. (kurz: v.f.h.) sind u.a. die Deutsche Gesellschaft für die Vereinten Nationen e.V. (die sich u.a. für »Klima und Sicherheit«, sowie »Gender-Gerechtigkeit in Deutschland« einsetzt) und team Global (das Globalisierung »gestalten« will und dessen Mitglieder auch bei FFF-Demos dabei sind).

- Die Bewegung wird auch mitgetragen von Jugendlichen, die bereits in Parteien oder Verbänden aktiv sind – beispielsweise bei der Grünen Jugend, wie ich bereits erläutert habe. Außerdem wird die Bewegung durch andere Organisationen unterstützt: So bietet auch der öko-links-grüne Bund für Umwelt und Naturschutz Deutschland (BUND) eine Anleitung[177] an, wie junge Leute eine »Fridays for Future«-Ortsgruppe gründen[178] oder einen Schulstreik organisieren[179] können.

Wie ein roter Faden zieht sich ein Netzwerk links-grüner ökosozialistischer Denkfabriken und NGOs durch die »Idee« von Fridays for Future. Kein normal denkender Mensch kann da noch an einen Zufall glauben.

Ansgar Neuhof schreibt in *Tichys Einblick*:

> Die Schülerproteste an den Freitagen sind nicht so spontan, wie sie scheinen: Dahinter steckt die Lobbyorganisation Plant-for-the-Planet Foundation. Sie unterhält fragwürdige und intransparente Verbindung zur »Fridays for Future«-Bewegung sowie zu Finanz- und Industriefirmen.[180]

Und weiter:

> Die meisten Medien verweigern sich offensichtlich jeglicher Recherchetätigkeit, ein kritisches Hinterfragen der Bewegung und der dahinter stehenden wirtschaftlichen und politischen Interessen erfolgte und erfolgt nicht.[181]

Fridays for Future – Schulschwänzer oder Klimaretter?

Schon 6-Jährige (!) halten Plakate mit dem Slogan »Rettet meine Welt« hoch, ein Mädchen sogar ein Plakat mit »Fuck me, not the Climate«.[182] So aufgebracht sind manche Jugendliche und Kinder aufgrund der Klimahysterie, die tagtäglich medial und politisch über sie hereinprasselt.

Trotz Schulpflicht schwänzen Tausende Schüler freitags den Unterricht und demonstrieren für eine andere Klimapolitik. Doch zunächst ein paar Fragen an die Jugendlichen, die das Buch vielleicht lesen:

① Warum demonstriert ihr ausgerechnet am Freitag? Weil das Wochenende kommt?
② Wieso streikt ihr nicht am *Freitagnachmittag*? Ist der Protest am Nachmittag weniger wert als der am *Vormittag*?
③ Warum demonstriert ihr nicht am Wochenende? Weil ihr dann nicht feiern könnt?
④ Warum demonstriert ihr nicht auch in den Schulferien, da hättet ihr doch Zeit?

Der Münchner Soziologe Armin Nassehi sieht die Erwachsenen mit im Boot:

> Neu hingegen ist die Reaktion der Eltern, der Lehrer und der etablierten bürgerlich-akademischen Kreise, die ihre aufständischen Kinder unterstützen und gern auch Entschuldigungen für die Schule schreiben, wenn das Kind am Freitag demonstrieren geht. Obwohl der Protest die Lebensweise und den Konsum der Elterngeneration in Zweifel zieht, fühlen sich die Alten nur selten angegriffen. Dabei ist die Anklage der Jungen fundamental: Ihr zerstört unsere Zukunft![183]

Wer »demonstriert« da eigentlich?

In den Medien sehen wir euphorisierte Kinder und Jugendliche, die ihre bunten Plakate in die Höhe recken, um für ein besseres Klima zu »demonstrieren«. Einige der Aufschriften und meine Kommentare:

- »Der Klimawandel wartet nicht auf unseren Abschluss«[184]
  Eine gute Ausrede, um Schule schwänzen zu können.

- »Wir lernen nicht für eine zerstörte Zukunft«[185]
  Eine Zukunft, die sie durch ihre wohlstandsverwöhnte Lebensweise tagtäglich selbst zerstören.

- »Oma, was ist ein Schneemann?«[186]
  Wenn sie in den kälteren Regionen Deutschlands leben würden, könnten sie jedes Jahr einen Schneemann bauen.

- »Die Dinos dachten auch, sie hätten Zeit«[187]
  Dinos konnten nicht denken; doch um das zu wissen, muss man in die Schule gehen.

- »Unsere Erde stirbt, aber wir können sie noch retten«[188]
  Purer Populismus.
- »Klimanotstand Jetzt!«[189]
  Einen Notstand gibt es nicht.
- »Die Zeit läuft uns davon«[190]
  Auch das stimmt nicht.
- »Die Welt muss JETZT gerettet werden«[191]
  Dann fangt damit an und gebt zuerst mal eure Smartphones ab.
- »It's our fucking future«[192]
  Seid nicht so egoistisch, auch ältere Menschen haben eine Zukunft.

Oder noch krasser, wenn Sie mögen:

- »Fickt lieber miteinander, statt die Erde«[193]
- »Fuck me, not the Climate«[194]
- »Destroy my Pussy, not my Future«[195]
- »Ich kotze in den Bundestag«[196]

Hier noch einige O-Töne von den »Fridays for Future«-Klimaretterkindern:

- »Die Klimakrise ist allgegenwärtig ... Wir können nicht warten.«[197]
- »Seit 30 Jahren wissen wir, dass die Klimakatastrophe real ist. 99 Prozent der Wissenschaftler würden uns ja auch zustimmen.«[198]
- »Wir haben noch 11 Jahre.«[199]
- »Das Klima macht keine Kompromisse.«[200]
- »Es kann sich jeder gegen das Auto entscheiden«[201]

Aber das ist alles nur inhaltsloses und populistisches Gerede! Wie gerade diese Jugendlichen bei ihren »Protesten« die Städte verschmutzen, wie sie sich instrumentalisieren lassen und wie sehr die wohlstandsverwöhnte und wohlstandsgestörte Generation am Umwelt*schmutz* beteiligt ist, erfahren Sie weiter unten.

Aber wer ist bei den »Demonstrationen« eigentlich dabei?

Die Professur Kultur- und Länderstudien Ostmitteleuropas der Technischen Universität Chemnitz (TU) hatte gemeinsam mit einem internationalen Netzwerk von Wissenschaftlerinnen und Wissenschaftlern Demonstrantinnen und Demonstranten in dreizehn Städten in neun Ländern während der ersten Mobilisierungswelle von Fridays for Future befragt. Insgesamt wurden mehr als 10 000 Protestierende angesprochen, und es lagen knapp 2000 ausgefüllte Fragebögen vor.[202] Die Ergebnisse der Studie:[203]

- An den Streiks beteiligt sich vorwiegend die Altersgruppe der 14- bis 19-Jährigen.
- Die Dominanz weiblicher Teilnehmer betrug in Amsterdam, Florenz, Warschau und Wien bis zu 70 Prozent.
- Die überproportionale Teilnahme von Frauen an den FFF-Demonstrationen sei auf die starke Präsenz weiblicher Führungsfiguren zurückzuführen.
- Es handelte sich bei den Demonstrantinnen und Demonstranten häufig um erstmalig mobilisierte Aktivistinnen und Aktivisten.
- 38 Prozent der demonstrierenden Schülerinnen und Schüler haben sich am 15. März 2019 das erste Mal an einer Demonstration beteiligt.
- 9,8 Prozent der Schülerinnen und Schüler sind aktive oder passive Unterstützer einer Umweltorganisation.
- 35 Prozent der Erwachsenen waren in einer Umweltorganisation engagiert.
- 44,9 Prozent der Schülerinnen und Schüler gaben an, dass Greta Thunberg sie zur Teilnahme an den Protesten motiviere.[204]

HINTERGRUND: »FRIDAYS FOR FUTURE«-JUGENDLICHE IN DEN KNAST?

Das Schulschwänzen wird von links-grüner Seite und auch schon von vielen Medien als »Schulstreik« bezeichnet, was die Ordnungswidrigkeit beschönigt. Nach dem Bußgeldkatalog 2019 drohen – je nach Bundesland – bei »missachteter Schulpflicht« pro Tag zwischen 50 und 300 Euro und insgesamt bis zu 2500 Euro (so in Berlin) Geldstrafe.[205]

Grundsätzlich droht einem Schüler bei einer Schulverweigerung nicht nur ein Bußgeld. In Bremen, Hamburg, Hessen, Mecklenburg-Vorpommern und im Saarland können die Schüler sogar strafrechtlich verfolgt werden. In diesem Fall kann eine Geldstrafe von bis zu 180 Tagessätzen oder eine Freiheitsstrafe von bis zu 6 Monaten drohen.[206]

Weil ihre Kinder im Mai 2019 jeweils 2 Stunden unentschuldigt zu einer Klimaschutzdemo gingen, wurden die Eltern in Mannheim mit je 88,50 Euro zur Kasse gebeten. Ein riesiger Medienhype entstand, fast in jeder Nachrichtensendung wurde darüber berichtet, und die Eltern protestierten mit der NS-Keule gegen diese Entscheidung: »Wie kann eine Schule, die sich nach Sophie und Hans Scholl benennt, so mit Kindern umgehen, die sich politisch interessieren und engagieren?«[207] Es kam, wie es kommen musste: Das Regierungspräsidium in Karlsruhe knickte ein und nahm die Bußgeldbescheide letztendlich zurück.[208] Damit erteilte es den »Demonstranten« bundesweit eine Art Freifahrtschein, weil jetzt wohl keiner mehr das Schulschwänzen als »Ordnungswidrigkeit« empfinden dürfte.

Der Astrophysiker und TV-Moderator Harald Lesch (*Leschs Kosmos*/ZDF), der sich auch bei den »Scientists of Future«, die mit Fridays for Future zusammenarbeiten, engagiert, findet, die Schulpflicht sei »unerheblich im Vergleich zur Klimakatastrophe«.[209] Grünen-Chef Robert Habeck faselte, die Demonstranten gingen auf die Straße, eben weil sie so gut in der Schule aufgepasst hätten.[210]

Lehrer dürften übrigens nicht bei den Demonstrationen mitmachen, denn an Deutschlands Schulen gilt ein Neutralitätsgebot. Das bedeutet: Lehrer dürfen ihre Schüler nicht in ihrer politischen Meinung beeinflussen (was meiner Meinung jedoch über die einseitigen Lehrpläne seit Ende des Zweiten Weltkrieges permanent geschieht, aber das ist ein anderes Thema) und sich während der Dienstzeit nicht politisch betätigen.

Eine Lehrerin oder ein Lehrer, der im Kunstunterricht Plakate für »Fridays for Future«-Demonstrationen entwerfen und fertigen lässt, hätte demnach diese Grenze überschritten.[211] ■

Ist Fridays for Future links-grün?

Diese Frage ließe sich (wenn man nicht ganz objektiv wäre) schon visuell beantworten: Schauen Sie sich live oder auf Fotos einmal die »Macher« und »Mitläufer« der »Fridays for Future«-Demos an: häufig bunt gefärbte Haare, Rastalocken, Kapuzenshirts, sogenannte »Palästinenserhalstücher«, Gender-T-Shirts, alles, was die links-grüne »Mode« so hergibt. Man kommt sich vor wie auf Demonstrationen der Grünen oder der Linken. Das ist lediglich mein Eindruck. Nun zu den Fakten:

Im Impressum der Seite *fridaysforfuture.de* ist Lucas Pohl als »verantwortlich für den Inhalt nach § 55 Abs. 2 RStV« angegeben. Die Adresse lautet: Lorentzendamm 6-8, 24103 Kiel. Dort sind offensichtlich auch andere linke Vereine »ansässig«[212]

**PRESSEANFRAGE
AN FRIDAYS FOR FUTURE (LUCAS POHL):**

Sehr geehrter Herr Pohl,

ich bin freier Journalist und Autor und schreibe an einem Buch über Klimakritiker und Klimabefürworter, in dem beide Seiten zur Sprache kommen sollen.

Herr Blasel hatte in einem SPIEGEL-Interview gesagt, dass Sie nichts zu verbergen hätten und für Fragen zur Verfügung stünden.[213] Dieses Angebot nehme ich dankend an.

Deshalb meine Fragen zur »Fridays for Future«-Bewegung (FFF):

① Einerseits geben Sie an, dass FFF nicht an eine Organisation gebunden, andererseits gab Herr Blasel in einem Interview an, dass Plant-for-the-Planet FFF ihre Strukturen zur Verfügung stellt. Warum geben Sie dann nicht gleich auf der Startseite bekannt, dass Ihr Partner Plant-for-the-Planet ist?
② Wer gibt Ihnen finanzielle Hilfen?
③ Wer gibt Ihnen strukturelle Hilfen?

④ Sind Sie oder andere aus der Organisation von FFF Mitglied bei den GRÜNEN, den LINKEN oder einer anderen Partei?
⑤ Werden Sie von den GRÜNEN oder LINKEN unterstützt?
⑥ Haben Sie Sympathie für einen Öko-Sozialismus?
⑦ Weshalb wurde der Name Ronja Thein aus Ihrem Impressum entfernt und nun Lucas Pohl eingesetzt?
⑧ Gibt es Ronja Thein gar nicht? Wieso ist die Adresse von FFF zufällig auch die Adresse der »Alten Mu«, eines Treffpunktes von Linksalternativen?
⑨ Ist Ihre Bewegung »links«?
⑩ Immer weniger Menschen glauben, dass hinter Ihrer Bewegung »nur« Schüler und Studenten stecken, sondern vermuten eine links-grüne Instrumentalisierung, um Klimaziele durchzusetzen. Was sagen Sie dazu?

Es wäre nett, wenn Sie mir meine Fragen bis zum 10. Juli 2019 beantworten würden, so wie Herr Blasel das ja auch verkündet hat, dass Sie nichts zu verbergen hätten.

Damit bin ich meiner journalistischen Sorgfaltspflicht nachgekommen. Auch eine Nichtantwort werde ich im Buch veröffentlichen, was fair für den Leser ist, damit er weiß, ob Sie sich den Fragen gestellt haben oder nicht.

Mit freundlichen Grüßen
Michael Grandt[214]

Antwort von Fridays for Future (Lucas Pohl): *Keine*! ■

Auch die Flaggen und Fahnen auf den Demonstrationen verraten die politische Richtung. Öfters sind die der Antifa[215], der Grünen oder anderer linker, sozialistischer oder ökologischer Bewegungen zu sehen.

Doch so viel zu streiken ist offenbar auch sehr anstrengend für die Jugendlichen. Friederike Leppert aus Hamburg sagt: »Unsere Ortsgruppe kuschelt viel, um den Stress zu bewältigen.«[216] Doch zum Kuscheln scheinen Aktionen, die manche »Fridays for Future«-Aktivisten zusammen mit Linksradikalen durchziehen, nicht gerade zu sein.

»Nützliche Idioten« für Linksextreme?

Schon nach ein paar Monaten war klar: Linksextremisten aller Couleur haben ein großes Interesse daran, die Klima-»Jugendbewegung« zu unterwandern und die verblendeten Kids zu deren »nützlichen Idioten« zu machen. Eine Verschwörungstheorie? Mitnichten.

Schon Ende Mai 2019 warnte die Polizei in NRW Schüler und Eltern vor einer Klimademo. Der Grund: Am 21. Juni 2019 wurden mehrere Zehntausend Jugendliche aus sechzehn Ländern zu einer Kundgebung in Aachen erwartet. Einen Tag später sollte eine weitere Demonstration in der Nähe des Braunkohletagebaus Garzweiler stattfinden.

Der Chef der Abteilung »Gefahrenabwehr« bei der Polizei Aachen schrieb daraufhin eine Art Warnbrief – unter anderem an das Schulministerium, die Regierungsbezirke Köln und Düsseldorf, die Landeselternschaft und die Landesschülervertretung. Darin warnte er Eltern, Schüler und Studierende davor, sich von »gewaltbereiten Gruppierungen instrumentalisieren« zu lassen. »Tappen Sie nicht in die ›Strafbarkeitsfalle‹, weil Sie glauben, sich mit zivilem Ungehorsam für die gute Sache einzusetzen«, hieß es wörtlich in dem Brief.[217]

Die Polizei verwies auf die parallel an dem Wochenende stattfindenden Aktionen des Bündnisses »Ende Gelände«, dem sie Gewaltbereitschaft und illegales Handeln vorwarf.[218]

Jana, die bei Ende Gelände und Fridays for Future dabei ist, gab im Fernsehen ein entlarvendes Statement ab:

> Fridays for Future alleine ist definitiv nicht genug für mich, weil ich einfach denke, dass die Radikalität der Klimakrise auch nur mit Radikalität, mit entsprechender Radikalität der Aktionsform einhergeht. […] Aktionen des zivilen Ungehorsams sind ok.[219]

Und zur linksextremen Bewegung sagte sie:

> Ende Gelände ist ja eine etwas konfrontativere Form der Aktionsform, würde ich sagen, dass es da eben zu entsprechenden Auseinandersetzungen kommt.[220]

Sie persönlich werde sich »nicht aufhalten lassen«.[221] Zudem seien Konzerne wie RWE »kriminell und beuten den Planeten aus«.[222]

Währenddessen marschierten bei Garzweiler »Ende Gelände«-Linksextreme zusammen mit »Fridays for Future«-Aktivisten und skandierten den Klima- und Systemwechsel. Aber auch andere Rufe waren zu hören: »Es gibt kein Recht, einen SUV zu fahren« und »Revolution!«[223] Manche der »Aktivisten« von Ende Gelände versuchten, die Polizeiketten zu durchbrechen. Später mussten sich einige der Gewalttätigen wegen Hausfriedensbruchs und Widerstands gegen die Staatsgewalt verantworten.[224]

Eine »Fridays for Future«-Aktivistin hatte ihre eigene Meinung: »Ich habe Angst vor der Polizei ... sonst würde ich vielleicht auch zu Ende Gelände gehen.« Und Rosaline, die »Pressereferentin« von Fridays for Future in Aachen, erläuterte: »Ich bin sehr überzeugt von Ende Gelände. Ich finde es sehr gut, dass die das machen, und wir brauchen das.«[225] Vincent von Fridays for Future Aachen sagte vor laufender Kamera: »Ende Gelände hat sich eigentlich korrekt verhalten. [...] Von Ende Gelände geht keine Gewalt aus.«[226] Straftaten wie Hausfriedensbruch und Besetzungen könne man »hinnehmen, im Angesicht der Klimakrise«.[227]

Wie sehr sich die »Fridays for Future«-Bewegung auch sonst mit der linken und extremen Gruppierung »Ende Gelände« einlässt, zeigt wohl die Reaktion der FFF-Vertreterin und Mitorganisatorin der Proteste, Carla Reemtsma. Sie kritisierte das Vorgehen der Polizei als Versuch, die Klimaschutzbewegung zu spalten und zu kriminalisieren: »Fridays For Future und Ende Gelände sind zwar verschiedene Bewegungen mit unterschiedlichen Aktionsformen, aber wir sind uns einig in den Zielen und in dem Prinzip der Gewaltfreiheit.«[228] Ende Gelände und »Gewaltfreiheit«? In einer Behördeneinschätzung hieß es:

> Fridays for Future stützt sich ... bei der Vorbereitung der Großveranstaltung am 21. Juni 2019 in Aachen auch auf das organisatorische Know-how von Angehörigen der linksextremistischen Szene.[229]

Es gebe zudem konkrete Verbindungen von »Ende Gelände« zur bundesweit agierenden Gruppe »Interventionistische Linke«, die immer wieder bei gewalttätigen Globalisierungsprotesten in Erscheinung trete, etwa beim G20-Gipfel 2017 in Hamburg, und die vom Verfassungsschutz beobachtet werde. Zugleich warnten die Behörden, dass sich »Fridays for Future«-Demonstranten von Aktivisten der Anti-Kohle-Bewegung »Ende Gelände« beeinflussen lassen: »Die linksextremistisch beeinflusste ›Ende Gelände‹-Kampagne erkennt ohne Zweifel ihre Chance, unter dem Deckmantel des Klimaschutzes demokratische Demonstranten für ihre illegalen Aktionsformen zu gewinnen, um diese damit als vermeintlich gesellschaftlich akzeptierte und legitime Form des Protestes gegen den Klimawandel erscheinen zu lassen.«[230] Und weiter: Das positive Image der Klimaschützer solle auf »Ende Gelände« abstrahlen und über das eigentliche Ziel, einen gesellschaftlichen Systemwechsel zu erreichen, hinwegtäuschen.[231]

Eine Sprecherin der Aachener Ortsgruppe von Fridays for Future sagte dazu: »Natürlich sammeln wir die Erfahrungen von verschiedenen Gruppierungen bei der Organisation einer solchen Veranstaltung. Aber wir treffen unsere eigenen Entscheidungen im Konsens, und das lassen wir uns nicht nehmen.«[232]

Luisa Neubauer, die Frontfrau von Fridays for Future, wurde von einem Reporter gefragt: »Fridays for Future hat sich mit Ende Gelände solidarisiert, eine gute Idee?« Ihre Antwort: Man brauche die »Irritation«, dass Fridays for Future bei Ende Gelände dabei war. »Das war ganz gut.«[233] Fridays for Future also Hand in Hand mit Linksextremen, die auch vor zivilem Ungehorsam und Gewalttaten nicht haltmachen?

Der Inlandsgeheimdienst (Verfassungsschutz) teilt die Einschätzung der Polizeibehörden: »Linksextremisten instrumentalisieren ›Klimaschutz‹-Proteste.«[234]

Und weiter:

> Das Thema »Klimaschutz« ist seit Ende 2014 aufgrund der politischen Diskussion über eine angestrebte Energiewende und die damit einhergehende geplante Stilllegung von Kohlekraftwerken zunehmend in das Blickfeld von Linksextremisten gerückt. Mithilfe von Aktionsbündnissen und Kampagnen versuchen Linksextremisten, tagespolitische Themen aufzugreifen, sie perspektivisch in der linksextremistischen Szene zu verankern und somit ihre Anschlussfähigkeit an das demokratische Spektrum voranzutreiben.[235]

Die Marxistisch-Leninistische Partei Deutschlands (MLPD) versuche zudem, ganze Ortsgruppen von Fridays for Future zu übernehmen.[236]

HINTERGRUND: »ENDE GELÄNDE« UND DIE »INTERVENTIONISTISCHEN LINKE«

Das sagt der Verfassungsschutz:

> Die Proteste gegen den Braunkohleabbau werden maßgeblich von der erstmals im Jahr 2014 in Erscheinung getretenen Kampagne »Ende Gelände« organisiert. Diese linksextremistisch beeinflusste Kampagne wird sowohl von Gruppierungen des demokratischen Spektrums als auch von Akteuren der linksextremistischen Szene wie insbesondere der »Interventionistischen Linken« (IL) unterstützt. Die Kampagne schreibt auf ihrer Website: »Wir sind ein breiter Zusammenschluss von Menschen aus den Anti-Atom- und Anti-Kohle-Bewegungen, aus den Vorbereitungsgruppen der Klimacamps in Rheinland und Lausitz, von der Waldbesetzung im Hambacher Forst, aus klimapolitischen Graswurzelinitiativen und Bürgerinitiativen, aber auch größeren Umweltorganisationen, aus linken Politgruppen und andere mehr. Gemeinsam sind uns die Überzeugung, Klimaschutz selber in die Hand nehmen zu müssen, und der Wunsch, mit einer über die Proteste der letzten Jahre hinausgehenden Aktion zivilen Ungehorsams ein weithin sichtbares Signal für eine Wende hin zu echtem Klimaschutz zu setzen.«[237]

Und weiter:

> Die Kampagne »Ende Gelände« wird von der IL als bedeutsamer Rahmen für Aktionen im Kontext des »Kampfes gegen den Klimawandel« gesehen. [...] Die bundesweit agierende linksextremistische IL ist nach eigenen Angaben bereits von Anfang an in der Kampagne »Ende Gelände« engagiert. Die Organisation zielt auf eine kampagnenorientierte Zusammenführung von verschiedenen zivilgesellschaftlichen Bündnissen mit linksextremistischen Akteuren zugunsten einer erhöhten Handlungsfähigkeit – sowohl in Deutschland als auch in internationalen Netzwerken. Die IL fungiert dabei als Scharnier zwischen militanten Gruppierungen und nicht gewaltorientierten Linksextremisten beziehungsweise nicht extremistischen Gruppen und Initiativen. Die Einstellung der IL zu Gewalt ist taktisch geprägt, das heißt, es wird auf

eine offene Propagierung von Militanz verzichtet, Gewalt wird aber auch nicht ausdrücklich abgelehnt.[238]

Der Verfassungsschutz geht auch auf die Verzahnung zwischen den angeblichen Klimaschützern und den Öko-Sozialisten ein:

Bereits im Jahr 2015 schrieb die IL, im »Kampf für Klimaschutz« gehe es auch darum, die Welt als Ganzes zu verändern: »Die Macht des fossil-industriell-militärischen Komplex und die Binnen-›Logik‹ des Kapitals sind nicht voneinander zu trennen. Ziel massenhaften Ungehorsams ist nicht ›nur‹ Be- bzw. Verhinderung konkreter Zerstörungen, sondern selbstverständlich auch Vertiefung und Intensivierung der gesellschaftlichen Auseinandersetzung über die herrschenden Zustände insgesamt. Eine Klimabewegung wird bei aller Dringlichkeit ihres Anliegens nicht als Ein-Punkt-Bewegung erfolgreich sein können. Sie muss sich vielmehr in Beziehung setzen und verbinden mit weiteren Kämpfen u. a. für Solidarität mit Geflüchteten, Care-Revolution, Recht auf Stadt, gegen Austerität, das herrschende Arbeits- bzw. Prekaritätsregime, Militarismus sowie jegliche weitere Herrschaftsformen.«[239]

Dass es primär nicht um den »Klimaschutz«, sondern um den Regimechange hin zu einer Ökodiktatur geht, zeigten vor allem auch die Transparente der »Aktivisten« von »Ende Gelände«, die den Tagebau der RWE Power AG am Hambacher Forst besetzten. Dort konnte man Folgendes lesen. Hier eine kleine Auswahl:

- »System-Change, not Climate-Change«
- »Burn Capitalism, not Coal!«
- »Burn Borders, not Coal«
- »Make Capitalism History«[240]

Der Verfassungsschutz ergänzt in seinem Bericht:

Die Kampagne »Ende Gelände« und die IL streben unter dem Motto »Ende Gelände goes Europe« eine Internationalisierung der Proteste an. Zudem sollen weitere tagespolitische Themen wie zum Beispiel »Antifaschismus«, die Flüchtlingsproblematik oder auch »Antirepression« aufgegriffen werden.[241]

Die Bewertung des Inlandsgeheimdienstes:

> Der »Kampf für Klimaschutz« dürfte auch künftig verstärkt im Fokus der Aktivitäten von Linksextremisten stehen. Dabei ist die Kampagne »Ende Gelände« zur Umsetzung linksextremistischer Positionen weiterhin von erheblicher strategischer Bedeutung. Vorrangiges Ziel ist es, mithilfe von Aktionsbündnissen tagespolitische Themen aufzugreifen, um damit die Anschlussfähigkeit in das demokratische Spektrum sicherzustellen. Für die IL ist die Kampagne »Ende Gelände« aufgrund ihres Bekanntheitsgrades und der Verortung im zivilgesellschaftlichen Spektrum von entscheidender Bedeutung.[242]

Und jetzt das Entscheidende:

> Insbesondere junge Menschen sollen über das populäre Thema »Klimaschutz« sowie über die Protestaktionen gegen die »Profitmaximierung der Großkonzerne« angesprochen, politisiert und langfristig an die linksextremistische Szene gebunden werden.[243]

Anmerkung: Mitte Juni 2019 wurde innerhalb der »Fridays for Future«-Bewegung diskutiert, ob sie sich mit den »Aktivisten« von »Ende Gelände« solidarisieren solle. Ergebnis: ja. Die FAZ schrieb daraufhin:

> Die Führung von Fridays for Future hat sich für die gemeinsame Sache mit den radikalen Braunkohlegegnern entschieden.[244] ■

Wie rücksichtslos die Linksextremen von »Ende Gelände« im Namen des »Klimas« vorgehen, zeigte ihr Handeln am bereits oben erwähnten Tagebau Garzweiler im Juni 2019: Die »Aktivisten« brachen teils gewaltsam durch Polizeiabsperrungen und besetzten den Tagebau des RWE-Betriebsgeländes, kaperten einen der Riesenbagger und blockierten die Hambachbahn.

Die Polizei meldete acht verletzte Beamte. Es gab sogar eine versuchte Gefangenenbefreiung, Pumpstationen wurden in Brand gesetzt.[245] Die Polizei hatte alle Hände voll zu tun, weitere Gewalttaten zu verhindern.

Der grüne EU-Abgeordnete Michael Bloss hatte ganz andere Sorgen als die Gewalttaten. Er twitterte, dass festgehaltene Menschen zusammenbrechen würden, weil sie nicht mit Nahrung und Getränken versorgt würden. Was der Linksextremensympathisant vergessen hatte zu erwähnen: Für die Protestler gab es Pizza. und unter Applaus wurde sogar eine Laser-Show abgespielt.[246]

Die Sprecherin des linksextremen Bündnisses »Ende Gelände«, Kathrin Henneberger, verteidigte ihre Gewaltaktionen und gab dadurch (wahrscheinlich ungewollt) der Einschätzung der Polizeibehörden und des Inlandsgeheimdienstes über die Verzahnung gewaltbereiter Linksextremer und Klimaschützer recht:

> Wir haben an vielen Stellen blockiert. Damit haben wir ein deutliches Zeichen gesetzt: Für den Klimaschutz muss jetzt etwas passieren.«[247]

Auch Teilnehmer einer »Fridays for Future«-Kundgebung trafen schließlich am Tagebau Garzweiler ein, und die Linksextremen von Ende Gelände erläuterten ihre sozialistischen Umsturzgedanken: »Wir müssen endlich aufhören, um den heißen Brei herumzureden. Die Klimakrise ist eine Systemkrise. Wer glaubt, die Klimakrise mit noch mehr Wachstum lösen zu können, der hat das Problem nicht verstanden. Wir brauchen eine gerechte Wirtschaft, die die Grenzen unseres Planeten respektiert«, so Sina Reisch von dem »Bündnis«,[248] das auch Fridays for Future mit ihrer Anwesenheit unterstützte.[249]

Roland Tichy schrieb:

> Gute Gewalttäter, die Sorgen um das Klima vorgeben, dürfen die gesamte Gesellschaft bedrohen oder in Geiselhaft nehmen und werden dafür mit Applaus belohnt. »Fridays for Future« hat sich mit einer linksradikalen Bewegung »Ende Gelände« verbündet, die die Klimabegeisterung für ihre Zwecke nutzt.[250] [...]
>
> Die Politik schweigt dazu nicht. Sie klatscht Beifall. Bayerns Ministerpräsident Markus Söder will den Braunkohleausstieg acht Jahre vorziehen, um der Kinderbewegung nach dem Mund zu reden und ein paar Sekunden Sendezeit bundesweit zu ergattern, nicht nur im Haussender. [...]

> Deutschland befindet sich in einer Art Kulturrevolution. Unter Jubel und mit dem Beifall der Politik werden Kinder-Revolutionäre auf die Straße geschickt wie Maos Rote Garden.[251]

Der linksorientierte Frank Bsirske, selbst Mitglied der Grünen,[252] rief die 2 Millionen Mitglieder der Gewerkschaft ver.di auf, am 20. und 27. September 2019 bei den von den »Klimaaktivisten« initiierten bundesweiten Aktionen von Fridays for Future mitzumachen:[253]

> Wir werden zur Teilnahme an den Veranstaltungen aufrufen. Es geht darum, Flagge zu zeigen – wir brauchen ein deutlich konsequenteres Handeln der Politik beim Klimaschutz.[254]

Die »Fridays for Future«-Schulschwänzer werden also von Linken, Grünen und Linksextremen für deren Vision einer Klimadiktatur missbraucht. Wie oben schon angedeutet: Sie können den Test leicht selbst machen. Gehen Sie zu einer dieser »Demos«, und Sie werden die Flaggen und Transparente folgender linker Organisationen/Parteien/Extremisten erkennen:

- Die Grünen
- Die Linke
- Jusos
- Linksjugend
- Grüne Jugend
- Antifa
- Andere marxistisch-leninistische Organisationen

Manche der angeblichen »Klimaretter« benutzen das Thema nur als Trojanisches Pferd, um ihre linksextremistischen Umsturzideologien zu propagieren.

Greta und linksextreme Gewalttäter

Mitte August 2019 besuchte Greta Thunberg »überraschend«[255] den von militanten linksextremistischen »Aktivisten« besetzen Hambacher Forst. Sie ließ sich von »Aktivisten« sogar in ein illegal errichtetes Baumhaus hieven.[256] Sie zeigte sich »geschockt und traurig« über das

Ausmaß der Umweltzerstörung.[257] Im März 2019 war Thunberg für ihr Engagement mit der Goldenen Kamera ausgezeichnet worden und widmete den Preis den kriminellen Hambacher Aktivisten,[258] die bei ihren gewalttätigen Protesten rund 30 Polizisten verletzten.[259] Insgesamt wurden 319 Gewaltdelikte angezeigt.[260]

Teils vermummte Aktivisten führten Greta und Gefolge bei dem »Überraschungsbesuch« durch den Hambacher Forst. Mehrere Beteiligte wollten ihre Gesichter nicht zeigen, weil sie illegale Waldhäuser gebaut[261] und das Waldstück illegal besetzt, sprich kriminelle Handlungen begangen hatten. Die deutsche Organisatorin der »Fridays for Future«-Bewegung, Luisa Neubauer, schien das nicht weiter zu stören. Sie und ihre Mitstreiter ließen sich sogar mit einer Vermummten ablichten.[262] Carla Reemtsma, Sprecherin und Mitorganisatorin von »Fridays for Future« Deutschland, sagte daraufhin zu *Bild*:

> Diese Frau gehört zu den Besetzern im Hambacher Forst, die Greta durch den Wald geführt und ihr alles gezeigt haben. Die meisten Besetzer im Hambacher Forst vermummen sich, weil sie nicht erkannt werden wollen. Es steht ihnen ja auch frei, sich zu vermummen.[263]

So tolerieren »Fridays for Future«-Aktivistinnen kurzum linke Gewalttäter und setzen sich sogar mit ihnen in Szene.

Die Politik erregte sich dann endlich über die Nähe der »Schüler« zu gewaltbereiten Extremisten: Der Innenexperte und stellvertretende CDU-Fraktionsvorsitzende im Landtag von Nordrhein-Westfalen, Gregor Golland, sagte:

> Die Fotos zeigen eine erschreckende Distanzlosigkeit zwischen den moralisierenden, vermeintlichen Klima-Rettern und gewaltbereiten, vermummten Extremisten und Antidemokraten. In der Demokratie zeigt man sein Gesicht und steht zu seiner Meinung![264]

Michael Mertens, Landesvorsitzender der Gewerkschaft der Polizei NRW, sagte:

> Greta Thunberg neben einer vermummten Person fühlt sich falsch an. Der Protest im Hambacher Forst war und ist nicht von zivilem Ungehorsam

> getragen. Verletzte Polizisten und RWE-Beschäftigte durch Zwillenbeschuss, Steinewurf oder Molotowcocktails und permanente Sachbeschädigungen sind Straftaten, die verfolgt werden müssen.[265]

NRW-Innenminister Herbert Reul (CDU) sagte:

> Greta sollte aus meiner Sicht darauf achten, dass sie ihr berechtigtes Anliegen nicht dadurch gefährdet, dass sie sich mit den falschen Leuten umgibt.[266]

Innenexperte Christoph de Vries von der CDU äußerste sich folgerichtig:

> Die Vorfälle im Hambacher Forst zeigen, dass die Grenzen zwischen Klimaaktivisten und linksextremen Krawallmachern manchmal fließend sind.[267]

Nichtsdestoweniger appellierte die 16-jährige Thunberg in gewohnter apokalyptischer Manier:

> Die Braunkohle trägt mit zur ökologischen Krise bei. Die Zeit rennt uns davon, und die Regierungen enttäuschen uns weiterhin. Um die Klimaziele zu erreichen, darf Deutschland keine weitere Kohle verbrennen.[268]

Gleichzeitig hatte sie Verständnis für die kriminellen Waldbesetzer aus der linken Szene und bestärkte sie sogar noch deren Rechtsbrüche: Wenn keine Menschen verletzt und nichts zerstört werden würde, sei dies eine Form des Widerstandes.[269] Sie wollte dabei offenbar übersehen, dass schon viele Menschen, vor allem Polizisten, verletzt worden waren.

Nach ihrer »Stippvisite« reiste sie auf einem Segelboot zum UN-Klimagipfel nach New York. Bezüglich US-Präsident Donald Trump äußerte sich Greta gegenüber dem Schweizer Sender RTS: »Wenn er nicht bereit ist, der Wissenschaft und Experten zuzuhören, wie soll ich ihn dann überzeugen? Wie soll irgendjemandem von unserer Bewegung das gelingen?«[270] Und weiter auf die Frage, was sie Donald Trump bei einem Treffen sagen würde: »Ich würde meine Zeit nicht mit einem Treffen mit Donald Trump verschwenden.«[271]

Luisa Neubauer

Die »deutsche Greta«,[272] das »Aushängeschild« und hierzulande die Hauptprotagonistin von Fridays for Future, ist die 23-jährige Luisa Neubauer, von der *Der Spiegel* schwärmt:

> So schlau und rhetorisch geschickt, dass Berufspolitiker wie CDU-Wirtschaftsminister Peter Altmaier im Schlagabtausch nicht gut aussehen.[273]

Und weiter:

> Neubauer ist in Deutschland das Gesicht der »Fridays for Future«-Proteste. Sie initiierte die ersten Demos in Berlin. Man sieht die Göttinger Geografiestudentin auf Instagram mit selbstbewussten Posen, die Haare fallen ihr locker über die Schultern, auf ihren Lippen ein geheimnisvolles Lächeln.[274]

Begierig wird Luisa in den Medien »herumgereicht«, von Interviews bis hin zu vielen Talkshow-Auftritten. Sie versucht vor allem, »älteren weißen Männern« zu erklären, wie das Leben so läuft und dass wir schnell aus der Kohle aussteigen müssen, um das Klima noch zu retten.[275] Der *Tagesspiegel* schrieb über Neubauer:

> Nach der Schule schrieb sie zunächst für das *Greenpeace Magazin*. Über Jahre hat sie sich in den Klimaschutzorganisationen *350.org* und »Fossil Free Deutschland« engagiert und im Oktober 2018 einen offenen Brief gegen das Vorgehen des Energiekonzerns RWE im Hambacher Wald geschrieben. Als Jugendbotschafterin ist Neubauer für die entwicklungspolitische Lobby- und Kampagnenorganisation »One« aktiv. Als Moderatorin für Klima, Entwicklung und Nachhaltigkeit kann sie bei »Wir moderieren« gebucht werden.[276]

Mathias Döpfner, Vorstandsvorsitzender der Axel Springer SE, lud Neubauer sogar zum Abendessen in den altehrwürdigen Journalistenklub des Axel-Springer-Hochhauses ein. Er begrüßte die so umtriebige Studentin mit den mitleiderregenden Worten: »Sie hatte seit Januar kein freies Wochenende, das finde ich sehr beeindruckend.«[277]

Döpfner wollte wissen, wie sie zu Fridays for Future gekommen sei. Die »Fachfrau« antwortete: »Ich habe die wissenschaftlichen Fakten betrachtet, es ist banal. Der Klimawandel bedroht die Menschheit. Eine sehr kleine Gruppe weltweit treibt ihn voran.«[278] Und an anderer Stelle sagte sie: »Die Europawahl war eine Schicksalswahl für uns junge Menschen.«[279] Sie riet jenen, die noch zu jung zum Wählen waren, einen »Deal« mit ihren Großeltern zu machen: Diese sollten doch ihre Enkel entscheiden lassen, wo sie ihr Kreuz setzen. So machte Neubauer zwar keine direkte Werbung für die Grünen, aber sie schrieb: »Wählt für das Klima«[280], was gleichbedeutend mit Wahlpropaganda für die Ökosozialisten war.

Zusammen mit der Einhämmerung des »Klimanotstandes« durch die Grünen, der »Fridays for Future«-Bewegung, Greta und Rezo entwickelte sich ein grüner Sog bei den Jugendlichen. Dies war bei der Europawahl 2019 eindeutig.

Das Wahlergebnis unter den 18- bis 29-Jährigen in Prozent:	
Grüne:	31
CDU/CSU:	14
SPD:	9
FDP:	8
Die Partei:	7
Linke:	7
AfD:	7

Quelle: Forschungsgruppe Wahlen[281]

Wohl nicht umsonst fordern Grüne und Linke mantragleich, das Wahlalter auf 16 herabzusetzen. Katja Meier, die Spitzenkandidatin der Grünen für den Sächsischen Landtag, brachte sogar ein Wahlalter von 14 (!) Jahren ins Spiel.[282]

Seltsamerweise gab es in Greta Thunbergs Heimatland Schweden bei der Europawahl jedoch keinen »Greta-Effekt«: Die Grünen verloren sogar 4 Prozentpunkte im Vergleich zu den letzten EU-Wahlen und landeten bei immerhin noch 11 Prozent. Die Folge: Die schwedischen Grünen sind im Europaparlament seither nicht mehr mit vier, sondern nur noch mit zwei Sitzen vertreten.[283]

HINTERGRUND: LUISA NEUBAUER UND »LAUT UND DEUTLICH«

Die deutsche Greta hatte sogar mit Klimaforschern an einer Bundespressekonferenz teilgenommen. Diese hat die Kommunikationsagentur »Laut und Deutlich« als »privater Unterstützer« mitorganisiert.[284]

Die »Agentur« ist auf strategische Kommunikation spezialisiert, mit Fokus auf gesellschaftspolitische, nachhaltige und wirtschaftliche Themen. Zu deren Kunden zählen Unternehmen, Verbände, Ministerien, Start-ups, Stiftungen und Nichtregierungsorganisationen (NGOs).[285]

Als »Referenzen« gibt die Agentur u. a. an: »Deutschlandstiftung Integration«, »Die Grünen«, »Netzwerk Unternehmen integrieren Flüchtlinge«, »Klima Allianz Deutschland«, »Scientists for Future«, »European Climate Foundation« und »European Greens«.[286]

Man wundert sich also nicht, aus welcher »Ecke« die Agentur stammt, die Neubauer, zumindest bei dieser Pressekonferenz, unterstützt hat. ■

Was viele nicht wissen, die liebe Luisa ist seit 2016 Mitglied der Grünen.[287] Sie schrieb bei ihrer Bewerbung um einen Platz im Europa-Wahlkampfteam der Grünen Jugend: »Ich habe riesen Lust, mich für genau diesen Prozess, für ein junges, grünes Europa, einzusetzen. [...] Europe ist calling und ich freue mich, heute Europa so mitzugestalten, dass wir tatsächlich in einem gerechten, ökologischen Europa alt werden können.«[288] Für Neubauer ist klar: »Menschen fordern echten Klimaschutz.«[289]

Das hört sich so an, als würden alle Menschen die Forderungen der Schüler unterstützen. Doch das ist bei Weitem nicht so. Denn europaweit haben die Grünen nur 75 von 751 Sitzen im neu gewählten Europaparlament.[290] Doch für Neubauer ist das Klimathema trotzdem »absolut entscheidend.[291] Auch der Kohleausstieg geht ihr »nicht zügig« genug.[292] Die Bundesregierung hat sich zwar bereits für einen Kohleausstieg bis 2038 ausgesprochen, aber Neubauer wollte zunächst, dass bis spätestens 2030 alle deutschen Kohlekraftwerke vor dem Aus stehen. Dann forderte sie sogar noch dreister: Erste Kohlekraftwerke sollen noch 2019 abgeschaltet werden.[293] Zudem verlangt sie eine CO_2-Bepreisung: »Wir müssten anfangen, einen reellen Preis für die Klimazerstörung zu zahlen, die wir gerade praktisch jeden Tag voranbringen. [...] Ob das der Verbraucher oder die Verbraucherin am Ende zahlt, ob das der Staat tut oder die Steuerzahlerin oder der Steuerzahler, ist eine Gestaltungsfrage.«[294]

Aber damit nicht genug, auch die gesamte Gesellschaft soll im Sinne der Ökosozialisten umgebaut (transformiert) werden: »Eine Transformation der Gesellschaft im 21. Jahrhundert hin zu einer Zero-Carbon-Gesellschaft erfordert Veränderung in jedem Lebensbereich. Das bedeutet auch, dass wir hinterfragen, was Wohlstand, was Wachstum, was ein gutes Leben für uns bedeutet.«[295] Dieses Statement ist also eindeutig auch eine Kapitalismus- und Systemkritik (siehe Kapitel 1: »Die Entstehung des Ökosozialismus«). Natürlich bringt Neubauer auch noch die Flüchtlingsfrage mit ins Spiel: »Wenn wir zum Beispiel von Geflüchteten auf dem Mittelmeer sprechen, dann stellen wir fest, dass viele auch flüchten, weil sie gerade ihre Lebensgrundlage verlieren, getrieben von zum Beispiel einer Klimakrise.«[296] Da sind wir wieder bei einem Lieblingsthema der Grünen: Klimaflüchtlinge, die uns aufgrund der angeblichen Klimakrise bald überschwemmen werden.

HINTERGRUND: KLIMAFLÜCHTLINGE

Die Weltbank warnte bereits im Juli 2019 vor 140 Millionen Klimaflüchtlingen bis im Jahr 2050. Auch Prinz Charles und Ex-US-Vizepräsident Al Gore schlugen schon Alarm: Millionen Migranten würden sich auf den Weg machen, weil sie unter den Folgen des Klimawandels (Dürre, Ernteausfälle, Überflutung) leiden würden.[297]

Fakt ist: Offiziell gibt es keine Umwelt- oder Klimaflüchtlinge. Die Genfer Konvention und das deutsche Asylrecht erkennen lediglich politische Verfolgung, Kriege und Vertreibung als Fluchtgrund an. Eine rechtliche Verpflichtung zur Aufnahme von Klimamigranten gibt es nicht,[298] und dennoch wird genau das von grünen Buntmenschen immer wieder ins Gespräch gebracht. ■

In der Sendung *Anne Will* wurde Luisa Neubauer gefragt, wie sich die Menschen diese »Klimafreundlichkeit« eigentlich leisten könnten: »Was sagen Sie denn zu den Leuten in der Lausitz, wenn sie gleich aus der Kohle aussteigen und andere Kraftwerke geschlossen werden sollen?«[299]

Neubauers Antwort war stellvertretend für die Klimajugend, nämlich äußerst naiv und wohl ein Schlag ins Gesicht jener Menschen, die Angst um ihren Arbeitsplatz haben: »Klimapolitik muss sozial sein, darf aber nicht verhindert werden, weil man den Menschen was wegnimmt.«[300] Auf gut Deutsch: Sollen sie doch arbeitslos werden – Hauptsache, wir retten die Erde.

Die 22-Jährige fordert zudem unter dem Applaus der Zuschauer gleich eine neue Regierung:

> Jetzt braucht es eine Regierung, die liefert, und wenn sie das nicht kann, hat sie keine Berechtigung mehr.[301]

Bei einer anderen Veranstaltung sprach sie apodiktisch von der »größten Krise der Menschheit«: »Wir rasen mit Tempo in die Klimakrise und werden immer wieder ausgebremst. Für meine Generation ist das ein Schlag ins Gesicht.«[302]

Wer ist die »Deutsche Klima-Greta«?

Die »Klimaaktivistin« und Studentin Luisa Neubauer war im Juni 2019 auch zu Gast bei der Landesdelegiertenkonferenz der Grünen in Bad Windsheim. Dort stellte sie Klimaskeptiker unter Applaus indirekt als »dumm« dar und faselte etwas von »ein paar älteren Herren«; aber lesen Sie selbst:

> Manche sagen, wir hätten elf Jahre Zeit, um was gegen das Klima zu tun. Das ist Unsinn! Wir hätten vor 40 Jahren etwas machen sollen – wir sind praktisch im Minus. […] Und wer heute noch so tut, als hätten wir auch nur einen Atemzug Zeit, um zu atmen, der hat den Schuss nicht gehört. […] Wie könnte ich meinen Kindern erklären, dass wir das* damals nicht

* Gemeint ist der Kohleausstieg.

gemacht haben, weil ein paar ältere Herren nicht in der Lage waren zu begreifen, dass es Zeit für Veränderungen ist?«[303]

Dazu gab es einige recht treffende Kommentare auf YouTube. Der erste spricht mir aus der Seele:

»Ein paar ältere Herren«? Die meisten alten Herren haben bis in ins hohe Alter nicht so viel CO_2 verbraucht wie eine Luisa Neubauer. Was ich bei ihr überhaupt nicht verstehe, dass sie nie ihren Lebensstil der letzten Jahre als Problem erkennt und es auch thematisiert, dass die Medien junge Menschen zum Weltreisen auffordern. [...] Wenn eine überprivilegierte junge Frau sich zur Oberlehrerin aufspielt, sexistische Reden schwingt und dabei nicht erkennt, dass sie selbst zu den größten Klimasündern in Deutschland gehört ...[304]

Oder die folgenden Kommentare:

Das sagt hier eine Vielfliegerin, der verlogenen Grünen wie erbärmlich. Mannomann ich schau nicht fertig, zum Kotzen.[305]

Hi Luisa! Ich habe deine tollen Urlaubsfotos von Südostasien, Hongkong und Afrika auf Instagram gesehen. Wie bist du da eigentlich hingekommen? Bist du etwa mit einem Flugzeug eine Strecke geflogen, die größer ist als der komplette Erdumfang?[306]

Denn was Luisa Neubauer nicht in ihren Reden und Interviews sagt: Sie ist Vielfliegerin! Sie haben richtig gelesen. Bei YouTube gab es sogar ihr Reisetagebuch,[307] das mittlerweile aber nicht mehr abrufbar ist. Manche Zeitgenossen geben ihr deshalb sogar den Beinamen »Langstrecken-Luisa«.[308]

Auf Instagram (mittlerweile gelöscht, aber ich verfüge trotzdem über Screenshots) sah man sie 2018 lächelnd in Kanada, Hongkong, Polen, Schweden, England, Marokko, Belgien, China, Frankreich, Indonesien, Niederlande, Namibia, Schottland, Schweiz, Tansania, beim Skifahren in Österreich und Italien.[309]

Wie ist sie wohl dahingekommen? Mit dem Fahrrad, gelaufen, geschwommen?[310]

STECKBRIEF: LUISA NEUBAUER

Geboren: am 21. April 1996 in Hamburg.
Ausbildung: Abitur am Marion-Dönhoff-Gymnasium, Geografiestudium an der Uni Göttingen
Aktivitäten: Neubauer gehört zu den Hauptorganisatoren des Schulstreiks »Fridays for Future« für mehr Klimaschutz.
Anderes: Neubauer ist ehemalige Stipendiatin der Grünen-nahen Heinrich-Böll-Stiftung sowie Jugendbotschafterin der von den Popstars Bono und Bob Geldof gegründeten Lobbyorganisation »One«. Außerdem arbeitet sie als Moderatorin und Bloggerin.
Partei: Die Grünen.[311] ■

Die Zeitung *Hessische Niedersächsische Allgemeine* schreibt über Luisa Neubauer:

> Ihre Bachelorarbeit hat sie vorerst auf Eis gelegt. Sie hat schon genug mit ihren Kritikern zu tun, die ihr Doppelmoral vorwerfen und sie »Langstreckenluisa« nennen. Tatsächlich ist Neubauer viel geflogen – unter anderem nach Tansania, wo sie als Entwicklungshelferin Wasserleitungen verlegte. Ihr Instagram-Account sieht aus wie der von Millionen anderer junger Menschen, für die die Welt ein Zuhause ist und die gern ferne Länder bereisen. Sie sei auch nur ein Mensch, sagt sie, fliege heute aber weniger und ernähre sich vor allem vegan …[312]

In der Sendung *Hart aber fair* sagte Neubauer: »Ein Verbot für Inlandsflüge ist sicher eine Sache, über die man diskutieren müsste.«[313] Darauf angesprochen, dass sie ja selbst »Vielfliegerin« sei, kritisierte sie in einer anderen Veranstaltung eine Stellvertreterdebatte, die weniger ins Private gehen sollte. Sie sei in einer multimobilen Welt groß geworden.[314]

Wasser predigen und Wein trinken gilt wohl auch für diese Grünen-Aktivistin.

So ähnlich sieht das auch der FAZ-Journalist Philip Plickert. Er kritisiert, Neubauer trete als »Klimaaktivistin« auf, halte »aufrüttelnde

Reden auf Grünen-Parteitreffen und bei Schülerdemos«, habe dabei aber gleichzeitig einen »mehrfach größeren CO_2-Fußabdruck als der Durchschnittsbürger«.[315]

Neubauer selbst lenkt Kritik an ihrem eigenen klimaschädlichen Verhalten ab und redet sich scheinheilig heraus: Es sei ein »Problem«, dass oft von Bewerbern um eine Arbeitsstelle (ganz besonders dann, wenn sie das Fach Geografie studiert hätten) erwartet werde, dass sie viele Auslandsaufenthalte vorweisen könnten.[316]

Neubauer kann also um die ganze Welt jetten, will uns aber verbieten, in den Urlaub zu fliegen. Und doch verkündet sie vollmundig: »Nummer eins ist, wir müssen ehrlicher werden.«[317] Gut erkannt!

Natürlich wollte ich sie zum Buch und zu den Vorwürfen interviewen, so wie es meine journalistische Sorgfaltspflicht ist. Das Ergebnis sehen sie hier:

Interviewanfrage an Luisa Neubauer[318]

Antwort: *Keine*!

Carla Reemtsma

Eine zweite wichtige Protagonistin der »Fridays for Future«-Bewegung in Deutschland ist Carla Reemtsma. Sie studiert in Münster Politik und Wirtschaft und ist seit Langem politisch engagiert, unter anderem als Jugendbotschafterin der gemeinnützigen Organisation »One«.[319] Sie spielt mit Luisa Neubauer und einigen anderen eine zentrale Rolle in der Organisation von Fridays for Future.

In einem Gastbeitrag in der FAZ schrieb sie zusammen mit Jakob Blasel: »26 800 Wissenschaftler*innen unterstützen Fridays for Future. Fridays for Future ist so erfolgreich, weil konsequenter, schneller Klimaschutz ein wissenschaftlich unumstrittenes Anliegen ist. […] Wir müssen und werden uns aber nicht dafür entschuldigen, dass der Protest in Deutschland lauter ausfällt als in anderen Staaten …«[320]

Reemtsma taucht regelmäßig in den Medien auf und genießt, ähnlich wie Luisa Neubauer, scheinbar das Scheinwerfer- und Rampenlicht. Anders sieht es offenbar aus, wenn es um ein kritisches Interview geht.

INTERVIEWANFRAGE AN CARLA REEMTSMA

Hallo Frau Reemtsma, ich bin freier Journalist und arbeite an einem Buch zum Thema Klimawandel. In diesem Buch möchte ich Gegner wie Befürworter zu Wort kommen lassen. Wären Sie bereit für ein schriftliches Interview zu Ihnen und Fridays for Future? Geben Sie mir bitte per PN Bescheid oder per Mail, besten Dank Michael Grandt[321]

Antwort:

Sie lehnt dankend ab.
LG
Philipp[322] ■

Was Reemtsma, Blasel, Neubauer und Konsorten allerdings nicht »checken«: In Südeuropa haben die jungen Menschen ganz andere Probleme. Dort ist die Jugendarbeitslosigkeit exorbitant hoch. Stellte man sie also vor die Wahl, was für sie im Moment wichtiger wäre, würden sie sich wohl ganz anders entscheiden als die wohlstandsverwöhnten und vor allem wohlstandsgestörten Jugendlichen hierzulande, die zwar fordern, aber noch lange nicht danach leben, wie ich in Kapitel 13: »Generation Wohlstandsgestört« mit eindrücklichen Beispielen darlege. Eines ist klar: Die links-grünen »Klimaschützer« wollen eine riesige Umverteilung durchsetzen, und zwar unter dem Deckmantel einer »sozialen und ökologischen Gerechtigkeit«. Das ist wohl auch im Sinne von Johanna Uekermann, die selbst auch schon auf den Demos von »Fridays for Future« war und als stellvertretende SPD-Parteivorsitzende in Bayern agiert: »Man muss manchen Leuten auch etwas wegnehmen.«[323]

Ein Kommentar auf *Spiegel Online* zu Fridays for Future: »Das Einzige, was mich an der Bewegung stört und sie etwas unglaubwürdig macht, ist die Tatsache, dass nach den Demos extrem viel Müll auf der Straße liegt, allen voran Plastikmüll und Coffee To Go Becher. Des Weiteren finde ich es unglaubwürdig, wenn das Equipment mit einem Dieselauto angekarrt wird und der Strom für die Tonanlage von einem Dieselaggregat kommt ...«[324]

HINTERGRUND: »FRIDAYS FOR FUTURE« IST JETZT EINE »EINGETRAGENE MARKE«

Jeder will wohl etwas vom Kuchen der Klimahysterie abhaben. Denn es geht um Geld, um sehr viel Geld: Spendengelder und Unterstützungen jeglicher Art. Wohl nicht umsonst ist die Wortmarke »Fridays for Future« beim Markenamt angemeldet worden. Carla Reemtsma hat dies mittlerweile bestätigt. Begründung: Damit solle verhindert werden, dass Dritte den Namen nutzen, um Geld damit zu verdienen, beispielsweise durch bedruckte T-Shirts, oder einfach Spendenkonten im Namen von »Fridays for Future« eröffnen.[325] ■

Exklusiv-Umfrage unter Jugendlichen

Ich selbst konnte rund drei Dutzend Jugendliche im Alter zwischen 14 und 19 Jahren zu den Themen »Klimaschutz« und »Fridays for Future« entweder persönlich oder schriftlich interviewen. Sie alle (oder ihre Erziehungsberechtigten) haben mir ihr Einverständnis gegeben, die Antworten zu publizieren.[326]

Die meisten der befragten Mädchen und Jungen machen noch einen Schulabschluss, manche absolvieren bereits eine Ausbildung, ein Junge macht ein soziales Jahr. Der überwiegende Teil von ihnen findet es gut, wenn man etwas zum Klimaschutz beiträgt. Die meisten kennen »Fridays for Future«, aber noch keiner von den Befragten war auf einer FFF-Demo. Die Hälfte findet die Jugendbewegung gut, die andere Hälfte nicht.

Philine zum Beispiel begründet die Ablehnung von Fridays for Future so:

> Weil es sich um eine unehrliche Sache handelt. Wir kennen nur die Details, die wir kennen sollen, keiner zeigt uns die wahren Hintergründe. Alle schreien nach Elektroautos, keiner denkt über die Folgen nach. Alle reden über Klimaschutz usw., kaufen aber nach wie vor Billigfleisch, Billigobst und sitzen bei Fast-Food-Ketten. […] Übrigens, wenn wir nach der Schule mal bei McDonald's waren, waren auch Mitschüler dabei, die zu diesen

> Demos gegangen sind. […] Mich persönlich schreckt auch diese Greta ab. Stinkreiches Kind, welches mit Sicherheit die Vorzüge des Lebens ausnutzt ohne Ende, macht der halben Welt Vorwürfe, und das auch noch in einer Art und Weise, die an Unverschämtheit grenzt. Auch ihr Gesamtauftreten schreckt mich eher ab. Wie ein kleiner Zombie sondert sie Meinungen ab, immer und immer wieder im selben Wortlaut. Wie ein in der Schule gelerntes Gedicht.[327]

Auf die Frage: »Welche Partei würden Sie wählen, wenn Sie wählen würden/könnten?«, antwortete der größte Teil erwartungsgemäß: die Grünen beziehungsweise die Linke. Nur eine Jugendliche würde die CDU wählen und ein Jugendlicher Die Partei.

Die meisten der von mir Befragten fuhr/fährt oder flog/fliegt in den Urlaub, und über die Hälfte isst auch schon mal Fast Food. Alle tragen Jeans (siehe unten). Jeder von ihnen benutzt ein Smartphone, und *KEINER* würde es für den Klimaschutz abgeben. Eine typische Begründung: »Mein Smartphone (löst) sicher nicht das Klimaproblem.«[328] Oder: »*NIEMALS*! Ohne Smartphone kann heutzutage keiner mehr sein.«[329] Mehr dazu auch in Kapitel 13: »Generation Wohlstandsgestört«.

Ein Leben für Likes

Millionen Teenies verkriechen sich auch bei schönstem Wetter zu Hause, liegen im Bett und bedienen ihr »heiliges« Gerät: das Smartphone. Sie tun (fast) alles, um in den Social Media Anerkennung und Likes zu bekommen. Ein paar Beispiele, wie »krank« diese »neue« Welt schon geworden ist:

Melanie

Instagram ist ihr Hobby. Sie hat schon 5000 Followers und ist sehr stolz darauf. Täglich präsentiert sie sich mit neuen Fotos. Dazu schminkt sie sich eine Stunde lang. Von 60 geschossenen Fotos bleiben jedoch nur fünf oder sechs übrig, die sie für geeignet hält. Schatten, Tönung, Hintergrund, alles muss natürlich stimmen, und ja, die junge Frau bügelt auf den Bildern auch ihre »Falten« weg. Eine gute Silhouette ist wichtig, und natürlich folgt sie dem neuen Trend, dem »Instawalk«:

Drei bis vier Schritte nach vorne zu gehen und sich dabei filmen zu lassen. Insgesamt verbringt sie fast ihre ganze Freizeit auf Instagram. Ihr Studium hat sie extra deswegen unterbrochen.

»Es ist schwierig, das Handy aus der Hand zu legen«,[330] sagt sie. Schon beim Aufstehen schaut sie auf Instagram und vor dem Schlafengehen auch. »Jede Sekunde mal ein Like ist schon mal nicht schlecht«,[331] meint sie stolz.

Alex

Alex ist noch nicht so erfolgreich wie Melanie, hat nur rund 200 Followers, aber das soll sich natürlich ändern. Er fotografiert sich täglich im Fitnessstudio und postet die Bilder gleich auf Instagram. Sofort kommt ein Online-Lob: »Krasse Bilder, Respekt!«[332] Alex lächelt stolz.

Jedes Mal, wenn er ein Foto hochlädt, »fiebert« er nach Reaktionen. Jeder Like befeuert ihn. Für Alex ist Instagram eine »Art Ersatzreligion«.[333]

Kai

Kai, ein glühender FFF-Befürworter, schrieb mir über das »Schulschwänzen«: »Ich kann ums Verrecken nicht nachvollziehen wie man sich dermaßen darüber aufregen kann das ein paar Unterrichtsstunden verloren gehen. Weil ja auch jede verlorene Schulstunde ach so viel Wert sei. Habt ihr eigentlich sonst keine Probleme?«[334]

Ein anderer Jugendlicher fragte seine Mitschüler: »Sagt mal, warum wählen junge Leute eigentlich so gern Grüne?« Antwort: »Na, weil die Grasrauchen legalisieren wollen.«[335]

Arme Welt, arme Jugendliche, die ihre Gedanken auf der ganzen Welt posten, sich Unbekannten anvertrauen und nicht mehr ihren eigenen Eltern. Sie brauchen Anerkennung und Selbstbestätigung, Followers fürs Selbstvertrauen. Das ist nur noch krank.

»Umweltschutz«-Kinder lassen haufenweise Müll zurück

Aufopfernde Jugendliche, die sich selbstlos fürs Klima einsetzen? Wenn es um die eigene Komfortzone geht, sieht das plötzlich ganz anders aus. Beispiel: Im dänischen Haderslev hinterließen rund 300 »Fridays for Future«-Demonstranten haufenweise Papier, Cola-Dosen und Plakate als Abfall zurück. Das Aufräumen übernahm der Bürgerservice: Als dessen Leiterin, Anne-Mette Michelsen, die Plakate mit dem Logo »Wir lieben unseren Planeten« sogar von den Bäumen holte und die Schüler fragte: »Sagt mal, wollt ihr nicht hinter euch aufräumen, wenn ihr euch schon für den Umweltschutz starkmacht?«, kam die unverschämte Antwort: »Nee, wieso das denn?« Dann zogen die Schüler im Schlendertempo von dannen.[336]

Ein Kommentator in *Der Nordschleswiger* beschreibt das Verhalten wohl passend: »Der ›Dreck‹ dürfte bestimmt nicht mit in Mamas Auto, als sie die Schulschwänzer abgeholt hat.«[337]

Nächstes Beispiel: Rock am Ring

Im Juni 2019 machten 80 000 Fans 5 Tage lang eine »Dauerparty«. Doch mehr Wegwerfgesellschaft geht nicht: Die Jugendlichen hinterließen gigantische Müllberge, Plastikmüll und andere Abfälle auf dem Boden, sogar noch original verpacktes Fleisch, unzählige Plastikflaschen und Bierdosen. Für 25 Euro konnte man Zelte kaufen, die meisten wurden zurückgelassen.[338] Ausrede eines jugendlichen Partygastes wegen des zurückgelassenen Mülls: »Vergleicht mal ein Festival im Jahr mit einem Kohlekraftwerk.«[339]

Weitere Ausreden für das Zurücklassen und Produzieren von Müllbergen, 2018 kamen immerhin 500 Tonnen in 5 Tagen davon zusammen: »Wir sind halt noch ein wenig konsumabhängig.«[340] Oder: »Die Konzerne sollen halt weniger Müll produzieren.«[341]

Nächstes Beispiel: Rock im Park 2019

Auch hier: eine grüne Müllhalde übersät mit zerrissenen Zelten, Plastikflaschen, Verpackungen, Tüten, Pappbechern, Dosen und Essensresten. Sogar *Bild* schrieb:

> Sie wählen gern grün, wollen Klimaschutz und weniger Plastik. Doch wenn es um Naturschutz beim Freizeitvergnügen geht, nehmen die Feiernden es offenbar nicht so genau. […] Nach zwei Tagen stapeln sich überall Müllberge. Nach dem Motto: »Nach uns die Sintflut«.[342]

Mit enormem Aufwand und Personal musste eine professionelle und umweltgerechte Reinigung und Müllentsorgung organisiert werden.[343]

Gerade die Altersgruppe, die zu den größten Anhängern der Grünen gehört, lässt also gehörig die »Sau« raus und vergisst dann Klima und Umwelt. Beispiele gibt es noch mehr, doch diese alle aufzuführen würde den Rahmen des Buches sprengen. Reden Sie einfach mal mit der Verwaltung Ihrer Kommune, wie viel Müll nach einer »Fridays for Future«-Demonstration zurückbleibt.

20. September 2019 (I): der Tag der grünen »Volkserziehung«

Die pausenlose mediale und politische Gehirnwäsche der sogenannten »Klimaaktivisten« (Ökosozialisten) zeigte schließlich Wirkung: Am Freitag, dem 20. September 2019, führte Greta Thunberg in New York eine Massendemo an. In 166 Staaten wurden Aktionen mit 5000 Events und Kundgebungen durchgeführt. Es war der Startschuss für den weltweit ausgerufenen »Global Climate Strike«, der eine Woche andauerte. Millionen gingen auf die Straßen, um für den Klimaschutz zu demonstrieren. Allein in Deutschland gab es 1,4 Millionen Teilnehmer an rund 500 Demonstrationen.[344]

Unglaublich, wie weit die Hysterie schon vorangeschritten war und noch ist: In der Gedächtniskirche wurde sogar fürs Klima gebetet. Ab 18 Uhr läuteten viele Berliner Kirchen ihre Glocken für eine weltweit erfolgreiche »Fridays for Future«-Bewegung.[345] Damit war klar: Ökosozialistische Klimarettung und Religion gehören nun unweigerlich zusammen.

Die linksradikale Gruppe »Extinction Rebellion« (siehe S. 199 f.) kündigte schon im Vorfeld des »Global Climate Strike« Blockadeaktionen an: Man wolle »strategisch wichtige Punkte in der Hauptstadt Berlin blockieren«.[346] Auch eine Sprecherin des Bündnisses »Ungehorsam für Alle!« erklärte: »Es soll ein aktivistischer und unkontrollierter Moment entstehen«[347] und drohte ebenfalls mit Straßenblockaden.[348]

Die Ökosozialisten hatten schließlich die Kulissen, die sie wollten: Aufgrund der Demonstrationen und Blockaden rief die Polizei die Bürger in einigen Städten dazu auf, das Auto stehen zu lassen und auf den Nahverkehr auszuweichen.[349]

Im Streitgespräch mit der Wochenzeitung *Die Zeit* erklärte die »Fridays for Future«-Organisatorin Luisa Neubauer dreist, dass es vertretbar sei, Brücken und Flughäfen lahmzulegen, um Gehör zu finden:

> Wir brauchen ein breites Spektrum an Aktionen, um den Druck auf die Politik zu erhöhen. Dazu gehören angemeldete Demonstrationen wie bei »Fridays for Future«, aber auch Formen des zivilen Ungehorsams.[350]

Erstmals wurden auch alle Erwachsenen aufgerufen, sich den Demonstrationen der angeblichen Klimaschützer anzuschließen. Damit stand sogar ein Aufruf zum Generalstreik im Raum. Die »Schüler« bekamen »Rückendeckung« von über 200 Unterstützergruppen und weiteren Akteuren. Hunderte Unternehmen kündigten an, den Streik durch (partielle) Arbeitsniederlegungen zu unterstützen und sogar ihre Geschäfte zu schließen.[351]

Zu den »Unterstützern« zählten etwa Mitglieder von »Entrepreneurs for Future« (kleine und mittlere Unternehmen), die in Berlin eine eigene Demo organisierten, 200 Konzerne des Verbands »Unternehmensgrün« (u. a. die GLS-Bank, Biocompany, Naturstrom) und viele andere Unternehmen der Start-up-Gemeinschaft »Leaders for Climate Change« (zum Beispiel Zalando, Flixbus).[352]

Zudem beteiligten sich die üblichen »Verdächtigen«: Umweltschutzverbände, Menschenrechtsorganisationen, Kirchen, Gewerkschaften und Forschungseinrichtungen.[353] Das Kreuzberger Vergleichsportal Idealo mit immerhin 1100 Beschäftigten rief alle seine Mitarbeiter dazu auf, zwischen 12 und 16 Uhr an der Demonstration am Brandenburger Tor teilzunehmen. »Zudem schalten wir zwischen 12 und 16 Uhr die Internetseite ab«, so Sprecher Frank Böker.[354] Bei Siemens, Zalando und Vattenfall war es den Mitarbeitern selbst überlassen, ob sie an der Demo teilnahmen.[355]

Hier einige »Highlights« der grünen Volkserziehung:

- In grünen Städten wie Hamburg gingen nach eigenen Angaben rund 45 000 Menschen auf die Straße; in Berlin sollen es rund 100 000 gewesen sein, in Bremen 31 000 und in Freiburg 20 000.
- In Berlin bauten »Aktivisten« sogar einen Galgen auf. Drei von ihnen stellten sich äußerst medienwirksam mit einem Strick um den Hals auf schmelzende Eisblöcke. Gott sei Dank rutschte keiner von ihnen ab.
- Das Bündnis »Ungehorsam für Alle!« blockierte wichtige Verkehrsknotenpunkte in Berlin.

- Ebenfalls in Berlin blockierten die angeblichen Klimaschützer eine große Kreuzung mit Absperrbändern und legten den Verkehr lahm.
- Auch in Frankfurt und in anderen Städten gab es Straßenblockaden.
- 25 Menschen drangen in die Frankfurter Paulskirche ein, hielten ein Banner hoch und stimmten ein Protestlied an.[356]

Randnotiz: In Frankfurt am Main demonstrierten rund 40 000 Menschen, aber nur 1000 (!) kamen einen Tag später zusammen, um die 4 Tonnen Müll, die die angeblichen Klimaschützer rücksichtslos zurückgelassen hatten, aufzuräumen. Der Organisator der Aufräumaktion Holger Holland gab sich enttäuscht. Seine Ausrede: »Vielleicht waren sie von der Demo vom Vortag zu müde.«[357] Doch er ergänzte: »Nicht nur mitlaufen, sondern auch mithelfen. Sie hätten dem Vorwurf, den man ihnen immer wieder macht, hier entkräften können. Schade.«[358]

Ich selbst war an diesem Tag auf einer »Fridays for Future«-Demonstration in Albstadt. Das Erste, was mir auffiel, waren die Banner der Marxistisch-Leninistischen Partei Deutschlands (MLPD) und der Gewerkschaften ver.di und IG Metall.

Ich sprach viele der Jugendlichen an, ob sie zu einem kleinen Interview bereit wären. Doch die meisten winkten ab und fragten mich stattdessen, ob ich von der AfD sei, obwohl ich mich durch meinen Presseausweis legitimiert hatte. Ich antwortete darauf, dass ich mal in der FDP war; daraufhin wirkten sie enttäuscht, dass ich nicht in ihr ideologisches Feindbild zu passen schien.

Die zwei Jungen, die sich mir stellten, bestätigten mir, dass sie gerne auf die Straße gingen, um für das Klima zu demonstrieren. Als ich sie fragte, warum sie denn ein Smartphone benutzen würden, wenn sie für ein sauberes Klima wären und bei weltweit 3,5 Milliarden Smartphones für deren Produktion, Akkus, Benutzung und die nötigen Server unglaubliche Mengen CO_2 ausgestoßen würden, wussten sie keine Antwort. Im Gegenteil, plötzlich schien ein Sinneswandel in die »Schulschwänzer« zu kommen. Sie sagten, sie müssten das Gespräch jetzt abbrechen und wieder zurück in die Schule, was mich sehr amüsierte.

Ich sprach auch eine ältere Aktivistin an, warum sie denn rauchen würde, wenn sie für eine saubere Umwelt demonstriere, und mein Kollege fragte sie, ob sie wisse, dass für den Abbau von Tabak auch Kinder herangezogen würden. Daraufhin meinte sie, sie wisse, dass Rauchen nicht gut sei, und zog eifrig noch einmal an ihrer Zigarette.

Ich sprach noch mit rund einem Dutzend anderer Demonstranten, die es für »rechts« und »Verleugnung« hielten, wenn man nicht an den menschengemachten Klimawandel glauben würde. Alles in allem beteten sie genau das nach, was Klein-Greta und die grünen Ökosozialisten täglich in den Medien kundtun.

Wie oben schon angedeutet, sprach Greta, die mit ihren Bodyguards auftrat, am selben Tag in New York vor 250 000 »Klimaaktivisten«. Zuvor hatte sie natürlich medienwirksam Ex-Präsident Barack Hussein Obama getroffen.[359] Bei ihrer Rede verfiel die Populistin wiederum in ihren radikalen Duktus. Sie geißelte Promis ab und Politiker, die nichts tun: »Alle Lasten hinterlassen sie uns.«[360] Daraufhin erschollen »Greta! Greta!«-Rufe. Die Greta-Mania war perfekt inszeniert. Hier ein paar Auszüge ihrer populistischen Rede:

- »Alles was wir wollen, ist eine sichere Zukunft.«
- Ihre Bewegung sei die »Welle des Wandels«.
- »Gemeinsam kann uns niemand aufhalten – so sieht die People-Power aus!«
- Man werde den Wandel erzwingen. »Wir können – und wir werden!«[361]

Der »Wandel«, von dem sie sprach, ist die Transformation in den grünen Öko-Kommunismus, der in Deutschland am selben Tag offiziell eingeführt wurde (siehe unten). Kein Wunder also, dass die meisten Amerikaner nicht gerade »amused« von dem kleinen Mädchen waren, das ihnen ihre heiligen SUVs und ihre noch heiligeren Steaks verbieten will.

Einen Tag später sprach Greta auf dem UN-Jugendklimagipfel. Wieder gab sie sich populistisch:

> Gestern sind Millionen Menschen rund um den Globus marschiert und haben wirkliche Klimamaßnahmen verlangt, vor allem junge Leute. Wir

> haben gezeigt, dass wir geeint sind und dass uns junge Leute niemand stoppen kann.[362]

Am 23. September 2019 kamen dann die Staats- und Regierungschefs zum UN-Nachhaltigkeitsgipfel zusammen, bei dem es unter anderem auch um den Kampf gegen den Klimawandel ging.[363] Die Botschaft des UN-Gipfels: Die Klimawende sei immer noch möglich.[364] Natürlich trat auch Greta auf. Dort führte sie ihre populistische Forderungen weiter: »Hört uns zu!«[365], nachdem sie zuvor versprochen hatte: »Wir werden sie zwingen, uns zuzuhören!«[366]

Vor ihrer Rede bei den UN traf Greta Bundeskanzlerin Angela Merkel. Wohl dementsprechend von der jungen Schwedin »gebrieft«, gab Merkel bei der UN-Versammlung zu verstehen: »Wir alle haben den Weckruf der Jugend vernommen« und machte deutlich: »Kein Zweifel: Erderwärmung ist – im Wesentlichen – von Menschen gemacht.«[367]

Dann führte sie ihr eigenes Volk und den aufgebauten Wohlstand in unglaublicher Weise vor der ganzen Welt vor: »Wenn sich alle so verhalten würden wie Deutschland, würden sich die Emissionen weltweit verdoppeln. [...] Wir werden unseren Beitrag zu einem nachhaltigen Leben leisten.«[368] Das ging sogar Filipp Piatov zu weit, der in einer *Bild*-Kolumne schrieb:

> Gretas Reden werden radikaler, ihre Drohungen wütender. Ausgerechnet Bundeskanzlerin Merkel, Regierungschefin der Industrie-Nation Deutschland, hofiert die Klimaaktivistin geradezu schwärmerisch. Bei der Vorstellung des Klima-Pakets gab sich Merkel von ihr »beeindruckt«. Zuvor lobte sie Greta als »außergewöhnliches Mädchen, das sehr viel ins Rollen gebracht« habe. Beim Klima-Gipfel in New York durfte ein Foto nicht fehlen.[369]

Und weiter: »Widerspruch? Kritische Distanz zur Aktivistin? Fehlanzeige. [...] Kanzlerin Merkel [sollte] endlich aufhören, sich der immer radikaler werdenden Aktivistin anzubiedern.« [370]

Doch Merkels Selbstgeißelung reichte Greta nicht. Kurz darauf gab die »Klimaaktivistin« auf Twitter bekannt: Zusammen mit fünfzehn weiteren jungen Menschen hat sie eine offizielle Beschwerde gegen

Deutschland eingereicht, die sogar von einer Anwaltskanzlei unterstützt wurde. Begründung: Der mangelnde Klimaschutz verletze die Kinderrechte.[371] Können Sie sich diese Dreistigkeit vorstellen? Von den Kindern ebenfalls angeklagt wurden Argentinien, Brasilien, Frankreich und die Türkei. Dies seien die fünf Länder mit der höchsten Umweltbelastung, die auch die Kinderrechtskonvention unterschrieben hätten.[372]

Auf dem UN-Klimagipfel explodierte Greta schließlich und schleuderte mit hassverzerrtem Gesicht und Tränen in den Augen den Weltenlenkern Sätze entgegen wie:

- »Wie könnt ihr es wagen, zu uns, zur Jugend zu kommen, wenn ihr Probleme habt? Ihr habt meine Zukunft und meine Kindheit geklaut.«[373]
- »Die Augen der zukünftigen Generationen ruhen auf euch – und wenn ihr uns enttäuscht, werden wir euch das niemals verzeihen.«[374]
- »Wir stehen am Anfang einer Massenvernichtung.«[375]
- »Der Wandel kommt, ob es euch gefällt oder nicht.«[376]

Unglaublich, wie die meisten »Weltenlenker« einer pubertierenden, mit Antidepressiva behandelten Jugendlichen zuhörten, die ihnen gehörig die Leviten las.

Nur US-Präsident Donald Trump ließ sich nicht ins Bockshorn jagen und wagte es, auszusprechen, was er über Klein-Greta dachte. Er twitterte sarkastisch: »Sie scheint ein sehr glückliches junges Mädchen zu sein, das sich auf eine glänzende und wundervolle Zukunft freut. So schön zu sehen!«[377]

20. September 2019 (II): Das begrünte Klimapaket

Offenbar auf Druck von Greta, ein paar Kindern, der Linken und den Grünen legte die Bundesregierung, bestehend aus CDU/CSU und SPD, ausgerechnet am gleichen Tag, als der weltweite Klimastreik stattfand, ihr Maßnahmenpaket zum Klimaschutz vor.

Kanzlerin Angela Merkel bedauerte, dass Deutschland seine Klimaziele nicht erreiche. Sie lobte explizit die Klimaaktivisten:

»Wenn mich etwas beeindruckt … dann ist das, wenn Greta Thunberg sagt, Unite behind the science.«[378] Merkel betete dann das Gleichnis der Ökosozialisten nach. Sie sagte, es gebe »massive« wissenschaftliche Belege für den Klimawandel. Und weiter: »Es ist nicht so, dass wir hier irgendetwas Ideologisches machen, sondern wir machen etwas, wofür es massive Evidenzen gibt. Wer diese wissenschaftlichen Meinungen ignoriert und sagt: ›Wir werden schon irgendwie durchkommen‹, der handelt nicht zukunftsgerecht.«[379]

Vize-Kanzler Olaf Scholz bestätigte: »›Fridays for Future‹ hat uns alle aufgerüttelt. […] Mit dem Klimaschutzpaket machen wir jetzt Ernst.«[380] Und SPD-Interimschefin Malu Dreyer brach fast in Tränen aus: »Wir schämen uns alle dafür, dass wir die Klimaziele nicht erreichen.«[381]

Das Klimapaket der Bundesregierung, das als »historisch« verkauft wurde, soll helfen, den Treibhausgasausstoß in Deutschland zu senken. Nach einer EU-Vereinbarung muss er bis 2030 um mindestens 55 Prozent im Vergleich zu 1990 fallen. Aktuell sind nicht einmal 30 Prozent erreicht.[382] Das Paket hat ein Gesamtvolumen von mehr als 54 Milliarden Euro und trifft praktisch jeden Einzelnen von uns. Hier die geplanten Maßnahmen, die in den nächsten Monaten aber noch in Gesetze gegossen werden müssen:

- Ein CO_2-Preis soll Benzin, Diesel, Heizöl und Erdgas verteuern.
- Die Bepreisung soll 2021 mit einem Festpreis für Verschmutzungsrechte von 10 Euro pro Tonne CO_2 starten. Bis 2025 soll der Preis schrittweise auf 35 Euro steigen. Danach soll es einen Zertifikatehandel geben – mit einer Obergrenze von 60 Euro.
- Zunächst sollen Benzin und Diesel um etwa 3 Cent pro Liter verteuert werden, in einem zweiten Schritt bis 2026 dann weiter auf 9 bis 16 Cent pro Liter.
- Autos, die mehr des klimaschädlichen CO_2 ausstoßen, sollen bei der Kfz-Steuer schlechter eingestuft werden.
- Wer eine alte Ölheizung gegen ein klimafreundlicheres Modell auswechselt, soll mit bis zu 40 Prozent der Kosten gefördert werden.
- Der Einbau neuer Ölheizungen soll ab 2026 verboten sein.
- Die Mehrwertsteuer auf Bahntickets im Fernverkehr wird von 19 auf 7 Prozent gesenkt. Die Bahn will das direkt an die Kunden wei-

tergeben. Kurz nach der Vorstellung des Klimapakets kündigte die Bahn an, die Fahrpreise im Fernverkehr um 10 Prozent zu senken.
- Die Luftverkehrssteuer wird zum 1. Januar 2020 angehoben, sodass bestimmte Flüge um einiges teurer werden.
- E-Autos werden gefördert, indem sie bis 2025 von der Kfz-Steuer ausgenommen werden.
- Kaufprämien für umweltschonende Fahrzeuge sollen angehoben werden.
- Die Deutsche Bahn soll bis 2030 pro Jahr zusätzlich eine Milliarde Euro erhalten.[383]

Eine reine CO_2-Steuer soll es, sehr zum Bedauern der Grünen, vorerst nicht geben. Doch die beschlossenen Maßnahmen der »Bepreisung« entsprechen zum Teil einer solchen. Auch die »Entlastungen«, die den Bürgern »zurückgegeben« werden sollen, gleichen einem leicht zu durchschauenden Betrug:

- Die Pendlerpauschale soll ab 2021 um 5 Cent pro Kilometer (von 30 auf 35 Cent) angehoben werden. Diese gilt aber, anders als bisher, erst ab dem 21. Kilometer und ist bis Ende 2026 befristet. Die meisten der 12 Millionen Pendler kommen demnach schlechter weg als bisher.
- Die Umlage für die Erneuerbaren Energien (EEG), die derzeit bei 6,4 Cent pro Kilowattstunde liegt, soll »vorsichtig abgesenkt« werden.[384]

Aber auch diese Umverteilungsfantasien und die staatlich veranlasste »Verarmung« reicht den Ökosozialisten und »Fridays for Future«-Aktivisten nicht. Die »deutsche Greta« Luisa Neubauer sagte, die Einigung von Union und SPD sei »kein Durchbruch«, sondern vielmehr ein »Skandal«: »Während Hunderttausende klimastreiken, einigt sich die GroKo anscheinend auf einen Deal, der in Ambitionen & Wirksamkeit jenseits des politisch und technisch Machbaren liegt.«[385] Die Aktivistin Leonie Bremer meinte: »Der Beschluss der Bundesregierung ist unzureichend. Die Ziele der Bundesregierung erfüllen nicht die Pariser Ziele.« Die Ziele seien falsch gesteckt worden. Es brauche eine grundlegende Umstrukturierung und eine grundsätzliche Veränderung. »Weniger Autos auf den Straßen! SUVs bringen uns gar nichts.«[386]

Auch die Partei Die Linke nannte das Paket »unsozial und ineffektiv«: »Dieser weitgehend ineffektive Flickenteppich an Maßnahmen wird dem Klimawandel nicht ansatzweise gerecht. Kaum jemand wird aufgrund der heutigen Beschlüsse sein Auto stehen lassen, selbst wenn er es könnte.«[387]

Und die Grünen flippten natürlich aus und zeigten sich »entsetzt«: »Das Klimapapier ist viel zu ambitionslos, um die Pariser Klimaziele erreichen zu können«, erklärte beispielsweise die Berliner Grünen-Fraktionschefin Silke Gebel. »Damit wurde heute eine historische Chance vertan. Es wäre peinlich, wenn es nicht so traurig für uns alle wäre.« Aus ihrer Sicht ist natürlich ein »echter CO_2-Preis mit Lenkungswirkung« nötig.[388]

Der Grünen-Fraktionschef im Bundestag, Anton Hofreiter, kritisierte das Klimapaket der Großen Koalition als »herbe Enttäuschung«,[389] und der frühere Grünen-Umweltminister Jürgen Trittin erklärte: »Das ist viel Papier für viel zu wenige Ergebnisse. Die Regierung verliert sich im Klein-Klein, traut sich aber beim Ausbau der Erneuerbaren und beim CO_2-Preis nichts.«[390]

Für Grünen-Chef Robert Habeck ist der Eingriff in das individuelle Leben der Menschen nur »Pillepalle«, der Einstieg mit 3 Cent pro Liter Benzin sei »viel zu schwach«.[391] Seine Partei will das Klimapaket der Regierung im Bundesrat natürlich verschärfen: »Wir werden versuchen, das Maximum fürs Klima und damit für die Zukunftsgestaltung Deutschlands wieder herauszuholen«,[392] versprach er populistisch. Allerdings war er dagegen, dass sich die Pendlerpauschale erhöhen sollte, denn dann gäbe es keinen Anreiz mehr, mit der Bahn zu fahren, sagte er in einem ARD-Interview.[393]

Die Unwissenheit des Grünen-Chefs über die Pendlerpauschale sorgte für hämische Reaktionen in den sozialen Netzwerken, denn er hatte anscheinend nicht gewusst, dass diese unabhängig davon erstattet wird, wie man zu seinem Arbeitsplatz kommt (zu Fuß, mit dem Rad, mit öffentlichen Verkehrsmitteln oder mit dem Auto).[394] In manchen Medien wurde Habeck für sein sträfliches Unwissen daraufhin als »Blabeck« bezeichnet.[395] Er selbst äußerte sich zu seinem Affront so: »Natürlich ärgere ich mich tierisch, dass mir das unterlaufen ist.«

Er habe die »genauen Regeln« für Bahnfahrer »nicht auf dem Zettel« gehabt.[396]

CDU-Generalsekretär Paul Ziemiak brachte es auf den Punkt: »Fehler passieren jedem Politiker. Aber die Unkenntnis von Oberlehrer Habeck zeigt auch die Arroganz der Grünen: Alles kritisieren, ohne wirklich Ahnung vom Alltag der Menschen zu haben.«[397]

Doch es gibt in unserem Land mit gerade mal 2 Prozent Anteil an den weltweiten CO_2-Emissionen viele andere große Probleme, die dringend gelöst werden müssten:

- Gesundheit und Pflege
- Renten
- Wohnungsmarkt und Mieten
- Kriminalität
- Flüchtlinge/Zuwanderung/Migration
- Terrorismus
- Arbeitslosigkeit
- Nullzinsen

Dazu haben die radikalisierten Geisel-Kinder und die Ökosozialisten jedoch keine brauchbaren Antworten. Denn es sind Fake News, dass die Kinder sich selbst mobilisieren. Und die im Hintergrund arbeitenden Organisationen, Lobbys und Parteien, die diese Proteste in Wahrheit steuern, haben gar keinen Bedarf, die wirklich dringenden Probleme schnell zu lösen. Denn Angst ist immer noch das beste Mittel für eine Machtergreifung, in diesem Fall durch die Ökosozialisten. Das hat in der Vergangenheit gut funktioniert, und das wird auch in Zukunft so sein, frei nach Erich Kästner:

Wer warnen will, den straft man mit Verachtung.
Die Dummheit wurde zur Epidemie.
So groß wie heute war die Zeit noch nie.
Ein Volk versinkt in geistiger Umnachtung.[398]

Mittelspiel

Ihre Meinung zählt (WDR), Sendung vom 13. Juni 2019

»FRIDAYS FOR FUTURE«-MÄDCHEN: »Wir haben noch 12 Jahre Zeit.«
MODERATORIN: »Wie kommen Sie auf 12 Jahre?«
»FRIDAYS FOR FUTURE«-MÄDCHEN: »Äh ... «
MODERATORIN: »Das ist eine ganz klare Meinung.«[1]

»Als ich gestern ein Päckchen aus meinem Briefkasten nahm, war zufällig ein Freund zu Besuch. Er sah mich vorwurfsvoll an: Was, du bestellst bei Amazon? Sofort erlitt ich einen schweren Anfall von Amazon-Scham (die Arbeitsbedingungen), verstärkt durch Bestellscham (CO_2-Bilanz). Beim Abendessen kämpfte ich ... gegen akute Fleischscham, beim Frühstück leide ich neuerdings unter Milchscham. Verstärkt treten Tankscham ... auf, dazu Kinderscham (CO_2-Bilanz meiner Töchter). In der Summe kann man inzwischen schon fast von einer allgemeinen Lebensscham sprechen (wenn es mich nicht gäbe, wäre das besser für Deutschlands CO_2-Bilanz).«[2]

KAPITEL 13

Generation Wohlstandsgestört

> Ich hätte einen Vorschlag für die »Fridays for Future«-Kids: Reist doch mal in Länder wie Nigeria, Indien oder Indonesien. Erzählt den Menschen, die sich aus größter Armut befreit haben: »Ihr dürft euch keine Autos, Tiefkühltruhen oder Klimaanlagen kaufen, weil das schlecht fürs Klima ist.« Und dann achtet auf die Reaktionen der Menschen auf die tollen Ideen verwöhnter Europäer.[1]
>
> — AUS EINEM LESERBRIEF

Die »Generation Weichei«, von Helikoptereltern in Watte gepackt, von vorne bis hinten gepampert, ertragen weder Widerspruch noch Kritik, fordern trotzig Wohlstandssakramente und wohnen oft bis 30 oder noch länger[2] im »Hotel Mama«, weil das bequemer und billiger ist. Sie sind fast alle im Wohlstand aufgewachsen, kennen keine Wirtschaftskrisen, keine Kriege, keine Inflation und keine Massenarbeitslosigkeit.

Der New Yorker Psychologe Jonathan Haidt schrieb in seinem Buch *The Coddling of the American Mind* über die Elterngeneration, die ihre Kinder zu ewig Schutzbedürftigen erzogen hat. Deren Schützlinge seien häufig schon so verweichlicht, dass sie gar keine anderen Meinungen als ihre eigenen ertragen.[3]

»Wichtigste« Informationsquelle für viele Jugendliche heutzutage: Google und *Wikipedia*. Es darf aber »nicht so kompliziert und anstrengend«[4] sein.Ein Jugendlicher sagt über seine »Informationsbeschaffung« sogar: »Man soll sich nicht überlegen müssen, was bedeutet das genau, was heißt das jetzt alles.«[5] Denken ist wohl für viele auch noch zu anstrengend.

Diana zur Löwen, die 23-jährige Influencerin,[6] hat bisher mit Beauty und Lifestyle ihr Geld im Netz verdient. Jetzt ist sie jedoch »politisch« tätig und will das auch ihren Followers nahebringen. Und zwar so: »Meine Heimat ist Europa« und »Klima« liegt ihr »sehr am Herzen«.[7] Ihre politische »Bildung« erhält sie durch Podcasts, YouTube und von Freunden.[8] Ähnlich ergeht es der Bloggerin Louisa Dellert, die auch schon auf »Fridays for Future«-Demos war, deren

Schwerpunkte Umwelt, Klima und Flüchtlinge sind und die sich für ihre Überzeugungen auch an Schienen »ketten« würde. Sie versteht zwar nicht alles, fragt aber viel.[9]

Klug fürs Demonstrieren, zu doof für die Schule?

Tausende grün-instrumentalisierter »Schüler« gehen freitags auf die Straßen, um für Klimaschutz zu demonstrieren. Eine bessere und akzeptiertere »Ausrede« fürs Schulschwänzen gab es noch nie. Gemäß dem Motto »Lieber auf die Straße als in die Schule«, mit platten Parolen, gehypt von »klimabewegten« LehrerInnen und der Sensationspresse, wollen ausgerechnet sie das Wissen von Forschern widerlegen, die sich der allgemeinen Klimahysterie nicht anschließen.

Dabei wäre es für viele wirklich besser, sie würden die Schulbank drücken, als freitags blauzumachen. Denn unsere Jugendlichen »verdoofen« zunehmend: Der Anteil der Schüler, die ihren Abschluss nicht schaffen oder die Schule abbrechen, erhöhte sich von 5,7 auf 6,3 Prozent. Ganz vorn mit dabei das links-rot-grüne Berlin mit 9,2 Prozent.[10]

Ich fragte die Lehrerin einer Grundschulklasse, in die damals meine Stieftochter ging, warum es denn den »guten« SchülerInnen langweilig im Unterricht wäre und diese nicht gefördert würden. Sie antwortete: Man müsse den Unterricht an die »Schlechten« anpassen. Daraufhin protestierte ich vehement und erklärte ihr, dass dann auch die Guten schlecht werden würden.

HINTERGRUND: DUMME WERDEN NICHT KLÜGER, WENN KLUGE DÜMMER WERDEN

Schon lange wird darüber diskutiert, ob die Notenvergabe einfach abgeschafft werden soll, um den Schülern den Leistungsdruck zu nehmen oder nur noch mit Durchschnittsnoten zu agieren. Was aber würde aus einer »Durchschnittsnotengeneration«?

Würden »Dumme« klüger und Kluge »dümmer«? Was würde das über unsere Gesellschaft aussagen?

Vor ein paar Jahren führte ein Wirtschaftsprofessor der Texas Tech University ein Experiment durch, bei dem er eigentlich beweisen wollte, dass der Sozialismus nicht funktionieren kann. Interessanterweise war ein »Nebeneffekt« dieses Experiments genau das Ergebnis auf die Frage, die ich oben der Lehrerin gestellt habe.

Der Professor erreichte eine vollständige Gleichstellung der Klasse, indem er den Durchschnittswert aller Noten vergeben wollte. Es könne niemand mehr durchfallen, so argumentierte er, aber es könne auch niemand mehr die Note »Sehr gut« erreichen.

Die Studenten waren damit einverstanden. Gesagt, getan. Die Noten nach dem ersten Examen waren nicht schlecht. Alle Studenten erhielten ein »Gut«.

Dieses Ergebnis war interessant, denn diejenigen, die sich reingekniet und gut vorbereitet hatten, waren verärgert, dass sie nicht eine bessere Note erzielen konnten, und diejenigen, die nur wenig gepaukt hatten, waren sehr zufrieden mit der guten Note, die sie ohne große Anstrengung erhalten hatten.

Für das zweite Examen lernten die Studenten, die sowieso nicht viel gelernt hatten, noch weniger, und die bisher Fleißigen auch nicht mehr so viel, weil es sich ja nicht lohnen würde und sie sowieso kein »Sehr gut« erreichen konnten.

Es kam, wie es kommen musste. Die Durchschnittsnote des zweiten Examens war nur noch »Ausreichend«. Das aber führte nicht etwa dazu, dass sich nun alle gemeinsam anstrengten, sondern genau das Gegenteil geschah. Die Noten wurden immer schlechter. Für das dritte Examen erhielt die ganze Klasse dann die Note »Mangelhaft«.

Das war verheerend für den Zusammenhalt der Klasse: Sie stritten und gaben sich gegenseitig die Schuld an den schlechten Zensuren.

Ausschlaggebend: Niemand war mehr bereit, sich auf ein weiteres Examen vorzubereiten, weil er nicht wollte, dass ein anderer, der sich nicht vorbereitete, von seinen Anstrengungen profitierte. Das führte dazu, dass die gesamte Klasse durchfiel und das Jahr wiederholen musste.[11]

Fazit: Der Schwächere wird nicht stark, wenn der Starke schwach wird. Dann werden nämlich alle schwach. ■

Vor einiger Zeit kursierte unter den SchülerInnen ein WhatsApp-Kettenbrief mit folgendem Inhalt:

Ich sitze hier in aller Ruh und höre einem Arschloch zu.
Jeder pennt, nur einer spricht,
so was nennt man Unterricht!
Schule ist unnötig, denn:

- **Musik:** Dafür haben wir YouTube.
- **Sport**: Wii oder Playstation.
- **Englisch:** Dafür gibt es Dora auf Nickelodeon.
- **Deutsch:** Das sprechen wir den ganzen Tag.
- **Mathe:** Alter, wofür gibt es einen Taschenrechner?
- **Geografie:** Mein Papa hat 'n Navi.
- **Geschichte:** Die sind doch schon alle verreckt.
- **Naturwissenschaften:** Dafür gibt es »go wild« auf Super-RTL.

Und das Beste: Wenn man diesen Kettenbrief in 9 Minuten an neun Personen seiner WhatsApp-Kontaktliste weiterschickte, bekam man sogar zwanzig neue Smileys!

Sogar das Bildungsniveau im Dritte-Welt-Land Kenia ist höher als hierzulande. Der Vergleich:

Kindergarten

Deutschland	Kenia
Spielen, Toben	Rechnen, Schreiben, Lesen, zwei Fremdsprachen, (Englisch, Kiswahili)

Grundschule

Deutschland	Kenia
Viel spielen, basteln und malen, toben, Erfahrungen und Erkundungen machen	Rechnen, Schreiben, Lesen, Fremdsprachen
Bilderbücher auf Kindergartenniveau	
Wissensmenge und fachliches Niveau sind deutlich niedriger als in der Vergangenheit	

Deutschland	Kenia
Text- und Informationsteil: unter 5 %	Text- und Informationsteil: 50 %
Informationsdichte (Text pro Seite): 10 %	Informationsdichte: 100 %
Bildungsniveau der deutschen Grundschule unter dem Niveau des kenianischen Kindergartens	
1. Klasse (Niedersachsen): keine Tests	1. Klasse: 50 Tests (mit je 30–50 Aufgaben)
2. Klasse (Niedersachsen): 3 Tests	2. Klasse: 50 Tests
3. Klasse (Niedersachsen): 4 Tests	3. Klasse: 50 Tests

Hauptschule

Deutschland	Kenia
40 Arbeitsblätter oder Seiten pro Jahr und Fach	200–400 Seiten bereits im Kindergarten!
Seltene Kontrolle und Korrektur	Jede Seite, Aufgabe und Zeile wird kontrolliert
8. Klasse (Niedersachsen): max. 20 Lernerfolgskontrollen	8. Klasse: rund 50 Tests (60–90 Aufgaben), rund 900 Testaufgaben pro Jahr

Gymnasium

Deutschland	Kenia
40–60 Arbeitsblätter pro Fach und Jahr	1000–2000 Seiten pro Fach und Jahr[12]

Lehrer sammelten über einen bestimmten Zeitraum kuriose Antworten ihrer Schüler in Klassenarbeiten und Tests. Hier einige Beispiele[13]:

Klasse 11 (Gymnasium):

FRAGE: »Woher kommt der Ausdruck ›Kalter Krieg‹?«
ANTWORT: »Weil der Kalte Krieg im Winter ausgefochten wurde.«

FRAGE: »Konfession?«
ANTWORT: »75 B.«

FRAGE: »Geburtsort?«
ANTWORT: »Marienhospital.«

Klasse 10:

FRAGE: »Wer gründete die DDR?«
ANTWORT: »Adolf Hitler, 1989.«

FRAGE: »Wer schrieb das Drama *Kabale und Liebe*?«
ANTWORT: »Philip Reclam.«

Klasse 9 (Hauptschule):

AUS EINEM AUFSATZ: »Die Menschen in Deutschland begrüßten sich damals immer mit ›Hi Hitler!‹«

Klasse 7 (Realschule):
AUS EINER KLASSENARBEIT: »Jesus lag als Baby mit einer Grippe im Stall.«

Klasse 8 (Hauptschule):

FRAGE: »Was wird am Reformationstag gefeiert?«
ANTWORT: »Martin Luther nagelte die 95 Irokesen an die Wand.«

FRAGE: »Was passierte am 9. November 1938?«
ANTWORT: »Die Reichs-Chrystal-Nacht.«

Klasse 5:

FRAGE: »Wer übersetzte die Bibel ins Deutsche?«
ANTWORT: »Lothar Matthäus.«

Mündliche Prüfung (Geschichte):

FRAGE: »Wer ist die weglaufende Person auf dem Bild?«
ANTWORT: »Goebbels, Präsident der DDR.«

Weiteres:
Latein ist eine »Weltreligion«.
Der Nachwuchs von Rehen heißt »Reh-Kids«.
Jesus war ein »Mehrtürer«.

Bevor sich jetzt viele Schüler aufregen: Ich will nicht verallgemeinern, und doch gibt es diese Beispiele. Und noch mehr:

Abiturienten in der SPD-grün-regierten Hansestadt Hamburg beschwerten sich lautstark, die Aufgaben des Mathe-Abiturs 2019 seien »viel zu schwer« gewesen. Kaum zu glauben: Die Prüfungen wurden aufgrund der Proteste dann besser bewertet.[14] Können Sie sich das aus Ihrer Schulzeit vorstellen? Das desolate Abschneiden von Schülern führt dazu, dass die Behörde den Bewertungsmaßstab nachträglich anpasst. Was lernt die wohlstandsverwöhnte Partyjugend: Nicht wenn ich lerne, sondern wenn ich motze, werden meine Schulnoten besser.

Am Weddinger Lessing-Gymnasium in Berlin drohte dreizehn Schülern das Sitzenbleiben, weil sie sich regelmäßig an den »Fridays for Future«-Demos beteiligt hatten. Das »Streiken« wurde von der Schulleitung als Schwänzen angesehen. Die Schule durfte die Schüler eigentlich nicht versetzen, weil sie nicht bei genügend Stunden anwesend waren. Laut Berliner Schulgesetz bekommen Schüler für das unentschuldigte Fehlen bei Arbeiten nämlich eine Sechs.[15] Doch auch hier knickte die Schule ein: Die Schüler wurden anschließend dann doch noch versetzt.[16]

Schüler, verzichtet ihr denn auch im Namen des Klimas?

> Wichtigste Frage von sechs Jugendlichen im Freibad: »Ist euer Smartphone auch wasserdicht?«
>
> — ERLEBNIS VON MICHAEL GRANDT, JUNI 2019

»Große Klappe, nichts dahinter« – auch hier? Würden Schüler und Jugendliche, die auf den Straßen so freimütig ihre Klimarettungsplakate hochhalten und uns vorschreiben wollen, wie wir künftig zu leben haben, auf ihren Wohlstand und vor allem auf ihr Smartphone verzichten? Sicherlich nicht. Meine Umfrage unter den Kids hat das klar ergeben. Sie können ohne ihr CO_2-Handy einfach »nicht mehr sein«. Auch nicht die »Fridays for Future«-Aktivisten. Beispiel: Bei der Organisation der großen Demonstration in Aachen sah man überall Laptops und Smartphones, und Rosaline, die »Pressereferentin« der Aachener »Fridays for Future«-Ortsgruppe, meinte ganz aufgebracht: »So viel habe ich, glaub' ich, noch nie telefoniert, extrem viel.«[17]

Also doch: »Große Klappe, nichts dahinter«. Denn der Verzicht, vorausgesetzt, sie würden ihn wirklich ernst meinen, würde für die wohlstandsverwöhnten Jugendlichen Folgendes bedeuten:

- **Keine Smartphones mehr:** Die Materialien für Akkus werden in Afrika durch Kinderarbeit hergestellt. Herstellung und Gebrauch verursachen CO_2 (siehe unten).
- **Keine Musikanlagen, iPads, Laptops, PCs, Fernseher, Xbox** mehr, denn deren Herstellung, deren Gebrauch und die Server produzieren Unmengen an CO_2. Beispiel: Der jährliche Energieverbrauch von nicht genutzten Geräten im Stand-by-Modus (allein in den USA) beträgt rund 224 Terawattstunden. Das ist etwa viermal so viel, wie die Schweiz im Jahr verbraucht.[18]
- **Keine neuen elektronischen Geräte** mehr, für deren Herstellung Kinder schuften müssen.

Wenn ihr es ernst meint, dann gebt ihr eure Smartphones ab (I) – Produktion

In einem Smartphone stecken viele Metalle. Das Informationszentrum Mobilfunk schreibt:

> Allein rund 30 Metalle stecken in einem Handy; unter anderem Kupfer, Eisen und Aluminium, geringe Mengen an Silber und Gold sowie sehr kleine Mengen Palladium und Platin. Mit Kobalt, Gallium, Indium, Niob, Wolfram, Metallen der Platingruppe und leichten Seltenen Erden enthält ein Gerät allein sieben Stoffe, die im Jahr 2014 von der EU-Kommission als sogenannte »kritische Rohstoffe« bzw. seltene Metalle eingestuft wurden und weltweit immer knapper werden. Auch Seltene Erden – genauer Seltenerdmetalle – finden sich im Mobiltelefon, zum Beispiel Neodym und Cer. Sie werden in sehr geringen Mengen unter anderem als Leuchtmittel, im Mikrofon oder in Lautsprechern verwendet. In einem herkömmlichen Handy sind ca. 250 Milligramm Silber, 24 Milligramm Gold und 9 Milligramm Palladium enthalten. Für Smartphones geht man von höheren Werten aus. Schätzungen zufolge enthält ein Gerät mit einem Gewicht von 110 Gramm ca. 305 Milligramm Silber, 30 Milligramm Gold und 11 Milligramm Palladium.«[19]

- Kupfer – leitet den Strom.
- Aluminium – ist vor allem im Gehäuse enthalten.
- Zinn – wird zum Löten der Bauteile benötigt.
- Kobalt – ist im Akku enthalten.

- Gold – leitet gut, deshalb kommt es auf den Kontakten der SIM-Karte oder am Akku vor.
- Tantal – dient zum Speichern von Energie.[20]

Was glauben Sie, wo all diese Rohstoffe herkommen? Die Spurensuche führt in die Regenwaldländer des Kongo, nach Brasilien, Indonesien oder Peru. Zwar stammen nicht alle Rohstoffe im Handy aus Regenwaldgebieten – aber oft wird für ihren Abbau Natur zerstört und Menschen leiden unter schlimmen Arbeitsbedingungen.[21] Sehen Sie selbst:

- Kupfer macht rund 15 Prozent aller Rohstoffe im Smartphone aus. Die größten Kupferminen liegen in Chile und Indonesien; auch in China und Peru wird Kupfer abgebaut. Dafür werden dort die Menschen vertrieben – und ihr Land ist für Jahrzehnte unbewohnbar. Der Grund: Beim Abbau verwendet man Arsen und andere giftige Chemikalien, die Böden und Gewässer verseuchen.[22]
- Aluminium wird aus Bauxit gewonnen, das vor allem in Australien, China und Indien vorkommt. Die Herstellung kostet extrem viel Energie und verursacht hohe CO_2-Treibhausgase.[23]
- Zinn kommt zum großen Teil aus Indonesien, aber auch aus China und Peru, wofür dort Regenwälder und Korallenriffe zerstört werden. Zudem ist der Zinnabbau extrem gefährlich, da die Minen oft nicht ausreichend gesichert sind und abrutschen. Kinder müssen dort ebenfalls arbeiten.[24]
- Kobalt: Die größte Mine der Welt liegt in der Demokratischen Republik Kongo in Afrika. In oft völlig ungesicherten Bergwerken setzen dort Arbeiter ihr Leben aufs Spiel; auch Kinder, die manchmal erst 6 Jahre alt sind.[25]
- Gold ist extrem aufwendig abzubauen: Um 0,034 Gramm Gold zu erhalten, müssen 100 Kilo Gestein bewegt werden. Mit Quecksilber und Zyanid wird das Gold herausgelöst. Das Gold für Smartphones kommt zum Beispiel aus Peru, dem Kongo oder Ghana. Dafür werden dort die Regenwälder zerstört, Menschen vertrieben und Trinkwasser durch Chemikalien verseucht.[26]
- Tantal wird aus dem Mineralgemisch Coltan gewonnen – in bis zu 100 Meter tiefen Minen, die vor allem in der Demokratischen Republik Kongo liegen. Den dortigen Terrorrebellen gehören die

meisten der 900 Minen. Männer, Frauen und Kinder werden unter unmenschlichen Bedingungen gezwungen, dort zu arbeiten.[27] Für den Abbau von Coltan werden zudem die Regenwälder, Lebensraum der bedrohten Berg- und Tieflandgorillas, zerstört. Weitere Herkunftsländer sind Brasilien und Australien.[28]

Man geht davon aus, dass 21 Millionen Menschen in Zwangsarbeit gefangen sind. Das entspricht etwa der Bevölkerung von Australien und Neuseeland zusammen.[29]

Evi Hartmann, Professorin für Betriebswirtschaftslehre an der Friedrich-Alexander-Universität Erlangen-Nürnberg, bringt die Moral der Kids, die freitags singend und hüpfend ihre Plakate in die Höhe halten, auf den Punkt: »Was scheren mich … Sklaverei und Moral, wenn Steffen, dieser Blödmann, drei virtuelle Freunde mehr hat als ich? Da muss ich unbedingt gleichziehen! Erst kommt Facebook, dann die Moral.«[30] Und noch etwas für jene, die jedes Jahr unbedingt das neueste Smartphone-Modell haben wollen: Die Rohstoffförderung für die Handyproduktion ist sehr ressourcen- und energieaufwendig. Die Informationszentrale Mobilfunk rät deshalb: »Um die Umwelt zu schonen, sollten Handybesitzer ihr Mobiltelefon möglichst lange nutzen. Denn für die Herstellung jedes neuen Handys werden weitere endliche Ressourcen und Energiemengen benötigt.«[31]

Der Smartphone-Wahn nimmt schon geistesgestörte Züge an: Rund 6 Prozent der 6- bis 7-jährigen Kinder in Deutschland besitzen bereits ein eigenes Smartphone. In der Altersgruppe der 8- bis 9-Jährigen sind es 33 Prozent, bei den 10- bis 11-Jährigen sogar 75 Prozent. Der Anteil der Smartphone-Besitzer unter den 12- bis 13-Jährigen beträgt 95 Prozent.[32] Die Anzahl der in Deutschland verkauften Smartphones belief sich im Jahr 2018 auf 22,8 Millionen Stück. Für das Gesamtjahr 2019 wird mit einem Absatz von 22,9 Millionen Geräten gerechnet.[33] Die weltweite Anzahl der Smartphone-Nutzer belief sich im Jahr 2018 auf rund 3 Milliarden. Das sind rund 260 Millionen mehr als im Vorjahr. Für das Jahr 2019 wird ein weiterer Anstieg auf 3,26 Milliarden prognostiziert.[34] Was denken Sie, wie viele Kinder für diese Smartphones in Zwangsarbeit schuften müssen und wie viel Regenwald zerstört wird? Glauben Sie etwa, das interessiert die »Fridays for Future«-Jugendlichen? Wenn doch, müssten sie sofort ihre Smartphones abgeben.

Wenn ihr es ernst meint, dann gebt ihr eure Smartphones ab (II) – CO_2-Belastungen

Bei der Berechnung des CO_2-Footprints müssen natürlich alle Phasen des Lebenszyklus eines Smartphones mit einbezogen werden: Produktion, Vertrieb, Nutzung und Recycling. Für ein durchschnittliches Smartphone ergibt sich für den gesamten Lebenszyklus eine CO_2-Emission von etwa 47 Kilogramm. Hört sich zunächst wenig an, aber hierin nicht enthalten ist die Netzwerk- und Internetnutzung.[35]

Von den 47 Kilogramm resultieren zum Beispiel beim iPhone 4 etwa 57 Prozent aus der Produktion, 34 Prozent aus der Nutzung, 8 Prozent aus dem Transport und 1 Prozent aus dem Recycling. Die Rohstoffgewinnung (siehe oben) bleibt bei dieser Rechnung aber vollkommen unberücksichtigt.[36] 2016 hat Apple nach eigenen Angaben 38,4 Millionen (!) Tonnen CO_2-Emissionen produziert.[37]

Betrachtet man die riesige Menge von über 3 Milliarden Smartphones und den Trend der Wohlstandsverwöhnten, jedes Jahr ein neues haben zu wollen, summiert sich eine gigantische Zahl von Emissionen durch Produktion, Transport und Nutzung.

Ein Jugendlicher sagte passend: »Die, die bei Fridays for Future rumlaufen, kaufen sich alle nach einem Jahr das neueste iPhone … obwohl das alte Handy noch mega gut funktioniert.«[38]

- **Keine Fashion-Orgien und billigen Klamotten** mehr (viele Billighersteller bieten keine menschenwürdigen Arbeitsbedingungen).[39]
- **Keine Kleidung mehr aus Polyesterfasern**, denn dies ist Plastik.[40]

HINTERGRUND:
DIE »SCHMUTZIGE« KLEIDUNGSINDUSTRIE

Kaum eine andere Industrie ist »schmutziger« als die Kleidungsbranche. 2015 (neuere Zahlen liegen noch nicht vor) emittierte sie mehr als 1,2 Milliarden Tonnen an Treibhausgasen. Das ist mehr als alle internationalen Flüge und die weltweite Schifffahrt zusammen.[41]

Zudem sind 63 Prozent aller bei der Kleidungsproduktion verwendeten Materialien aus Plastik.[42] ■

- **Nur noch Schminke von Herstellern,** die keine Tierversuche durchführen – und die ist teuer.
- **Keine Joghurts, kein Eis, keine Milch** mehr, denn für einen Liter Milch benötigt man rund 1000 Liter Wasser.[43]
- **Kein Fast Food** mehr bei MacDonald's & Co., denn für den Burger werden Wälder für Rinderfarmen abgeholzt.
- **Kein Coffee-to-go** mehr, denn für die Becher wird auch Plastik verwendet.
- **Keine Würstchen** mehr mit Plastikgeschirr.

HINTERGRUND: FÜRS KLIMA DEMONSTRIEREN, ABER SICH TOTESSEN?

Eine neue Untersuchung des Robert-Koch-Instituts[44] zeigt: Im Jahr 2019 haben 26 Prozent der 5- bis 17-Jährigen in Deutschland Übergewicht. Knapp 9 Prozent der Kinder sind sogar fettleibig.[45]

Weltweit hat sich die Zahl der Kinder und jungen Erwachsenen mit Fettleibigkeit in den vergangenen 40 Jahren mehr als verzehnfacht: bei den Mädchen von 5 auf 50 Millionen von 1975 bis 2016, bei den Jungen sogar von 6 auf 74 Millionen.[46] Für deren »Nachschub« an Fleisch & Co. werden gigantische Mengen CO_2 erzeugt. ■

- **Kein Rindfleisch** mehr: Für ein Kilogramm benötigt man rund 15 000 Liter Wasser.[47]
- **Keine Fußbälle** mehr.

HINTERGRUND: WARUM FUSSBÄLLE UNETHISCH SIND

60 bis 80 Prozent aller Fußbälle, die auf der Welt verkauft werden, rund 40 Millionen jährlich, werden in Pakistan hergestellt. Die meisten von ihnen werden von Kindern zusammengenäht, im Akkord, oft länger als 10 Stunden täglich für 3 Euro Tageslohn. Für Schule und Fußballspielen bleibt ihnen selbst keine Zeit.[48] ■

- **Nicht mehr mit dem Auto** zum Schulhof gefahren werden.
- **Keine Urlaubsflüge** mehr.
- **Keine Baumwollkleidung** mehr: Um ein Baumwoll-T-Shirt herzustellen, müssen etwa 2000 Liter Wasser aufgewendet werden.
- **Keinen Tee** mehr: Für 1 Tasse benötigt man rund 35 Liter Wasser.[49]
- **Kein Bier** mehr: Für ein 0,25-Glas benötigt man ca. 75 Liter Wasser.[50]
- **Keinen Kaffee** mehr: Für 1 Tasse benötigt man rund 140 Liter Wasser,[51] für ein Kilogramm Röstkaffee sogar 21 000 Liter.[52]
- **Keine Tortillas** mehr: Für 1 Kilogramm Mais benötigt man rund 900 Liter Wasser.[53]
- **Keine Weizenprodukte** mehr: Für 1 Kilogramm benötigt man rund 1100 Liter Wasser.[54]
- **Keine Sojaprodukte** mehr: Für 1 Kilogramm Sojabohnen benötigt man rund 1800 Liter Wasser.[55]
- **Keine Eier** mehr: Für 1 Kilogramm benötigt man rund 4500 Liter Wasser.[56]
- **Keinen Reis** mehr: Für 1 Kilogramm benötigt man rund 3000–4000 Liter Wasser.[57]
- **Keine Jeans** mehr: Für die Herstellung einer Jeans gehen rund 6000 Liter Wasser drauf.[58]
- **Keine Chips** mehr: Für eine Tüte (200 Gramm) benötigt man rund 185 Liter Wasser.[59]
- **Keine Bananen** mehr: Für eine große Banane benötigt man rund 160 Liter Wasser.[60]
- **Im Winter kein frisches Obst und Gemüse** mehr, denn das wird in Deutschland zu der Jahreszeit gar nicht produziert … und vieles, vieles mehr.[61]

Diese Angaben basieren auf virtuellem bzw. latentem Wasser, was tatsächlich für die Herstellung eines Produkts anfällt. Unterschieden wird:

- Grünes virtuelles Wasser aus Niederschlag und natürlicher Bodenfeuchte.
- Blaues virtuelles Wasser für künstliche Bewässerung.
- Graues virtuelles Wasser wird während der Nutzung beeinträchtigt (Düngemittel, Pestizide, Industrieabfälle) und kann nur bedingt wiederverwendet werden.[62]

Mit der Bilanzierung virtuellen Wassers beschäftigt sich hauptsächlich das UNESCO-IHE (Institute for Water Education der Organisation der Vereinten Nationen für Bildung, Wissenschaft und Kultur).[63]

Wer also morgens aufsteht und sein Morgenprogramm mit Zähneputzen, Duschen und einer Tasse Kaffee zelebriert, hat keine Ahnung, dass sein Körperpflegeprogramm viel weniger Wasser verbraucht hat, als diese einzige Tasse Kaffee. Für das Duschen hat er vielleicht 20 bis 40 Liter verbraucht, für das Zähneputzen maximal einen halben Liter und zum Wasserkochen für den belebenden, schwarzen Trank am Morgen vielleicht 200 Milliliter. Das Problem ist das Kaffeepulver: Es bedurfte zu seiner Herstellung einer Menge von 140 Litern Wasser. Dieses Wasser aber wurde nicht in Deutschland verbraucht, sondern in einem heißen, viel trockeneren Land, wahrscheinlich Afrika, Südostasien oder Südamerika, wo Wasserknappheit herrscht.

Dieser Mangel wird auch maßgeblich durch die Kaffeeplantagen verursacht. Wir verbrauchen hier längst nicht nur das Wasser, das wir sichtbar und fühlbar nutzen, sondern auch das in den Produkten für uns unsichtbar verbrauchte Wasser. In diesen Endprodukten (wie Kaffeepulver) ist das genutzte Wasser nicht mehr physisch vorhanden. Daher wird der in den Waren »versteckte« Anteil als »virtuelles Wasser« bezeichnet. Im Laufe eines Jahres summiert sich die Menge des in Deutschland verbrauchten lebenswichtigen Süßwassers für Kaffee, Tee, Baumwollbekleidung und andere Produkten dieser Art auf 1016 Kubikmeter pro Person.

Bewässerungsintensive Produkte wie beispielsweise Baumwolle, Tee, Kakao und Kaffee, aber auch Rindfleisch und Sojabohnen gehören zu den Hauptexportwaren der meist stark landwirtschaftlich ausgerichteten Drittwelt- und Schwellenländer. Ihr warmes Klima und die billigen Löhne ermöglichen einen für die westlichen Industrieländer erschwinglichen Preis, sodass man es sich dort leisten kann, Kaffee aus Nicaragua zu trinken, argentinisches Rindfleisch zu essen und Schokolade nicht nur zu Weihnachten als seltenen Luxus zu genießen.

Die Wirtschaft dieser Länder hat sich auf diese Nachfrage eingestellt, die Industrie hierfür aufgebaut und ist auf diese Exporte angewiesen. Viele Einkommen hängen daran, außerdem bieten diese Exportgüter den Ökonomien solcher Länder auch eine gewisse Sicherheit, da die Industriestaaten kaum in der Lage sind, in ihrem

Klima diese landwirtschaftlichen Produkte anzubauen (Kaffee, Tee, Kakao), oder die Löhne dort zu hoch sind, um wettbewerbsfähig zu sein (Baumwolle).

Und dennoch kaufen die Deutschen (und die Jugend ist gut mit dabei!) rund 60 Kleidungsstücke pro Jahr, tragen sie aber nur halb so lang wie früher. Die Produktion hat sich verdoppelt.[64]

HINTERGRUND: DER WASSERABDRUCK DES MENSCHEN

Auf unserem Planeten finden sich 1,4 Milliarden Kubikkilometer Wasser. Eine unvorstellbare Menge. Doch der Löwenanteil davon ist salziges Meerwasser – weder zum Ackerbau noch zum Trinken geeignet. Nur 2,5 Prozent des Wassers auf der Welt ist Trinkwasser – und selbst dieser kleine Teil ist für Menschen oft nicht zugänglich: 69 Prozent der globalen Süßwasservorräte sind im Polareis und in Gletschern gefroren, weitere 30 Prozent liegen als sauberes Grundwasser unter der Erdoberfläche. Dann sind noch 0,7 Prozent als Bodenfeuchtigkeit, Dauerfrost und Sumpfwasser gebunden. Nur 0,3 Prozent der Süßwassermenge auf der Erde sind für den Menschen in Seen, Bächen, Flüssen und Quellen zugänglich.[65]

Bei uns in Mitteleuropa kommt sauberes Trinkwasser in beliebiger Menge aus dem Hahn und erscheint uns als das Selbstverständlichste der Welt. Wir empfinden Regentage als »schlechtes Wetter« und freuen uns, wenn mal 2 Wochen die Sonne scheint. Uns erscheint Trinkwasser nicht als besonders kostbar, wir spülen sogar unsere Toiletten damit. Appelle zum Wassersparen erscheinen uns als seltsam. In der Tat führen die Maßnahmen zum Wassersparen auch zu Problemen in unseren Abwasserleitungen, die sich mangels kräftiger Durchspülung im Laufe der Zeit verstopfen.

Eine Studie des World Wildlife Fund (WWF) beschäftigte sich mit dem »Wasserfußabdruck«, den ein Mensch in den verschiedenen Zivilisationen auf der Welt hinterlässt. Deutschlands gesamter »Fußabdruck« beträgt pro Jahr 159,5 Milliarden Kubikmeter. Umgerechnet auf den Einzelnen sind das 5288 Liter pro Tag.

In diese Zahl ist alles Wasser mit eingeschlossen, das für Hygiene, Trinken und Kochen – aber auch zur Herstellung der Nahrungsmittel gebraucht wird. Für die Herstellung landwirtschaftlicher Güter entfallen pro Kopf 3904 Liter, also der Löwenanteil. Weitere 1205 Liter werden für die Herstellung von Industrieprodukten aufgewendet. »Nur« 178 Liter braucht der Deutsche persönlich für sein alltägliches Leben.

All diese Zahlen kann man nun noch einmal aufteilen in den sogenannten »internen« und den »externen«Wasserfußabdruck. »Intern« bedeutet, dass das nötige Wasser innerhalb Deutschlands verbraucht wurde; »extern« erfasst die Menge, die durch die Herstellung von Produkten in anderen Ländern verbraucht wurde.[66] ■

HINTERGRUND: STROMFRESSER BITCOIN

Noch etwas: Die Kryptowährung Bitcoin ist vor allem bei jungen Menschen beliebt. Aber bei der Erstellung der Währung (Mining) wird sehr viel Strom verbraucht.

Der exakte Stromverbrauch lässt sich zwar wegen der dezentralen Struktur des Bitcoin-Netzwerkes nicht genau bestimmen, aber die Universität Cambridge (Forschungsgruppe Kryptowährungen und Bitcoins) hat ein Rechenmodell entwickelt, um den ungefähren Verbrauch analysieren zu können. Das Ergebnis: Der prognostizierte Jahresverbrauch beträgt demnach 64 Terawattstunden. Das ist mehr als der Jahresverbrauch der Schweiz.[67] ■

Wenn ihr es ernst meint: Schluss mit Netflix, Pornos & Co.!

Netflix ist gerade bei der jungen Generation hoch angesagt. Doch auch Netflix-Server brauchen Strom. Je mehr Filme geschaut werden, desto höher ist der Verbrauch – und das ist schlecht für die Umwelt. Fakten:

- 60 Prozent des weltweiten Online-Datenverkehrs entfallen inzwischen auf das Streaming. Die Server brauchen Unmengen Strom, dessen Erzeugung auch CO_2-Emissionen bedeutet. Nicht zu vergessen: Das gilt auch für Googles Suchdienste, Cloud-Speicher wie den von Amazon und alles andere, was über großdimensionierte Server läuft.[68]

- Rund 1,2 Milliarden Stunden verbrachten die Deutschen allein in den ersten 3 Monaten 2019 mit Onlinevideos.[69]
- 2018 wurden rund 305 Millionen Tonnen CO_2 weltweit durch Onlinevideo-Streaming in die Atmosphäre geschleudert. Netflix, Amazon und Co. sind dabei die größten CO_2-Verursacher: Netflix und Amazon waren für 102 Millionen Tonnen CO_2-Emissionen mitverantwortlich. Platz zwei: Pornos, die mit 82 Millionen Tonnen CO_2 zu Buche schlugen. Alle Online-Pornogucker weltweit belasten unseren Planeten ungefähr so stark mit CO_2-Emissionen wie das Land Rumänien insgesamt.[70]
- 65 Millionen Tonnen CO_2 werden pro Jahr durch den Stromverbrauch für sogenannte »Tubes«, also YouTube, Vimeo und andere Videodienste, freigesetzt.[71]
- 56 Millionen Tonnen CO_2-Ausstoß werden den Video-Streamern bei Facebook, Instagram und derartigen sozialen Netzwerken zugerechnet.[72]
- Zudem produzieren die ständigen Upgrades oder neue Geräte unnötig viel CO_2.[73]

Auf all das müssten die Wohlstandsverwöhnten also verzichten, wenn sie ihre Proteste wirklich ernst meinen würden und nicht nur Lippenbekenntnisse abgeben. Evi Hartmann schreibt in ihrem Buch *Wie viele Sklaven halten Sie?*: »Ich glaube nicht, dass sämtliche 14-Jährigen auf Kommando diese süßen Glitter-Oberteile in den Farben der Saison oder das nächste coole Smartphone im Laden liegen lassen …«[74]

Das Gegenteil ist offenbar der Fall. Die Kids und sogar schon kleine Kinder werden immer »konsumgeiler«, was ein Beispiel aus den USA illustrieren soll: Dort zahlte ein IT-Unternehmen 32,5 Millionen Dollar an empörte Eltern zurück, deren Kinder im App-Store der Firma Software gekauft hatten – und zwar ohne Einwilligung. Ein kleines Mädchen soll virtuelle Kuscheltiere für 2600 Dollar gekauft haben.[75]

Hier noch zwei Kommentare von *Welt*-LeserInnen, die eine Menge aussagen:

Hans-Dieter D.: »Lasst die Generation Z mal in das Alter kommen, in dem sie nicht mehr an den elterlichen Brüsten nuckeln kann und nach Ausbildung oder Studium ins Berufsleben muss, für ihre Bedürfnisse selber geradestehen darf und Monat für Monat sehen kann, wie sich ihr hart verdientes Geld dank Steuern und staatlichen Abgaben schon in Luft auflöst, bevor man es auf dem Konto hat.«[76]

Gunda S.: »Nur weil eine Generation laut geworden ist, ist sie nicht auch gleich intelligent. Was mir an dieser Generation fehlt, ist das Wissen um Zusammenhänge und das konsequente Handeln nach eigenen Grundsätzen. Nur ›laut‹ reicht einfach nicht. Der Generation Z ist es doch egal, ob irgendwo kleine Kinder nach Seltener Erde graben müssen, Hauptsache WhatsApp, YouTube und Facebook funktionieren. […] Sollte der Strom einmal für zwei Wochen ausbleiben, dann war es das mit der Generation Z. Wahrscheinlich ist die Generation Z die Gruppe, von der die meisten auf der Strecke bleiben.«[77]

»Jetzt erst mal Urlaub vom Klima«[78]

Sommer 2019. *Tichys Einblick* resümierte:

> Die Berliner Schulstreik-Jugendlichen machen jetzt während der Ferien erst mal Pause mit ihren Demos (Unterrichtsausfall geht jetzt ja nicht). Begründung einer Aktivistin im rbb-Hörfunk der ARD: Man wolle seine Energie für den Herbst aufsparen; die Organisatoren müssten sich jetzt auch mal von der Orga-Anstrengung erholen; und die Politiker machten ja jetzt auch Urlaub. Nachfrage: Keine. Längst sind die Redakteure zu Akklamateuren degradiert und merken gar nicht, dass ihre Altersradikalität die lächerlichste ist. Merke: Während der Hauptreisezeit in den Sommerferien, in der Millionen Deutsche per Auto oder Flugzeug in die Ferne brausen und die Luft verpesten, muss nicht für den Schutz des Klimas geworben werden.[79]

Das zeigt einmal mehr die Doppelmoral und die Instrumentalisierung ahnungsloser Kids, die unhinterfragt und kritiklos einem kleinen Mädchen und den vergrünten »Fridays for Future«-Demonstrationen hinterherlaufen.

KAPITEL 14

Grüne Umweltverbrechen im Namen des Klimaschutzes

Windkraft

Unter dem Deckmantel des Klimas werden schwerste Umweltverbrechen begangen. Am besten lassen sich diese bei den Themen »Windkraft« und »E-Autos« festmachen, den »Allheilmitteln« der Grünen und der anderen angeblichen Klimaschützer.

Da wegen der Klimamanie, die jetzt auch auf alle anderen Parteien (außer die AfD) übergegriffen hat, Wärme und Verkehr größtenteils elektrifiziert werden sollen, wird künftig mit 1150 Terawattstunden fast doppelt so viel Strom benötigt wie heute. Will man sich dabei ganz auf Fotovoltaik und Windkraft verlassen, müsste die Leistung versiebenfacht werden.[1] Im Klartext: Man bräuchte siebenmal mehr Windkraftanlagen. So würde ausgerechnet der Wald vernichtet, der CO_2 binden soll – verrückt, oder?

Für den Bau eines einzigen Windrads sind jedoch 150 Tonnen Kohle nötig.[2] Zudem haben Windkrafträder oft Speicherseen oder Pumpspeicherwerke im Gepäck.

Ökokiller Pumpspeicherwerke und Speicherseen

Speicherseen und Pumpspeicherwerke dienen dazu, den von Wind- oder Solaranlagen produzierten Überstrom für Zeiten zu speichern und wieder abzugeben, wenn die regenerativen Stromquellen aufgrund der Wetterlage oder auch nachts weniger oder keinen Strom mehr produzieren. Doch damit gehen eine Menge Umweltprobleme einher, die ich kurz skizzieren möchte:

- Allein der Bau und die Inbetriebnahme von Speicherwerken oder -seen verursachen sehr viel CO_2.
- Seen pumpen Millionen Tonnen Wasser Berge hoch, was für enorme CO_2-Emissionen sorgt.

- Der Bau von Pumpspeicherkraftwerken bedeutet einen erheblichen Eingriff in die Ökologie und ins Landschaftsbild.
- Die Speicherbecken werden teilweise betoniert oder asphaltiert, was zur Folge hat, dass sich kein natürlicher Bewuchs bilden kann.
- Wegen der sehr großen Rohrdurchmesser könnte auch ein Rohrbruch erhebliche Schäden und Überschwemmungen auslösen.[3]
- In anderen Ländern müssen Zigtausende Menschen umgesiedelt werden, Urwälder und wichtige Lebensräume werden unter Wasser gesetzt.

Wenn es keine Atomkraftanlagen und Kohlekraftwerke mehr gibt, müsste man die Zahl der »Ökokiller Windkrafträder« deutlich erhöhen, und damit auch die »Ökokiller« Pumpspeicherwerke und Speicherseen.

Weltweit gibt es rund 50 000 Stauseen. Schätzungen zufolge leiden 500 bis 750 Millionen Menschen darunter. Stauseen produzieren in etwa genauso viel klimaschädigende Gase wie der gesamte Flugverkehr.[4]

Aber das ist noch nicht alles: Solange Großspeicher fehlen, muss Windstrom mit neuen Trassen aus dem Norden in den Süden unseres Landes transferiert werden. Nur so kann die Nachfrage einigermaßen ausgeglichen werden. Zwei Leitungen, der sogenannte »Südlink« und der »Südostlink«, bilden die zentralen Achsen. Für den Neubau der Trassen und die Verstärkung der bestehenden Netze müssen rund 7700 zusätzliche Leitungskilometer verlegt werden, die weit mehr als 30 Milliarden Euro kosten sollen.[5] Doch dieser Grünen-Unsinn kostet nicht nur eine Menge Geld, verschandelt die Landschaft und ist gesundheitsgefährdend, sondern erzeugt auch eine gigantische Menge CO_2.

Trotz gegenteiliger Behauptungen gilt: Ohne Wind kein Strom!

Wie schon angedeutet, wird regenerativer Strom aus Windkraft zur Durchsetzung der Energiewende als »Heilsbringer« mit einseitigen Erfolgs- und manchmal auch gezielten Falschmeldungen propagiert. Die Medien unterstützen dabei die »Faker«.[6] Derzeit gibt es rund 30 000 solcher Anlagen in Deutschland.[7] Um die ganze Republik abdecken zu können, bräuchten wir aber über 100 000![8]

Professor Dr. Ing. Hans-Günter Appel vom Stromverbraucherschutz NAEB, der von Klimahysterikern natürlich »kritisch« gesehen wird, verfasste in *Kopp exklusiv* im Februar und April 2019 Gastbeiträge zum Thema. Er nannte Windgeneratoren »Fakepower-Anlagen«, die »nutz- und wertlos« sind und einen volkswirtschaftlichen Schaden von mehr als 25 Milliarden Euro pro Jahr verursachen würden.[9] Appel entlarvte auch die Lügen zur Gewinnung von regenerativem Strom: »Jede Windböe und jede Wolke ändert die Leistung der Anlagen dramatisch. Wird die Windgeschwindigkeit halbiert, sinkt die Leistung auf ein Achtel. [...] Zum Ausgleich dieser Schwankungen braucht man entweder Kraftwerke oder Speicher. Wirtschaftliche und ausreichend große Speicher sind aber noch nicht einmal im Ansatz bekannt.«[10]

Sein Fazit: »Daher kann regenerativer Strom eine verlässliche Versorgung nicht erfüllen.«[11] Und: Windgeneratoren können keinen einzigen Haushalt mit Strom versorgen, wenn der Wind nicht weht.[12]

Hans-Günter Appel: »Wenn nur Fakepower in das Netz eingespeist wird, sind Stromausfälle unvermeidlich. In Südaustralien wird das gerade demonstriert. Bereits bei 50 Prozent Fakepower gehen immer wieder die Lichter aus«.[13]

Und weiter: »Unter besten Bedingungen, also bei Starkwind und Sonnenschein, liefern sie bis zu 60 Prozent der installierten Leistung. [...] Die konventionellen Kraftwerke dagegen liefern die installierte Leistung zu 100 Prozent und sind im großen Umfang regelbar.«[14]

Appels Fazit: »Jede weitere Ökostromanlage macht den Strom noch teurer und schwächt die Versorgungssicherheit. Immer mehr Bürger können ihn nicht mehr bezahlen.«[15] Begründung: »Dabei ist der wetterabhängige und nicht planbare Ökostrom kaum etwas wert. Er wird über die Strombörsen zu etwa einem Fünftel der Vergütungskosten nach dem Erneuerbare Energien Gesetz (EEG) verramscht. Gibt es bei Starkwind und Sonnenschein und gleichzeitiger geringer Nachfrage Stromüberschuss, muss sogar für dessen Entsorgung noch Geld gezahlt werden (negative Börsenpreise).«[16]

Auch den Plan der Bundesregierung, Deutschland im Jahr 2050 zu 80 Prozent mit Ökostrom zu versorgen (2019 sind es »erst« 44 Prozent)[17], kritisiert Professor Appel: »Dies hätte ein Desaster zur Folge und ist zudem aus physikalischen Gründen gar nicht möglich. Es fehlt dann die Momentanreserve der großen rotierenden Massen von Turbinen und Generatoren der Kraftwerke, die das Netz bei Wechselbelastung stabil halten, bis Regelkraftwerke eingreifen können. Für ein stabiles Netz sind mindestens 45 Prozent Strom aus Großkraftwerken erforderlich.«[18]

Betrug mit Grünstrom?

Professor Appel rechnet mit der Branche und indirekt auch mit den Grünen ab: »Die jahrelange Indoktrination zur Klimarettung durch die Umstellung der Stromversorgung auf regenerativen Strom hat dazu geführt, dass viele Bürger daran glauben und bereit sind, dafür auch zu zahlen. Profiteure haben das schnell erkannt und nutzen diesen modernen Ablasshandel. Fast alle Stromanbieter verkaufen Fakepower zu erhöhten Preisen. Doch nur im Kleingedruckten steht, es werde der übliche Netzstrom geliefert. Der Lieferant habe aber irgendwann ›grünen‹ Strom eingekauft. Dieser Strom werde rechnerisch an den Kunden weitergegeben. Selbst durch die Herkunftsnachweisdurchführungsverordnung (HkNDV) vom Bundesumweltamt bekommt der Kunde trotz 35 Paragrafen auf 88 Seiten keinen Grünstom.«[19]

Und weiter: »Auch die Deutsche Bahn behauptet, Fahrgäste mit BahnCard würden ausschließlich mit Grünstrom befördert. Natürlich ist das eine falsche Angabe. Der Zugstrom ist ein Mix aus verschiedenen Erzeugeranlagen, darunter auch etwas Windstrom, wenn der Wind weht. Eine ganze Reihe von Firmen reitet diese Masche. GoGreen heißt deren Anpreisung. Doch auch die arbeiten mit dem allgemeinen Netzstrom und nicht, wie angepriesen, mit Fakepower.«[20]

Tatsächlich besteht der von der Deutschen Bahn ausgewiesene Strommix aus folgenden Komponenten:

Erneuerbare Energien:	57 Prozent
Steinkohle:	18 Prozent
Kernenergie:	9 Prozent
Erdgas:	8 Prozent
Braunkohle:	7 Prozent
Sonstige:	1 Prozent

Quelle: Deutsche Bahn[21]

Hoppla: Durch Windkrafträder erwärmt sich das Klima!

Vor allem die Grünen und ihre Ökolobby versuchen uns tagtäglich einzureden, dass Windenergie sauber, sicher und zukunftsweisend sei. Die Negativeffekte werden geflissentlich verschwiegen oder vertuscht.

Ende 2018 veröffentlichten die US-Wissenschaftler Lee M. Miller und David W. Keith im Fachblatt *Joule* die Ergebnisse ihrer Forschungen, gemäß denen Windkraftgroßanlagen die globale Erwärmung noch fördern,[22] und führten damit das Grünen-Credo der sauberen Windkraft ad absurdum.

Die Wissenschaftler entwarfen ein Szenario, in dem die USA vollständig von Windkraft versorgt werden, so wie es die grünen Klimahysteriker ja im Endeffekt fordern. Dies habe allerdings deutliche Konsequenzen, wie ihre Modellrechnungen zeigten: Die Erde würde bis zum Jahr 2120 um ein Viertelgrad Celsius wärmer. Und das allein durch die Windkrafträder in den USA. Demgegenüber würde die vollständige Abschaffung kohlenstoffbasierter Energieträger die Temperaturen im gleichen Zeitraum nur um ein Zehntelgrad sinken lassen.[23]

Nach diesen Forschungsergebnissen sind Windkraftwerke also wahre Kohlendioxidmotoren. Die Wissenschaftler betrachteten auch die Abbremsung von Windströmungen durch die großen Turbinen; die Folge: Zuvor freie Luftmassen könnten dadurch nicht mehr genügend natürliche Kühlung für den Erdboden liefern.[24] Windkraftwerke bringen ebenfalls eine starke Kohlendioxidbelastung der Atmosphäre mit sich. Dazu kommen noch die Materialien zur Herstellung einer Windturbine.[25]

Windkraftwerke sind gesundheitsschädlich

Haben Sie sich schon einmal gefragt, warum es Tausende Bürgerinitiativen gegen Windkraft gibt und nur sehr wenige dafür? Und das häufig auch noch in den Bundesländern, in denen die Grünen mitregieren?

Eine Antwort darauf: Eine gesundheitsschädigende Beeinträchtigung besteht in der Wirkung des tieffrequenten Schalls (Infraschall), der sich unterhalb des menschlichen Hörbereichs befindet.[26] Denn abgesehen von der Zersetzung (Zerstörung) der Landschaft produzieren die heiß geliebten Windkraftwerke genau jene schädlichen Emissionen von Infraschall.

Die Multiplikation der Anlagen und die zunehmende Länge ihrer Rotorblätter steigern die Emissionen dieses Schallspektrums. Folgende Beeinträchtigungen können auftreten: Müdigkeit, Benommenheit, Apathie, Depressionen, Konzentrationseinbußen, Migräne, Angstgefühle, Übelkeit, Hörminderung und Schwindel, sogar die negative Beeinflussung des Herzmuskels.

Über den Diagnoseschlüssel »Infraschall« erkennen sogar die Krankenkassen inzwischen die Beschwerden als Krankheitsbild »T75.2 (ICD-10-GM2010[27])« an.[28]

Durch den flächendeckenden Ausbau der gesundheitsschädlichen Windkraftanlagen wird die Gruppe der Betroffenen immer größer. Die Mainzer Uni, »Arbeitsgruppe Infraschall« der Klinik und Poliklinik für Herz-, Thorax- und Gefäßchirurgie, konnte in Versuchen die Beeinträchtigungen von Herzmuskelgewebe durch Infraschall nachweisen,[29] wenn die Forschungen dazu auch noch ganz am Anfang stehen.[30] Dr. Nuno Castelo Branco und Prof. Mariana Alves-Pereira von der Universität Lusofóna zu Lissabon haben sich ebenfalls mit den Veränderungen am Herzen beschäftigt und zum Beispiel Herzwand- und Gefäßverdickungen durch Collagenzunahme unter dem Einfluss der Beschallung mit infra- und tieffrequentem Schall belegt.[31]

Bereits 2017 haben Forscher der Berliner Charité, der Physikalisch-Technischen Bundesanstalt Braunschweig und des Universitätsklinikums Hamburg-Eppendorf die gesundheitlichen Beeinträchtigungen des Organismus durch Infraschall bestätigt. Mittels MRT-Untersuchungen wurde offenbar wissenschaftlich nachgewiesen, dass der von Windkraftanlagen erzeugte Infraschall störend auf Grundfunktionen des menschlichen Gehirns einwirkt.[32]

Bedeutsam ist der Aspekt, dass nicht nur der luftgeleitete Infraschall der Windenergieanlage als störende Immission gemessen und festgestellt werden kann, sondern ebenso parallel auch der bodengeleitete »Körperschall«. Demzufolge ist in der Kombinations- und Wechselbelastung (von Luft-, Infraschall und Körperschall) der potenzielle Krankmacher zu suchen.[33]

So klingen Protokolle von Menschen, die in der Nähe einer Windkraftanlage wohnen: »8. Juni, 5.00 Uhr: nachts dreimal wach. Bernd weint. Extremes Wummern. 11. Juni, 5.00 Uhr: ab jetzt wach, kein Schlaf mehr möglich wegen extremen Wummerns. Sehr starkes

Wummern auch tagsüber. 17. Juni, 22.30 Uhr: Nummer 1 und 4 und 5 laufen, sehr starkes Wummern, Bernd wacht auf, weint.«[34]

Infraschall entsteht durch die Rotorblätter der Anlagen. Wenn diese am Turm vorbeistreichen, ändern sich die Druckverhältnisse. Das Rotorblatt erhält einen Stoß durch die Luft vom Turm und gerät in Schwingung. Regel: Je länger das Rotorblatt, desto größer ist die Wellenlänge, mit der es schwingt. Diese Schwingungen übertragen sich als Luftdruckschwankungen fort und werden häufig als »Wummern« wahrgenommen.[35] Der Infraschall durchdringt Wände und Gebäude und nimmt auch mit zunehmender Entfernung von der Schallquelle nur wenig ab. Bei einem Windpark mit 60 Windturbinen konnte der Infraschall noch in 90 Kilometern Entfernung nachgewiesen werden.[36] Objektiverweise muss ich jedoch hinzufügen, dass es auch noch andere Quellen für Infraschall gibt: Meeresbrandung, Starkwind oder Straßenverkehr. Doch eines ist sicher: Windkraftanlagen sind nicht gesundheitsfördernd.

Vogelmassenmorde durch Windkraftanlagen

Eine weitere »Nebenwirkung« von Windkraftanlagen ist der »Vogelschlag«.

Hunderttausende von Vögeln und Fledermäusen durchfliegen die rund 30 000 Windparks in Deutschland zur Nahrungssuche, Balz oder für Revierkämpfe.[37] Sie geraten immer wieder zwischen die Rotorblätter von Windrädern, weil sie die Geschwindigkeiten und den Sog der Windräder unterschätzen. Fledermäuse halten diese für tote Bäume und fliegen unter Umständen direkt darauf zu. Ihnen platzt im Sog der Windräder die Lunge. Sie fliegen meist noch einige Meter weiter, bevor sie dann abstürzen. Die Schlagopfer – egal ob Vogel oder Fledermaus – holen sich die Aasfresser, weswegen sich die genaue Zahl der getöteten Tiere nur schwer bestimmen lässt.

Nach Schätzungen der Progress-Studie der Universität Bielefeld,[38] für die 4 Jahre lang 46 Windparks in Norddeutschland untersucht wurden, kollidieren jährlich etwa 12 000 Mäusebussarde und 1500 Rotmilane mit Windrädern und sterben. Bei Fledermäusen liege die Zahl noch viel höher: Etwa 240 000 kommen jedes Jahr an Windrädern um.[39]

Das Windrad, eines der Lieblingsobjekte der Grünen, ist also nicht nur gesundheitsschädlich, sondern auch noch ein hunderttausendfacher Vogelschredder.

Weitere Gefahren durch Windkraftanlagen, über die man so gut wie nichts hört:

- Elektrostatische Aufladung
- Rotorbruch
- Eiswurf
- Bodenverseuchung durch Ölverlust u. a. m.

Dazu kommen noch wirtschaftliche Gefahren beim Bau :

- Entwertung von Immobilien und Grundeigentum
- Verhindern von Fremdenverkehr
- Enteignungen usw.

Die Zersiedelung der Landschaften wird dank der Grünen zunehmen. Für Windkraftanlagen werden Wälder gerodet, genau diese sollten jedoch für den CO_2-Ausgleich da sein. Grüner Irrsinn!

Beispiel Fischland-Darß-Zingst: eine 45 Kilometer lange Halbinsel an der Ostsee, zwischen Rostock und Stralsund, die einstige »Riviera der DDR«. Künftig sollen dort 103 Windkraftanlagen in nur 15 Kilometern Entfernung zur Küste in Betrieb genommen werden.[40] Das ist eine Schande für den Umwelt- und Naturschutz, und das dank grüner angeblicher Klima- und Umweltschützer!

Windparks sind Insektenkiller

Etwas, was bei der Umweltpartei (fast) ganz außen vor gelassen wird, ist die Korrelation zwischen Windkraftausbau und Insektensterben. Obwohl die bayrische Grüne Katharina Schulze bereits vom »größten Aussterben seit den Dinosauriern« sprach, scheint das bei ihrer Partei nicht anzukommen.[41] Denn die Grünen sind an diesem Insektengenozid mehr als nur mitschuldig.

Denn die Ökopartei, allen voran die damalige grüne Bundeslandwirtschaftsministerin Renate Künast, hatte die Monokulturen in Deutschland forciert.[42]

In der Sendung *Maischberger* warf der damalige *Spiegel*-Kolumnist Jan Fleischhauer genau das Katharina Schulze vor und noch mehr: In der Zeit, als Künast noch Ministerin gewesen sei, habe sie den Bauern versprochen, dass diese »Ölscheichs von morgen« werden könnten, wenn sie auf nachwachsende Rohstoffe setzen würden. Demzufolge wurden viel zu viele der Nutzflächen in Monokulturen verwandelt, und zwar für den Anbau von Mais, aus dem Biogas und Biosprit hergestellt werden könnten. Die Gesamtfläche der Maisfelder, die auf Betreiben der Grünen angelegt worden seien, entspreche etwa der Größe Siziliens. Dadurch sei der Grundstock für das Artensterben gelegt worden, so Fleischhauer weiter.[43]

Das Thema »Windkraft« zeigt also deutlich, wie widersprüchlich die Forderungen der angeblichen »Naturschützer« durch die ideologiegetriebenen Grünen sind. Denn die als umweltfreundlich propagierten Windparks sind auch eine sehr große Bedrohung für heimische Insekten.

Wissenschaftler des Instituts für Technische Thermodynamik des Deutschen Zentrums für Luft- und Raumfahrt (DLR) analysierten in einer Ende 2018 veröffentlichten Studie das Thema »Windpark und Insekten«.[44] Sie beschäftigten sich mit dem Rückgang der Fluginsekten und den Effizienzverlusten von Windkraftanlagen aufgrund von Verschmutzungen der Rotorblätter mit Insektenresten.

Fazit der Studie: Die Annahme, dass Insekten und Windparks sich nicht in die Quere kommen, sei falsch. Es bestehe sehr wohl ein potenzieller Konflikt zwischen Fluginsekten und Windparks.[45] Immerhin werde ein Luftdurchsatz von 10 Millionen km^3, also mehr als das Zehnfache des deutschen Luftraums (bis 2000 Meter Höhe), durch die Rotoren gesogen.[46] Und weiter: In der warmen Saison (zwischen April und Oktober) gebe es Massenbewegungen großer Schwärme in Hunderten Metern Höhe. Die Insekten nutzten starken Wind, um sich an ihre Brutplätze tragen zu lassen. Doch ihre Jahrmillionen alten Pfade seien zunehmend von Windkraftanlagen gesäumt, deren Rotorblätter die Insekten verletzten oder töteten. Die Größenordnung der »geschredderten« Fluginsekten betrage pro Jahr rund 1,2 Billionen, das seien durchschnittlich 5 bis 6 Milliarden am Tag.[47]

Dies sei eine »besorgniserregende Entwicklung«, so die Forscher weiter, da Verluste in dieser Größenordnung relevant für die gesamte

Population sein können. Die 1,2 Billionen getöteter Insekten würden zudem der gesamten Nahrungskette (für Vögel etc.) entzogen.[48]

Beim Biodiversitätssymposium der Naturschutzinitiative e. V. in Esslingen wurde festgestellt:

> Zehntausende Windindustrieanlagen und großflächiger Maisanbau zur Biogasgewinnung haben die deutsche Landschaft stärker verändert als alle anderen Wirkkräfte seit dem Zweiten Weltkrieg.[49] [...]
>
> Nach wie vor hat die Landwirtschaft erheblichen Einfluss auf die Bestände vieler Wildtierarten, z. B. beim dramatischen Rückgang der Wiesenbrüter, Insekten und Schmetterlinge, und trägt damit gravierend zum Verlust von Lebensräumen bei. Dieser ist eine der Hauptursachen für den Verlust an biologischer Vielfalt, nicht die Klimaveränderung. Dies ist wissenschaftlich eindeutig belegt. [...] Klimaschutz wird insbesondere von grünen Politikern und willfährigen Naturschutzverbands-Funktionären instrumentalisiert, um den gesetzlich verbrieften Naturschutz auszuhebeln.[50]

Mein Fazit: Grüne legten den Grundstock für das Insektensterben. Und: Windkraftanlagen stellen eines der größten Öko-Umweltverbrechen aller Zeiten dar.

E-Autos

Es ist der Traum vieler angeblicher Klimaschützer: Alle Diesel und Benziner zu verdammen und nur noch mit E-Autos zu fahren, die die Luft nicht verschmutzen. Dafür sind sie wohl auch bereit, sich im Winter mit Handschuhen, Schal und Zipfelmütze fortzubewegen, um die Reichweite ihrer elektrogetriebenen Fahrzeuge zu erhöhen.

Aber auch dieser Hype erweist sich beim näheren Hinsehen als grüne Lüge – und zwar in vielerlei Hinsicht. Zunächst: Ein Elektroauto muss bis zu 150 000 Kilometer fahren, um in der CO_2-Bilanz sauberer als ein Verbrenner zu sein. Die Akku-Produktion, insbesondere aus China, ist nämlich ein wahrer Schadstoff-GAU. Der dafür benötigte Strom wird dort fast ausschließlich aus Kohle gewonnen. Das Lithium für die Akkus wird zu rund 70 Prozent in den Anden von Peru, Chile und Bolivien abgebaut. Für eine einzige Batterie werden bis zu 80 000 Liter Wasser benötigt.[51]

Produzieren E-Autos mehr CO_2 als Diesel?

Das ifo-Institut stellte im April 2019 in einer Studie fest,[52] dass Elektrofahrzeuge (E-Autos) mehr CO_2 produzieren als Dieselfahrzeuge:

- Begründung: Sobald der CO_2-Ausstoß bei der Herstellung der Batterien und der deutsche Strommix in der Rechnung berücksichtigt werden, belaste ein E-Auto das Klima um 11 bis 28 Prozent mehr als ein Dieselauto. Denn: Lithium, Kobalt und Mangan für die Batterien würden mit hohem Energieeinsatz gewonnen und verarbeitet.
- Die Rechnung: Eine Batterie für einen Tesla Model 3 belaste das Klima mit 11 bis 15 Tonnen CO_2. Bei einer Haltbarkeit des Akkus von 10 Jahren und einer Fahrleistung von 15 000 Kilometern im Jahr bedeute allein das schon 73 bis 98 Gramm CO_2 je Kilometer.
- Hinzu kommen die CO_2-Emissionen des Stroms. In Wirklichkeit stoße der Tesla zwischen 156 und 181 Gramm CO_2 pro Kilometer aus und damit deutlich mehr als ein vergleichbarer Diesel-Mercedes.
- Fazit: Dass die Politik Elektroautos als Null-Emission-Autos einstufe, sei eine Täuschung.
- Die Lösung: Für das Klima besser wären mit Methan betriebene Ottomotoren, ihr CO_2-Ausstoß sei um ein Drittel niedriger als der eines Diesels.[53]

Natürlich konnte nicht sein, was nicht sein durfte. Sofort ging das Bashing in den politisch korrekten Medien los. In einem Leitartikel bei *Spiegel Online* war zu lesen: »Wie das Elektroauto schlechtgerechnet wird«. Und so rechneten letztlich Journalisten den Wissenschaftlern vor, was sie falsch gemacht hätten.[54]

Doch auch die Journalisten-»Experten« mussten zugeben: »Laut einer schwedischen Studie[55] aus dem Jahr 2017 entstehen bei der Produktion von Lithium-Ionen-Batterien für Elektroautos zwischen 145 und 195 Kilogramm CO_2 je Kilowattstunde Batteriekapazität. In der großen Tesla-Batterie mit 75 kWh stecken demnach 11 bis 15 Tonnen CO_2. Verteilt man diese über eine Laufzeit von 150 000 Kilometern, kommt man auf 73 bis 98 Gramm CO_2 je Kilometer allein durch die Batterie. Dazu muss noch das CO_2 addiert werden, das im Ladestrom steckt. Ergebnis sind die bereits genannten Werte von 155 bis 180 Gramm pro Kilometer.«[56]

Schnell aber weisen die Journalisten darauf hin, dass es »Zweifel« an dieser schwedischen Studie gebe.[57] Dann versteifen sich die Journalisten noch auf ein politisch korrektes und beliebtes Argument: »Zudem können Elektroautos hierzulande mit 100 Prozent Ökostrom getankt werden. Die Deutsche Bahn beispielsweise nutzt für ihre Züge im Fernverkehr ausschließlich Ökostrom.«[58] Dass auch dies eine Propagandalüge ist, erläuterte Professor Dr. Ing. Hans-Günter Appel bereits im Unterkapitel »Betrug mit Grünstrom?« (S. 274).

Verschwiegen: E-Autos und E-Smog

Ein ganz anderes Thema zum »Heilsbringer E-Auto« ist der E-Smog. Weitgehend verschwiegen werden nämlich die Risiken durch die Strahlenbelastung des Elektrosmogs.

HINTERGRUND: WAS IST E-SMOG?

E-Smog ist der umgangssprachliche Sammelbegriff für künstlich erzeugte elektrische und magnetische Felder und Wellen (EMF). Elektrische Felder entstehen dann, wenn ein verbrauchendes Gerät oder eine Stromleitung unter Spannung steht. Wird ein Gerät in Betrieb genommen, entsteht zusätzlich zum elektrischen auch noch ein magnetisches Feld. Wenn beispielsweise der Wechselstrom mit einer Frequenz von 50 Hertz (Hz) bereitgestellt wird (wie im deutschen Stromnetz), ergeben sich folgerichtig 50-Hertz-Wechselfelder. Mit zunehmender Entfernung vom Ursprung des Feldes werden die elektrischen oder magnetischen Wellen schwächer.

Achtung: Elektrische Felder lassen sich gut abschirmen, magnetische Felder können fast alle Materialien durchdringen.

Die Definition von »Elektrosmog« (BUND):

Mit Elektrosmog bezeichnet man künstliche, also durch Menschen hervorgerufene, elektrische, magnetische und elektromagnetische Felder (EMF). In Deutschland gibt es rund 300 000 Mobilfunk-Sendeanlagen, etwa zwei Millionen kleinere Sendeanlagen, rund 100 Millionen häusliche Sendeanlagen wie WLAN oder schnurlose Telefone sowie ca. 100 Millionen Mobiltelefone – sie alle senden elektromagnetische Strahlen aus, die uns draußen und in unseren eigenen vier Wänden ungeschützt durchdringen. Zu diesen hochfrequenten elektromagnetischen Feldern kommen noch niederfrequente Felder hinzu, die durch Hochspannungsleitungen, Elektrogeräte, Kabel und Leitungen im Haushalt, Verkehr und Industrie entstehen und ebenfalls allgegenwärtig sind. Drahtloses Internet und Datenübertragung kommen wegen der enormen Wachstumsraten mit den bisherigen Verfahren an ihre Grenzen. Mit dem neuen Verfahren LTE beschleunigt sich die Zunahme hochfrequenter elektromagnetischer Felder.[59] ■

Natürlich treten auch bei Kraftfahrzeugen Magnetfelder auf. Diese Tatsache ist schon seit vielen Jahren bekannt. In einem modernen Fahrzeug sind bis zu 4000 Meter Kabel verbaut. Beim Startvorgang stehen fast alle davon unter Strom. Dazu kommen noch die Handystrahlung und die WLAN- und Bluetooth-Verbindungen im Fahrzeug.

Das Psychologische Institut an der Johannes-Gutenberg-Universität Mainz (JGU) veröffentlichte Ende 2017 eine Studie zu dieser Thematik.[60] Die Messungen der Wissenschaftler zeigten deutlich, dass die Elektronik im Auto einen Einfluss auf die Insassen hat. Es werden sogar Frequenzen ausgelöst, die normalerweise nur unter Stresssituationen auftreten: Eine heftige Störung der Gehirnaktivität wurde festgestellt, nachdem das WLAN zugeschaltet wurde. Selbst wenn der Fahrer nur dasitzt und nicht fährt, stehe das Gehirn unter einer »deutlich höheren Belastung«.[61]

Diese Effekte treten bereits bei »normalen« Fahrzeugen auf. Aber wie sieht das bei den E-Autos aus?

Elektroantriebe funktionieren durch Magnetfelder. E-Autos verursachen mehr Elektrosmog als Fahrzeuge mit Verbrennungsmotoren. Die Begründung ist logisch:

- Batterien, Elektromotor und Leistungselektronik sind auf engstem Raum verbaut.
- Batterie- und Akkuladungen verschärfen die Strahlung.

- Die im Fahrzeuginneren entstehenden Strahlungsbelastungen können nicht nach außen dringen und werden reflektiert. Dadurch addieren sie die Belastung für den menschlichen Körper.[62]

Die Universität Mainz weitete ihre Versuche zum Elektrosmog in Fahrzeugen auf E-Autos aus. Das Ergebnis: Die Strahlenbelastung eines herkömmlichen Fahrzeugs wurde um ein Vielfaches potenziert. Bei der Fahrt lieferten Messungen des magnetischen Wechselfelds über 2000 Nanotesla*. Für die Weltgesundheitsorganisation (WHO) sind bereits Werte über 400 Nanotesla potenziell krebserregend.[63]

Des Weiteren haben Untersuchungen innerhalb von E-Autos »inhomogene Magnetfeldintensitäten« gezeigt. Dafür ist die Lage des Motors zum Sitzplatz entscheidend. Wenn sich die Rücksitze direkt oberhalb des Motors befinden, wurden höhere Werte gemessen.[64] Dort sitzen normalerweise Kinder. Diese reagieren weit empfindlicher auf Elektrosmog als Erwachsene, da sich Immun- und Nervensystem noch in der Entwicklung befinden.

Anmerkung: Die Grenzwerte für niederfrequente magnetische Felder sind in Deutschland sehr hoch. Der gesetzliche Grenzwert liegt 300-fach über dem Vorsorgewert der WHO zur Vermeidung eines erhöhten Krebsrisikos.[65]

Zum fehlenden Schutz vor elektromagnetischen Feldern schreibt der Bund für Umwelt und Naturschutz Deutschland (BUND):

> In umfangreichen und vielfältigen wissenschaftlichen Studien wurden bereits weit unterhalb der aktuellen geltenden Grenzwerte zahlreiche schlüssige und konsistente, starke und mögliche Hinweise für gesundheitliche Effekte festgestellt (z. B. Störungen des Zentralnerven- und Hormonsystems, Begünstigung von Krebs und Gen-Schäden durch hochfrequente Strahlung). Diese wissenschaftlichen Ergebnisse werden durch das Erfahrungswissen von Wissenschaftlerinnen und Wissenschaftlern, Medizinern, Patienten und Baubiologen bestätigt. Über Langzeitfolgen und über Auswirkungen auf sensible Personengruppen wie Schwangere, Kinder, Kranke und das werdende Leben wissen wir jedoch noch viel zu wenig.[66]

---

* Nanotesla ist die physikalische Messeinheit für die magnetische Flussdichte.

Jan Henrik Lauer vom Bundesamt für Strahlenschutz erklärte 2017, dass die Zahl der Studien zu dem Frequenzbereich, der bei der Elektromobilität eine Rolle spiele, noch nicht sehr groß sei. Als Beispiel nannte er das sogenannte »induktive Laden«, bei dem anders als bisher bei Elektroautos üblich das Aufladen nicht mehr über ein Kabel erfolgt. Nach seinen Worten könnten die dabei benötigten höheren Leistungen dazu führen, dass Grenzwerte deutlich überschritten werden.[67]

Kurzum: In einem E-Auto fährt der Elektrosmog mit! Doch die grün-ideologisch und mediale Fixierung auf das Elektroauto und deren Lobby verschweigt weitgehend die gesundheitlichen Risiken.

Droht der Stromnetz-Kollaps?

Bis zum Jahr 2030 sollen bis zu 10 Millionen E-Autos nötig sein, um die selbst gesetzten Klimaziele im Verkehr zu erreichen.[68] Was aber passiert, wenn diese alle auf einmal geladen werden? Halten das die Stromnetze aus?

Die meisten Autobesitzer werden dann wohl nach der Arbeit, etwa zwischen 16 und 18 Uhr, ihr E-Auto an die Steckdose anschließen, um es über Nacht aufzuladen. Und dann wird es tatsächlich problematisch.

Lösungen dafür sind bereits andiskutiert worden: beispielsweise eine automatische Verschiebung der Nachfrage von Privatkunden in den Abend und die Nacht, ohne dass der Kunde es merkt. Gegen Zusatzgebühr könnten sich Kunden davon ausschließen lassen. Das würde bedeuten: eine intelligente Steuerung der Verteilnetze für öffentliche Ladepunkte. Die Ladesäulen an einer Straße würden dann nacheinander freigeschaltet statt gleichzeitig. Zweite Möglichkeit: Smart Charging. Dabei bekämen alle Nutzer bei einem Engpass etwas weniger Strom. Bei einem Überfluss bekämen alle so viel wie möglich.[69]

Dennoch bleibt die Frage: Wo soll eigentlich der ganze Strom herkommen? Und auch beim Bau von Hunderttausenden von E-Ladesäulen wird eine ganze Menge CO_2 anfallen. Um die Akkus der E-Autos aufzuladen, bräuchte man aber mehr statt weniger Kraftwerke. Was stimmt hier nicht?

Mein Fazit

Die verheerenden Folgen der regenerativen Energien werden von sogenannten »Klimaschützern« und Politikern, allen voran den Grünen, entweder verschwiegen oder schöngeredet. Es wird zu viel über CO_2 gesprochen! Durch den Grünen-Klimawahn werden Regenwälder abgeholzt, noch mehr Schadstoffemissionen in die Luft gelassen, Felder vergiftet, Flächen zersiedelt, Flüsse begradigt, Flächen trockengelegt, Fluren bereinigt, Tiere und Insekten vernichtet und Menschen Gesundheitsgefährdungen ausgesetzt.

Kurz: Die angeblichen Klimaschützer zerstören unseren Planeten, anstatt ihn zu retten!

KAPITEL 15

Wie in der NS-Zeit: Über »Klimaleugner« und »Klimaschädlinge«

Die Politik handelt mehrheitlich nach den Maßgaben des Weltklimarats (IPCC), der einseitig und subjektiv nur den »menschengemachten« Klimawandel propagiert. Das bedeutet, dass sich die meisten Universitäten und Forschungseinrichtungen nicht trauen, sich außerhalb dieser dogmatischen Richtlinien zu bewegen. Das könnte für wirklich objektive Wissenschaftler schnell das Aus für Forschungsgelder, Forschungsaufträge und die eigene Karriere bedeuten. Denn inzwischen ist die Annahme vom »menschengemachten Klimawandel« staatstragend und staatsgeschützt. Sogar Schulkindern wird dieses ideologische Weltbild eingepaukt. Für die Klimabefürworter bedeutet das: Posten, Anerkennung, Ruhm und Geld. Für die Klimaskeptiker: Ausgrenzung, Diffamierung, Jobverlust.

Ein Beispiel von vielen soll hier stellvertretend genannt werden. Es geht um den US-Klimatologen Roger Pielke. Seinen Untersuchungen nach gibt es kaum Belege dafür, dass Naturkatastrophen häufiger oder stärker werden. Er schrieb:

> Das ist eine Frage, die ich studiert und zu der ich publiziert habe, und zwar so viel wie kaum jemand sonst in den letzten 2 Jahrzehnten.[1]

Erwartungsgemäß standen seine Forschungen unter Dauerbeschuss von Aktivisten, Journalisten und Politikern. Das Magazin *Foreign Policy* schrieb, Pielke gelte als »Klimaleugner«, weil er bestimmte Grafiken in IPCC-Reporten anzweifelte. Pielke:

> Das heißt: Ein Akademiker geriet in Verruf, weil er in seinem Fachgebiet Fragen zur Arbeit des IPCC stellte.[2]

Das IPCC musste schließlich dann doch zugeben, dass sich eine Grafik (Report 2007) tatsächlich auf ungenaue und frei erfundene Informationen stützte.[3] Pielke hatte also recht behalten, und auch künftig widersprach er Politikern und Journalisten, die die Menschen mit Horrormeldungen ohne wissenschaftliche Grundlage schockten.

Doch auch in diesem Fall schlug das System zurück: Die Medien schossen gegen ihn, und er verlor seinen Job bei dem Onlinemagazin *FiveThirtyEight*. Ein Abgeordneter der Demokraten (jener Partei, aus der Al Gore stammt) zettelte sogar eine Untersuchung gegen Pielke an. Er wollte wissen, woher die Forschungsgelder kamen.[4] »Die Untersuchung verkam zur Farce«, schrieb Pielke. »Aber sie richtete meinen Ruf zugrunde, und das war wohl die Absicht.«[5] Der IPCC-kritische Klimatologe hat inzwischen aufgegeben:

> Zum Klimawandel zu forschen macht keinen Spaß mehr; deshalb setze ich mich mit anderen Themen auseinander.[6]

So oder so ähnlich geht es vielen seiner Kollegen. Auch hierzulande wird die Ausgrenzung und Hetze gegen angebliche »Klimaleugner« immer schlimmer.

Hans Leyendecker, der Präsident des Evangelischen Kirchentages, postulierte unmissverständlich:

> Wer nicht anerkennen will, dass der Klimawandel menschengemacht ist, hat beim Kirchentag nichts zu suchen.[7]

Und Roland Tichy schreibt:

> Das Klima ist heilig und toleriert keine Ungläubigen oder auch nur Kritiker oder Skeptiker.[8]

Wikipedia und »Klimaleugner«

Sogar *Wikipedia*, das meist aufgerufene Onlinelexikon der Welt, hetzt gegen angebliche »Klimaleugner«. Dort lese ich:

> Die Leugnung der menschengemachten globalen Erwärmung ist das Ablehnen, Nicht-wahrhaben-Wollen, Bestreiten oder Bekämpfen des wissenschaftlichen Konsenses der Klimaforschung zur gegenwärtig statt-

> findenden globalen Erwärmung. […] Das Bestreiten wissenschaftlicher Erkenntnisse der Klimaforschung ist kein Skeptizismus im wissenschaftlichen Sinn, sondern vielmehr ein (zum Teil organisiertes) Verleugnen der menschengemachten globalen Erwärmung. […] Die Verleugnung der Klimaforschung gilt als die »mit Abstand am stärksten koordinierte und finanzierte Form der Wissenschaftsleugnung«.[9]

Und weiter:

> Der Kommunikationswissenschaftler Michael Brüggemann betont, dass es »notwendig und richtig« sei, solche Akteure als »Leugner oder Lügner zu bezeichnen … die den anthropogenen Klimawandel aus politischem Kalkül abstreiten«.[10]

Natürlich weist *Wikipedia* noch darauf hin:

> In Europa sind es vor allem Parteien aus dem rechten Politikspektrum, die die menschengemachte globale Erwärmung bezweifeln oder bestreiten. Von 21 untersuchten rechten Parteien erkennen nur zwei die menschengemachte globale Erwärmung an.[11]

Halbe und ganze »Klimaleugner«

Skeptiker und Leugner werden sogar schon »klassifiziert«, und zwar in folgende Kategorien:

- Trendskeptiker/-leugner: leugnen generell, dass eine Erderwärmung stattfindet.
- Ursachenskeptiker/-leugner: räumen zwar ein, dass gegenwärtig eine globale Erwärmung existiert; sie stellen aber den menschlichen Einfluss darauf infrage, indem sie behaupten, dass der menschliche Einfluss übertrieben werde, verglichen mit natürlichen Faktoren vernachlässigbar oder überhaupt nicht vorhanden sei.
- Folgenskeptiker/-leugner: Sie akzeptieren zwar die menschliche Ursache der globalen Erwärmung, behaupten aber, dass diese positive Auswirkungen habe oder die Klimamodelle nicht robust genug seien.[12]

Eine andere Klassifizierung nahm der Immunologe Professor Peter Doherty vor:

① Glasklare Leugner: Sie werfen dem Klimarat (IPCC) Betrug vor und halten viele Klimaforscher für Narren.
② Kampflustige Streithähne: Sie nehmen automatisch eine Gegenposition zum generellen Konsens ein.
③ Professionelle Polemiker: Sie streben durch ihre Beteiligung an einer öffentlichen Debatte nach persönlicher Anerkennung.
④ Neinsager: Sie haben früher eng mit Industriebranchen (etwa dem Bergbau oder der Ölindustrie) zusammengearbeitet.[13]

All dies könnte man jedoch für die angeblichen Klimaschützer genauso anwenden.

Laut Untersuchungen der schwedischen Wissenschaftler Karin Edvardsson Björnberg, Mikael Karlsson, Michael Gilek und Sven Ove Hansson sind »Klimaleugner« in Deutschland überrepräsentiert unter Männern sowie unter Menschen aus Ostdeutschland.[14] Politisch »leugne« die menschengemachte globale Erwärmung vor allem die AfD.[15]

Die Klimahysteriker selbst haben keine Skrupel davor, sogar Nazi-Begriffe für jene zu verwenden, die anders denken und auch andere Forschungsergebnisse präsentieren. Jene nämlich, die sich nicht der Ökodiktatur unterordnen, werden »Klimaleugner« (ist die Nähe zum Begriff »Holocaustleugner« gewollt?) und sogar »Klimaschädlinge« genannt. All das hatten wir schon einmal.

Und auch Gretas Mutter schreibt in ihrem Buch: »... und dass mein Gewissen mir nicht mehr erlaubt, für Zeitungen zu arbeiten, die Raum für Klima- und Holocaustleugner bieten.«[16] Damit stellt auch sie sehr subtil den Bezug zwischen Holocaust- und Klimaleugnern her.

Klimaleugner sind »Rechte«

Für den politisch korrekten Mainstream sind es die »Populisten«, die den Klimawandel »leugnen«. Aber auch wenn Sie, die Leserin oder der Leser dieses Buches, der Klimahysterie skeptisch gegenüberstehen, können Sie schon als »rechts« klassifiziert werden, schlimmstenfalls sogar als »Nazi«. Grund: Die AfD hat dieses Thema für sich »entdeckt«, wie *Der Spiegel* schreibt.[17]

Doch ausgerechnet der Grünen-Chef Robert Habeck nahm in der Sendung *Anne Will* die AfD in Schutz: Erst habe man den Flüchtlingen die Schuld am Erstarken der Rechtspartei gegeben, jetzt dem Klimaschutz: »Bei aller Verachtung für die AfD: Sie kann nicht für alles herhalten.«[18]

Politische, mediale und kollegiale Verfolgung von »Klimaleugnern«

Ausgrenzung, Mobbing und Politisierung sind keine Ausnahmen. Der angesehene ehemalige Max-Planck-Direktor und Klimaforscher Lennart Bengtsson wagte das Unglaubliche: Er wechselte in das Lager der Klimaskeptiker. Der Wissenschaftler trat sogar dem Skeptikerverein Global Warming Policy Foundation (GWPF)[19] bei, der mit seinen Kampagnen grundlegende Ergebnisse des UN-Klimarats bekämpft.

Doch dann ging »es« los: Seine Wissenschafts-»Kollegen« setzten ihn so unter Druck, dass er sich an die unsäglichen Kommunistenverfolgungen in den 1950er-Jahren in den USA erinnerte.[20]

Das Vorspiel: Bengtsson hatte eine Studie verfasst, die »mildere« Auswirkungen des Treibhauseffektes in Aussicht stellte. Diese wurde jedoch vom »Fachblatt« *Environmental Research Letters* abgelehnt. Begründung: Sie sei zu wenig hilfreich und nur nützlich für klimaskeptische Medien. Daraufhin wandten sich auch viele seiner ehemaligen Kollegen von ihm ab.[21] Heinrich Miller vom Alfred-Wegener-Institut bestätigte:

> Ich finde es schockierend, wie seine Kollegen reagiert haben. Offenbar herrscht Enttäuschung darüber, dass ein leuchtendes Vorbild jetzt auch mal wissenschaftliche Zweifel öffentlich macht.[22]

Dies erinnere ihn an eine Politik, wo Gegner mit unsachlichen Methoden mundtot gemacht werden würden. Und weiter:

> Die Klimaerwärmung wird als Dogma verstanden, und wer es anzweifelt, ist böse.[23]

Der renommierte Forscher weiß, wovon er spricht. Denn nach seiner Kritik an der Aussagekraft von Computersimulationen wurde er ebenfalls als »Klimaskeptiker« gebrandmarkt.[24]

Bengtsson selbst sagte in einem Interview, dass der Drang zum Konsens in der Klimaforschung angesichts großer Wissenslücken »sinnlos« sei.[25]

Spiegel Online schrieb:

> Hinter vorgehaltener Hand klagen zahlreiche Klimaforscher seit Jahren über Mobbing und Ausgrenzung. Aber ist es in dem Fach wirklich schlimmer als in anderen Wissenschaften? Das Besondere an der Klimaforschung sei ihre hohe Politisierung, sagt Roger Pielke senior von der University of Colorado. »Meine Erfahrung stimmt vollständig mit den Vorwürfen Bengtssons überein.«[26]

Das ist einmal mehr ein Beweis, wie sehr die in den Mainstream-Medien so gehypte »seriöse« Wissenschaft unter Gruppenzwang und Konsensdruck steht. Und wie Kritik unterdrückt wird, wenn es um die »Glaubwürdigkeit« der Ergebnisse zum Klimawandel geht.

Reto Knutti von der Eidgenössischen Technischen Hochschule Zürich bringt jenes Prinzip auf den Punkt, nach dem Medien, Politiker und Wissenschaftler zum Thema »Klima« kategorisiert werden: »Wer politisch links ist, glaubt an den Klimawandel, wer rechts steht, eher nicht.«[27]

Wie dem auch sei, der Klimaforscher Lennart Bengtsson verließ den Skeptikerverein GWPF wieder. Begründung: Druck von außen und daraus resultierende gesundheitliche Probleme.[28]

Professor fordert Todesstrafe für »Klimaleugner«

Sie haben richtig gelesen. Genau das forderte bereits im Jahr 2013 der Musikprofessor Richard Parncutt auf der Website der Karl-Franzens-Universität in Graz: Wer den Klimawandel abstreite, für den sei die Todesstrafe angemessen. Diese Menschen sollten verurteilt und hingerichtet werden.[29] Seine Begründung: Schließlich seien mächtige Gegner der Klimawandeltheorie mitverantwortlich für viele Millionen Tote. Denn wenn sie nicht wären, hätte die Politik schon viel mehr gegen die Erwärmung der Erde unternommen.[30] Parncutt im O-Ton: »Ich möchte behaupten, dass es prinzipiell in Ordnung ist, jemanden umzubringen, um eine Million andere Menschen zu retten.« Seine Schlussfolgerung lautete: »Die Todesstrafe ist angemessen für einflussreiche Leugner der Erderwärmung.«[31]

Damals gab es noch Proteste gegen die Forderung des Grazer Professors für die Forderung der Todesstrafe für »Klimaleugner«. Angesichts der gegenwärtigen psychotischen Auswüchse der Klimahysterie wäre ich mir heute nicht mehr so sicher. Jedenfalls ruderte Parncutt zurück. Die öffentlichen Proteste gegen ihn und die Universität wurden zu groß. Schließlich wies der Professor darauf hin, dass er selbst schon immer gegen die Todesstrafe gewesen sei, und entschuldigte sich für seinen Beitrag: Er sei seit mindestens 18 Jahren Mitglied der Menschenrechtsorganisation Amnesty International und bewundere und unterstütze deren Ziele.[32]

Dennoch schrieb Parncutt damals, wenn sein Beitrag im Jahr 2050 veröffentlicht worden wäre, wäre er auf Zustimmung und Bewunderung stoßen: »Wer weiß, vielleicht würde der Papst mich sogar heiligsprechen.«[33]

Professor fordert »Öko-Stasi«

Im Spätsommer 2019 forderte Professor Niko Paech von der Universität Siegen, auch Referent der »Tele-Akademie« des SWR (ARD), im Deutschlandfunk quasi eine »Öko-Stasi«.[34] Nachbarn sollen seiner Meinung nach in ein regelrechtes »Klima-Verhör« genommen werden, etwa:

- »Warum hast du eine Kreuzfahrt gebucht?«
- »Wer gibt dir das Recht, einen SUV zu fahren?«
- »Warum musst du eine Flugreise in den Skiurlaub auch noch tätigen?«[35]

Das heißt im Klartext nichts anderes, als dass Menschen ihre Nachbarn hochnotpeinlich zur Rede stellen sollen.

Hubertus Knabe, ehemaliger Direktor der Stasi-Gedenkstätte Berlin-Hohenschönhausen, warnte daraufhin vor der Bespitzelung: »Die Aufforderung, seine Nachbarn zur Rede zu stellen, erinnert an totalitäre Staaten, in denen man dazu angehalten wurde, seine Mitbürger zu agitieren. [...] Der nächste Schritt ist, die Nachbarn öffentlich an den Pranger zu stellen oder bei der Öko-Polizei zu denunzieren, wenn sie nicht nach den eigenen Vorstellungen leben.«[36]

Der offensichtlich dünnhäutige Professor Paech, der den Stein mit seinen unglaublichen Aussagen selbst ins Rollen gebracht hatte, wehrte sich: »Eine autoritäre Politik lehne ich grundsätzlich ab, weil sie keine Mehrheit erhielte und auch meinem Freiheitsverständnis widerspräche.«[37] Zu *Bild* sagte Paech: »Das hat nichts mit Öko-Stasi zu tun!«, sondern entspreche »aufgeklärtem Bürgersinn«, wenn Menschen durch »vorgelebte Beispiele für ein ökologisch anständiges Leben diejenigen bloßstellen, die durch ihre Rücksichtslosigkeit das Überleben der Zivilisation gefährden«.[38]

Die Ökos sprangen natürlich gleich auf den Zug auf: Der Grünen-Politiker Dieter Janecek forderte umgehend eine »Debatte über klimaschädliche Lebensstile«, denn: »Es gibt kein Freiheitsrecht auf unbegrenzte Klimazerstörung.«[39]

Ausgrenzungen, Beleidigungen, Diffamierungen, Mobbing, bis hin zu Bespitzelungen und der Forderung nach der Todesstrafe für sogenannte »Klimaleugner«. So weit ist es in unserer »Meinungsfreiheits-Zensur-Republik« also schon gekommen. George Orwell lässt grüßen.

KAPITEL 16

Wohlstand oder Klimaschutz?

Ein komplett nachhaltiges Leben, Reisen, Essen, Wohnen, Kleidung, Energie, so wie es die grüne Klimaideologie fordert, ist für die meisten Menschen nicht umsetz- und vor allem nicht finanzierbar (siehe hierzu Kapitel 6: »Was uns der grüne Klima-Unsinn wirklich kosten wird«).

Ob es die Klimafetischisten wahrhaben wollen oder nicht: Viele sind eben darauf angewiesen, beim Discounter billige Produkte einzukaufen. Das bedeutet: viel Müll (vor allem Plastik) und importierte Produkte mit langen Transportwegen.

Ein Beispiel ist die ehemalige »Öko«-Familie H., die noch immer nachhaltig leben will, jetzt aber in einer Altbauwohnung wohnt. Statt bisher zwei Familieneinkommen steht jetzt nur noch eines zur Verfügung. Deswegen kaufen sie fast alles aus dem Discounter und nicht mehr im »Unverpackt«- oder Bioladen. Dadurch sparen sie rund 200 Euro im Monat für Lebensmittel. Und solange sie sich kein E-Auto leisten können, fahren sie weiter mit einem Benziner.[1] Nur so kommen sie über die Runden – und das bevor die CO_2-Steuer, Benzinpreiserhöhung, Strafen für Plastik und all die anderen Gaga-Ideen der Grünen eingeführt werden.

Das Nachrichtenmagazin *Der Spiegel* hat bereits ausgemacht, wer die wahren »Klimaschädlinge« sind:

> Wenn eine bestimmte Bevölkerungsgruppe das Klima ruiniert, dann sind es die gut verdienenden Akademiker, die ihren Kindern mal eben in den Sommerferien die Welt zeigen, zwei Autos und noch eine Vespa für die Sommersaison besitzen und eine 200-Quadratmeter-Wohnung beheizen.[2]

Grundlage dieser Einschätzung sind die Daten des Umweltbundesamtes, die einen jährlichen »Pro-Kopf-Ressourcenverbrauch« anzeigen:

Einkommen	Energieverbrauch (in tausend kWh)	CO_2-Emissionen (in Tonnen)*
unter 1000 €	12,7	4,2
1000–1999 €	15,4	5,0
2000–2999 €	18,2	6,0
3000 und mehr €	21,5	7,0
Quelle: Umweltbundesamt, gewichtete Daten[3]		

Das Umweltbundesamt resümiert: »Bildung und Einkommen wirken sich verstärkend auf den Ressourcenverbrauch aus.«[4] Den höchsten Gesamtenergieverbrauch weisen gehobene Milieus auf, »da sie in der Regel über überdurchschnittlich hohe Einkommen verfügen und einen auf Status und Besitz ausgerichteten Lebensstil haben. Den im Mittel geringsten Gesamtenergieverbrauch haben Angehörige der einfachen, prekären Milieus.«[5]

Die »Klimaverbrecher« sind also höchst offiziell ausgemacht, und diese dürften sich zum großen Teil auch unter der Grünen-Wählerschaft befinden.

Die Klimahysterie-Verlierer

> Nur Preise, die hoch genug sind, um Verhaltensveränderungen zu induzieren, werden eine messbare CO_2-Minderung im Verkehrssektor bewirken.[6]
>
> — GABRIEL FELBERMAYR**

Auch die Verlierer des Klima-Öko-Sozialismus stehen schon fest:

- Ärmere
- Ältere
- Alleinerziehende
- Kranke
- Rentner

* CO_2-Äquivalente.

** Mitglied des Wissenschaftlichen Beirats des Bundesministeriums für Wirtschaft und Energie.

Denn: Wer mit niedrigem Einkommen kann …

… eine höhere Miete zahlen, weil der Vermieter die CO_2-Kosten einfach auf die Miete draufschlägt?
… einen neuen Pkw finanzieren?
… sich als Rentner in seinem eigenen Haus eine neue Dämmung und eine neue Heizung leisten?
… höhere Benzinkosten bezahlen?
… höhere Strompreise bezahlen?
… teurere Lebensmittel kaufen?
… und vieles andere mehr?

Bereits jetzt schon haben wir einen der höchsten Strompreise in Europa, ja sogar der ganzen Welt. Unsere niederländischen Nachbarn zahlen für Strom nur ungefähr die Hälfte.[7]

Doch wenn es nach Grün & Co. geht, wird Strom noch viel teurer werden. Wer heute einen Stromvertrag hat, zahlt im Schnitt 50 Prozent mehr als noch vor 12 Jahren.[8]

BEISPIEL 1

Eine Familie mit einem Stromverbrauch von 5000 Kilowattstunden zahlt durchschnittlich 1473 Euro Stromkosten pro Jahr. 2007 waren es noch 981 Euro.[9]

BEISPIEL 2

Würde ein Föhn (mit einer 2000-Watt-Leistung) eine Stunde lang laufen, kostet das rund 60 Cent. Früher hätte derselbe Föhn nur 40 Cent Kosten pro Stunde verursacht.[10] ■

So oder so: Ein Ende des Strompreisanstieges ist nicht abzusehen, und der Strom wird durch den Klima-Irrsinn sogar noch viel teurer werden – garantiert.

OSTDEUTSCHEN UND HARTZ-IV-EMPFÄNGERN DROHT »STROMARMUT«

Das Verbraucherportal Verivox hatte bereits zum Jahresbeginn 2019 errechnet, dass der Fehlbetrag für Strom für Alleinlebende durchschnittlich 50 Euro betrage: »Zum 1. Januar 2019 steigt der Regelsatz für Alleinlebende um 8 Euro auf 424 Euro pro Monat. Davon sind rein rechnerisch 35,77 Euro zur Begleichung der Stromrechnung vorgesehen. Die tatsächlichen Stromkosten eines Singlehaushalts mit einem Verbrauch von 1500 Kilowattstunden belaufen sich im Bundesdurchschnitt jedoch auf monatlich 39,91 Euro – das sind 11,6 Prozent mehr als im Regelsatz zugebilligt. Für Hartz-IV-Empfänger, die Strom aus der Grundversorgung beziehen, ist die Finanzierungslücke noch deutlich größer. Hier übersteigen die tatsächlichen Stromkosten von 44,16 Euro monatlich den Regelsatz um 23,5 Prozent.«[11]

Und weiter: »Ostdeutsche zahlen am meisten drauf. Die Kluft zwischen Bedarf und Regelsatz ist regional unterschiedlich. In Brandenburg müssen alleinlebende Hartz-IV-Empfänger in der Grundversorgung jeden Monat 46,25 Euro für Strom aufwenden und damit 29,2 Prozent mehr als im Hartz-IV-Satz vorgesehen. In Schleswig-Holstein belaufen sich die Kosten auf 46 Euro (+ 28,6 Prozent), in Thüringen auf 45,58 Euro (+ 27,5 Prozent). Die geringste Zuzahlung aus eigener Tasche müssen Hartz-IV-Empfänger in Bremen leisten. Der Fehlbetrag beträgt hier 8,9 Prozent. Durchschnittlich 101 Euro pro Jahr müssen grundversorgte Hartz-IV-Empfänger an anderer Stelle abknapsen, um ihre Stromrechnung zu bezahlen. In Brandenburg sind es sogar 125 Euro.«[12]

Zudem fahren viele Geringverdiener oder Menschen, die auf staatliche Transfers angewiesen sind, mit einem alten Dieselfahrzeug. Kostete der Liter Diesel vor 2 Jahren noch 98 Cent, ist der Preis inzwischen bis auf 1,40 Euro oder mehr gestiegen.[13]

Der Klimawahn macht die Armen schon jetzt noch ärmer. Doch dies ist den wohlstandsverwöhnten Jugendlichen auf den »Fridays for Future«-Demos egal. Hauptsache, ihnen geht es gut und sie müssen das, was sie anrichten, nicht selbst bezahlen, weil sie noch im »Hotel Mama« wohnen oder BAföG beziehen. ■

Wer soll das bezahlen?

> Ich werde ein Gewinner der CO_2-Steuer sein, denn ich führe ... ein ökologisch nachhaltiges Leben. [...] Da werde ich ab nächstes Jahr richtig abräumen. Wird doch alles von den Klimaschweinen umgeleitet auf die armen Bürger! Das haben die Politiker, hier federführend die Grünen, versprochen, und die lügen nie! Sommer forever![14]
>
> —AUS EINEM LESERBRIEF

Der Klimawahn der Grünen (mit der CDU/CSU, FDP und SPD im Huckepack) wird uns in den nächsten Jahren Hunderte von Milliarden kosten. Bezahlen müssen Sie es – der »Normalo«, der »einfache Mann«, wir alle.

Eines der neuesten Argumente der grünen Kommunisten: Das wirtschaftliche Wachstum gehe auch mit der Erhöhung der Treibhausgase einher.[15] Das heißt im Umkehrschluss: Das Wirtschaftswachstum, das uns seit den 1950er-Jahren den Wohlstand gebracht hat und uns den Wohlstand erhält, wird jetzt im Namen des Klimas schlechtgeredet.

Die grüne »Transformation« wird uns aber genau diesen Wohlstand und viele Arbeitsplätze kosten. Eine CO_2-Steuer wird jeden von uns treffen, vor allem die sozial Schwächeren. Die Umsetzung wird unseren Lebensstandard dramatisch verändern und einen gigantischen Verlust mit sich bringen. Unsere wirtschaftliche Basis soll zerstört werden. Es wird uns nicht mehr so gut gehen wie bisher, während die Länder um uns herum ihren Wohlstand erhalten oder steigern werden.

Das Grünen-Dogma »Klimaschutz über alles« ist irrsinnig, weil realitätsfremd:

- Hunderte neuer Kohlekraftwerke entstehen weltweit, die auch wir in Deutschland benötigen, weil unsere langfristige Versorgungssicherheit mit ein paar Windrädern nicht zu garantieren ist.
- Überall um uns herum werden neue Atomkraftwerke gebaut, deren Strom wir hinzukaufen müssen, sollten wir nur noch regenerative Energiequellen nutzen.
- Die in Deutschland mit Fahrverboten betroffenen Euro-4-Diesel werden in andere Länder verkauft und fahren dort munter weiter.

- Indien, China, Russland, die BRIC-Staaten und die USA lassen sich von unserem grünen Ökosozialismus nicht beeindrucken. Sie werden weiter wachsen, während wir gigantische Wohlstandsverluste hinnehmen müssen.

Andrea Römmele, Politologin und Professorin an der Hertie School of Governance, sagte in der *Neuen Zürcher Zeitung*:

> Wenn die Leute nicht mehr mit ihrem Auto in die Städte fahren oder für den Kurzurlaub nach Mallorca fliegen können, dann wollen wir erst mal sehen, ob immer noch über 20 Prozent für die Grünen stimmen.[16]

Man kann es drehen und wenden, wie man will: Der Ökosozialismus im Gewand des angeblichen »Klimaschutzes«, der in Wahrheit aber unsere Natur zerstört, wird die meisten von uns zu Verlierern machen.

> Ja, es handelt sich für den Verbraucher letztlich um eine Steuererhöhung. Das Autofahren wird teurer und das Heizen mit Gas und Heizöl auch. Genau das ist die Absicht einer CO_2-Bepreisung.[17]
>
> —GABRIEL FELBERMAYR

Fazit

Meine erste Schlussfolgerung lautet:

Klimawandel: ja. Hauptsächlich menschengemacht: nein!

- Rund 97 Prozent des CO_2 gelangt durch die Natur (Bäume, Ozeane, etc.) in unsere Atmosphäre.
- Nur etwa 3 Prozent werden vom Menschen verursacht.

Meine zweite Schlussfolgerung:

In keinem anderen Wissenschaftszweig wird mit so vielen Unsicherheiten operiert wie in der Klimawissenschaft.

- Der »rein menschengemachte« Klimawandel ist wissenschaftlich nicht bewiesen. Zu viele Fragen sind ungeklärt. Die Klimaschutzberichte sind ideologisch ausgerichtet, manipuliert, gefälscht, zensiert, kurz: nicht objektiv.

Meine dritte Schlussfolgerung:

Der »Klimaschutz« ist für linke und grüne Ideologen nur ein Trojanisches Pferd, um unsere freie Marktwirtschaft in einen Staatsinterventionismus und Ökosozialismus zu transformieren.

- Es geht nicht primär um Umwelt- oder Klimaschutz, sondern um eine ökosozialistische Politik, die verbieten, enteignen, abkassieren, gleichmachen und gängeln will. Das Ziel: die Kontrolle über unser individuelles Leben, unsere Selbstbestimmung und damit die Kontrolle über die gesamte Gesellschaft zu erhalten.

Die Grünen flüchten sich gerne in das Prinzip »Glauben statt Wissen«, »Utopie statt Realität« und »Geistlos statt Ratio«. Wer grün ist, darf alles behaupten, Hauptsache, es ist moralisch schön verpackt. Am Ende aber wird es nur die eine Wahl geben: Wohlstand *oder* Klimaschutz. Beides zusammen funktioniert nicht.

Zum Schluss meine Meinung im Klartext: Wer mit der linksradikalen Partei Die Grünen, die im Gewand einer Klimaschutzpartei daherkommt, zusammenarbeitet, sie unterstützt oder sie wählt, gefährdet die Freiheit jedes Einzelnen von uns.

Am grünen Wesen soll die Welt genesen? – Mit mir nicht!

Durch die grünen Verbote und immer mehr Einfluss des Staates auf unsere individuelle Lebensweise entsteht eine wahrlich unfreie Gesellschaft, die sich in der Endkonsequenz nicht mehr viel von der Welt in George Orwells Roman *1984* unterscheidet. Erste Ansätze gibt es schon: Gesinnungsdiktatur, Verleumdungen Andersdenkender, Stigmatisierungen, Verfolgungen, mediale Inquisition, Bedrohungen, Zensuren und vor allem eine »neue« Sprache.

Krieg ist Frieden
Freiheit ist Sklaverei
Unwissenheit ist Stärke[1]

GEORGE ORWELL

Nachspiel

Hart aber fair (ARD), Sendung vom 25. Juni 2019
Umfrage der Redaktion am Flughafen Köln/Bonn

REPORTERIN: Wie finden Sie Robert Habeck?
MANN: Sympathisch.
REPORTERIN: Wie finden Sie die Grünen?
MANN: Auch sehr sympathisch.
REPORTERIN: Wählbar für Sie?
MANN: Ja, auch wählbar.
REPORTERIN: Wo fliegen Sie hin?
MANN: Nach Kuba, haha.

Zum Nachdenken

2001: Wegen des menschengemachten Klimawandels gibt es keinen Schnee.
2011: Wegen des menschengemachten Klimawandels gibt es viel Schnee.
2015: Wegen des menschengemachten Klimawandels gibt es wenig Schnee.
2017: Wegen des menschengemachten Klimawandels gibt es viel Schnee.
2019/2020: ???

Quellenverzeichnis

Sämtliche Links in den Quellenangaben waren bei Redaktionsschluss online zugänglich. Für Links, die nach der Veröffentlichung von den Seitenbetreibern gelöscht oder verändert wurden, übernehmen Autor und Verlag keine Verantwortung. Manche verlorene Links können mithilfe der Wayback Machine im Internet Archive aufgefunden werden: *https://archive.org/web/*.

[1] Greta Thunberg: Rede vor dem Europäischen Wirtschafts- und Sozialausschuss der EU in Brüssel am 21. Februar 2019, in: Greta Thunberg: *Ich will, dass ihr in Panik geratet!*, Fischer, Frankfurt a. M. 2019, S. 58.

[2] Laura Backes, Tobias Becker et al.: »Kinder der Apokalypse«, *Spiegel* 23/2019, S. 14, *https://magazin.spiegel.de/SP/2019/23/164181061/index.html*.

[3] *Anne Will* (ARD): » Streiken statt Pauken – ändert die Generation Greta die Politik?«, 31. März 2019, *https://www.presseportal.de/pm/6694/4231529*.

[4] Zitiert in: *Tichys Einblick* 08/19, S. 12.

[5] In der Sendung *Anne Will* (ARD) vom 31. März 2019.

[6] Axel Bojanowski, Olaf Stampf und Gerald Traufetter: »Ratloses Orakel«, *Spiegel* 39/2013, *https://www.spiegel.de/spiegel/print/d-113750868.html*.

[7] Ebd.

[8] *Hart aber fair* (ARD), Sendung vom 25. Juni 2019.

[9] George Orwell: *1984*, München 2002, S. 200.

[10] Helge Lindh, während der Bundestagsdebatte zu Migrationsgesetzen gegenüber den Grünen und Linken am 7. Juni 2019.

[11] Jan Fleischhauer in der Sendung *Bei Maischberger* (ARD) am 5. Juni 2019.

[12] In der Sendung *Bei Maischberger* (ARD) vom 5. Juni 2019.

[13] Tweet vom 26. Mai 2019.

[14] *RBB Online*, 27. Mai 2019.

[15] AFP/Reuters/DAPD/bavo: »Die Grünen, der ›politische Arm von Steinewerfern‹«, *Süddeutsche Zeitung*, 22. November 2010, *https://www.sueddeutsche.de/politik/csu-generalsekretaer-dobrindt-die-gruenen-der-politsche-arm-von-steinewerfern-1.1029118*.

[16] Greta & Svante Thunberg, Beata & Malena Ernman: *Szenen aus dem Herzen – Unser Leben für das Klima*, Fischer, Frankfurt a. M. 2019, S. 212.

[17] *https://www.aphorismen.de/zitat/171467*.

[18] *Hart aber fair* (ARD), Sendung vom 25. Juni 2019.

Vorspiel

[1] Greta Thunberg: Rede beim Weltwirtschaftsforum in Davos am 25. Januar 2018, in: Greta Thunberg: *Ich will, dass ihr in Panik geratet!*, Fischer Frankfurt a. M. 2019, S. 40.

[2] dpa: »Evangelischer Kirchentag: Merkel warnt vor Glaubwürdigkeitsverlust der staatlichen Institutionen«, *Handelsblatt*, 22. Juni 2019, *https://www.handelsblatt.com/politik/deutschland/evangelischer-kirchentag-merkel-warnt-vor-glaubwuerdigkeitsverlust-der-staatlichen-institutionen/24483458.html.*

Einleitung

[1] Vgl. Holger Douglas: Krude Rezepte aus der Klimaküche, in: *Tichys Einblick* 08/19, S. 24.

[2] Vgl. Holger Douglas: »Krude Rezepte aus der Klimaküche«, in: *Tichys Einblick* 08/19, S. 23.

[3] Vgl. *Der Spiegel* 29/2019, S. 10.

[4] Axel Bojanowski, Olaf Stampf und Gerald Traufetter: »Ratloses Orakel«, *Spiegel* 39/2013, *https://www.spiegel.de/spiegel/print/d-113750868.html.*

[5] Laura Backes, Tobias Becker et al.: »Kinder der Apokalypse«, *Spiegel* 23/2019, S. 14.

[6] mar/AFP: »Alle Alarmzeichen stehen auf Rot«, *Spiegel*, 8. Oktober 2018, *https://www.spiegel.de/wissenschaft/natur/klimawandel-greenpeace-und-anton-hofreiter-zu-ipcc-sonderbericht-a-1232041.html.*

[7] *Maybrit Illner* (ZDF) vom 7. Juni 2019.

[8] Vgl. Holger Douglas: »Krude Rezepte aus der Klimaküche«, in: *Tichys Einblick* 08/19, S. 23 ff.

[9] Ebd.

[10] Christian Rieck: »Umweltschutz als Investitionsprojekt«, in: *Tichys Einblick* 08/19, S. 29.

[11] Jürgen Flauger: »Deutschland treibt den Ausstieg voran – doch weltweit boomt die Kohle«, *Handelsblatt*, 4. Oktober 2018, *https://www.handelsblatt.com/unternehmen/energie/energiepolitik-deutschland-treibt-den-ausstieg-voran-doch-weltweit-boomt-die-kohle/23141178.html.*

[12] Website *de.statista.com*: »Anzahl der geplanten Atomreaktoren in ausgewählten Ländern weltweit im Juli 2019«, *https://de.statista.com/statistik/daten/studie/157767/umfrage/anzahl-der-geplanten-atomkraftwerke-in-verschiedenen-laendern/.*

Kapitel 1

[1] Vgl. Paul J. Crutzen: *Das Ende des blauen Planeten?*, C. H. Beck, München 1991, S. 148 f.

[2] Michael McCarthy: »Climate deniers to send film to British schools«, *Independent, https://www.independent.co.uk/environment/climate-change/climate-deniers-to-send-film-to-british-schools-396895.html.*

[3] Vgl. Leo Hickman: » Monckton's circus of climate change denial arrives in cloud cuckoo land«, *The Guardian*, 20. Oktober 2009, *https://www.theguardian.com/environment/blog/2009/oct/20/climate-change-denial-monckton*; siehe auch: »Lord Christopher Monckton Speaking in St. Paul«, 14. Oktober 2009, *https://www.youtube.com/watch?v=stij8sUybxo&feature=player_embedded*, ab 1:31:00.

[4] *The Free Dictionary*: »Ivan Frolov«, *http://encyclopedia2.thefreedictionary.com/Ivan+Frolov*.

[5] Wadim Sagladin, Iwan Frolow: *Globale Probleme der Gegenwart*, Dietz, Bonn 1982, S. 222 ff.

[6] Iwan Frolow: *Global Problems and the Future of Mankind*, Progress, Moskau 1982, S. 120 f.

[7] Ebd., S. 125.

[8] Ebd., S. 222 ff.

[9] Ausführlich in: Michael Grandt: *Die Grünen*, Kopp Verlag, Rottenburg a. N. 2017, S. 26 ff.

[10] Joschka Fischer: *Der Umbau der Industriegesellschaft*, Eichborn, Frankfurt a. M. 1989 (1997), S. 81 f.

[11] Ebd.

[12] Foto-Faksimile (Archiv Grandt).

Kapitel 2

[1] Greta Thunberg: Rede beim Weltwirtschaftsforum in Davos am 25. Januar 2018, in: Greta Thunberg: *Ich will, dass ihr in Panik geratet!*, Fischer, Frankfurt a. M. 2019, S. 47.

[2] Siegfried Uhl: *Die Pädagogik der Grünen*, Reinhardt, München/Basel 1990, S. 20.

[3] Ludger Volmer: *Die Grünen*, C. Bertelsmann Verlag, München 2009, S. 99.

[4] Zum Thema »Anthroposophie« vergleiche auch meine Publikationen: *Schwarzbuch Anthroposophie*, Wirtschaftsverlag Ueberreuter, Wien 1997 (mit G. Grandt); *Erlöser – Das Buch zum Film*, Alibri, Aschaffenburg 1998

(mit G. Grandt); *Waldorf-Connection*, Alibri, Aschaffenburg 1998 (mit G. Grandt) und *Schwarzbuch Waldorf*, Gütersloher Verlagshaus, Gütersloh 2008.

[5] Zu diesem Themenkomplex ausführlich in: Silke Mende: *Nicht rechts, nicht links, sondern vorn – Eine Geschichte der Gründungsgrünen*, De Gruyter Oldenbourg, München 2011; Manfred Güllner: *Die Grünen, Höhenflug oder Absturz?*, Herder, Freiburg 2012, S. 4 ff.

[6] Zitat aus: Thomas Schmid: »Zwischen oder auf den Tankern? Der schwierige Weg der Grünen in die Reformpolitik«, in: *Das Parlament* (Beilage) vom 15. März 1986, Deutscher Bundestag, Pressedokumentation.

[7] Ebd.

[8] Die Pressedokumention des Deutschen Bundestages.

[9] Ebd.; zu »Ökologie über Demokratie stellen« ausführlich in Jochen Reiche: »Ökologie und Zivilisation – Der Mythos von den ›natürlichen Kreisläufen‹«, in: Lothar Baier u. a. (Hrsg.): *Die Linke neu denken*, Wagenbach, Berlin 1984, S. 40 ff.

[10] Helmut Fogt: »Die Grünen und die Neue Linke – Zum innerparteilichen Einfluß des organisierten Linksextremismus«, in: Helmut Langner (Hrsg.): *Die Grünen auf dem Prüfstand – Analyse einer Partei*, Luebbe Verlagsgruppe, Bergisch Gladbach 1987, S. 151 f.

[11] Vgl. Siegfried Uhl: *Die Pädagogik der Grünen*, Reinhardt, München/Basel 1990, S. 25. Der Autor nimmt Bezug auf: *Verfassungsschutzbericht 1987*, Bundesminister des Inneren, Bonn 1988, S. 54 ff.

[12] *Zeit*-Dossier vom 24. Mai 1985: »Die Grünen vor der Zerreißprobe«; Faksimile-Abdruck in: Friedrich-Naumann-Stiftung (Hrsg.): *Grüne und Gewalt*, Königswinter 1987, S. 61; einsehbar auch unter *https://www.zeit.de/1985/22/die-gruenen-vor-der-zerreissprobe/seite-6*.

[13] Petra Bornhöft, Norbert F. Pötzl, Gerd Rosenkranz, Wilfried Voigt: »Salz in der grünen Suppe«, *Der Spiegel* 5/2001 vom 29. Januar 2001, *http://www.spiegel.de/spiegel/print/d-18370252.html*.

[14] Vgl. ausführlich Michael Grandt: *Die Grünen – Zwischen Kindersex, Kriegshetze und Zwangsbeglückung*, Kopp Verlag, Rottenburg a. N. 2015, S. 123–142.

[15] Simon Schütz: »Grüne im Hoch, SPD im Tiefflug – Umfrage-Rausch oder neue Realität?«, Bild, 7. Juni 2019, *https://www.bild.de/politik/inland/politik-inland/gruenen-hoch-spd-tiefflug-nur-ein-trend-oder-die-neue-realitaet-62464308.bild.html*.

[16] Vgl. Willi Hoss, Peter Kammerer (Hrsg.): *Komm ins Offene, Freund*, Verlag Westfälisches Dampfboot, Münster 2004, S. 81.

17 »Nachhaltigkeit: Wie eine neue Ökobewegung Wirtschaft und Politik vor sich hertreibt «, *Der Spiegel* 29/2019, S. 12.

18 »Macht: Von der Kleinpartei zum Umfrageliebling – die Grünen kämpfen mit den Herausforderungen ihres eigenen Erfolgs«, *Der Spiegel* 25/2019, S. 13 ff.

19 Tilman Kuban in seiner Bewerbungsrede für den Vorsitz der JU vom 16. März 2019, in: *Hart aber fair* (ARD), Sendung vom 25. Juni 2019.

20 Alexander Neubacher: »Ende einer Verbotspartei«, *Der Spiegel* 26/2019, 21. Juni 2019, *https://www.spiegel.de/plus/die-gruenen-das-ende-der-verbotspartei-kolumne-a-00000000-0002-0001-0000-000164523720*.

21 Ebd.

22 Ebd.

23 Ebd.

24 »Nachhaltigkeit: Wie eine neue Ökobewegung Wirtschaft und Politik vor sich hertreibt«, *Der Spiegel* 29/2019, S. 15 f.

25 Ebd.

26 Ebd.

27 »Macht: Von der Kleinpartei zum Umfrageliebling – die Grünen kämpfen mit den Herausforderungen ihres eigenen Erfolgs«, *Spiegel* 25/2019, S. 16.

28 Ebd.

29 Franz Walter: »Die Grünen und die Last des Libertären – Ausblick«, in: Franz Walter, Stephan Klecha, Alexander Hensel: *Die Grünen und die Pädosexualität – Eine bundesdeutsche Geschichte*, Vandenhoeck & Ruprecht, Göttingen 2014, S. 253.

30 AZ: »Claudia Roth: Bischof Mixa verhöhnt die Opfer«, *Augsburger Allgemeine*, 16. Oktober 2010, *http://www.augsburger-allgemeine.de/politik/Claudia-Roth-Bischof-Mixa-verhoehnt-die-Opfer-id7322146.html*.

31 Ebd.

32 Franz Walter: »Die Grünen und die Last des Libertären – Ausblick«, in: Franz Walter, Stephan Klecha, Alexander Hensel: *Die Grünen und die Pädosexualität*, Vandenhoeck & Ruprecht, Göttingen 2014, S. 254.

33 Michael Grandt: *Die Grünen – Zwischen Kindersex, Kriegshetze und Zwangsbeglückung*, Kopp Verlag, Rottenburg a. N. 2015, S. 93–120.

34 Franz Walter: »Die Grünen und die Last des Libertären – Ausblick«, in: Franz Walter, Stephan Klecha, Alexander Hensel: *Die Grünen und die Pädosexualität – Eine bundesdeutsche Geschichte*, Vandenhoeck & Ruprecht, Göttingen 2014, S. 254.

35 Ebd., S. 267.

[36] Der Abschlussbericht wurde von den Grünen finanziert (vgl. Franz Walter: »Die Grünen und die Last des Libertären – Ausblick«, in: Franz Walter, Stephan Klecha, Alexander Hensel: *Die Grünen und die Pädosexualität,* Vandenhoeck & Ruprecht, Göttingen 2014, S. 252).

[37] Franz Walter, Stephan Klecha, Alexander Hensel: *Die Grünen und die Pädosexualität – Eine bundesdeutsche Geschichte,* Vandenhoeck & Ruprecht, Göttingen 2014.

[38] Vgl. Stephan Klecha, Alexander Hensel: »Irrungen oder Zeitgeist?«, in: Franz Walter, Stephan Klecha, Alexander Hensel: *Die Grünen und die Pädosexualität – Eine bundesdeutsche Geschichte,* Vandenhoeck & Ruprecht, Göttingen 2014, S. 9.

[39] Vgl. Michael Grandt: *Die Grünen – Zwischen Kindersex, Kriegshetze und Zwangsbeglückung,* Kopp Verlag, Rottenburg a. N. 2015.

[40] Ebd.

[41] Website von Fridays for Future: »Unsere Forderungen an die Politik«, *https://fridaysforfuture.de/forderungen/.*

[42] Vgl. »Risiko-Report«, Umfrage der Ergo-Versicherung, für die das Max-Planck-Institut 3200 über 18-Jährige nach ihren Ängsten fragte: *https://www.ergo.com/de/Media-Relations/Pressemeldungen/PM-2019/20190912-ERGO-Risiko-Report*; siehe auch: *https://www.bild.de/politik/inland/politik-inland/umfrage-deutsche-haben-immer-groessere-angst-vor-naturkatastrophen-64266956.bild.html.*

[43] Ebd.

[44] Kantar Public für den *Spiegel* vom 24. bis 26. Juni 2019, in: *Der Spiegel* 27/2019.

[45] Ebd.

[46] Ebd.

[47] Ebd.

[48] Greta & Svante Thunberg, Beata & Malena Ernman: *Szenen aus dem Herzen – Unser Leben für das Klima,* Fischer, Frankfurt a. M. 2019, S. 209 ff.

[49] Ebd., S. 246.

[50] Ebd., S. 209 ff.

[51] Ebd., S. 212.

[52] Ebd.

[53] Leserbrief von Bernd S., in: *Der Spiegel* 30/2019, S. 128.

[54] Roger Köppel: »Klimatisten – Der neue grüne Kommunismus«, *Die Weltwoche,* 24. April 2019, *https://www.weltwoche.ch/ausgaben/2019-17/artikel/klimatisten-die-weltwoche-ausgabe-17-2019.html.*

55 Ebd.

56 Antje Boetius, umweltpreisgekrönte Polar- und Tiefseeforscherin, in: *Maybrit Illner* (ZDF), Sendung vom 2. Mai 2019, *https://www.youtube.com/watch?v=i3_q-VPeMKo.*

57 »Three years to safequard the planet«, in: Greta & Svante Thunberg, Beata & Malena Ernman: *Szenen aus dem Herzen – Unser Leben für das Klima,* Fischer, Frankfurt a. M. 2019, S. 118.

58 Philipp Bovermann: »Zeit, in Panik zu geraten«, *Süddeutsche Zeitung,* 8. Februar 2019, *https://www.sueddeutsche.de/kultur/greta-thunberg-klimawandel-1.4318665.*

59 Albert Link: »Klima-Alarm! EU warnt vor ›Aussterben der Menschheit‹«, Bild, 8. April 2019, *https://www.bild.de/politik/ausland/politik-ausland/hat-greta-recht-klima-studie-warnt-vor-aussterben-der-menschheit-61118092.bild.html.*

60 Nafeez Ahmed: »Neuer Klimabericht: Unsere Zivilisation könnte 2050 ›sehr wahrscheinlich‹ zusammenbrechen«, Vice, 4. Juni 2019, *neuer-klimabericht-unsere-zivilisation-konnte-2050-sehr-wahrscheinlich-zusammenbrechen.*

61 Michael Odenwald: » Schock-Prognose zur Klimakatastrophe: Mitte des Jahrhunderts ist die Menschheit am Ende«, *Focus Online,* 10. September 2019, *https://www.focus.de/wissen/klima/klimakatastrophe-forscher-sehen-menschheit-mitte-des-jahrhunderts-am-ende_id_10802940.html.*

62 Redaktion der B. Z.: »Globale Erwärmung – Ist die Menschheit in 30 Jahren am Ende?«, *B. Z. Berlin,* 6. Juni 2019, *https://www.bz-berlin.de/welt/globale-erwaermung-ist-die-menschheit-in-30-jahren-am-ende.*

63 Axel Springer SE: »Nobelpreisträger Joe Stiglitz: ›Der Klimawandel ist unser Dritter Weltkrieg‹«, *Welt,* 5. Juni 2019, *https://www.welt.de/wirtschaft/article194779809/Nobelpreistraeger-Joe-Stiglitz-Der-Klimawandel-ist-unser-Dritter-Weltkrieg.html.*

64 Marco Evers: »Hitzewelle in Deutschland und halb Europa – ›Die Hölle kommt‹«, *Der Spiegel* 27/2019, S. 104, *https://www.spiegel.de/plus/hitzewelle-in-deutschland-und-halb-europa-die-hoelle-kommt-a-00000000-0002-0001-0000-000164644698.*

65 Roland Tichy: »Vom großen Sprung zur großen Transformation – Klima – der neue Klassenkampf?«, *Tichys Einblick* 07/19, 13. Mai 2019, S. 52, *https://www.tichyseinblick.de/tichys-einblick/klima-der-neue-klassenkampf/.*

66 Roger Köppel: »Klima-Panik – Der Missbrauch des Klimawandels und seine Profiteure«, Weltwoche, 6. Juni 2019, *https://www.rogerköppel.ch/blog/weltwoche-editorial-23-19/.*

[67] George Orwell: *1984*, deutsche Ausgabe, S. 270.

[68] Ebd., S. 76, 78.

[69] Jan Fleischhauer: »Grüner Neusprech«, *Der Spiegel* 22/2019, S. 10, *https://magazin.spiegel.de/SP/2019/22/164076148/index.html?utm_source=spon&utm_campaign=centerpage.*

[70] Roland Tichy: »Klima – der neue Klassenkampf?«, *Tichys Einblick* 07/19, S. 14, auch unter: *https://www.tichyseinblick.de/tichys-einblick/klima-der-neue-klassenkampf/.*

[71] Vgl. Robert Habeck: *Wer wir sein könnten – Warum unsere Demokratie eine offene und vielfältige Sprache braucht,* Kiepenheuer&Witsch, Köln 2018.

[72] Ebd., S. 17 ff.

[73] Ebd., S. 33 ff.

[74] Ebd., S. 109 ff.

[75] Vgl. Matthias Matussek: »Der mit dem Wolf tanzt«, in: *Tichys Einblick* 09/19, S. 36

[76] In der Sendung *Bei Maischberger* (ARD) vom 5. Juni 2019: » SPD am Boden, CDU unter Druck: Ist die Regierung am Ende?«, *https://www.daserste.de/information/talk/maischberger/sendung/spd-am-boden-cdu-unter-druck-100.html.*

[77] Ebd.

[78] Jan Fleischhauer: »Grüner Neusprech«, *Der Spiegel* 22/2019, S. 10, *https://magazin.spiegel.de/SP/2019/22/164076148/index.html?utm_source=spon&utm_campaign=centerpage.*

[79] Zum Beispiel in der Sendung *Maybrit Illner* (ZDF) vom 6. Juni 2019: »GroKo in der Sackgasse – letzte Ausfahrt Neuwahl?«, *https://www.youtube.com/watch?v=WqqpI6YjJXM.*

[80] Wie selbst der saarländische Ministerpräsident Tobias Hans in der Sendung *Maybrit Illner* (ZDF) vom 13. Juni 2019 zugab: »SPD kopflos, CDU planlos – GroKo grün vor Neid?«; online einsehbar unter: *https://www.bing.com/videos/search?q=Maybrit+Illner+13.+Juni+2019&&view=detail&mid=EDF24E214DBEAB188357EDF24E214DBEAB188357&&FORM=VRDGAR.*

[81] Ebd.

[82] Vgl. *Der Spiegel* 29/2019, S. 17.

[83] Robert Habeck: *Wer wir sein könnten – Warum unsere Demokratie eine offene und vielfältige Sprache braucht,* Kiepenheuer&Witsch, Köln 2018, S. 30.

[84] Vgl. *Tichys Einblick* 08/19, S. 18.

[85] Ebd.

[86] Fritz Vahrenholt: »Die Realität untergräbt das Modell«, in: *Tichys Einblick* 08/19, S. 18, *https://www.tichyseinblick.de/kolumnen/klima-durchblick/co2-die-realitaet-untergraebt-das-modell/.*

[87] Ebd., S. 18 f.

[88] *dpa*: »Klimaforscher: Sturmfluten bis 2050 keine Gefahr für Norddeutschland«, *shz*, 27. Oktober 2017, *https://www.shz.de/18179056.*

[89] Umweltbundesamt: »Monitoringbericht 2015 zur Deutschen Anpassungsstrategie an den Klimawandel«, *https://www.umweltbundesamt.de/sites/default/files/medien/376/publikationen/monitoringbericht_2015_zur_deutschen_anpassungsstrategie_an_den_klimawandel.pdf.*

[90] »Report of the Forty-eighth Session of the IPCC«, Incheon, Republic of Korea, 1.–5. Oktober 2018, *https://www.ipcc.ch/site/assets/uploads/2018/12/final_report_p48.pdf.*

[91] Ansgar Neuhof: »Gretas Milliardäre – Millionen für den Klimaaufstand«, *Tichys Einblick*, 20. August 2019, *https://www.tichyseinblick.de/meinungen/gretas-milliardaere-millionen-fuer-den-klimaaufstand/.*

[92] Wissenschaftlicher Beirat der Bundesregierung Globale Umweltveränderungen (WBGU): »Welt im Wandel – Gesellschaftsvertrag für eine Große Transformation«, *http://www.acamedia.info/sciences/sciliterature/globalw/reference/wbgu/wbgu_jg2011-zusammenfassung.html.*

[93] *https://www.clubofrome.org/member/hans-joachim-schellnhuber/.*

[94] Heinrich Böll Stiftung: »Einleitung: Radikaler Realismus«, *https://www.boell.de/de/einleitung-radikaler-realismus?dimension1=ds_radicalrealism.*

[95] In: »Republik im Umbruch. Alte Rezepte, junger Protest«, Phoenix, ausgestrahlt am 4. Juli 2019, *https://www.youtube.com/watch?v=uxQcVfjQqVE.*

[96] IPCC Special Report: »Global Warming of 1.5 °C«, *https://www.ipcc.ch/sr15/.*

[97] Lorenz Jäger: »Die letzten Fortschrittsgläubigen«, 11. Dezember 2009, *faz*, *https://www.faz.net/aktuell/wissen/klima/klimaskeptiker-die-letzten-fortschrittsglaeubigen-1901995.html?printPagedArticle=true#pageIndex_0.*

[98] *Torial*: »Katharina Schwirkus«, *https://www.torial.com/katharina.schwirkus/disclosure.*

[99] Katharina Schwirkus: »Lasst uns die Köter abschaffen«, *Neues Deutschland*, 17. Juli 2019, *https://www.neues-deutschland.de/artikel/1123027.haustiere-lasst-uns-die-koeter-abschaffen.html?fbclid=IwARooDuvf7QFBhiAKYwyBzI34OtKGjI_Q8B1PSulhpA1ldyeooGCgidzwoTI.*

[100] Ebd.

[101] Ebd.

[102] Ebd.

[103] Ebd.

[104] Ebd.

[105] Ebd.

[106] Ebd.

[107] Vgl. Pressekonferenz des Umweltministeriums zum IPCC-Sonderbericht »Climate Change and Land«, Liveübertragung bei Phoenix am 8. August 2019, *https://programm.ard.de/TV/phoenix/phoenix-vor-ort--u-a--pressekonferenz-des-umweltministeriums-zum-ipcc-sonderbericht-zum-klimawandel/eid_287251888048882*.

[108] Florian Rötzer: »Britische Regierung erwägt persönliches CO2-Kontingent«, Telepolis, 9. November 2009, *https://www.heise.de/tp/news/Britische-Regierung-erwaegt-persoenliches-CO2-Kontingent-2004544.html*; *Telepolis* bezieht sich auf einen Artikel in der britischen *Times*, der jedoch nicht mehr online auffindbar ist.

[109] Ebd.

[110] Ebd.

Kapitel 3

[1] Greta Thunberg: »Rede an den UN-Generalsekretär auf der UN-Klimakonferenz in Kattowitz am 3. Dezember 2018«, in: Greta Thunberg: *Ich will, dass ihr in Panik geratet!*, Frankfurt a. M. 2019, S. 40.

[2] IfD Allensbach: »FAZ-Monatsberichte«, *https://www.ifd-allensbach.de/studien-und-berichte/faz-monatsberichte.html*.

[3] Nina Steindl, Corinna Lauerer, Thomas Hanitzsch: »Journalismus in Deutschland – Aktuelle Befunde zu Kontinuität und Wandel im deutschen Journalismus«, 2. Oktober 2017, *https://link.springer.com/article/10.1007%2Fs11616-017-0378-9*.

[4] Magreth Lünenborg, Simon Berghofer: »Politikjournalistinnen und -journalisten – Aktuelle Befunde zu Merkmalen und Einstellungen vor dem Hintergrund ökonomischer und technologischer Wandlungsprozesse im deutschen Journalismus«, *https://www.dfjv.de/documents/10180/178294/DFJV_Studie_Politikjournalistinnen_und_Journalisten.pdf*.

[5] Siegfried Weischenberg, Armin Scholl, Maja Malik: *Die Souffleure der Mediengesellschaft – Report über die Journalisten in Deutschland*, UVK, Konstanz 2006.

[6] Michael Rasch: »Das Herz des deutschen Journalisten schlägt links«, *Neue Zürcher Zeitung*, 8. November 2018, *https://www.nzz.ch/international/das-*

herz-des-deutschen-journalisten-schlaegt-links-ld.1434890.

7 *dpa*: »Medien politisch einseitig«, *Welt Online*, 2. Dezember 2016, *https://www.welt.de/regionales/bayern/article159912107/Medien-politisch-einseitig.html.*

8 Prof. Dr. Hans Mathias Kepplinger: »Ergrünte Journalisten«, *https://rotary.de/gesellschaft/ergruente-journalisten-a-14087.html.*

9 Tweet vom 26. Mai 2019, *https://twitter.com/BerlinReporter/status/1132762690190020608.*

10 *Tweet vom 26. Mai 2019, https://twitter.com/reitschuster/status/1132774065297661958?lang=de.*

11 *Time*, 31. Januar 1977, *http://content.time.com/time/magazine/0,9263,7601770131,00.html.*

12 *Time*, 24. Dezember 1979, *https://fr.picclick.be/Time-Magazine-Dec-24-1979-The-Cooling-America-293207019659.html.*

13 *Time*, 28. April 2008, *http://content.time.com/time/covers/0,16641,20080428,00.html.*

14 *Time*, 19. Oktober 1987, *http://content.time.com/time/magazine/article/0,9171,965776,00.html.*

15 *Der Spiegel*, 33/1986, Cover, *https://www.spiegel.de/spiegel/print/index-1986-33.html.*

16 *Bild*, Schlagzeile am 25. Januar 2010, *https://www.bild.de/news/2010/macht-winter-kaelter-11235432.bild.html.*

17 *Bild*, Schlagzeile am 3. Februar 2007, *https://www.hdg.de/lemo/bestand/objekt/druckgut-bild-weltklimabericht.html.*

18 *Bild*, Schlagzeile am 23. Februar 2007, Faksimile des Titelbildes (Archiv Grandt).

19 Michael Odenwald: »Trotz Klima-Erwärmung: Forscher sagen Mini-Eiszeit wie im Mittelalter voraus«, Focus Online, 20. Februar 2018, *https://www.focus.de/wissen/klima/klimaerwaermung/neue-eiszeit-neue-eiszeit_id_8487796.html.*

20 Ebd.

21 In der Sendung »Presseclub« (Phoenix) vom 16. Juni 2019.

22 Ebd.

23 Ebd.

24 Ebd.

25 Felix Bohr, Annette Bruhns, Vera Deleja-Hotko, Hubert Gude, Julia Amalia Heyer et al.: »Operation Kanzleramt – Wie die Grünen sich auf die Macht vorbereiten«, *Der Spiegel* 25/2019, 14. Juni 2019, *https://*

www.spiegel.de/plus/wie-die-gruenen-sich-auf-die-macht-vorbereiten-a-00000000-0002-0001-0000-000164407490.

[26] *Der Spiegel* 26/2019.

[27] Ebd.

[28] In der Sendung *Bei Maischberger* (ARD) am 5. Juni 2019, *https://www.youtube.com/watch?v=QcleTZA_cks.*

[29] Ebd.

[30] Ebd.

[31] *Tagesthemen* (ARD) vom 20. Juli 2019, zitiert auf: *https://www.focus.de/politik/deutschland/hamburg-in-den-tagesthemen-journalistin-laesst-klima-spruch-ab-der-die-zuschauer-sauer-macht_id_10945173.html.*

[32] Michael Grandt: *GEZ. Wie mit Zwangsgebühren Staatspropaganda finanziert wird und warum diese abgeschafft werden sollten,* Kopp Verlag, Rottenburg a. N. 2018.

[33] Leserbrief in: *Der Spiegel* 30/2019, S. 128.

[34] Til Biermann: »Klimawandel muss auf die Titelseiten – Axel-Springer-Chef interviewt ›Fridays for Future‹-Aktivistin«, *Bild,* 4. Juli 2019, *https://www.bild.de/politik/inland/politik-inland/klima-talk-fridays-for-future-aktivistin-und-axel-springer-chef-63067980.bild.html.*

Kapitel 4

[1] Reimund G., Leserbrief in *Tichys Einblick* 09/19, S. 9.

[2] Vgl. National Survey of Broadcast Meteorologists, Februar 2017; George Mason University, Fairfax, Climate Central, Princeton, Meteorlogical Society, Boston, zit. in: *Die Weltwoche*: »Klimawandel für die Schule« (Sonderheft), Juli 2019, S. 24.

[3] IPCC: »Climate Change and Land«, *https://www.ipcc.ch/report/srccl/.*

[4] Ebd.

[5] »Die Welt muss ihre Ess-Gewohnheiten ändern!«, *Bild Online,* 8. August 2019, *https://www.bild.de/politik/ausland/politik-ausland/weltklimarat-fordert-die-welt-muss-ihre-ess-gewohnheiten-aendern-63826290.bild.html.*

[6] Ebd.

[7] Vgl. Pressekonferenz des Umweltministeriums zum IPCC-Sonderbericht »Climate Change and Land«, Live-Übertragung bei Phoenix am 8. August 2019.

[8] Kathrin Witsch: »Zu teuer und politisch ungewollt – Die Biogas-Branche kämpft ums Überleben«, *Handelsblatt,* 21. November 2018, *https://*

www.handelsblatt.com/unternehmen/energie/energiewende-zu-teuer-und-politisch-ungewollt-die-biogas-branche-kaempft-ums-ueberleben/23658942.html?ticket=ST-4638138-JhiPHCwQJErThikTeKCf-ap6.

9 Axel Bojanowski: »Missglückter Forscher-Aufruf zum Uno-Klimagipfel – Die 97-Prozent-Falle«, *Spiegel Online*, 23. September 2014, *https://www.spiegel.de/wissenschaft/natur/klimawandel-97-prozent-konsens-bei-klimaforschern-in-der-kritik-a-992213.html.*

10 Vgl. John Cook: »97 hours of consensus: caricatures and quotes from 97 scientists, *Skeptical Science*, 7. September 2014, *https://skepticalscience.com/97-hours-of-consensus-caricatures-quotes-from-97-scientists.html.*

11 Axel Bojanowski: »Missglückter Forscher-Aufruf zum Uno-Klimagipfel – Die 97-Prozent-Falle«, *Spiegel Online*, 23. September 2014, *https://www.spiegel.de/wissenschaft/natur/klimawandel-97-prozent-konsens-bei-klimaforschern-in-der-kritik-a-992213.html;* John Cook, Dana Nuccitelli et al.: »Quantifying the consensus on anthropogenic global warming in the scientific literature«, *IOP Science*, 15. Mai 2013, *https://iopscience.iop.org/article/10.1088/1748-9326/8/2/024024.*

12 Ebd.

13 Ebd.

14 Ebd.; John Cook, Dana Nuccitelli et al.: »Quantifying the consensus on anthropogenic global warming in the scientific literature«, *IOP Science*, 15. Mai 2013, *https://iopscience.iop.org/article/10.1088/1748-9326/8/2/024024.*

15 Victor Venema: »Five reasons scientists do not like the consensus on climate change«, *Variable Variability*, 22. Juni 2014, *http://variable-variability.blogspot.com/2014/06/scientists-consensus-climate-change.html.*

16 Richard Toll: »The claim of a 97% consensus on global warming does not stand up«, *The Guardian*, 6. Juni 2014, *https://www.theguardian.com/environment/blog/2014/jun/06/97-consensus-global-warming.*

17 Vgl. Alex Baur: »Der 97-Prozent-Mythos«, in: *Die Weltwoche*, Nr. 12 (2019)| vom 21. März 2019, *https://www.weltwoche.ch/ausgaben/2019-12/artikel/der-97-prozent-mythos-die-weltwoche-ausgabe-12-2019.html.*

18 Ebd.

19 Vgl. Öffentliches Fachgespräch zum Thema: CO_2-Bepreisung, Umweltausschuss am 3. April 2019, *https://www.bundestag.de/ausschuesse/a16_umwelt/oeffentliche_anhoerungen/oeffentliches-fachgespraech-38-sitzung-CO_2-bepreisung-627692.*

20 Ebd.

21 Ebd.

[22] Stefan Schultz: »Wie die Erde noch zu retten ist«, *Spiegel Online*, 15. Dezember 2018, *https://www.spiegel.de/wirtschaft/soziales/uno-klimagipfel-in-katowice-wie-der-planet-noch-zu-retten-ist-a-1243005.html*.

[23] Holger Dambeck: »Uns geht die Zeit aus«, *Spiegel Online*, 8. November 2018, *https://www.spiegel.de/wissenschaft/natur/klimagipfel-kattowitz-uns-geht-bei-der-klimadiplomatie-die-zeit-aus-a-1237234.html*.

[24] Christiana Figueres, Hans Joachim Schellnhuber et al.: »Three years to safeguard our climate«, *nature*, 28. Juni 2017, *https://www.nature.com/news/three-years-to-safeguard-our-climate-1.22201*.

[25] Holger Dambeck: »CO_2-Budget der Menschheit – Leben am Limit«, *Spiegel Online*, 28. September 2017, *https://www.spiegel.de/wissenschaft/natur/klimawandel-streit-um-CO_2-budget-der-menschheit-a-1170186.html*.

[26] Christian Pfister, Umwelt- und Klimahistoriker, in: *Die Weltwoche: Klimawandel für die Schule* (Sonderheft), Juli 2019, S. 26, *https://www.windwahn.com/2019/07/21/weltwoche-sonderheft-klimawandel-fuer-die-schule/*.

[27] Vgl. Sherwood B. Idso: »Plant Responses to Rising Levels of Atmospheric Carbon Dioxide«, in: *Global Warming Report*, European Science and Environment Forum (ESEF), London 1996.

[28] *Der Spiegel* 36/2019, S. 18.

[29] Josep G.. Canadel, Corinne Le Quéré et al.: »Contributions to accelerating atmospheric CO_2 growth from economic activity, carbon intensity, and efficiency of natural sinks«, PNAS, 20. November 2007, *https://www.pnas.org/content/104/47/18866*; jede Studie gibt jedoch leicht höhere oder niedrigere Zahlen an, die sich im Mittel in etwa gleichen.

[30] »Vital Climate Graphics: The present carbon cycle«, UNO environment, 2001, *http://www.grida.no/publications/79*.

[31] Katarina Huth: »Doch, CO2-Emissionen haben Einfluss auf das Klima«, *Faktencheck*, 14. August 2019, *https://correctiv.org/faktencheck/wirtschaft-und-umwelt/2019/08/14/doch-CO2-emissionen-haben-einfluss-auf-das-klima*.

[32] Vgl. Grafik in: *Express-Zeitung* 27/2019, S. 8.

[33] Vgl. Holger Douglas: *Mit Vollgas gegen die Natur – Wie Umweltschutz zum Ökowahn wird*, Neusatz Verlag, Stuttgart 2018; sowie *Tichys Einblick* 08/19, S. 25.

[34] Vgl. Fritz Vahrenholt: »Der ›Klimakiller‹ macht die Erde grüner«, in: *Tichys Einblick* 09/19, S. 56.

[35] Vgl. Schaubild: »Grüne Biomasse nimmt zu«, in: *Geophysical Research Letter*, zit.: in: Ebd.

[36] Vahrenholt, S. 56.

[37] Sara E. Mikaloff Fletcher, Hinrich Schaefer: »Rising methane: A new climate challenge«, *Science*, 7. Juni 2019, *https://science.sciencemag.org/content/364/6444/932*.

[38] Ebd.

[39] Thorsten Dambeck: »Methan – die unterschätzte Gefahr«, *Spiegel Online*, 6. Juni 2019, *https://www.spiegel.de/wissenschaft/mensch/klimawandel-methan-die-unterschaetzte-gefahr-a-1271189.html*.

[40] »Sky-high carbon tax needed to avoid climate catastrophe, say experts«, *The Guardian*, 29. Mai 2017, *https://www.theguardian.com/environment/2017/may/29/sky-high-carbon-tax-needed-to-avoid-catastrophic-global-warming-say-experts*.

[41] Carbon Pricing Leadership Coalition (CPLC): »Report of the High-Level Commission on Carbon Prices«, *https://www.carbonpricingleadership.org/report-of-the-highlevel-commission-on-carbon-prices*.

[42] Stefan Schultz: »Klimagipfel in Katowice – Wie die Erde noch zu retten ist«, *Spiegel Online*, 15. Dezember 2018, *https://www.spiegel.de/wirtschaft/soziales/uno-klimagipfel-in-katowice-wie-der-planet-noch-zu-retten-ist-a-1243005.html*.

[43] Ebd.

[44] Christian Bartsch: »Jenseits der Klimaschlagzeilen – Das sensiblere Bewusstsein als Chance begreifen«, *Frankfurter Allgemeine*, 24. Juli 2007, *https://www.faz.net/aktuell/wissen/klima/jenseits-der-klimaschlagzeilen-das-sensiblere-bewusstsein-als-chance-begreifen-1460454.html*.

[45] Axel Bojanowski: »UNO-Verhandlungen – Der Klimabasar ist eröffnet«, *Spiegel Online*, 23. September 2013, *https://www.spiegel.de/wissenschaft/natur/klimareport-2013-verhandlungen-zum-ipcc-bericht-in-stockholm-a-923828.html*.

[46] Homepage des IPCC: *https://www.ipcc.ch/*.

[47] Booker, North: »Fragen zu den Geschäften des UNO-Klimarettungs-Gurus Dr. Rajendra Pachauri«, Europäisches Institut für Klima & Energie (EIKE), 22. Dezember 2009, *https://www.eike-klima-energie.eu/2009/12/22/fragen-zu-den-geschaeften-des-uno-klimarettungs-gurus-dr-rajendra-pachauri/*.

[48] Ulli Kulke: »Chef des Klimarats wegen Nebenjobs im Fokus«, *Welt Online*, 22. Dezember 2009, *https://www.welt.de/wissenschaft/umwelt/article5611640/Chef-des-Weltklimarats-wegen-Nebenjobs-im-Fokus.html*.

[49] Ebd.

[50] Ebd.; ein Dementi des IPCC oder Pachauris ist nicht bekannt. Die entsprechende Anfrage von *Welt Online* blieb bislang unbeantwortet.

[51] Vidhi Doshi: »Rajendra Pachauri: third woman accuses ex-IPCC chair of sexual advances«, *The Guardian*, 31. März 2016, *https://www.theguardian.com/environment/2016/mar/31/rajendra-pachauri-third-woman-accuses-ex-ipcc-chair-sexual-advances-un*; »TERI's internal panel finds RK Pachauri guilty in sexual harassment case«, *Deccan Chronicle*, 28. Mai 2015, *http://www.deccanchronicle.com/150528/nation-current-affairs/article/teris-internal-panel-finds-rk-pachauri-guilty-sexual*; »Sexual harassment case against R. K. Pachauri heads to trial«, *Mumbai Press*, 20. Oktober 2018, *https://mumbaipress.com/sexual-harassment-case-against-r-k-pachauri-heads-to-trial/*.

[52] Ebd.

[53] Dies wurde zugegeben von Staatssekretär Georg Schütte (Bundesministerium für Umwelt und Forschung); vgl. Pressekonferenz des Umweltministeriums zum IPCC-Sonderbericht »Climate Change and Land«, Live-Übertragung bei Phoenix am 8. August 2019, *https://www.youtube.com/watch?v=zS4z3xNBVto*.

[54] Vgl. *stx, ap, dpa*: »Klimakatastrophe – So kann sie die Welt noch retten!«, *Spiegel Online*, 4. Mai 2007, *https://www.spiegel.de/wissenschaft/mensch/klimakatastrophe-so-kann-sich-die-welt-noch-retten-a-481024.html*.

[55] Ebd.

[56] Umweltbundesamt: »Neue Erkenntnisse aus dem IPCC-Sonderbericht über 1,5 °C globale Erwärmung«, Dokumentation des UBA-Webinars vom 26. Oktober 2018, *https://www.umweltbundesamt.de/publikationen/neue-erkenntnisse-aus-dem-ipcc-sonderbericht-ueber*.

[57] Axel Bojanowski: »Wahn der Weltverbesserer, Teil 2«, *Spiegel Online*, 14. März 2013, *https://www.spiegel.de/wissenschaft/natur/klimaforschung-streit-um-die-hockeyschlaeger-grafik-a-886334.html*.

[58] Hartmut Wewetzer: »Der menschengemachte Klimawandel ist keine Verschwörung«, *Zeit Online*, 4. Dezember 2009, *https://www.zeit.de/meinung/2009-12/kommentar-klimaforscher-skeptiker*.

[59] Vgl. *stx, ap, dpa*: »Klimakatastrophe – So kann sie die Welt noch retten!«, *Spiegel Online*, 4. Mai 2007, *https://www.spiegel.de/wissenschaft/mensch/klimakatastrophe-so-kann-sich-die-welt-noch-retten-a-481024.html*.

[60] Ebd.

[61] Ebd.

[62] Axel Bojanowski: »Widersprüchliche Prognosen – Forscher entdecken Unstimmigkeiten im Uno-Klimabericht«, *Spiegel Online*, 6. Oktober 2013, *https://www.spiegel.de/wissenschaft/natur/vorhersagen-im-5-ipcc-bericht-2013-kritik-am-uno-klimareport-a-926348.html*.

63 Vgl. Josep G. Canadell, Corinne Le Quéré, Michael R. Raupach et al.: »Contributions to accelerating atmospheric CO_2 growth from economic activity, carbon intensity, and efficiency of natural sinks«, PNAS, 20. November 2007, *https://www.pnas.org/content/104/47/18866*.

64 Axel Bojanowski: »Widersprüchliche Prognosen – Forscher entdecken Unstimmigkeiten im Uno-Klimabericht«, *Spiegel Online*, 6. Oktober 2013, *https://www.spiegel.de/wissenschaft/natur/vorhersagen-im-5-ipcc-bericht-2013-kritik-am-uno-klimareport-a-926348.html*.

65 Ebd.

66 Axel Bojanowski: »Zahlungen von Energiekonzernen verschwiegen – Klimaforscher unter Verdacht«, *Spiegel Online*, 24. Februar 2015, *https://www.spiegel.de/wissenschaft/natur/klimaforscher-willie-soon-vorwuerfe-wegen-finanzierung-a-1020094.html*.

67 NASA: »GISS Surface Temperature Analysis (v3)«, *https://data.giss.nasa.gov/gistemp/graphs_v3/*.

68 Axel Bojanowski: »Klimawandel ändert unsere Welt grundlegend«, *Spiegel Online*, 27. September 2013, *https://www.spiegel.de/wissenschaft/natur/klima-5-ipcc-report-des-uno-klimarats-in-stockholm-2013-a-924789.html*.

69 NASA: »GISS Surface Temperature Analysis (v3)«, *https://data.giss.nasa.gov/gistemp/graphs_v3/*.

70 Axel Bojanowski: »Widersprüchliche Prognosen – Forscher entdecken Unstimmigkeiten im Uno-Klimabericht«, *Spiegel Online*, 6. Oktober 2013, *https://www.spiegel.de/wissenschaft/natur/vorhersagen-im-5-ipcc-bericht-2013-kritik-am-uno-klimareport-a-926348.html*.

71 Axel Bojanowski: »Klimawandel – Forscher erklären Pause der Erderwärmung«, *Spiegel Online*, 3. Mai 2017, *https://www.spiegel.de/wissenschaft/natur/klimawandel-forscher-erklaeren-pause-der-erderwaermung-a-1145956.html*.

72 Ebd.

73 Iselin Medhaug, Martin B. Stolpe, Erich M. Fischer, Reto Knutti: »Reconciling controversies about the ›global warming hiatus‹«, *Nature*, 3. Mai 2017, *https://www.nature.com/articles/nature22315*.

74 Axel Bojanowski: »Klimawandel – Forscher erklären Pause der Erderwärmung«, *Spiegel Online*, 3. Mai 2017, *https://www.spiegel.de/wissenschaft/natur/klimawandel-forscher-erklaeren-pause-der-erderwaermung-a-1145956.html*.

75 Ebd.

76 Ebd.

[77] Axel Bojanowski: »Widersprüchliche Prognosen – Forscher entdecken Unstimmigkeiten im Uno-Klimabericht«, *Spiegel Online*, 6. Oktober 2013, *https://www.spiegel.de/wissenschaft/natur/vorhersagen-im-5-ipcc-bericht-2013-kritik-am-uno-klimareport-a-926348.html.*

[78] Ebd.

[79] Ebd.

[80] Axel Bojanowski: »Führender Forscher verlässt Spitze des Welt-Klimarats«, *Spiegel Online*, 26. März 2014, *https://www.spiegel.de/wissenschaft/natur/streit-um-ipcc-klimabericht-der-uno-richard-tol-ruecktritt-a-960818.html.*

[81] Ebd.

[82] Ebd.

[83] Axel Bojanowski: »CO2-Debatte verzögert Klimaverhandlungen«, *Spiegel Online*, 26. September 2013, *https://www.spiegel.de/wissenschaft/natur/uno-klimareport-ipcc-verhandlungen-in-stockholm-schwierig-a-924728.html.*

[84] Axel Bojanowski, Olaf Stampf, Gerald Traufetter: »Ratloses Orakel«, *Der Spiegel* 39/2013, 21. September 2013, *https://www.spiegel.de/spiegel/print/d-113750868.html.*

[85] Ebd.

[86] Ebd.

[87] Ebd.

[88] Ebd.

[89] Ebd.

[90] Axel Bojanowski: »CO2-Debatte verzögert Klimaverhandlungen«, *Spiegel Online*, 26. September 2019, *https://www.spiegel.de/wissenschaft/natur/uno-klimareport-ipcc-verhandlungen-in-stockholm-schwierig-a-924728.html.*

[91] IPCC: *Climate Change 2014, Synthesis Report, https://www.ipcc.ch/site/assets/uploads/2018/05/SYR_AR5_FINAL_full_wcover.pdf.*

[92] Axel Bojanowski: »Beim Weltklimarat geht Alarm vor Genauigkeit«, *Spiegel Online*, 2. November 2014, *https://www.spiegel.de/wissenschaft/natur/klimawandel-finaler-bericht-des-ipcc-a-1000432.html.*

[93] Ebd.

[94] IPCC: *Climate Change 2013: The Physical Science Basis, https://www.ipcc.ch/report/ar5/wg1/.*

[95] Ebd., S. 432 ff. im 1. Teil und S. 280.

[96] IPCC: *Climate Change 2014, Synthesis Report, https://www.ipcc.ch/site/assets/uploads/2018/05/SYR_AR5_FINAL_full_wcover.pdf.*

[97] Ebd.; siehe auch Axel Bojanowski: »Beim Weltklimrat geht Alarm vor

Genauigkeit«, *Spiegel Online*, 2. November 2014, *https://www.spiegel.de/wissenschaft/natur/klimawandel-finaler-bericht-des-ipcc-a-1000432.html.*

[98] Ebd.

[99] Axel Bojanowski: »Folgen der Erwärmung – UNO tilgt Hoffnung aus Klimareport«, *Spiegel Online*, 18. Oktober 2014, *https://www.spiegel.de/wissenschaft/natur/un-klimabericht-korrektur-im-uno-klimareport-ipcc-zu-wirtschaft-a-997906.html.*

[100] Bob Ward: »IPCC corrects claim suggesting climate change would be good for the economy«, *The Guardian*, 17. Oktober 2014, *https://www.theguardian.com/environment/2014/oct/17/ipcc-corrects-claim-suggesting-climate-change-would-be-good-for-the-economy.*

[101] Der Report von 2013.

[102] Axel Bojanowski: »Forscher entdecken Unstimmigkeiten im UNO-Klimabericht«, *Spiegel Online*, 6. Oktober 2013, *https://www.spiegel.de/wissenschaft/natur/vorhersagen-im-5-ipcc-bericht-2013-kritik-am-uno-klimareport-a-926348.html.*

[103] Ebd.

[104] Ebd.

[105] Homepage von Edelgard Bulmahn, *https://edelgard-bulmahn.de/content/00411.php.*

[106] Bundesministerium für Bildung und Forschung (Hrsg.): »Herausforderung Klimawandel«, Berlin 2003, S. 53 f., *http://www.mpimet.mpg.de/fileadmin/staff/claussenmartin/publications/bmbf-klimawandel.pdf.*

[107] Ebd.

[108] Ebd.

[109] A. Wesselink, R. Hoppe: »If Post-Normal Science is the Solution, What is the Problem?: The Politics of Activist Environmental Science«, in: *Science, Technology, & Human Values* 36.3, Mai 2011, S. 389–412, *https://journals.sagepub.com/doi/10.1177/0162243910385786.*

[110] Jürgen Koller: »Postnormale oder Postmoderne Wissenschaft – Eine Betrachtung«, *http://www.tabvlarasa.de/45/Koller.php.*

[111] Justin Gerlach: »Short-term climate change and the extinction of the snail *Rhachistia aldabrae* (Gastropoda: Pulmonata)«, The Royal Society, 31. Juli 2007, *https://royalsocietypublishing.org/doi/abs/10.1098/rsbl.2007.0316.*

[112] Axel Bojanowski: »Angeblich ausgestorben – Schnecke blamiert Wissenschaftler«, *Spiegel Online*, 20. September 2014, *https://www.spiegel.de/wissenschaft/natur/schnecke-rhachistia-aldabrae-auf-den-seychellen-nicht-ausgestorben-a-992780.html.*

[113] Ben Webster: » Snail 'wiped out by climate change' is alive and well«, *The Times*, 20. September 2014, *https://www.thetimes.co.uk/article/snail-wiped-out-by-climate-change-is-alive-and-well-b32v7v679k5*.

[114] Axel Bojanowski: »Angeblich ausgestorben – Schnecke blamiert Wissenschaftler«, *Spiegel Online*, 20. September 2014, *https://www.spiegel.de/wissenschaft/natur/schnecke-rhachistia-aldabrae-auf-den-seychellen-nicht-ausgestorben-a-992780.html*.

[115] Ebd.; siehe auch Ben Webster: »Snail 'wiped out by climate change' is alive and well«, *The Times*, 20. September 2014, *https://www.thetimes.co.uk/article/snail-wiped-out-by-climate-change-is-alive-and-well-b32v7v679k5*.

[116] Ebd.

[117] Christine Keller, Angela Braun: »Zugspitz-Rekord: So hoch lag der Schnee fast 40 Jahre nicht«, *BR24*, 2. Juni 2019, *https://www.br.de/nachrichten/bayern/zugspitz-rekord-so-hoch-lag-der-schnee-fast-40-jahre-nicht,RS24BjL*.

[118] Zit. in: *Science* und *Tichys Einblick* 08/19, S. 23.

[119] Zit. in: Peter James Spielmann: »U. N. Predicts Disaster if Global Warming Not Checked«, *AP News*, 30. Juni 1989, *https://www.apnews.com/bd45c372caf118ec99964ea547880cdo*.

[120] Joe: »Meeresspiegelanstieg – Maximal 2,38 Meter bis zum Jahr 2100«, *Spiegel Online*, 21. Mai 2019, *https://www.spiegel.de/wissenschaft/natur/meeresspiegel-koennte-deutlich-staerker-als-erwartet-ansteigen-a-1268497.html*.

[121] Jonathan L. Bamber, Michael Oppenheimer, Robert E. Kopp et al.: »Ice sheet contributions to future sea-level rise from structured expert judgment«, PNAS, 4. Juni 2019, *https://www.pnas.org/content/116/23/11195*.

[122] Kathy Wren: »Marcia McNutt Named New Editor-in-Chief of Science«, AAAS (American Association for the Advancement of Science), 1. April 2013, *https://www.aaas.org/news/marcia-mcnutt-named-new-editor-chief-science*.

[123] The White House, Office of the Press Secretary: »President Obama Announces More Key Administration Posts«, 16. Januar 2017, *https://obamawhitehouse.archives.gov/the-press-office/2017/01/16/president-obama-announces-more-key-administration-posts*.

[124] tis/AFP: »Barack Obama über den Klimawandel: ›Es geschieht genau jetzt‹«, *Stern*, 4. April 2019 *https://www.stern.de/politik/ausland/barack-obama-ueber-den-klimawandel---es-geschieht-genau-jetzt--8653626.html*.

[125] Zit. in: F. William Engdahl: »Die dunkle Wahrheit hinter Erwärmung und Klimawandel«, in: *Kopp exklusiv* 43/18, S. 5 ff.

Kapitel 5

[1] Christian Ortner: »Hilfe, die Deutschen sind (wieder einmal) verrückt geworden, *Die Presse,* 1. August 2019, *https://diepresse.com/home/meinung/quergeschrieben/christianortner/5668357/Hilfe-die-Deutschen-sind-wieder-einmal-verrueckt-geworden.*

[2] Philipp Gut: »Erdbeeren im Januar«; hierin wird der Umwelt- und Klimahistoriker Christian Pfister zitiert, in: *Die Weltwoche: Klimawandel für die Schule* (Sonderheft), Juli 2019, S. 26 f., auch online: *https://www.weltwoche.ch/ausgaben/2019-28/artikel/erdbeeren-im-januar-die-weltwoche-ausgabe-28-2019.html.*

[3] Meteo Uni Bonn: »Victor Venema«, *https://www2.meteo.uni-bonn.de/mitarbeiter/venema/.*

[4] Victor Venema: »Variable Variability«, *http://variable-variability.blogspot.com/2014/06/scientists-consensus-climate-change.html.*

[5] Christoph Gunkel: »Rekordsommer 2003 – Die vergessene Jahrhundertkatastrophe«, *Spiegel Online,* 31. Juli 2013, *https://www.spiegel.de/einestages/jahrhundertsommer-2003-eine-der-groessten-naturkatastrophen-europas-a-951214.html.*

[6] J. M. Robine, S. L. Cheung, S. Le Roy et al.: »Report on excess mortality in Europe during summer 2003«, *http://ec.europa.eu/health/ph_projects/2005/action1/docs/action1_2005_a2_15_en.pdf.*

[7] mbe/AP: »Statistik-Studie – Hitze-Sommer 2003 hat 70 000 Europäer getötet«, *Spiegel Online,* 23. März 2007, *https://www.spiegel.de/wissenschaft/mensch/statistik-studie-hitze-sommer-2003-hat-70-000-europaeer-getoetet-a-473614.html.*

[8] Christoph Gunkel: »Rekordsommer 2003 – Die vergessene Jahrhundertkatastrophe«, *Spiegel Online,* 31. Juli 2013, *https://www.spiegel.de/einestages/jahrhundertsommer-2003-eine-der-groessten-naturkatastrophen-europas-a-951214.html.*

[9] Tote durch Kälte/jeweils tiefste Temperatur; Grafik der *Austria Presse Agentur* (APA) vom 6. Februar 2012 (Grafik ist im Internet nicht mehr auffindbar).

[10] WMO Regional Climate Centres: »Cold spell in Europe and Asia in late winter 2011/2012«, *https://web.archive.org/web/20120510132208/http://www.wmo.int/pages/mediacentre/news/documents/dwd_2012_report.pdf.*

[11] Holger Dambeck: »CO_2-Budget der Menschheit – Leben am Limit«, *Spiegel Online,* 28. September 2017, *https://www.spiegel.de/wissenschaft/*

natur/klimawandel-streit-um-CO2-budget-der-menschheit-a-1170186.html.

[12] John McLean: *An Audit of the Creation and Content of the HadCRUT4 Temperature Dataset plus the investigation of three other contemporary climate issues*, James Cook University, 2017, *https://researchonline.jcu.edu.au/52041/1/52041-mclean-2017-thesis.pdf*; siehe auch: *https://wattsupwiththat.com/2018/10/11/bombshell-audit-of-global-warming-data-finds-it-riddled-with-errors/.*

[13] Ebd.

[14] Ebd.

[15] Zit. in: F. William Engdahl: »Die dunkle Wahrheit hinter Erderwärmung und Klimawandel«, in: *Kopp exklusiv* 43/18, S. 8.

[16] Vgl. Richard S. Lindzen: *Global Warming and Eugenics*, Oxford University Press, New York 1996, *http://www-eaps.mit.edu/faculty/lindzen/180_Eugenics.pdf.*

[17] Zit. in: F. William Engdahl: »Die dunkle Wahrheit hinter Erderwärmung und Klimawandel«, in: *Kopp exklusiv* 43/18, S. 8.

[18] Greenpeace: »Dealing in Doubt: The Climate Denial Industry and Climate Science«, *https://www.greenpeace.org/archive-international/Global/international/planet-2/report/2010/3/dealing-in-doubt.pdf.*

[19] Global Warning Petition Project, *http://www.petitionproject.org/.*

[20] Hier die Namensliste der Unterzeichner: *http://www.petitionproject.org/signers_by_last_name.php.*

[21] Arthur B. Robinson, Noah E. Robinson, Willie Soon: »Environmental Effects of Increased Atmospheric Carbon Dioxide«, *http://www.petitionproject.org/gw_article/GWReview_OISM300.pdf.*

[22] Benedikt Herber: »Eine stetige Quelle der Wut«, *Zeit Online*, 17. September 2017, *https://www.zeit.de/2017/38/epoch-times-afd-alternativmedium/komplettansicht.*

[23] *Klimafakten.de*: »Neuer Faktencheck: Die sogenannte ›Oregon-Petition‹ – geschicktes Spiel mit falschen Experten«, *https://www.klimafakten.de/meldung/neuer-faktencheck-die-sogenannte-oregon-petition-geschicktes-spiel-mit-falschen-experten.*

[24] *Klimafakten.de*: »Gibt es wirklich einen Klimawandel?«, *https://www.klimafakten.de/behauptungen/behauptung-31000-wissenschaftler-oregon-petition-hypothese-klimawandel-menschgemacht-erderwaermung-falsch.*

[25] Redaktion: »Cima, una petizione controcorrente«, *l'Opinione delle libertà*, 19. Juni 2019, *http://www.opinione.it/cultura/2019/06/19/redazione_*

riscaldamento-globale-antropico-clima-inquinamento-uberto-crescenti-antonino-zichichi/.

[26] Die weiteren Unterzeichner: Ebd. am Ende der Seite.

[27] Ebd.

[28] J. Kauppinen, P. Malmi: »New Paper – No experimental evidence for the significant anthropogenic climate change«, 29. Juni 2019, *https://arxiv.org/pdf/1907.00165.pdf.*

[29] Ebd.

[30] Ebd.

[31] Ebd.

[32] Ebd.

[33] Ebd.

[34] Zhu Zaichun, Piao Shilong, Zeng Ning: »Greening of the Earth and its drivers«, in: Nature Climate Change volume 6, S. 791–795 (2016); sowie R. Myneni: »Unser blauer Planet wird grüner – Steigender Kohlendioxid-Gehalt der Luft fördert das Pflanzenwachstum«, Boston University, 26. April 2016, *https://www.scinexx.de/news/geowissen/unser-blauer-planet-wird-gruener/.*

[35] Fiona Kobusingye: »Klimarevolte in Afrika! Die wahre Klimakrise von Afrika«, *http://www.naiaonline.org/pdfs/africas_real_climate_crisis.pdf.*

[36] Ebd.

[37] Ebd.

[38] Ebd.

[39] Ebd.

[40] Ebd.

[41] Ebd.

[42] Ebd.

[43] *Maybrit Illner* (ZDF), Sendung vom 2. Mai 2019.

[44] *Bild*: »Politik und Wirtschaft zweifeln am Ausstieg – Kommt Atomstrom zurück, um das Klima zu retten?«, 5. Juni 2019, *https://www.bild.de/politik/inland/politik-inland/atomstrom-politik-und-wirtschaft-zweifeln-am-atomausstieg-62435982.bild.html.*

[45] Ebd.

[46] Ebd.

[47] Ebd.

[48] A. Breitkopf: »Anzahl der geplanten Atomreaktoren in ausgewählten Ländern weltweit im Juli 2019«, Statista, 9. August 2019, *https://de.statista.com/statistik/daten/studie/157767/umfrage/anzahl-der-geplanten-atomkraftwerke-in-verschiedenen-laendern/.*

[49] Ebd.

[50] Vgl. »TAR Climate Change 2001: The Scientific Basis«, *https://www.ipcc.ch/report/ar3/wg1/.*

[51] Michael Krüger: »Klimanews – Weinbau und Klimageschichte in Britannien«, 24. Dezember 2008, *https://klimakatastrophe.wordpress.com/2008/12/28/weinbau-und-klimageschichte-in-britannien/*; sowie David Keys: »Veni, vidi, viticulture – remains of Roman vineyards found in UK«, *Independent,* 16. November 1999, *https://www.independent.co.uk/news/science/veni-vidi-viticulture-remains-of-roman-vineyards-found-in-uk-738723.html.*

[52] stx: »800 000 Jahre altes Erbgut – Grönland war Grünland«, *Spiegel Online,* 6. Juli 2007, *https://www.spiegel.de/wissenschaft/natur/800-000-jahre-altes-erbgut-groenland-war-gruenland-a-492626.html.*

[53] John Cook: »Behauptung: ›Der Klimawndel ist nicht Ursache, sondern Folge des Klimawandels‹«, *Klimafakten.de,* Juni 2010, *https://www.klimafakten.de/behauptungen/behauptung-der-co2-anstieg-ist-nicht-ursache-sondern-folge-des-klimawandels.*

[54] Ebd.

[55] »Wo findet man Wasser? – Die Verteilung des Wassers auf der Erde«, *https://www3.hhu.de/biodidaktik/WasserSek_I/wo_findet_man_wasser/dateien/wasser_auf_der_erde.html.*

Kapitel 6

[1] »Sachsen-Ministerpräsident Kretschmer zur Klimaschutz-Debatte: ›Die Regierung macht den Leuten Angst‹«, *Bild Online,* 26. September 2019, *https://www.bild.de/politik/inland/politik-inland/kretschmer-zu-klimaschutz-debatte-die-regierung-macht-den-leuten-angst-63657254.bild.html.*

[2] Roger Köppel: »Klima-Panik – Der Missbrauch des Klimawandels und seine Profiteure«, *Weltwoche Editorial,* 6. Juni 2019, *https://www.rogerköppel.ch/blog/weltwoche-editorial-23-19/.*

[3] Ebd.

[4] Claus Hecking: »Konferenz in Katowice – Finanzkonzerne wollen Regierungen zu mehr Klimaschutz zwingen«, *Spiegel Online,* 9. Dezember 2018, *https://www.spiegel.de/wirtschaft/unternehmen/klimakonferenz-in-katowice-finanzkonzerne-fordern-regierungen-zum-handeln-auf-a-1242765.html.*

[5] Ebd.

[6] Ebd.

[7] Sein Gastbeitrag in der *Financial Times*, zit. in: *Der Spiegel* 29/2019, S. 13.

[8] Quelle: Forum Nachhaltige Geldanlagen, in: *Der Spiegel* 31/2019, S. 57.

[9] Vgl. Birgit Stöger: »Geld verdienen mit ›Fridays for Future‹«, in: *Kopp exklusiv* 32/19, S. 3.

[10] Ebd.

[11] »Nachhaltige Investments: Wo könnte Greta Thunberg jetzt investieren?«, *Ökoworld*, 18. Juli 2019, *https://www.oekoworld.com/privatkunden/news-presse/news/details/nachhaltige-investments-wo-koennte-greta-thunberg-jetzt-investieren-comdirect-magazin*, bezogen auf einen Artikel bei *comdirect magazin*.

[12] Stefan Schultz: »Wie die Erde noch zu retten ist«, *Spiegel Online*, 15. Dezember 2018, *https://www.spiegel.de/wirtschaft/soziales/uno-klimagipfel-in-katowice-wie-der-planet-noch-zu-retten-ist-a-1243005.html*.

[13] »Pricing Carbon«, The Worldbank, Juni 2019, *http://www.worldbank.org/en/programs/pricing-carbon*.

[14] Stefan Schultz: »Klimagipfel in Katowice – Wie die Erde noch zu retten ist«, *Spiegel Online*, 15. Dezember 2018, *https://www.spiegel.de/wirtschaft/soziales/uno-klimagipfel-in-katowice-wie-der-planet-noch-zu-retten-ist-a-1243005.html*.

[15] Jan Ross: »Verschont uns!« (*Die Zeit* vom 26. Mai 2011), in: Christoph Amend, Patrik Schwarz (Hrsg.): *Die Grünen – Das Buch*, Edel Germany, Hamburg 2011, S. 80.

[16] Andreas von Rétyi: »Die verkappte ›Luftsteuer‹: Unser Leben – bald unbezahlbar«, in: *Kopp exklusiv* 19/19, S. 8.

[17] Umfrage *YouGov* vom Juni 2019.

[18] Ebd.

[19] Vgl. *Presseclub* (ARD/Phoenix), Sendung vom 16. Juni 2019.

[20] Andreas von Rétyi: »Die verkappte ›Luftsteuer‹: Unser Leben – bald unbezahlbar«, in: *Kopp exklusiv* 19/19, S. 8.

[21] *Der Spiegel* 29/2019, S. 16.

[22] Ebd.

[23] Isabell Finzel: »Das bedeutet die CO2-Steuer für Ihren Haushalt«, *Welt Online*, 5. Juli 2019, *https://www.welt.de/finanzen/verbraucher/article196446481/CO2-Steuer-Das-bedeutet-die-Abgabe-fuer-Ihren-Haushalt.html*.

[24] *Der Spiegel* 29/2019, S. 17.

[25] Vgl. *Tichys Einblick* 08/19, S. 14.

[26] Nationale Akademie der Wissenschaften Leopoldina/Deutsche Akademie für Technikwissenschaften/Union der deutschen Akademien der Wis-

senschaften: »Sektorkopplung – Untersuchungen und Überlegungen zur Entwicklung eines integrierten Energiesystems«, November 2017, *https://www.akademienunion.de/fileadmin/redaktion/user_upload/Publikationen/Stellungnahmen/ESYS_Analyse_Sektorkopplung.pdf.*

27 Vgl. *Tichys Einblick* 08/2019, S. 15.

28 Nationale Akademie der Wissenschaften Leopoldina/Deutsche Akademie für Technikwissenschaften/Union der deutschen Akademien der Wissenschaften: »Sektorkopplung – Untersuchungen und Überlegungen zur Entwicklung eines integrierten Energiesystems«, November 2017, *https://www.akademienunion.de/fileadmin/redaktion/user_upload/Publikationen/Stellungnahmen/ESYS_Analyse_Sektorkopplung.pdf.*

29 Vgl. *Tichys Einblick* 08/19, S. 15.

30 Vgl. *Wir müssen reden!*, Phoenix, Sendung vom 14. Juli 2019.

31 »CDU, SPD und Grüne offen für Preiserhöhung – Mehrwertsteuer auf Fleisch soll auf 19 Prozent steigen!«, *Bild Online,* 7. August 2019, *https://www.bild.de/politik/inland/politik-inland/gruene-spd-und-cdu-mehrwertsteuer-auf-fleisch-soll-auf-19-prozent-steigen-63802558.bild.html.*

32 Ebd.

33 Ebd.

34 Ebd.

35 »Einzelfragen zur steuersystematischen Einordnung einer CO2-Steuer«, Wissenschaftliche Dienste Deutscher Bundestag, 30. Juli 2019, *https://www.bundestag.de/resource/blob/653722/918056e18ab9171e66bcaa960fcfccb8/WD-4-094-19-pdf-data.pdf.*

36 Ebd., sowie: Sebastian Struwe: »Wissenschaftlicher Dienst hält CO2-Steuer für verfassungswidrig«, *Welt Online,* 8. August 2019, *https://www.welt.de/politik/deutschland/article198175347/Wissenschaftlicher-Dienst-CO2-Steuer-waere-verfassungswidrig.html.*

Kapitel 7

1 Robert Habeck: *Patriotismus – Ein linkes Plädoyer,* Gütersloher Verlagshaus, Gütersloh 2010; siehe hierzu auch: Katja Demirci: »Der Ritt auf der grünen Welle«, *Tagesspiegel Online,* 15. April 2019, *https://www.tagesspiegel.de/politik/robert-habeck-der-ritt-auf-der-gruenen-welle/24215458.html.*

2 In: *Die Süddeutsche*; WAZ; *Stern.*

3 *Maybrit Illner* (ZDF), Sendung vom 6. Juni 2019.

4 *Maybrit Illner* (ZDF), Sendung vom 13. Juni 2019.

5 Ebd.

[6] *Tagesthemen* (ARD), Sendung vom 26. Mai 2019.
[7] *Der Spiegel* 25/2019, Cover.
[8] *Der Spiegel* 23/2019, S. 10.
[9] *Hart aber fair* (ARD), Sendung vom 25. Juni 2019.
[10] Umfrage BAMS vom 16. Juni 2019, in: *Hart aber fair* (ARD), Sendung vom 25. Juni 2019.
[11] *Maybrit Illner* (ZDF), Sendung vom 6. Juni 2019.
[12] *Bei Maischberger* (ARD), Sendung vom 5. Juni 2019.
[13] Ebd.
[14] *Der Spiegel* 22/2019, S. 34 ff.
[15] »FDP-Chef Lindner – Grüne wollen ›Fleischliebhabern das Steak wegnehmen‹«, *Bild Online*, 29. Mai 2019, *https://www.bild.de/politik/inland/politik-inland/fdp-chef-lindner-gruenen-chef-habeck-will-fleischloses-deutschland-62273100.bild.html.*
[16] »1 Stoffbeutel so klimaschädlich wie 131 Plastiktüten – 7 Fakten zum Klimawandel«, *Bild Online*, 5. Juni 2019, *https://www.bild.de/ratgeber/2019/ratgeber/zum-weltumwelttag-7-ueberraschende-fakten-zum-klimawandel-62410590.bild.html.*
[17] Ebd.
[18] *Berlin direkt*, Sommerinterview (ZDF) vom 21. Juli 2019.
[19] Ebd.
[20] Ebd.
[21] Johannes Kulms: »Habecks Abschied aus Kiel – Danksagungen und eine ungewöhnliche Einladung«, *Deutschlandfunk Online*, 29. August 2018, *https://www.deutschlandfunk.de/habecks-abschied-aus-kiel-danksagungen-und-eine.1773.de.html?dram:article_id=426681.*
[22] Ebd.
[23] Ebd.
[24] Wolfram Werner: »Robert Habeck – Kanzlerkandidat der GR2«, n-tv online, 28. Mai 2019, *https://www.n-tv.de/politik/politik_person_der_woche/Robert-Habeck-Kanzlerkandidat-von-GR2-article21052599.html.*
[25] Ebd.
[26] »Ministerpräsident Winfried Kretschmann – ›Niemand muss Angst vor grünem Kanzler haben.‹«, *Bild Online*, 30. Juni 2019, *https://www.bild.de/politik/inland/politik-inland/winfried-kretschmann-niemand-muss-angst-vor-gruenem-kanzler-haben-62974782.bild.html.*
[27] *Der Spiegel* 22/2019, S. 34.
[28] Ebd.

[29] Ebd.

[30] Ebd.

[31] Ebd.

[32] Ebd.

[33] Ebd.

[34] Ebd.

[35] *Der Spiegel* 22/2019, S. 36.

[36] Ebd.

[37] Ebd.

[38] »Grüne in der Regierung«, *https://www.gruene-hessen.de/regierung/*.

[39] *Der Spiegel* 22/2019, S. 35.

[40] Vgl. Markus Lanz (ZDF), Sendung vom 27. Juni 2019.

[41] Ebd.

[42] Stefanie Flamm: »Ska Keller – Out of Guben«, *Zeit Online*, 16. März 2017, *https://www.zeit.de/2017/10/ska-keller-gruene-eu-parlament-heimat-guben/seite-2*.

[43] Till Echert: »Nein, dieses Fotos belegen nicht, dass Ska Keller ›Mitglied der Terrororganisation Antifa‹ ist«, *Faktencheck*, 25. Mai 2019, *https://correctiv.org/faktencheck/europa/2019/05/25/nein-diese-fotos-belegen-nicht-dass-ska-keller-mitglied-der-terrororganisation-antifa-ist/*.

[44] Bei dem Foto mit der Antifa-Flagge handelt es sich um ein echtes Foto des *dpa*-Fotografen Patrick Seeger, wie *Correctiv* über eine Suche in der *dpa*-Bilderdatenbank Picture Alliance verifizieren konnte: *https://correctiv.org/faktencheck/europa/2019/05/25/nein-diese-fotos-belegen-nicht-dass-ska-keller-mitglied-der-terrororganisation-antifa-ist/*.

[45] Ansgar Graw: »Grüne im EU-Parlament – Im Bund mit Antifa und Nationalisten«, *Welt Online*, 27. Juli 2019, *https://www.welt.de/politik/ausland/article197554513/Gruene-im-EU-Parlament-Im-Bund-mit-Antifa-und-Nationalisten.html*.

[46] »US-Präsident Trump erwägt Einstufung von Antifa als Terrororganisation«, *Spiegel Online*, 27. Juli 2019, *https://www.spiegel.de/politik/ausland/donald-trump-erwaegt-antifa-als-terrororganisation-einzustufen-a-1279359.html*.

Kapitel 8

[1] »Grünen-Chef Habeck im TV-Talk – Fliegen bleibt billig, aber …«, *Bild Online*, 8. August 2019, *https://www.bild.de/politik/inland/politik-inland/inlandsfluege-gruenen-chef-habeck-gegen-flugverbot-63826718.bild.html*.

[2] Vgl. *Wir müssen reden!*« Phoenix, Sendung vom 14. Juli 2019.

[3] Vgl. Markus Lanz (ZDF), Sendung vom 27. Juni 2019.

[4] »Strom, Auto, Essen, Fliegen – Wie reich muss ich sein, um Grün zu wählen?«, *Bild Online*, 9. April 2019, *https://www.bild.de/politik/inland/politik-inland/strom-auto-essen-fliegen-wie-reich-muss-ich-sein-um-gruen-zu-waehlen-61149566.bild.html.*

[5] »Klima-Zoff bei Lanz – Charlotte Roche geht auf Fleisch-Fans los«, *Bild Online*, 30. Mai 2019, *https://www.bild.de/unterhaltung/tv/tv/charlotte-roche-bei-markus-lanz-blaest-sie-zur-klima-attacke-und-droht-mit-nackt-62296194.bild.html.*

[6] »Klimapolitische Sprecherin der Grünen fordert: Keine Inlandsflüge mehr ab 2038!«, *Bild Online*, 22. Juni 2019, *https://www.bild.de/politik/inland/politik-inland/inlands-fluege-verbot-gruenen-politikerin-will-kurzstrecken-verbieten-62780864.bild.html.*

[7] Vgl. *Markus Lanz* (ZDF), Sendung vom 27. Juni 2019.

[8] Ebd.

[9] Ebd.

[10] *dunja hayali* (ZDF), Sendung vom 7. August 2019.

[11] April/Mai 2019, Mehrfachnennungen möglich, in: *Der Spiegel* 29/2019, S. 12.

[12] »Jetzt wird es konkret bei den Grünen – Bis 2035 sollen Inlandsflüge überflüssig sein!«, *Bild Online*, 23. Juli 2019, *https://www.bild.de/politik/inland/politik-inland/gruenen-klima-politik-bis-2035-sollen-inlandsfluege-ueberfluessig-sein-63470510.bild.html.*

[13] Paris will ab 2020 eine Ökosteuer auf Flugtickets einführen. Die Abgabe soll zwischen 1,50 Euro und 18 Euro pro Ticket betragen.

[14] »CO2-Preis für den Klimaschutz – Umweltministerin Schulze will das Fliegen teurer machen«, Bild Online, 19. Juli 2019, *https://www.bild.de/politik/inland/politik-inland/co2-preis-umweltministerin-schulze-will-das-fliegen-teurer-machen-63368964.bild.html.*

[15] Ebd.

[16] »GroKo-Ministerin Schulze stellt Klima-Pläne vor – Durch neue Umweltsteuer droht Spritpreis-Erhöhung«, *Bild Online*, 5. Juli 2019, *https://www.bild.de/politik/inland/politik-inland/co2-steuer-umweltministerin-schulze-stellt-neue-plaene-vor-63099344.bild.html.*

[17] »Union legt Pläne für CO2-Preis vor: Tanken teurer, Strom billiger – und mehr für Pendler«, *Bild Online*, 24. Juli 2019, *https://www.bild.de/politik/inland/politik-inland/union-legt-plan-fuer-co2-preis-vor-tanken-teurer-strom-billiger-und-mehr-fuer-pe-63494944.bild.html.*

[18] Ebd.

[19] Ebd.

[20] Ebd.

[21] »Debatte um CO2-Steuer – Unions-Politiker legen Konzept zur ›grünen Null‹ vor«, *Bild Online*, 12. Juli 2019, *https://www.bild.de/politik/inland/politik-inland/debatte-um-co2-steuer-unions-politiker-legen-konzept-zur-gruenen-null-vor-63245210.bild.html.*

[22] »Sachsen-Ministerpräsident Kretschmer zur Klimaschutz-Debatte: ›Die Regierung macht den Leuten Angst‹«, *Bild Online*, 31. Juli 2019, *https://www.bild.de/politik/inland/politik-inland/kretschmer-zu-klimaschutz-debatte-die-regierung-macht-den-leuten-angst-63657254.bild.html.*

[23] Ebd.

[24] »Für mehr Klimaschutz – Linken-Chef will Fluggesellschaften verstaatlichen«, *Bild Online*, 27. Juli 2019, *https://www.bild.de/politik/inland/politik-inland/linken-chef-fordert-verstaatlichung-der-fluggesellschaften-fuer-mehr-klimaschutz-63573636.bild.html.*

[25] Vgl. *Markus Lanz* (ZDF), Sendung vom 27. Juni 2019.

[26] Vgl. *Der Spiegel* 36/2019, S. 22.

[27] *Wir müssen reden!* (Phoenix), Sendung vom 14. Juli 2019.

[28] Ebd.

[29] Ebd.

[30] Ebd.

[31] Ausführlich in: Michael Grandt: *Die Grünen – Zwischen Kindersex, Kriegshetze und Zwangsbeglückung*, Kopp Verlag, Rottenburg a. N. 2015.

[32] Vgl. *Markus Lanz* (ZDF), Sendung vom 27. Juni 2019.

[33] Vgl. *Markus Lanz* (ZDF), Sendung vom 27. Juni 2019, Lanz zitierte VW-Chef Dietz.

[34] Bezogen auf 2017 mit Produktivitätssteigerung, in: *Der Spiegel* 27/2019, S. 65.

[35] *Tichys Einblick* 08/19, S. 16.

[36] Vgl. *Der Spiegel* 33/2019, S. 64.

[37] Ebd.

[38] Bezogen auf 2017 mit Produktivitätssteigerung, *Der Spiegel* 27/2019, S. 65.

[39] Ebd.

Kapitel 9

[1] *Maybrit Illner* (ZDF), Sendung vom 13. Dezember 2018, *https://www.zdf.de/politik/maybrit-illner/klimaretter-deutschland-gut-gedacht-schlecht-gemacht-*

sendung-vom-13-dezember-2018-100.html, https://twitter.com/lugenwerk/status/1135483340583243776.

2 Quelle: UBA, in: *Der Spiegel* 25/2019, S. 28.

3 Brennpunkt (ARD), Sendung vom 15. März 2011 zur Atomkatastrophe in Japan.

4 Quelle: *bundestag.de* vom 27. September 2018; siehe auch *phoenix live* vom selben Tag.

Kapitel 10

1 Alles zu diesen Themen (mit unwiderlegbaren Quellen) in meinem Buch: *Die Grünen – über Kindersex, Kriegshetze und Zwangsbeglückung*, Kopp Verlag, Rottenburg a. N. 2015.

2 Ulrich Reitz: »Die Weltretter-Wette: Grüne fahren verdeckten Angriff auf die Mittelschicht«, *Focus Online*, 10. Juli 2019, *https://www.focus.de/politik/deutschland/kommentar-von-ulrich-reitz-die-wette-der-gruenen-gegen-die-mittelschicht_id_10910737.html.*

3 *Der Spiegel* 23/2019, S. 8.

4 *Hart aber fair* (ARD), Sendung vom 25. Juni 2019.

5 Ebd.

6 *Hart aber fair* (ARD), Sendung vom 25. Juni 2019.

7 Ebd.

8 Ebd.

9 Sascha Adamek, Norbert Siegmund: »Doppelmoral – Die grünen Vielflieger und der Klimaschutz«, *RBB Online*, 21. März 2019, *https://www.rbb-online.de/kontraste/archiv/kontraste-vom-21-03-2019/gruene-vielflieger.html.*

10 Ebd.

11 Ebd.

12 Ebd.

13 Screenshot Tweet (Archiv Grandt).

14 Alle Zitate auf: *https://www.rbb-online.de/kontraste/archiv/kontraste-vom-21-03-2019/gruene-vielflieger.html.*

15 »Politik unter Palmen – Grüne Roth fliegt 41 000 km, um das Klima zu retten«, *Bild Online*, 12. April 2019, *https://www.bild.de/bild-plus/politik/inland/politik-inland/17-tonnen-ausstoss-gruene-roth-fliegt-41-000-km-um-das-klima-zu-retten-61219364,view=conversionToLogin.bild.html.*

16 Boris Dombrowski: »Nach Möhren-Spruch gegen Bauer Willi – Morddrohungen gegen Berliner Grünen-Politiker«, *Bild Online*, 26. Juni 2019, *https://*

www.bild.de/regional/berlin/berlin-aktuell/morddrohungen-gegen-berliner-gruenen-politiker-nach-moehren-spruch-62896500.bild.html.

[17] Ebd.

[18] Sascha Adamek, Norbert Siegmund: »Doppelmoral – Die grünen Vielflieger und der Klimaschutz«, *RBB Online*, 21. März 2019, *https://www.rbb-online.de/kontraste/archiv/kontraste-vom-21-03-2019/gruene-vielflieger.html.*

[19] Ebd.

[20] David Böckling: »Reiseverhalten von Grünen-Wählern –Bahn predigen, Business fliegen«, *Spiegel Online*, 12. November 2014, *https://www.spiegel.de/wirtschaft/unternehmen/gruenen-waehler-halten-rekord-bei-flugreisen-a-1002376.html.*

[21] Ebd.

[22] Ebd.

[23] Ulf Lüdeke: »Harsche Kritik aus Bayern – ›Purer Populismus‹: CSU-Fraktionschef Kreuzer zerlegt grüne CO2-Strategie«, *Focus Online*, 20. Juli 2019, *https://www.focus.de/politik/deutschland/harsche-kritik-aus-bayern-df_id_10944480.html.*

[24] *Der Spiegel* 23/2019, S. 68.

[25] Ebd.

[26] Ebd.

[27] Vgl. *Der Spiegel* 22/2019, S. 61, das Magazin zitierte aus einem bis dahin unveröffentlichten Papier der UBA-Experten.

[28] Kathrin Witsch: »Zu teuer und politisch ungewollt –Die Biogas-Branche kämpft ums Überleben«, *Handelsblatt*, 21. November 2018, *https://www.handelsblatt.com/unternehmen/energie/energiewende-zu-teuer-und-politisch-ungewollt-die-biogas-branche-kaempft-ums-ueberleben/23658942.html?ticket=ST-4638138-JhiPHCwQJErThikTeKCf-ap6*; siehe auch: Ron Kirchner: »Hans-Josef Fell vom Bündnis 90/Die Grünen zu Biogas und Biokraftstoffen«, BiomassMuse, *https://www.biomasse-nutzung.de/bioenergie-biogas-biokraftstoffe-bundniss90-grunen-fell/.*

[29] Ebd.

[30] Umweltbundesamt: »Biogasanlagen. Einführung«, umweltbundesamt.de, 1. Februar 2019, *https://www.umweltbundesamt.de/themen/wirtschaft-konsum/industriebranchen/biogasanlagen#textpart*-1.

[31] Vgl. *Der Spiegel* 22/2019, S. 61, das Magazin zitierte aus einem bis dahin unveröffentlichten Papier der UBA-Experten.

[32] Umweltbundesamt: »Biogasanlagen. Immissionsschutzrechtliche Anforderungen an Biogasanlagen«, *umweltbundesamt.de*, 1. Februar 2019, *https://*

www.umweltbundesamt.de/themen/wirtschaft-konsum/industriebranchen/biogasanlagen#textpart-3.

33 Ebd.

34 Daniel Kirch: »SZ-Duell zur Europawahl Grüne vs. AfD – Wie viel Klimaschutz ist notwendig?«, *SZ Online*, 19. Mai 2019, *https://www.saarbruecker-zeitung.de/saarland/landespolitik/diskussion-von-afd-und-gruenen-ueber-den-klimaschutz-im-saarland_aid-38887989.*

35 Ebd.

36 Artikel 20a Grundgesetz: »Der Staat schützt auch in Verantwortung für die künftigen Generationen die natürlichen Lebensgrundlagen und die Tiere im Rahmen der verfassungsmäßigen Ordnung durch die Gesetzgebung und nach Maßgabe von Gesetz und Recht durch die vollziehende Gewalt und die Rechtsprechung.« Siehe: *https://www.gesetze-im-internet.de/gg/art_20a.html.*

37 Deutscher Bundestag, Drucksache 19/452219 vom 25. September 2018: Gesetzentwurf der Fraktion BÜNDNIS 90/DIE GRÜNEN. Entwurf eines Gesetzes zur Änderung des Grundgesetzes (Artikel 20a, 74, 106, 143h – Stärkung des Klimaschutzes): *http://dip21.bundestag.de/dip21/btd/19/045/1904522.pdf.*

38 Deutscher Bundestag (Dokumente): »Klimaschutz soll nach dem Willen der Grünen ins Grundgesetz«, 27. September 2018, *https://www.bundestag.de/dokumente/textarchiv/2018/kw39-de-klimaschutz-568882.*

39 Ebd.

40 *Maybrit Illner* (ZDF), Sendung vom 6. Juni 2019.

41 Markus Becker: »E10-Treibstoff – Die Mär vom Prima-Klima-Sprit«, *Spiegel Online*, 4. März 2011, *https://www.spiegel.de/wissenschaft/natur/e10-treibstoff-die-maer-vom-prima-klima-sprit-a-749055.html.*

42 Ebd.

43 Ebd.

44 Ebd.

45 Ebd.

46 BUND Regionalverband Südlicher Oberrhein: »Vermaisung, Grundwasser, Pestizide, Fruchtfolge, Bienensterben, Neonicotinoide & Greenwash«, 9. Januar 2019, *http://www.bund-rvso.de/mais-umwelt.html.*

47 Nicole Casal Moore: »Fewer biofuls, more green space: Climate action researcher calls for urgend shift«, *University of Michigan News Online*, 28. September 2018, *https://news.umich.edu/fewer-biofuels-more-green-space-climate-action-researcher-calls-for-urgent-shift/.*

[48] Lester Brown: »Sprit für die Welt«, *Spiegel Online*, 27. März 2007, *https://www.spiegel.de/spiegelspecial/a-474490.html*.

[49] Beate Steffens: »Was bringt E10-Sprit der Umwelt?«, *Greenpeace Online*, 30. Dezember 2010, *https://www.greenpeace.de/themen/landwirtschaft/was-bringt-e10-sprit-der-umwelt*.

[50] Laut Bundesentwicklungsminister Gerd Müller (CSU), zit. in: »Weltklimarat fordert: Die Welt muss ihre Essgewohnheiten ändern!«, *Bild Online*, 8. August 2019, *https://www.bild.de/politik/ausland/politik-ausland/weltklimarat-fordert-die-welt-muss-ihre-ess-gewohnheiten-aendern-63826290.bild.html*.

[51] Jan Fleischhauer: »Meister des guten Gewissens«, *Spiegel Online*, 23. August 2012, *https://www.spiegel.de/politik/deutschland/irrweg-biosprit-gruenen-tragen-verantwortung-fuer-debakel-a-851607.html*.

[52] Ebd.

[53] Ebd.

[54] Ebd.

[55] Ebd.

[56] Jan Grossarth: »Förderung von E10 – Die grüne Wende beim Biosprit«, *Frankfurter Allgemeine*, 20. August 2012, *https://www.faz.net/aktuell/wirtschaft/wirtschaftspolitik/foerderung-von-e10-die-gruene-wende-beim-biosprit-11862336.html*.

[57] Ebd.

[58] Jan Fleischhauer: »Meister des guten Gewissens«, *Spiegel Online*, 23. August 2012, *https://www.spiegel.de/politik/deutschland/irrweg-biosprit-gruenen-tragen-verantwortung-fuer-debakel-a-851607.html*.

[59] *Der Spiegel* 30/2019, S. 23.

[60] Umweltbundesamt: »Neun Fragen und Antworten zum Diesel«, *umweltbundesamt.de*, 2. Oktober 2018, *https://www.umweltbundesamt.de/themen/neun-fragen-antworten-diesel*; sowie Umweltbundesamt: »Stickstoffdioxid-Belastung: Hintergrund zu EU-Grenzwerten für NO2«, *umweltbundesamt.de*, 20. Februar 2018, *https://www.umweltbundesamt.de/themen/stickstoffdioxid-belastung-hintergrund-zu-eu*; siehe auch: Richtlinie 2008/50/EG des Europäischen Parlaments und des Rates L 152/1 vom 21. Mai 2008 über Luftqualität und saubere Luft für Europa, *https://eur-lex.europa.eu/legal-content/DE/TXT/PDF/?uri=CELEX:32008L0050&from=DE*.

[61] Kristin Becker: »Luftqualität am Arbeitsplatz – Stimmungsmache mit Stickoxiden«, *tagesschau.de*, 5. September 2017, *https://www.tagesschau.de/faktenfinder/stickstoffdioxid-grenzwerte-arbeitsplatz-105.html*.

62 »Ein Überblick über die Positionen der Parteien und Umweltschutzverbände in Deutschland, Österreich, und auf EU-Ebene zum Thema ›Energiesparlampen‹«, *https://www.gluehbirne.ist.org/artikel/gruenesbewusstsein.php*.
63 »Das Glühlampenverbot – Eine Übersicht«, 19. September 2018, *https://www.light11.de/lightmag/gluehlampenverbot/*.
64 Urteil Landgericht Duisburg vom 27. Juni 2019, Aktenzeichen 21 O 84/18; siehe hierzu: Melvin Louis Dreyer: »Deutsche Umwelthilfe erwirkt erstes Urteil im Onlinew-Handel«, *Onlinehändler News*, 18. Juli 2019, *https://www.onlinehaendler-news.de/e-recht/aktuelle-urteile/131369-deutsche-umwelthilfe-erwirkt-erstes-urteil-im-online-handel*.
65 »Gesundheitsgefahr Quecksilber – Wie giftig sind Energiesparlampen?«, *stern.de*, 21. September 2016, *https://www.stern.de/gesundheit/energiesparlampe-giftig-quecksilber-7067758.html*.
66 »Quecksilber in Energiesparlampen – Keine Panik«, *test.de* (Stiftung Warentest), 3. Dezember 2010, *https://www.test.de/Quecksilber-in-Energiesparlampen-Keine-Panik-4179935-0/*.
67 »1 Stoffbeutel so klimaschädlich wie 131 Plastiktüten – 7 Fakten zum Klimawandel«, *Bild Online*, 5. Juni 2019, *https://www.bild.de/ratgeber/2019/ratgeber/zum-weltumwelttag-7-ueberraschende-fakten-zum-klimawandel-62410590.bild.html*.
68 Thomas Thiele, Gerd Henke: »Reinhardswald: Start für Windkraftverfahren«, *HNA Online*, 9. August 2019, *https://www.hna.de/lokales/hofgeismar/trendelburg-ort43206/reinhardswald-start-windkraftverfahren-12902168.html*; zur Drucklegung des Buches war der Prüfvorgang noch nicht abgeschlossen. Mehrere Vereinigungen hatten bereits Klagen gegen die Errichtung der Windkraftanlagen angekündigt.
69 *https://rettet-den-reinhardswald.de/*.
70 Ebd.
71 Ebd.
72 Ebd.
73 Ebd.
74 Ebd.
75 Ebd.
76 Ebd.
77 »Abholzung im Reinhardswald soll nach Willen der Grünen 2020 beginnen«, *Die Freie Welt*, 12. Juli 2019, *https://www.freiewelt.net/nachricht/abholzung-im-reinhardswald-soll-nach-willen-der-gruenen-2020-beginnen-10078363/*.

[78] Tania Röttger: »Zuspitzung in Berichten über Rodung im Reinhardswald«, *Faktencheck*, 29. Oktober 2018, *https://correctiv.org/faktencheck/wirtschaft-und-umwelt/2018/10/29/zuspitzungen-in-berichten-ueber-rodungen-im-reinhardswald/*.

[79] Ebd.

[80] Ebd.

[81] In: *Der Spiegel* 33/2019, S. 12.

[82] Ebd.

[83] Ebd.

[84] Ebd.

[85] Ebd.

Kapitel 11

[1] Sonja Margolina: »Bekenntnisse einer Klimaleugnerin«, *Rotary Magazin*, 1. Mai 2019, *https://rotary.de/gesellschaft/bekenntnisse-einer-klimaleugnerin-a-14086.html*.

[2] Zitat von Matt Ridley, 5. Viscount Ridley, Wissenschaftler, in: *Die Weltwoche*, Sonderheft: »Klimawandel für die Schule«, Juli 2019, S. 19.

[3] Wolfram Weimer: »Greta Thunberg und die erstaunlich lukrativen Geschäfte ihrer Hintermänner«, *Focus Online*, 18. August 2019, *https://www.focus.de/finanzen/news/greta-thunberg-die-erstaunlich-lukrativen-geschaefte-ihrer-hintermaenner_id_11028183.html*.

[4] Ebd.

[5] Erzbischof Dr. Heiner Koch: » Radiowort – Der Palmsonntag und die Freitagsdemos«, *erzbistumberlin.de*, 12. April 2019, *https://www.erzbistumberlin.de/medien/rundfunk/wort-des-bischofs/radiowort/news-title/der-palmsonntag-und-die-freitagsdemos-3941/*.

[6] Sabine Merkelt-Rahm: »Nichts ist wirklich prima beim Klima«, *kirche-duisburg.de* (Evangelischer Kirchenkreis Duisburg), 18. März 2019, *https://www.kirche-duisburg.de/1739kanzelredekge.php*.

[7] Vgl. *Auslandsjournal* (ZDF): »Der große Greta-Kult, Hoffnung, Heldin, Hassfigur«, ausgestrahlt am 14. August 2019.

[8] Manja Gress: »Ihr Appell bei der Goldenen Kamera – Was Greta Thunberg den Promis zu sagen hatte«, *Bild Online*, 30. März 2019, *https://www.bild.de/unterhaltung/tv/tv/goldenen-kamera-was-greta-thunberg-den-promis-zu-sagen-hatte-60966438.bild.html*.

[9] Ebd.

10 Ebd.

11 Anne Will (ARD) Sendung vom 31. März 2019; siehe dazu auch: Peter Luley: »›Anne Will‹ mit Greta Thunberg – ›Ich bin Realistin. Ich sehe Fakten‹«, *Spiegel Online*, 1. April 2019, *https://www.spiegel.de/kultur/tv/anne-will-mit-greta-thunberg-ich-bin-realistin-ich-sehe-fakten-a-1260424.html.*

12 *Spiegel Online* 23/2019, S. 16.

13 Zitiert in: *Spiegel Online* 23/2019, S. 16.

14 Ebd.

15 Claus Hecking: »Globale Klimakrise – Gretas Aufstand«, *Spiegel Online*, 30. November 2018, *https://www.spiegel.de/wissenschaft/natur/greta-thunberg-das-gesicht-der-globalen-klimabewegung-a-1241185.html.*

16 »Klimaaktivistin im Gespräch – Greta Thunberg knöpft sich Deutschland vor: Kohleabkommen ist ›absurd‹«, *noz.de*, 7. Februar 2019, *https://www.noz.de/deutschland-welt/politik/artikel/1649442/klimaaktivistin-greta-thunberg-knoepft-sich-deutschland-vor.*

17 Steffen Trumpf: »Greta Thunberg: Das Mädchen, das den Planeten retten will«, *Greenpeace Magzin Online*, 7. Februar 2019, *https://www.greenpeace-magazin.de/ticker/greta-thunberg-das-maedchen-das-den-planeten-retten-will-von-steffen-trumpf-dpa.*

18 Matthias Wyssuwa: »Greta Thunberg – Die Welt, wie sie ihr gefällt«, *Frankfurter Allgemeine*, 12. Februar 2019, *https://www.faz.net/aktuell/politik/ausland/klimaaktivistin-greta-thunberg-mit-16-jahren-schon-ein-phaenomen-16036155.html.*

19 Greta & Svante Thunberg, Beata & Malena Ernman: *Szenen aus dem Herzen – Unser Leben für das Klima*, Fischer, Frankfurt a. M. 2019, S. 45.

20 Ebd.

21 Ebd., S. 8.

22 *Der Spiegel* 23/2019, S. 14.

23 Greta & Svante Thunberg, Beata & Malena Ernman: *Szenen aus dem Herzen – Unser Leben für das Klima*, Fischer, Frankfurt a. M. 2019, S. 8.

24 *Der Spiegel* 23/2019, S. 15.

25 Daniela Zeibig: »Autismus-Spektrum-Störung – Was verbirgt sich hinter dem Asperger-Syndrom?«, *Spektrum.de*, 2. April 2019, *https://www.spektrum.de/news/autismus-wie-aeussert-sich-das-asperger-syndrom/1636570*; sowie: »Was ist das Asperger-Syndrom?«, Neurologen und Psychiater im Netz, *https://www.neurologen-und-psychiater-im-netz.org/kinder-jugend-psychiatrie/erkrankungen/autismus-spektrum-stoerung-ass/was-ist-das-asperger-syndrom/.*

[26] Greta Thunberg, Rede zur »Declaration of Rebellion« in London am 31. Oktober 2018, in: Greta Thunberg: Ich will, dass ihr in Panik geratet!, Fischer, Frankfurt/M. 2019, S. 25.

[27] »Was ist das Asperger-Syndrom?«, Neurologen und Psychiater im Netz, *https://www.neurologen-und-psychiater-im-netz.org/kinder-jugend-psychiatrie/erkrankungen/autismus-spektrum-stoerung-ass/was-ist-das-asperger-syndrom/.*

[28] Greta & Svante Thunberg/Beata & Malena Ernman: *Szenen aus dem Herzen – Unser Leben für das Klima,* Fischer, Frankfurt a. M. 2019, S. 19 f.

[29] Ebd., S. 24, 28, 31.

[30] Ebd., S. 42.

[31] Mehr über das Medikament erfahren Sie hier: Lisa Hein: »Sertralin«, Net-Doktor, 23. Januar 2017, *https://www.netdoktor.de/medikamente/sertralin/.*

[32] Greta & Svante Thunberg, Beata & Malena Ernman: *Szenen aus dem Herzen – Unser Leben für das Klima,* Fischer, Frankfurt a. M. 2019, S. 36 f.

[33] Ebd., S. 39 f.

[34] *Anne Will* (ARD), Sendung vom 31. März 2019; siehe dazu auch: Peter Luley: »›Anne Will‹ mit Greta Thunberg – ›Ich bin Realistin. Ich sehe Fakten‹«, *Spiegel Online,* 1. April 2019, *https://www.spiegel.de/kultur/tv/anne-will-mit-greta-thunberg-ich-bin-realistin-ich-sehe-fakten-a-1260424.html.*

[35] Ebd.

[36] Ebd.

[37] Ebd.

[38] Greta Thunberg auf Facebook am 2. Februar 2019, zitiert in: *Greta Thunberg: Ich will, dass ihr in Panik geratet!,* Fischer, Frankfurt a. M. 2019, S. 51 f.

[39] Zum Beispiel: *Anne Will* (ARD), Sendung vom 31. März 2019; siehe dazu auch: Peter Luley: »›Anne Will‹ mit Greta Thunberg – ›Ich bin Realistin. Ich sehe Fakten‹«, *Spiegel Online,* 1. April 2019, *https://www.spiegel.de/kultur/tv/anne-will-mit-greta-thunberg-ich-bin-realistin-ich-sehe-fakten-a-1260424.html.*

[40] Greta & Svante Thunberg, Beata & Malena Ernman: *Szenen aus dem Herzen – Unser Leben für das Klima,* Fischer, Frankfurt a. M. 2019.

[41] Claus Hecking: »Interview mit Mentor – Schreiben Sie Greta Thunbergs Reden, Mr. Anderson?, *Spiegel Online,* 28. März 2019, *https://www.spiegel.de/wissenschaft/mensch/greta-thunberg-wie-gross-ist-der-einfluss-ihres-mentors-a-1259773.html.*

[42] Ebd.

[43] Ebd.

[44] Ebd.
[45] Ebd.
[46] Ebd.
[47] In: »Republik im Umbruch. Alte Rezepte, junger Protest« (Phoenix), ausgestrahlt am 4. Juli 2019.
[48] Ebd.
[49] Greta & Svante Thunberg, Beata & Malena Ernman: *Szenen aus dem Herzen – Unser Leben für das Klima,* Fischer, Frankfurt a. M. 2019, S. 62.
[50] Rede von Greta Thunberg am 6. Oktober 2018 in Brüssel, in: Greta Thunberg: *Ich will, dass ihr in Panik geratet!,* Fischer, Frankfurt a. M. 2019, S. 15.
[51] Rede von Greta Thunberg am 20. Oktober 2018 in Helsinki, in: *Greta Thunberg: Ich will, dass ihr in Panik geratet!,* Fischer, Frankfurt a. M. 2019, S. 21.
[52] Rede von Greta Thunberg an den UN-Generalsekretär auf der UN-Klimakonferenz in Kattowitz am 3. Dezember 2018, in: Greta Thunberg: *Ich will, dass ihr in Panik geratet!,* Fischer, Frankfurt a. M. 2019, S. 40.
[53] Rede von Greta Thunberg beim Weltwirtschaftsforum am 25. Januar 2019, in: Greta Thunberg: *Ich will, dass ihr in Panik geratet!,* Fischer, Frankfurt a. M. 2019, S. 43.
[54] Ebd., S. 44.
[55] Rede von Greta Thunberg am 6. Oktober 2018 in Brüssel, in: Greta Thunberg: *Ich will, dass ihr in Panik geratet!,* Fischer, Frankfurt a. M. 2019, S. 14.
[56] Ebd.
[57] Greta & Svante Thunberg, Beata & Malena Ernman: *Szenen aus dem Herzen. Unser Leben für das Klima,* Fischer, Frankfurt a. M. 2019, S. 156.
[58] Roger Koeppel auf Twitter, Tweet vom 15. August 2019.
[59] Vgl. *Auslandsjournal* (ZDF): »Der große Greta-Kult, Hoffnung, Heldin, Hassfigur«, ausgestrahlt am 14. August 2019, *https://downloadzdf-a.akamaihd.net/mp4/zdf/19/08/190814_sendung_ajo/1/190814_sendung_ajo_1496k_p13v14.mp4.*
[60] Reinhard Wolff: »Greta Thunberg kommerziell ausgenutzt – Aktivistin als Werbefigur«, *taz.de,* 10. Februar 2019, *https://taz.de/Greta-Thunberg-kommerziell-ausgenutzt/!5571776/.*
[61] Ebd.
[62] Ebd.
[63] *https://www.wedonthavetime.org/.*
[64] Reinhard Wolff: »Greta Thunberg kommerziell ausgenutzt – Aktivistin als Werbefigur«, *taz.de,* 10. Februar 2019, *https://taz.de/Greta-Thunberg-kommerziell-ausgenutzt/!5571776/.*

[65] Ebd.

[66] *https://www.climaterealityproject.org/.*

[67] Vgl. Joline Ekman: »Ingmar Rentzhog är Årets Miljöinfluencer 2018«, Miljö&Utveckling, 15. Oktober 2018, *https://miljo-utveckling.se/ingmar-rentzhog-ar-arets-miljoinfluencer-2018/.*

[68] »Den akuta klimatkrisen kräver bred politisk samling«, *Dagens Nyheter,* 1. September 2018, *https://www.dn.se/debatt/den-akuta-klimatkrisen-kraver-bred-politisk-samling/.*

[69] Ebd.

[70] Gunilla von Hall: »Swedish start-up used Greta Thunberg to bring in millions«, *Svenska Dagbladet,* 9. Februar 2019, *https://www.svd.se/english-version-swedish-start-up-used-greta-thunberg-to-bring-in-millions,* sowie: Reinhard Wolff: »Greta Thunberg kommerziell ausgenutzt – Aktivistin als Werbefigur«, *taz.de,* 10. Februar 2019, *https://taz.de/Greta-Thunberg-kommerziell-ausgenutzt/!5571776/.*

[71] Ebd.

[72] Ebd.

[73] Ebd.

[74] »We Don't Have Time«, Presseerklärung vom 10. Februar 2019, *https://docs.wedonthavetime.org/wdht/2019-02-10-press-release-english.pdf.*

[75] Gunilla von Hall: »Swedish start-up used Greta Thunberg to bring in millions«, Svenska Dagbladet, 9. Februar 2019, *https://www.svd.se/english-version-swedish-start-up-used-greta-thunberg-to-bring-in-millions,* sowie: Reinhard Wolff: »Greta Thunberg kommerziell ausgenutzt – Aktivistin als Werbefigur«, *taz.de,* 10. Februar 2019, *https://taz.de/Greta-Thunberg-kommerziell-ausgenutzt/!5571776/.*

[76] Wolfram Weimer: »Greta Thunberg und die erstaunlich lukrativen Geschäfte ihrer Hintermänner«, *Focus Online,* 18. August 2019, *https://www.focus.de/finanzen/news/greta-thunberg-die-erstaunlich-lukrativen-geschaefte-ihrer-hintermaenner_id_11028183.html.*

[77] Ebd.

[78] Ebd.

[79] Gunilla von Hall: »Swedish start-up used Greta Thunberg to bring in millions«, *Svenska Dagbladet,* 9. Februar 2019, *https://www.svd.se/english-version-swedish-start-up-used-greta-thunberg-to-bring-in-millions,* sowie: Reinhard Wolff: »Greta Thunberg kommerziell ausgenutzt – Aktivistin als Werbefigur«, *taz.de,* 10. Februar 2019, *https://taz.de/Greta-Thunberg-kommerziell-ausgenutzt/!5571776/.*

80 Ebd
81 Ebd.
82 Ebd.
83 We Don't Have Time, Presseerklärung vom 10. Februar 2019, *https://docs.wedonthavetime.org/wdht/2019-02-10-press-release-english.pdf.*
84 Ebd.
85 Gunilla von Hall: »Swedish start-up used Greta Thunberg to bring in millions«, Svenska Dagbladet, 9. Februar 2019, *https://www.svd.se/english-version-swedish-start-up-used-greta-thunberg-to-bring-in-millions*, sowie: Reinhard Wolff: »Greta Thunberg kommerziell ausgenutzt – Aktivistin als Werbefigur«, *taz.de*, 10. Februar 2019, *https://taz.de/Greta-Thunberg-kommerziell-ausgenutzt/!5571776/.*
86 Ebd.
87 »Emissionsfreie Reise nach New York – Hamburger segelt Greta Thunberg nach Amerika«, *Bild Online*, 30. Juli 2019, *https://www.bild.de/regional/hamburg/hamburg-aktuell/emissionsfrei-nach-new-york-hamburger-segelt-greta-thunberg-nach-amerika-63615718.bild.html.*
88 Ebd.
89 Herbert Bauernebel: »Hello New York! – Greta schwankt an Land«, *Bild Online*, 29. August 2019, *https://www.bild.de/news/ausland/news-ausland/greta-thunberg-hier-laeuft-die-klima-aktivistin-in-new-york-ein-64253684.bild.html.*
90 »Segeltörn zum UN-Klimagipfel nach New York – Warum Greta mit Fliegen weniger CO2 freigesetzt hätte«, *Bild Online*, 16. August 2019, *https://www.bild.de/politik/ausland/politik-ausland/greta-thunberg-flug-nach-new-york-haette-weniger-co2-verbraucht-63986440.bild.html.*
91 Ebd.
92 *dpa*: »Unsere Flüge ändern nicht daran, dass Greta emissionsfrei nach New York kommt«, *Welt Online*, 21. August 2019, *https://www.welt.de/vermischtes/article198890973/Team-verteidigt-Greta-Thunberg-Kann-man-ueberhaupt-emissionsfrei-leben.html.*
93 Ebd.
94 Ebd.
95 Ebd.
96 Ebd.
97 Ebd.
98 Herbert Bauernebel: »Öko-Aktivistin will Amerika aufrütteln – Ein Hauch von ›Greta-Mania‹ in New York«, 30. August 2019, *https://www.bild.de/*

politik/ausland/politik-ausland/greta-thunberg-in-new-york-kann-sie-die-usa-aufruetteln-64320294.bild.html.

99 Ebd.

100 Ebd.

101 Ebd.

102 Ebd.

103 Ebd.

104 Ebd.

105 Ebd.

106 Ebd.

107 »Emissionsfreie Reise nach New York – Hamburger segelt Greta Thunberg nach Amerika«, *Bild Online*, 30. Juli 2019, *https://www.bild.de/regional/hamburg/hamburg-aktuell/emissionsfrei-nach-new-york-hamburger-segelt-greta-thunberg-nach-amerika-63615718.bild.html.*

108 Ebd.

109 »Tumulte bei ›Friday for Future‹-Konferenz – Klima-Greta lässt Journalisten rauswerfen«, *Bild Online*, 9. September 2019, *https://www.bild.de/politik/ausland/politik-ausland/fridays-for-future-greta-thunberg-laesst-journalisten-aus-dem-saal-werfen-63861366.bild.html.*

110 Ebd.

111 Stuart McGurk: »Greta Thunberg: ›To do your best is no longer good enough‹«, *gq magazine*, 12. August 2019, *https://www.gq-magazine.co.uk/men-of-the-year/article/greta-thunberg-interview.*

112 Zit. in: Ingrid Raagaard:»Auf dem Titel des Männer-Magazins ›GQ‹ – Greta ist jetzt Cover-Girl«, *Bild Online*, 13. August 2019, *https://www.bild.de/politik/ausland/politik-ausland/greta-thunberg-klimaaktivistin-auf-dem-gq-cover-63928966.bild.html.*

113 Ebd.

114 Ebd.

115 Ebd.

116 » Greta Thunberg erhält Alternativen Nobelpreis«, *Spiegel Online*, 25. September 2019, *https://www.spiegel.de/politik/ausland/alternativer-nobelpreis-klima-aktivistin-greta-thunberg-ausgezeichnet-a-1288327.html.*

117 *Der Spiegel* 22/2019, S. 37.

118 Hier zu sehen: *https://www.youtube.com/watch?v=4Y1lZQsyuSQm.*

119 Hier finden sich alle Quellen zu dem Video: *https://docs.google.com/document/d/1ColRRQtyVAyYfn3hh9SDzTbjrtPhNlewVUPOL_WCBOs/preview.*

120 *Der Spiegel* 22/2019, S. 37.

[121] *Der Spiegel* 23/2019, S. 19.
[122] *Der Spiegel* 23/2019, S. 14.
[123] Vgl. Videoausschnitte in der Sendung *Maybrit Illner* (ZDF) vom 30. Mai 2019.
[124] Ebd.
[125] Kristina Dunz: »Rezo will die ›Zerstörung der CDU‹ – so könnte die Demokratie kaputtgehen«, *RP Online*, 23. Mai 2019, *https://rp-online.de/politik/deutschland/kommentar-zum-youtube-video-rezo-will-die-zerstoerung-der-cdu-so-koennte-die-demokratie-kaputtgehen_aid-38985081.*
[126] Ebd.
[127] Rezo, »Die Zerstörung der CDU«, YouTube, 18. Juni 2019, *https://www.youtube.com/watch?v=4Y1lZQsyuSQ.*
[128] dpa: »Influencer Rezo stellt CDU Bedingungen für ein Gespräch«, *Hamburger Abendblatt Online*, 29. Mai 2019, *https://www.abendblatt.de/politik/deutschland/article225882181/Influencer-Rezo-stellt-CDU-Bedingungen-fuer-ein-Gespraech.html.*
[129] *Der Spiegel* 22/2019, S. 37.
[130] »Kanzlerin sieht Fehler bei der CDU – Jetzt redet Merkel über das Rezo-Debakel«, *Bild Online*, 19. Juni 2019, *https://www.bild.de/politik/inland/politik-inland/merkel-redet-ueber-rezo-cdu-hat-beim-debakel-fehler-gemacht-62738932.bild.html.*
[131] Michael Krüger: »Stefan Rahmstorf und Rezo im Faktencheck!«, *Science-SkepticalBlog*, 25. Mai 2019, *http://www.science-skeptical.de/klimawandel/stefan-rahmstorf-und-rezo-im-faktencheck/0018081/.*
[132] United States Geological Survey, auf: *Welt Online* vom 29. April 2017, *https://www.welt.de/wirtschaft/plus164119405/Jeder-Vulkanausbruch-ist-schlimmer-als-Millionen-Diesel.html.*
[133] Vgl. *Welt* vom 4. Juli 2011.
[134] *Der Spiegel* 23/2019, S. 19.
[135] Alexander Wendt: »Grüne Löcher – Die Löcher in den Socken sind Robert Habecks Stigmata«, *Tichys Einblick*, 11. Juni 2019, *https://www.tichyseinblick.de/meinungen/die-loecher-in-den-socken-sind-robert-habecks-stigmata/.*
[136] *https://www.youtube.com/watch?v=QVcIjFePxPo&feature=youtu.be&t=539.*
[137] Ebd.
[138] *https://www.nfte.de/wp-content/uploads/2018/04/Eine-Blitzkarriere-im-Web-hat-der-YouTube-Star-Rezo-hingelegt-Seite-55.pdf.*
[139] Ebd.

[140] »Interview – ›CDU-Zerstörer‹ Rezo: ›Die FDP hatte Glück, dass das Video schon so lang war«, *t3n.de*, 21. Mai 2019, *https://t3n.de/news/rezo-interview-cdu-1165280/*.

[141] Ebd.

[142] Ebd.

[143] Ebd.

[144] Sascha Lobo: »Rezo und die Folgen – Konservative Katastrophenkaskaden«, *Spiegel Online*, 12. Juni 2019, *https://www.spiegel.de/netzwelt/web/rezo-und-die-folgen-konservative-katastrophenkaskaden-kolumne-a-1272040.html*.

[145] *Der Spiegel* 23/2019, S. 19.

[146] Ebd.

[147] Ebd.

[148] Ebd.

[149] »Interview – ›CDU-Zerstörer‹ Rezo: ›Die FDP hatte Glück, dass das Video schon so lang war«, *t3n.de*, 21. Mai 2019, *https://t3n.de/news/rezo-interview-cdu-1165280/*.

[150] Leserbrief von Bernd S. in: *Der Spiegel* 24/2019, S. 136.

[151] Kristina Dunz: »Rezo will die ›Zerstörung der CDU‹ – so könnte die Demokratie kaputtgehen«, *RP Online*, 23. Mai 2019, *https://rp-online.de/politik/deutschland/kommentar-zum-youtube-video-rezo-will-die-zerstoerung-der-cdu-so-koennte-die-demokratie-kaputtgehen_aid-38985081*.

[152] Ebd.

[153] Ebd.

[154] »Im Monat nach ihrem Öko-Aufruf – Rezos YouTuber flogen fast zwei Mal um die Welt«, *Bild Online*, 30. Juni 2019, *https://www.bild.de/bild-plus/politik/inland/politik-inland/rezo-youtuber-aus-seinem-video-flogen-fast-zwei-mal-um-die-welt-62907272,view=conversionToLogin.bild.html*.

[155] »Rezo-Video – ›Das wirkt wie eine konzertierte Aktion‹. Interview mit Lutz Frühbrodt«, *Cicero Online*, 29. Mai 2019, *https://www.cicero.de/innenpolitik/rezo-video-youtube-cdu-annegret-kramp-karrenbauer-europawahl-gruene*; sowie: Ao Krippner: »Trau, schau, wem! ›Die Zerstörung der CDU‹ –oder: Der FakeVlogger«, *archive.today*, 20. Mai 2019, *http://archive.is/TPqH8*.

[156] »Rezo-Video – ›Das wirkt wie eine konzertierte Aktion‹. Interview mit Lutz Frühbrodt«, *Cicero Online*, 29. Mai 2019, *https://www.cicero.de/innenpolitik/rezo-video-youtube-cdu-annegret-kramp-karrenbauer-europawahl-gruene*.

[157] *https://www.stroeer.de/fileadmin/de/Konvergenz_und_Konzepte/tubeone/Stroeer_TubeOne.pdf*; sowie: *https://tubeone.com/impressum/*.

158 *https://www.stroeer.de/fileadmin/de/Konvergenz_und_Konzepte/tubeone/Stroeer_TubeOne.pdf*, S. 2.
159 Ebd., S. 6 (plus Screenshot, Archiv Grandt).
160 »Wachstumsstarkes Digitalgeschäft – Ströer kauft T-Online, Telekom wird Großaktionär«, manager magazin online, 13. August 2015, *https://www.manager-magazin.de/digitales/it/stroeer-kauft-t-online-a-1047997.html.*
161 *https://de.linkedin.com/in/mlucht?fbclid=IwAR1QW2Ckxqu8JPpOa8cnhC-4Q9TAaeTTHgTvGpk3sdCGeY4M5EPQXGHyQJUo.*
162 *https://www.stroeer.de/fileadmin/de/Konvergenz_und_Konzepte/tubeone/Stroeer_TubeOne.pdf?fbclid=IwAR09aoaowowV3N1CzAQW4rl-9TPF-ln7cdZxQoJSF2ZPTDbN1U5JHFvV7vY.*
163 Patrick Hyslop: »›Zerstörung der CDU‹: Wer steckt hinter dem YouTuber Rezo?«, *Tag24*, 3. Juni 2019, *https://www.tag24.de/nachrichten/koeln-rezo-ja-lol-ey-youtube-influencer-zerstoerung-cdu-werbung-gruene-stroeer-tube-one-europa-wahl-1086097.*
164 »Video: ›Die Zerstörung der CDU‹ – Warum Politiker nach dem Rezo-Video schweigen sollten«, *Deutschlandfunk Nova*, 22. Mai 2019, *https://www.deutschlandfunknova.de/beitrag/video-die-zerstoerung-der-cdu.*
165 *https://www.nfte.de/wp-content/uploads/2018/04/Eine-Blitzkarriere-im-Web-hat-der-YouTube-Star-Rezo-hingelegt-Seite-55.pdf.*
166 Ebd.
167 Ebd.
168 Christina Helberg: »Bewertung: Unbelegt – Keine Belege, dass die Grünen das Rezo-Video in Auftrag gegeben haben«, *Faktencheck*, 26. Mai 2019, *https://correctiv.org/faktencheck/europa/2019/05/26/keine-belege-dass-die-gruenen-das-rezo-video-in-auftrag-gegeben-haben* (plus Screenshot, Archiv Grandt).
169 Ebd.
170 Ebd.
171 Ebd.
172 E-Mail vom 19. Juni 2019 (Archiv Grandt).
173 »Rezo-Video – ›Das wirkt wie eine konzertierte Aktion‹. Interview mit Lutz Frühbrodt«, *Cicero Online*, 29. Mai 2019, *https://www.cicero.de/innenpolitik/rezo-video-youtube-cdu-annegret-kramp-karrenbauer-europawahl-gruene.*
174 Ebd.
175 Ebd.
176 Gemeint ist PI-News, vgl. *Kopp exklusiv* 23/19, S. 8.
177 Impressum *t-online.de*, *https://www.t-online.de/impressum/id_12511434/index.*

[178] Vgl. *Kopp exklusiv* 23/19, S. 8.

[179] »Das ist die Redaktion von *t-online.de*«, *t-online.de*, 26. August 2019, *https://www.t-online.de/nachrichten/id_83156130/gehoert-nicht-zur-telekom-das-ist-t-online-de-und-die-mannschaft-dahinter.html.*

[180] E-Mail vom 19. Juni 2019 (Archiv Grandt).

[181] »Ströer unterstützt ›Greentech Festival‹ in Berlin«, Ströer, 23. Mai 2019, *https://www.stroeer.de/news/stroeer-news/news-artikel//stroeer-unterstuetzt-greentech-festival-in-berlin-1.html.*

Kapitel 12

[1] Name geändert.

2 Sandra Basan, Michael Witt: »Essen, Klima, Umwelt – Dürfen Kinder unser Leben bestimmen?«, *Bild Online*, 16. Juni 2019, *https://www.bild.de/ratgeber/2019/ratgeber/essen-klima-etc-duerfen-kinder-unser-leben-bestimmen-62648116.bild.html.*

[3] Vgl. Onlinebefragung der Sinus Markt- und Sozialforschung, Juni 2019, zit. in: *Der Spiegel* 31/2019, S. 26.

[4] In: *Der Spiegel* 29/2019, S. 12.

[5] Ebd., S. 26

[6] Der Verein unterstützt laut Satzung Umweltschutzbewegungen, »z. B. Fridays for Future« (vgl. *Der Spiegel* 31/2019, S. 26).

[7] Ebd., S. 25.

[8] Statements von Fridays-for-Future-Anhängern, München, in: *Wir müssen reden!* (Phoenix), Sendung vom 14. Juli 2019.

[9] *Der Spiegel* 31/2019, S. 26.

[10] *Der Spiegel* 23/2019, S. 13.

[11] »Kinder der Apokalypse«, in: *Der Spiegel* 23/2019, S. 13 ff.

[12] »›Äußere Einflüsse‹ – Merkel irritiert mit Äußerungen über Klimastreiks«, *Deutschlandfunk Online*, 18. Februar 2019, *https://www.deutschlandfunk.de/aeussere-einfluesse-merkel-irritiert-mit-aeusserungen-ueber.2852.de.html?dram:article_id=441342.*

[13] Ebd., sowie: Statement abzurufen (ab Min. 42:00) auf: *https://www.youtube.com/watch?v=77ldCeytaso&feature=youtu.be.*

[14] »›Äußere Einflüsse‹ – Merkel irritiert mit Äußerungen über Klimastreiks«, *Deutschlandfunk Online*, 18. Februar 2019, *https://www.deutschlandfunk.de/aeussere-einfluesse-merkel-irritiert-mit-aeusserungen-ueber.2852.de.html?dram:article_id=441342.*

[15] *dpa*: »Greta Thunberg in Hamburg – Merkel lobt Schülerprotest gegen Klimawandel«, *t-online.de*, 2. März 2019, *https://www.t-online.de/nachrichten/deutschland/innenpolitik/id_85342326/greta-thunberg-in-hamburg-kanzlerin-merkel-lobt-schuelerprotest-gegen-klimawandel.html.*

[16] Hugo Müller-Vogg: »›Fridays for Future‹ – Freibrief von der Kanzelrin«, *Cicero Online*, 24. Juli 2019, *https://www.cicero.de/innenpolitik/fridays-for-future-angela-merkel.*

[17] Lena Puttfarcken: »23-Jährige über Klima-Versagen – Danke für nichts«, *Spiegel Online*, 8. Oktober 2018, *https://www.spiegel.de/wissenschaft/natur/sonderbericht-des-weltklimarats-ipcc-danke-fuer-nichts-a-1230338.html.*

[18] Ebd.

[19] Ebd.

[20] Ebd.

[21] Sandra Basan, Michael Witt: »Essen, Klima, Umwelt – Dürfen Kinder unser Leben bestimmen?«, *Bild Online*, 16. Juni 2019, *https://www.bild.de/ratgeber/2019/ratgeber/essen-klima-etc-duerfen-kinder-unser-leben-bestimmen-62648116.bild.html.*

[22] Ebd.

[23] Matthias Matussek: »Der mit dem Wolf tanzt«, in: *Tichys Einblick* 09/19, S. 34.

[24] »Über uns«, *fridaysforfuture.de, https://fridaysforfuture.de/about/.*

[25] *https://www.plant-for-the-planet.org/de/mitmachen/climate-strike.*

[26] Ebd.

[27] Aus Datenschutzrechtlichen Gründen von mir unkenntlich gemacht.

[28] Ebd.

[29] Siehe Antrag PDF-Datei (Archiv Grandt).

[30] Siehe Schreiben PDF-Datei (Archiv Grandt).

[31] *https://www.plant-for-the-planet.org/de/footermenu/faq.*

[32] Vgl. »UN-Klimagipfel in Paris – Grüne Fraktion mit Plant For The Planet: Es gibt keinen Planet B«, Grüne im Landtag NRW, *https://gruene-fraktion-nrw.de/aktuell/aktuelldetail/nachricht/gruene-fraktion-und-plant-for-the-planet-ein-zeichen-es-gibt-keinen-planet-b.html.*

[33] »Streiken – FAQ«, *frydaysforfuture.de, https://fridaysforfuture.de/streiktermine/faq/.*

[34] *https://www.plant-for-the-planet.org/de/informieren/idee-ziel.*

[35] *https://www.clubofrome.org/member/frithjof-finkbeiner/.*

[36] *https://www.plant-for-the-planet.org/de/informieren/idee-ziel.*

[37] Ebd.

[38] Ebd.
[39] Ebd.
[40] Ebd.
[41] Ebd.
[42] Ebd.
[43] Ebd.
[44] Ebd.
[45] Ebd.
[46] *https://www.plant-for-the-planet.org/de/informieren/struktur.*
[47] Peter Ruegg, »Großer Grant für Ökosystemforscher«, *ethz.ch,* 21. Februar 2018, *https://www.ethz.ch/de/news-und-veranstaltungen/eth-news/news/2018/02/portraet-tom-crowther.html,* sowie: Peter Rüegg: »Grosser Grant für Ökosystemforscher«, *ethz.ch* vom 21. Februar 2018, *https://ethz.ch/de/news-und-veranstaltungen/eth-news/news/2018/02/portraet-tom-crowther.html.*
[48] Ebd.
[49] Ebd.
[50] Ebd.
[51] E-Mail an Tom Crowther vom 27. Juni 2019 (Archiv Grandt).
[52] E-Mail von ETHZ (Patricia Schmidt) vom 1. Juli 2019 (Archiv Grandt).
[53] E-Mail an Patricia Schmidt vom 1. Juli 2019 (Archiv Grandt).
[54] *http://www.dobecology.nl/.*
[55] *http://www.dobecology.nl/ecology/faq/.*
[56] Ebd.
[57] Screenshot vom 26. Juni 2019 (Archiv Grandt).
[58] »Horizons interview environmentalist and entrepreneur Frank Tobé«, Chrystal Capital, 6. August 2018, *https://www.chrystalcapital.com/news/2019/1/15/horizon-interview-with-environmentalist-and-entrepreneur-frank-tob.*
[59] Ebd.
[60] Ebd.
[61] *https://www.wri.org/.*
[62] Verifizierter Stand: 2018, Vgl. *https://commonbound.org/es/speaker/gus-speth.*
[63] *https://neweconomy.net/.*
[64] *https://neweconomy.net/about.*
[65] Ebd.
[66] Ebd.

[67] Gus Speth: »A new American environmentalism and the new economy«, *Grist Magazine*, 8. Februar 2010, *https://grist.org/article/2010-02-07-a-new-american-environmentalism-and-the-new-economy/.*

[68] Nathan Schneider: »The commons are making a comeback«, *Al Jazeera America*, 2. November 2014, *http://america.aljazeera.com/opinions/2014/11/commons-environmentalismeconomicsinequality.html.*

[69] E-Mail vom 26. Juni 2019 an DOB ecology (Archiv Grandt).

[70] E-Mail von DOB vom 27. Juni 2019 (Archiv Grandt).

[71] E-Mail an DOB am 27. Juni 2019 (Archiv Grandt).

[72] E-Mail von DOB vom 2. Juli 2019 (Archiv Grandt).

[73] E-Mail an DOB am 2. Juli 2019 (Archiv Grandt).

[74] *https://www.plant-for-the-planet.org/de/informieren/struktur.*

[75] *F. J. Radermacher: Balance oder Zerstörung: Ökosoziale Marktwirtschaft als Schlüssel zu einer weltweiten nachhaltigen Entwicklung,* Ökosoziales Forum Europa, Wien 2002.

[76] F. J. Radermacher: *Global Marshall Plan/planetary contract – ein ökosoziales Programm für eine bessere Welt,* Ökosoziales Forum Europa, Wien 2004.

[77] F. J. Radermacher: *Globalisierung gestalten,* Terra Media Verlag, Berlin 2006.

[78] F. J. Radermacher, M. Obermüller, P. Spiegel: *Global Impact – Der neue Weg zur globalen Verantwortung,* Carl Hanser Verlag, München 2009.

[79] F. J. Radermacher: *Weltklimapolitik nach Kopenhagen – Umsetzung der neuen Potentiale,* FAW/n Report, Ulm 2010.

[80] F. J. Radermacher, B. Beyers: *Welt mit Zukunft – Die ökosoziale Perspektive,* Murmann Verlag, Hamburg 2011.

[81] F. J. Radermacher, J. Riegler, H. Weiger: *Ökosoziale Marktwirtschaft – Historie, Programmatik und Alleinstellungsmerkmale eines zukunftsfähigen globalen Wirtschaftssystems,* oekom Verlag, München 2011.

[82] L. Hölscher, F. J. Radermacher: *Klimaneutralität – Hessen geht voran,* Springer Vieweg Verlag, Wiesbaden 2012.

[83] F. J. Radermacher: *Der Milliarden-Joker. Wie Deutschland und Europa den globalen Klimaschutz revolutionieren können,* Murmann Verlag, Hamburg 2018.

[84] F. J. Radermacher: *Global Marshall Plan – A Planetary Contract,* 2004.

[85] Al Gore: *Wege zum Gleichgewicht – Ein Marshall Plan für die Erde,* Fischer, Frankfurt a. M. 1994.

[86] Vgl. Online-Fachzeitschrift des Bundesministeriums für Land- und Forstwirtschaft, Umwelt und Wasserwirtschaft Jahrgang 2005: F. J. Radermacher:

»Global Marshall Plan / planetary contract – ein ökosoziales Programm für eine bessere Welt«, *https://webcache.googleusercontent.com/search?-q=cache:-kI7udCWVlwJ:https://www.bmnt.gv.at/dam/jcr:4e5ff4eb-f75d-437f-a06a-46b5e6e3593e/Radermacher_END%255B1%255D.pdf+&cd=1&hl=-de&ct=clnk&gl=de,* S. 2.

87 Ebd., S. 2 ff.

88 Ebd.

89 Ebd.

90 Ebd.

91 Ebd.

92 Ebd.

93 George Soros: »Europe. Please Wake Up«, Project Syndicate Online, 11. Februar 2019, *https://www.project-syndicate.org/commentary/political-party-systems-undermining-european-union-by-george-soros-2019-02?barrier=accesspaylog.*

94 Ebd.

95 *https://syndication.project-syndicate.org/.*

96 Ebd.

97 Ebd.

98 Member papers: *https://web.archive.org/web/20120623142537/http://www.project-syndicate.org/member-papers.*

99 *https://www.project-syndicate.org/about.*

100 Vgl. *Der Spiegel* 23/2019, S. 69.

101 Ebd.

102 Germanwatch: »Unser Leitbild«, *https://germanwatch.org/de/3395.*

103 Germanwatch: »Unser Leitbild« (Fortsetzung), *https://germanwatch.org/de/leitbild.*

104 »Transform wurde zusammen mit den kirchlichen Entwicklungsorganisationen Brot für die Welt und Misereor sowie den im Klimaschutz auf deutscher und internationaler Ebene aktiven Umweltverbänden BUND, Germanwatch, Greenpeace und WWF gegründet. Transform soll die Arbeit der sechs Verbände – zunächst vor allem für die Klima- und Energiewende – besser koordinieren und ihre politische Wirkung durch gemeinsame Auftritte erhöhen«. *Quelle: https://germanwatch.org/de/netzwerk.*

105 Germanwatch: »Unser Netzwerk«, *https://germanwatch.org/de/netzwerk.*

106 Vgl. Rechenschaftsbericht des Vorstands 2017–2018, S. 55, *https://germanwatch.org/de/15893.*

107 E-Mail von Stefan Küper vom 7. Juni 2019 (Archiv Grandt).

[108] *https://fridaysforfuture.de/allefuersklima/.*

[109] Vgl. seine Kommentare zur Pressekonferenz des Bundesumweltministeriums zum IPCC-Sonderbericht »Climate Change and Land« vom 8. August 2019, in: Phoenix am 8. August 2019.

[110] Vgl. Rechenschaftsbericht des Vorstands 2017-2018, S. 54 ff., *https://germanwatch.org/de/15893.*

[111] *https://climateemergencyfund.org/.*

[112] Ebd.

[113] Ansgar Neuhof: »Unheilvolle Alianz. Gretas Milliardäre – Millionen für den Klimaaufstand«, *Tichys Einblick,* 20. August 2019, *https://www.tichyseinblick.de/meinungen/gretas-milliardaere-millionen-fuer-den-klimaaufstand/.*

[114] Vgl. dazu Matthew Taylor: »US philanthropists vow to raise millions for climate activists«, *The Guardian,* 12. Juli 2019, *https://www.theguardian.com/environment/2019/jul/12/us-philanthropists-vow-to-raise-millions-for-climate-activists*; Paulina Firozi: »The Energy 202: Cash, banners and bullhorns: Big philanthropists throw weight behind disruptive climate activists«, *The Washington Post,* 12. Juli 2019, *https://www.washingtonpost.com/news/powerpost/paloma/the-energy-202/2019/07/12/the-energy-202-cash-banners-and-bullhorns-big-philanthropists-throw-weight-behind-disruptive-climate-activists/5d278ea6a7a0a47d87c570e5/*; Phoebe Weston: »Climate activists including Extinction Rebellion to receive £500 000 from US philanthropists«, *The Independent,* 12. Juli 2019, *https://www.independent.co.uk/environment/extinction-rebellion-climate-activists-us-donation-money-a9002466.html*; Ollie Williams: »Expect Disruption As U.S. Millionaires Start Backing Extinction Rebellion Activists«, Forbes, 22. Juli 2019, *https://www.forbes.com/sites/oliverwilliams1/2019/07/22/expect-disruption-as-u-s-millionaires-start-backing-extinction-rebellion-activists/#33a4c5c365f6.*

[115] *https://www.theclimatemobilization.org/.*

[116] Ansgar Neuhof: »Unheilvolle Alianz. Gretas Milliardäre – Millionen für den Klimaaufstand«, *Tichys Einblick,* 20. August 2019, *https://www.tichyseinblick.de/meinungen/gretas-milliardaere-millionen-fuer-den-klimaaufstand/.*

[117] Ebd.

[118] Ebd.

[119] Conrad Duncan: »Extinction Rebellion threatens to use drones to shut down Heathrow airport for up to 10 days«, *The Independent,* 31. Mai 2019, *https://www.independent.co.uk/environment/extinction-rebellion-heathrow-airport-drones-protest-climate-change-a8937976.html.*

[120] Christian Mihatsch: »Aufstand statt nur Protest – In Großbritannien läuft die Prozesswelle gegen Extinction Rebellion an«, *nd Online*, 5. August 2019, *https://www.neues-deutschland.de/artikel/1123848.extinction-rebellion-aufstand-statt-nur-protest.html*.

[121] Andrew Müller (im Interview mit Hannah Elshorst von Extinction Rebellion): »Klimaaktivistin über Extinction Rebellion: ›Es braucht radikale Veränderung‹«, *taz.de*, 19. April 2019, *https://taz.de/Klimaaktivistin-ueber-Extinction-Rebellion/!5587023/*.

[122] »Nytt radikalt miljöuppror startar i Sverige«, Extinction Rebellion, Presseerklärung vom 16. November 2018, *https://www.extinctionrebellion.se/2018/11/16/16-november-2018/*.

[123] Ansgar Neuhof: »Unheilvolle Alianz. Gretas Milliardäre – Millionen für den Klimaaufstand«, *Tichys Einblick*, 20. August 2019, *https://www.tichyseinblick.de/meinungen/gretas-milliardaere-millionen-fuer-den-klimaaufstand/*.

[124] Steffi Unsleber: »Klimaaktivistin reagiert auf Gerüchte – Greta Thunberg und die Trolle«, *taz.de*, 4. Februar 2019, *https://taz.de/Klimaaktivistin-reagiert-auf-Geruechte/!5570085/*; Katerina Janouch: »Wir basteln uns eine Klima-Ikone«, *weltwoche.ch*, 23. Januar 2019, *https://www.weltwoche.ch/ausgaben/2019-4/artikel/wir-basteln-uns-eine-klima-ikone-die-weltwoche-ausgabe-4-2019.html*.

[125] Ansgar Neuhof: »Gretas Milliardäre – Millionen für den Klimaaufstand«, *Tichys Einblick*, 20. August 2019, *https://www.tichyseinblick.de/meinungen/gretas-milliardaere-millionen-fuer-den-klimaaufstand/*.

[126] Simonetta Dibbern: »Klima-Proteste in Stockholm – Fridays mit Greta«, *Deutschlandfunk Online*, 25. März 2019, *https://www.deutschlandfunk.de/klima-proteste-in-stockholm-fridays-mit-greta.795.de.html?dram:article_id=444309*.

[127] Pressekonferenz Katowice, 5. Dezember 2018: »Abibimman Foundation – Greta Thunberg, Nils Agger, Liam Baulch – Extinction Rebellion«, *https://unfccc.int/event/abibimman-foundation-greta-thunberg-nils-agger-liam-baulch-extinction-rebellion*.

[128] Pressek. Katowice, 06.12.2018: »Abibimman Foundation – Greta Thunberg & Mårten Thorslund – We Don't Have Time«, *https://unfccc.int/event/abibimman-foundation-greta-thunberg-marten-thorslund-we-don-t-have-time*.

[129] Ansgar Neuhof: »Gretas Milliardäre – Millionen für den Klimaaufstand«, *Tichys Einblick*, 20. August 2019, *https://www.tichyseinblick.de/meinungen/gretas-milliardaere-millionen-fuer-den-klimaaufstand/*.

[130] »Club of Rome launches Climate Emergency Plan«, Climate Emergency Declaration, 24. November 2018, *https://climateemergencydeclaration.org/club-of-rome-climate-emergency-plan/.*

[131] Ansgar Neuhof: »Gretas Milliardäre – Millionen für den Klimaaufstand«, *Tichys Einblick,* 20. August 2019, *https://www.tichyseinblick.de/meinungen/gretas-milliardaere-millionen-fuer-den-klimaaufstand/.*

[132] Claus Hecking im Interview mit dem Klimaaktivisten Jakob Blasel: »›Fridays for Future‹ – ›Wir haben nichts zu verbergen‹«, *Spiegel Online,* 17. April 2019, *https://www.spiegel.de/lebenundlernen/schule/fridays-for-future-schuelerproteste-im-visier-rechter-blogs-a-1263355.html.*

[133] Ebd.

[134] *https://www.ndr.de/fernsehen/sendungen/schleswig-holstein_magazin/Kronshagener-Schueler-kaempft-fuer-den-Klimaschutz,shmag63986.html.*

[135] Claus Hecking (im Interview mit einem deutschen Klimaaktivisten): »›Fridays for Future‹ – ›Wir haben nichts zu verbergen‹«, *Spiegel Online,* 17. April 2019, *https://www.spiegel.de/lebenundlernen/schule/fridays-for-future-schuelerproteste-im-visier-rechter-blogs-a-1263355.html.*

[136] Ebd., Kommentarbereich.

[137] Plant-for-the-Planet: »FAQ«, *https://www.plant-for-the-planet.org/de/footer-menu/faq.*

[138] *Der Spiegel* 31/2019, S. 26.

[139] Fridays for Future: »FAQ«, *https://fridaysforfuture.de/spenden/#faq.*

[140] Ebd.

[141] Gemeint war der Sommerkongress 2019 in Dortmund.

[142] Fridays for Future: »FAQ«, *https://fridaysforfuture.de/spenden/#faq.*

[143] Fridays for Future, *https://kongress.fridaysforfuture.de/unterstuetzen/spenden/.*

[144] Vgl. *Der Spiegel,* 31/2019, S. 24.

[145] GLS-Bank: »Wir finanzieren Nachhaltigkeit«, *https://www.gls.de/privatkunden/.*

[146] Vgl. *Der Spiegel* 31/2019, S. 25.

[147] Ansgar Neuhof: »Unheilvolle Alianz. Gretas Milliardäre – Millionen für den Klimaaufstand«, *Tichys Einblick,* 20. August 2019, *https://www.tichyseinblick.de/meinungen/gretas-milliardaere-millionen-fuer-den-klimaaufstand/.*

[148] Curd Wunderlich: »Klima-Aktivist legt mehr als 70 000 Euro aus – Streit über Rückzahlung«, *Welt Online,* 31. Juli 2019, *https://www.welt.de/politik/deutschland/article197729841/Fridays-for-Future-Jannik-Schestag-streitet-um-Rueckzahlung-von-70-000-Euro.html.*

149 Ansgar Neuhof: »Gretas Milliardäre – Millionen für den Klimaaufstand«, *Tichys Einblick*, 20. August 2019, *https://www.tichyseinblick.de/meinungen/gretas-milliardaere-millionen-fuer-den-klimaaufstand/*.

150 Fridays for Future, Sommerkongress: »Spenden«, *https://kongress.fridaysforfuture.de/unterstuetzen/spenden/*.

151 Amtsgericht Kiel: Urkundenrolle 296/2019 vom 27/28. Mai 2019, S. 1 (Faksimile Archiv Grandt).

152 Ann-Kathrin Hipp, Georg Ismar: »›Fridays for Future‹ – Krach bei den Klimaaktivisten«, *Tagesspiegel Online*, 16. April 2019, *https://www.tagesspiegel.de/politik/fridays-for-future-krach-bei-den-klimaaktivisten/24223740.html*.

153 Ebd.

154 Amtsgericht Kiel: Urkundenrolle 296/2019 vom 27/28. Mai 2019, S. 1 (Faksimile Archiv Grandt).

155 Fridays for Future: »Impressum«, *https://fridaysforfuture.de/impressum/*.

156 Grüne Jugend Kiel: »Wir haben einen neuen Vorstand«, *http://gruenejugend-kiel.de/?post_type=post&p=284*.

157 Leonie Sontheimer: »Fridays for Future – Die Strategin«, *Zeit Online*, 1. März 2019, *https://www.zeit.de/campus/2019-02/fridays-for-future-luisa-neubauer-organisatorin-demonstration-schueler-klimaschutz/seite-2*.

158 Ortrun Sadik: »Schülerstreik für das Klima: Interview mit dem 18-jährigen Jakob Blasel – Wir streiken, bis ihr handelt«, Greenpeace Online, 15. Januar 2019, *https://www.greenpeace.de/themen/energiewende-fossile-energien/kohle/wir-streiken-bis-ihr-handelt*.

159 Goldene Kamera: » Greta Thunberg wird mit der Goldenen Kamera 2019 ausgezeichnet«, *https://www.goldenekamera.de/preisverleihung/nominierte-preistraeger-2019/article216694793/Greta-Thunberg-wird-mit-der-GOLDENEN-KAMERA-2019-ausgezeichnet.html*.

160 Matthias Kohlmaier (im Interview mit dem Klimaaktivisten Jakob Blasel): »Demonstrationen für Klimaschutz – Wofür lernen, wenn es keine Zukunft gibt«, *SZ.de*, 25. Januar 2019, *https://www.sueddeutsche.de/bildung/klimaschutz-schule-fridaysforfuture-1.4301131-2*.

161 Ortrun Sadik: »Schülerstreik für das Klima: Interview mit dem 18-jährigen Jakob Blasel – Wir streiken, bis ihr handelt«, *Greenpeace Online*, 15. Januar 2019, *https://www.greenpeace.de/themen/energiewende-fossile-energien/kohle/wir-streiken-bis-ihr-handelt*.

162 Grüne SH: »Landesparteitag 2018«, *https://sh-gruene.de/landesparteitag/*.

163 Satzung des Vereins »organize future! e. V.« vom 17. Mai 2019, S. 1 (Faksimile Archiv Grandt).

164 Ebd.

165 Ebd., S. 5.

166 Burkhard Schwenker, Tobias Raffel, Regina Pötge: »Die Flüchtlingskrise als Chance. Unsere Erfahrungen und Handlungsempfehlungen«, Roland Berger Stiftung, München 2015, *https://www.rolandbergerstiftung.org/fileadmin/user_upload/rbs/Der%20Preis/15_31_RBS-Publikation_Fluechtlingskrise-Chancen-7_10_RZ_WEB.pdf.*

167 »Mit Sicherheit nachhaltig? Die UN-Ziele für nachhaltige Entwicklung und Wir«, Deutsche Gesellschaft für die Vereinten Nationen e. V., *https://dgvn.de/aktivitaeten/einzelansicht/mit-sicherheit-nachhaltig-die-un-ziele-fuer-nachhaltige-entwicklung-wir/.*

168 »Einmal wachrütteln, bitte! – Interview mit der teamGLOBAL Praktikantin und Fridays for Future-Demonstrantin Mya Michaelis«, teamGLOBAL, 5. April 2019, *https://teamglobal.de/2019/04/05/einmal-wachruetteln-bitte/.*

169 »Historie – Ein Haus mit viel(en) Geschichte(n)«, Gustav Stresemann Institut in Niedersachsen e. V., *https://gsi-bevensen.de/das-gsi/historie.html.*

170 Verein zur Förderung politischen Handelns: »Partner«, *https://www.vfh-online.de/partner/.*

171 Vgl. *Der Spiegel* 31/2019, S. 27.

172 Protokoll über die Gründung und erstmalige Mitgliederversammlung des Vereins »organize future!« vom 28. Mai 2019, S. 1 (Faksimile, Archiv Grandt).

173 Ebd., S. 2.

174 Schreiben an Carla Reemtsma über FFF-Münster vom 4. Juli 2019 (Archiv Grandt).

175 Ann-Kathrin Hipp, Georg Ismar: »›Fridays for Future‹ – Krach bei den Klimaaktivisten«, *Tagesspiegel Online*, 16. April 2019, *https://www.tagesspiegel.de/politik/fridays-for-future-krach-bei-den-klimaaktivisten/24223740.html.*

176 Patrick Gensing: »Fakes gegen ›Fridays for Future‹ – Aggressives Klima im Netz«, *tagesschau.de*, 26. April 2019, *https://www.tagesschau.de/faktenfinder/inland/fridays-for-future-133.html.*

177 Genauer gesagt die BUNDjugend.

178 »Schulstreik – Save the Climate«, *https://www.bundjugend.de/kampagne/schulstreik-save-the-climate/*; Patrick Gensing: »Fakes gegen ›Fridays for Future‹ – Aggressives Klima im Netz«, *tagesschau.de*, 26. April 2019, *https://www.tagesschau.de/faktenfinder/inland/fridays-for-future-133.html.*

179 »Leitfaden: Ortsgruppe gründen und Streik organisieren«, BUNDjugend, *https://www.bundjugend.de/leitfaden-fuer-euren-streik/.*

[180] Ansgar Neuhof: »Von Geldwäsche bis Greenwashing?«, in: *Tichys Einblick* 07/19, S. 34

[181] Ebd.

[182] Screenshot (Archiv Grandt).

[183] *Der Spiegel* 23/2019, S. 16.

[184] »Fridays for Future – 1000 Schüler demonstrieren in Tübingen für den Klimaschutz«, *tagblatt.de*, 18. Januar 2019, *https://www.tagblatt.de/Nachrichten/Friday-for-Future-in-Tuebingen-g4508.html.*

[185] Ebd.

[186] Ebd.

[187] Faksimile (Archiv Grandt).

[188] »Fridays for Future – 1000 Schüler demonstrieren in Tübingen für den Klimaschutz«, *tagblatt.de*, 18. Januar 2019, *https://www.tagblatt.de/Nachrichten/Friday-for-Future-in-Tuebingen-g4508.html.*

[189] Ebd.

[190] Ebd.

[191] Ebd.

[192] Jürgen Döschner: »Polizei warnt Schüler und Eltern vor Klima-Demo«, *wdr.de*, 6. Juni 2019, *https://www1.wdr.de/nachrichten/regionalnachrichten/polizei-fridays-for-future-klima-demo-100.html.*

[193] Fabian Lamster: »Neuruppins Schüler demonstrieren für bessere Klimapolitik«, *maz-online.de*, 1. Februar 2019, *https://www.maz-online.de/Lokales/Ostprignitz-Ruppin/Neuruppin/Fridays-For-Future-in-Neuruppin-80-Schueler-demonstrieren-fuer-bessere-Klimapolitik.*

[194] Foto: Archiv Grandt.

[195] Foto zum Beitrag: *https://www.bz-berlin.de/berlin/mitte/kein-sitzenbleiben-wegen-fridays-for-future-demos.*

[196] Foto zum Beitrag: *https://www.focus.de/politik/deutschland/fridays-for-future-sicherheitsbehoerden-warnen-linksextreme-wollen-klima-demos-unterwandern_id_10830515.html.*

[197] In der Sendung: *Ihre Meinung: Frech, digital und politisch* (WDR) vom 13. Juni 2019.

[198] Ebd.

[199] Ebd.

[200] Ebd.

[201] Ebd.

[202] Mario Steinebach: »Erste Ergebnisse einer internationalen Befragung der Schülerstreiks fürs Klima – UPDATE: Video-Statement und aktuelle

Einordnung verfügbar«, Technische Universität Chemnitz, *https://www.tu-chemnitz.de/tu/pressestelle/aktuell/9480*.

[203] Mattias Wahlström, Piotr Kocyba, Michiel De Vydt, Joost de Moor (Hrsg.): Protest for a future:Composition, mobilization and motives of the participants in Fridays For Future climate protests on 15 March, 2019 in 13 European cities, *https://www.tu-chemnitz.de/phil/iesg/professuren/klome/forschung/ZAIP/Dokumente/Protest_for_a_future_GCS_Descriptive_Report.pdf*.

[204] Ebd.

[205] Bußgeld-Info: »Sanktionen im Schulrecht: Droht beim Schuleschwänzen und bei Schulverweigerung ein Bußgeld?«, *https://www.bussgeld-info.de/schulverweigerung-bussgeld/*.

[206] Ebd.

[207] »›Friday for Future‹ – Schüler-Eltern erhalten Bußgeldbescheid über 88,50 Euro«, *SZ.de*, 17. Juli 2019, *https://www.sueddeutsche.de/politik/fridays-for-future-bussgeld-1.4529560*.

[208] Ebd.

[209] *Anne Will* (ARD), Sendung vom 31. März 2019.

[210] In der Sendung *Anne Will* (ARD) vom 31. März 2019; siehe dazu auch: Peter Luley: »›Anne Will‹ mit Greta Thunberg – ›Ich bin Realistin. Ich sehe Fakten‹«, *Spiegel Online*, 1. April 2019, *https://www.spiegel.de/kultur/tv/anne-will-mit-greta-thunberg-ich-bin-realistin-ich-sehe-fakten-a-1260424.html*.

[211] Vgl. *Der Spiegel* 36/2019, S. 21.

[212] Ansgar Neuhof: »Fridays for future: Euch gehört nichts – Ihr gehört anderen«, *Tichys Einblick*, 17. April 2019, *https://www.tichyseinblick.de/meinungen/fridays-for-future-euch-gehoert-nichts-ihr-gehoert-anderen/*.

[213] Claus Hecking (im Interview mit dem Klimaaktivisten Jakob Blasel): »›Fridays for Future‹ – ›Wir haben nichts zu verbergen‹«, *Spiegel Online*, 17. April 2019, *https://www.spiegel.de/lebenundlernen/schule/fridays-for-future-schuelerproteste-im-visier-rechter-blogs-a-1263355.html*.

[214] E-Mail an Fridays for Future am 3. Juli 2019 (Archiv Grandt).

[215] Zum Beispiel in Augsburg, siehe Foto auf: *https://www.augsburger-allgemeine.de/augsburg/700-Schueler-stehen-in-Augsburg-nachmittags-fuer-das-Klima-ein-id53564231.html*; oder in Aachen, siehe Foto auf: *https://lowerclassmag.com/2019/06/17/wir-brauchen-einen-radikalen-wandel/*.

[216] *Der Spiegel* 31/2019, S. 26.

[217] Jürgen Döschner: »Polizei warnt Schüler und Eltern vor Klima-Demo«, *wdr.de*, 6. Juni 2019, *https://www1.wdr.de/nachrichten/regionalnachrichten/polizei-fridays-for-future-klima-demo-100.html*.

[218] Ebd.
[219] In: »Fridays for Future? Was kann Protest. Wie weit darf er gehen?«, Phoenix, ausgestrahlt am 8. August 2019.
[220] Ebd.
[221] Ebd.
[222] Ebd.
[223] Ebd.
[224] Ebd.
[225] Ebd.
[226] Ebd.
[227] Ebd.
[228] Jürgen Döschner: »Polizei warnt Schüler und Eltern vor Klima-Demo«, *wdr.de*, 6. Juni 2019, *https://www1.wdr.de/nachrichten/regionalnachrichten/polizei-fridays-for-future-klima-demo-100.html.*
[229] »›Fridays for Future‹ – Sicherheitsbehörden warnen: Linksextreme wollen Klima-Demos unterwandern«, *Focus Online*, 16. Juni 2019, *https://www.focus.de/politik/deutschland/fridays-for-future-sicherheitsbehoerden-warnen-linksextreme-wollen-klima-demos-unterwandern_id_10830515.html.*
[230] Ebd.
[231] Ebd.
[232] »›Fridays for Future‹ – Sicherheitsbehörden warnen: Linksextreme wollen Klima-Demos unterwandern«, *Focus Online*, 16. Juni 2019, *https://www.focus.de/politik/deutschland/fridays-for-future-sicherheitsbehoerden-warnen-linksextreme-wollen-klima-demos-unterwandern_id_10830515.html.*
[233] In: »Fridays for Future. Was kann Protest? Wie weit darf er gehen?« Phoenix, ausgestrahlt am 8. August 2019.
[234] Bundesamt für Verfassungsschutz: »Linksextremisten instrumentalisieren ›Klimaschutz‹-Proteste«, *verfassungsschutz.de, https://www.verfassungsschutz.de/de/aktuelles/schlaglicht/schlaglicht-2018-08-linksextremisten-instrumentalisieren-klimaschutz-proteste.*
[235] Ebd.
[236] Vgl. *Der Spiegel* 31/2019, S. 25.
[237] Bundesamt für Verfassungsschutz: »Linksextremisten instrumentalisieren ›Klimaschutz‹-Proteste«, *verfassungsschutz.de, https://www.verfassungsschutz.de/de/aktuelles/schlaglicht/schlaglicht-2018-08-linksextremisten-instrumentalisieren-klimaschutz-proteste.*
[238] Ebd.
[239] Ebd., sowie: »Globale Solidarität statt systemischer Wahnsinn!«, Homepage

der IL, 16. Juli 2015, *https://interventionistische-linke.org/beitrag/globale-solidaritaet-statt-systemischer-wahnsinn.*

240 Siehe Foto in: *Kopp exklusiv* 26/19, S. 5.

241 Bundesamt für Verfassungsschutz: »Linksextremisten instrumentalisieren ›Klimaschutz‹-Proteste«, *verfassungsschutz.de, https://www.verfassungsschutz.de/de/aktuelles/schlaglicht/schlaglicht-2018-08-linksextremisten-instrumentalisieren-klimaschutz-proteste.*

242 Ebd.

243 Ebd.

244 Alexander Haneke: »Proteste von Klimaaktivisten – Konfrontation oder Kompromiss?«, *Frankfurter Allgemeine,* 23. Juni 2019, *https://www.faz.net/aktuell/politik/inland/klimaaktivisten-konfrontation-oder-kompromiss-16250313.html.*

245 Birgit Begass, Ines Rakoczy: »Klima-Proteste in Garzweiler (NRW) – Tagebau-Blockade mit Pizza und Laser-Show«, *Bild Online,* 23. Juni. 2019, *https://www.bild.de/regional/koeln/koeln-aktuell/klima-proteste-in-garzweiler-nrw-aktivisten-dringen-in-tagebau-ein-62803092.bild.html.*

246 Ebd.

247 Ebd.

248 Ebd.

249 »Proteste an RWE-Gelände – Aktivisten stürmen Tagebau: Mehrere Polizisten verletzt, Brand-Anschlag auf Pumpstation«, *Focus Online,* 22. Juni 2019, *https://www.focus.de/politik/deutschland/proteste-an-rwe-gelaende-aktivisten-durchbrechen-polizeikette-und-laufen-in-tagebau_id_10852832.html.*

250 Roland Tichy: »Die politische Klasse biedert sich an – Deutsches Klima: Gewalt gegen die Gesellschaft ist erlaubt«, *Tichys Einblick,* 23. Juni 2019, *https://www.tichyseinblick.de/tichys-einblick/deutsches-klima-gewalt-gegen-die-gesellschaft-ist-erlaubt/.*

251 Ebd.

252 Ver.di: »Personen: Frank Bsirske«, *https://www.verdi.de/++co++ae277ff8-b128-11e0-7d3a-00093d114afd.*

253 »Gewerkschaft hat 2 Millionen Mitglieder – Verdi-Chef ruft zu Teilnahme an ›Fridays for Future‹-Demo auf«, *Focus Online,* 5. August 2019, *https://www.focus.de/politik/deutschland/gewerkschaft-hat-2-millionen-mitglieder-verdi-chef-ruft-zu-teilnahme-an-fridays-for-future-demo-auf_id_10999819.html.*

254 Stefan Schulte: »›Fridays for Future‹ – Verdi-Chef Bsirske ruft zur Teil-

nahme am ›Klimastreik‹ auf«, *Westdeutsche Allgemeine Zeitung Online*, 5. August 2019, *https://www.waz.de/wirtschaft/verdi-chef-bsirske-ruft-zur-teilnahme-am-klimastreik-auf-id226689669.html.*

[255] Ines Rakoczy: »Sie unterstützt die Aktivisten – Klima-Greta besucht den Hambacher Forst«, *Bild Online*, 10. August 2019, *https://www.bild.de/regional/koeln/koeln-aktuell/aachen-klima-greta-besucht-den-hambacher-forst-63880990.bild.html.*

[256] Vgl. *Auslandsjournal* (ZDF): »Der große Greta-Kult, Hoffnung, Heldin, Hassfigur«, ausgestrahlt am 14. August 2019, *https://www.zdf.de/politik/auslandsjournal/die-sendung-vom-14-august-2019-102.html.*

[257] Ines Rakoczy: »Sie unterstützt die Aktivisten – Klima-Greta besucht den Hambacher Forst«, *Bild Online*, 10. August 2019, *https://www.bild.de/regional/koeln/koeln-aktuell/aachen-klima-greta-besucht-den-hambacher-forst-63880990.bild.html.*

[258] Ebd.

[259] B. Begass, P. Poensgen, T. Specks, R. Schuler: »Kritik an Auftritt mit Vermummten – ›Greta sollte sich nicht mit falschen Leuten umgeben‹«, *Bild Online*, 11. August 2019, *https://www.bild.de/politik/inland/politik-inland/greta-thunberg-kritik-an-auftritt-greta-sollte-sich-nicht-mit-falschen-leuten-um-63901154.bild.html.*

[260] »Wirbel um Greta-Foto – Ist Vermummung etwa Notwehr?«, *Bild Online*, 13. August 2019, *https://www.bild.de/politik/inland/politik-inland/wirbel-um-greta-foto-ist-vermummung-etwa-notwehr-63921030.bild.html.*

[261] B. Begass, P. Poensgen, T. Specks, R. Schuler: »Kritik an Auftritt mit Vermummten – ›Greta sollte sich nicht mit falschen Leuten umgeben‹«, *Bild Online*, 11. August 2019, *https://www.bild.de/politik/inland/politik-inland/greta-thunberg-kritik-an-auftritt-greta-sollte-sich-nicht-mit-falschen-leuten-um-63901154.bild.html.*

[262] B. Begass, P. Poensgen, T. Specks: »Greta Thunberg im Hambacher Forst – Vermummte führt Klima-Kids durch besetzten Wald«, *Bild Online*, 11. August 2019, *https://www.bild.de/politik/inland/politik-inland/greta-thunberg-vermummte-fuehrt-klima-kids-durch-hambacher-forst-63885660.bild.html.*

[263] Ebd.

[264] Ebd.

[265] Ebd.

[266] B. Begass, P. Poensgen, T. Specks, R. Schuler: »Kritik an Auftritt mit Vermummten – ›Greta sollte sich nicht mit falschen Leuten umgeben‹«, *Bild*

Online, 11. August 2019, *https://www.bild.de/politik/inland/politik-inland/greta-thunberg-kritik-an-auftritt-greta-sollte-sich-nicht-mit-falschen-leuten-um-63901154.bild.html.*

267 »Wirbel um Greta-Foto – Ist Vermummung etwa Notwehr?«, *Bild Online*, 13. August 2019, *https://www.bild.de/politik/inland/politik-inland/wirbel-um-greta-foto-ist-vermummung-etwa-notwehr-63921030.bild.html.*

268 Ines Rakoczy: »Sie unterstützt die Aktivisten – Klima-Greta besucht den Hambacher Forst«, *Bild Online*, 10. August 2019, *https://www.bild.de/regional/koeln/koeln-aktuell/aachen-klima-greta-besucht-den-hambacher-forst-63880990.bild.html.*

269 Ebd.

270 »Tumulte bei ›Friday for Future‹-Konferenz – Klima-Greta lässt Journalisten rauswerfen«, *Bild Online*, 9. September 2019, *https://www.bild.de/politik/ausland/politik-ausland/fridays-for-future-greta-thunberg-laesst-journalisten-aus-dem-saal-werfen-63861366.bild.html.*

271 Ebd.

272 Matthias Lohr: »Kann sie das Klima retten? Göttinger Studentin ist die deutsche Greta Thunberg«, *HNA Online*, 21. Februar. 2019, *https://www.hna.de/lokales/goettingen/goettingen-ort28741/fridaysforfuture-luisa-neubauer-ist-gesicht-klimaschutzproteste-onl-11787825.html.*

273 *Der Spiegel* 23/2019, S. 14.

274 Ebd., S. 18.

275 Etwa in der Sendung *Markus Lanz* (ZDF), *https://www.youtube.com/watch?v=T3he_b7tsEQ.*

276 Ann-Kathrin Hipp, Georg Ismar: »›Fridays for Future‹ – Krach bei den Klimaaktivisten«, *Tagesspiegel Online*, 16. April 2019, *https://www.tagesspiegel.de/politik/fridays-for-future-krach-bei-den-klimaaktivisten/24223740.html.*

277 Til Biermann: »Klimawandel muss auf die Titelseiten – Axel-Springer-Chef interviewt ›Fridays for Future‹-Aktivistin«, *Bild Online*, 4. Juli 2019, *https://www.bild.de/politik/inland/politik-inland/klima-talk-fridays-for-future-aktivistin-und-axel-springer-chef-63067980.bild.html.*

278 Ebd.

279 *Der Spiegel* 23/2019, S. 18.

280 Ebd.

281 In: *Der Spiegel* 23/2019, S. 14.

282 In der Sendung: *Wahlarena* (MDR) vom 27. August 2019, *https://www.mdr.de/sachsen/politik/wahlen/landtagswahl/wahlarena-spitzenkandidaten-landtagswahl-100.html.*

283 Milena Hassenkamp: »Schwedens Grüne bei Europawahl – Wo war bloß der Greta-Effekt?«, *Spiegel Online*, 28. Mai 2019, *https://www.spiegel.de/politik/ausland/schwedens-gruene-bei-europawahlen-wo-war-der-greta-effekt-a-1269554.html.*

284 Ann-Kathrin Hipp, Georg Ismar: »›Fridays for Future‹ – Krach bei den Klimaaktivisten«, *Tagesspiegel Online*, 16. April 2019, *https://www.tagesspiegel.de/politik/fridays-for-future-krach-bei-den-klimaaktivisten/24223740.html.*

285 Laut und deutlich: »Die Agentur«: *http://laut-und-deutlich.com/.*

286 Ebd.

287 *http://web.archive.org/web/20190209123959/https://bv.antrag.gruene-jugend.de/buk051/Luisa_Neubauer-46919/pdf.*

288 Ebd.

289 Vgl. *Anne Will* (ARD), Sendung vom 2. Juni 2019.

290 Vgl. Matthias Kolb: »Europäisches Parlament – Wie Europa grüner wird«, *Süddeutsche Zeitung*, 17. Juni 2019, *https://www.sueddeutsche.de/politik/eu-gruene-bruessel-parlament-1.4488164.*

291 Vgl. *Anne Will* (ARD), Sendung vom 2. Juni 2019.

292 Ebd.

293 »›Fridays for Future‹ – Neubauer fordert Abschaltung erster Kohlekraftwerke noch in diesem Jahr«, *Welt Online*, 6. Juni 2019, *https://www.welt.de/politik/deutschland/article196455113/Fridays-for-Future-Luisa-Neubauer-fordert-Abschaltung-von-Kohlekraftwerken-noch-2019.html.*

294 Ebd.

295 Ebd.

296 Ebd.

297 Paul Ronzheimer: »Interview mit Seenot-Kapitänin Rackete – ›Wir müssen auch Klima-Flüchtlinge aufnehmen!‹«, *Bild Online*, 15. Juli 2019, *https://www.bild.de/politik/inland/politik-ausland/rackete-im-bild-interview-wir-muessen-klima-fluechtlinge-aufnehmen-63280720.bild.html.*

298 Ebd.

299 Vgl. *Anne Will* (ARD), Sendung vom 2. Juni 2019.

300 Ebd.

301 Ebd.

302 Kuno Mahnkopf: »Neubauer: ›Wenn wir nicht auf die Straße gehen, passiert nichts‹«, *Göttinger Tageblatt Online*, 19. März 2019, *https://www.goettinger-tageblatt.de/Die-Region/Goettingen/Juergen-Trittin-moderiert-Diskussion-ueber-Klimaschutz-mit-Fridays-for-Future-Aktivistin-Luisa-Neubauer-im-Jungen-Theater-in-Goettingen.*

303 Luisa Neubauer auf der LDK der Grünen 2019, YouTube-Video: *https://www.youtube.com/watch?v=GwjGdBPMuio.*

304 *https://www.youtube.com/watch?v=GwjGdBPMuio,* Kommentar von 21st Century Boy.

305 Ebd., Kommentar von Kintamani.

306 Ebd., Kommentar von coldcaseable.

307 Reisetagebuch von Luisa Neubauer – Grüne, *https://www.youtube.com/watch?v=NoB36JFNoWQ.*

308 »Luisa Neubauer, Klimaaktivistin und Mit-Initiatorin der ›Fridays for Future‹-Proteste«, in: *Hart aber fair,* Sendung vom 29. März 2019, *https://www.youtube.com/watch?v=olFonePPSKE.*

309 *https://www.youtube.com/watch?v=NoB36JFNoWQ* und Screenshots Archiv Grandt.

310 Mehr über grüne Vielflieger auf YouTube: *https://www.youtube.com/watch?v=y9Eg_rZ1ghI.*

311 Matthias Lohr: »Kann sie das Klima retten? Göttinger Studentin ist die deutsche Greta Thunberg«, *HNA Online,* 21. Februar. 2019, *https://www.hna.de/lokales/goettingen/goettingen-ort28741/fridaysforfuture-luisa-neubauer-ist-gesicht-klimaschutzproteste-onl-11787825.html.*

312 Ebd.

313 In der Sendung *Hart aber fair* (ARD) im März 2019, *https://www.youtube.com/watch?v=olFonePPSKE.*

314 Kuno Mahnkopf: »Neubauer: ›Wenn wir nicht auf die Straße gehen, passiert nichts‹«, *Göttinger Tageblatt Online,* 19. März 2019, *https://www.goettinger-tageblatt.de/Die-Region/Goettingen/Juergen-Trittin-moderiert-Diskussion-ueber-Klimaschutz-mit-Fridays-for-Future-Aktivistin-Luisa-Neubauer-im-Jungen-Theater-in-Goettingen.*

315 Vgl. Philip Plickert: »Grüne, Klimaschützer und Vielflieger«, in: FAZ vom 16. Februar 2019.

316 Vgl. Maximilian Nowroth: »Luisa Neubauer: ›Wir werden beim Klimaschutz betrogen!‹«, *orange.handelsblatt.com,* 19. März 2019, *https://orange.handelsblatt.com/artikel/57124.*

317 »Republik im Umbruch. Alte Rezepte, junger Protest« (Phoenix), Sendung ausgestrahlt am 4. Juli 2019.

318 Vom 3. Juni 2019 (Archiv Grandt).

319 *https://www.planet-wissen.de/sendungen/klimahelden-carla-reemtsma-100.html.*

320 Jakob Blasel, Carla Reemtsma: »Fridays for Future – Die Klimakrise wird

banalisiert«, *Frankfurter Allgemeine*, 2. August 2019, *https://www.faz.net/aktuell/politik/inland/fridays-for-future-die-klimakrise-wird-banalisiert-16312921.html?printPagedArticle=true#pageIndex_2.*

321 Vom 5. Juni 2019 (Archiv Grandt).

322 Facebook-PN vom 5. Juni 2019 (Archiv Grandt).

323 Statement in der Sendung *Maybrit Illner* (ZDF) vom 30. Mai 2019.

324 Claus Hecking (im Interview mit dem Klimaaktivisten Jakob Blasel): »›Fridays for Future‹ – ›Wir haben nichts zu verbergen‹«, *Spiegel Online*, 17. April 2019, Kommentarbereich, *https://www.spiegel.de/lebenundlernen/schule/fridays-for-future-schuelerproteste-im-visier-rechter-blogs-a-1263355.html#js-article-comments-box-pager.*

325 Patrick Gensing: »Fakes gegen ›Fridays for Future‹ – Aggressives Klima im Netz«, *tagesschau.de*, 26. April 2019, *https://www.tagesschau.de/faktenfinder/inland/fridays-for-future-133.html.*

326 Bestätigungen liegen vor (Archiv Grandt).

327 E-Mail vom 16. Juli 2019 (Archiv Grandt).

328 E-Mail vom 16. Juli 2019 (Archiv Grandt).

329 Whatsapp an mich vom 22. Juni 2019 (Archiv Grandt).

330 Vgl. Nicht ohne mein Smartphone (arte), Sendung vom 25. Juli 2019.

331 Ebd.

332 Ebd.

333 Ebd.

334 Persönlicher FB-Account, Post vom 15. Juni 2019 (Archiv Grandt).

335 Mail vom 23. Juni 2019 (Archiv Grandt).

336 Ute Levisen: »Fridays for Future – Klimademo hinterlässt Müll am Rathaus«, Der Nordschleswiger Online, 15. März 2019, *https://www.nordschleswiger.dk/de/nordschleswig-hadersleben/klimademo-hinterlaesst-muell-rathaus.*

337 Ebd.

338 MAZ in: *Ihre Meinung: Frech, digital und politisch* (WDR) vom 13. Juni 2019.

339 Ebd.

340 Ebd.

341 Ebd.

342 »Riesen-Ärger über Müllberge nach Konzerten – Klima retten? Aber nicht bei Open-Air-Festivals!«, *Bild Online*, 12. Juni 2019, *https://www.bild.de/politik/inland/politik-inland/rock-im-park-klima-retten-aber-nicht-bei-open-air-festivals-62583926.bild.html.*

343 Ebd.

344 »Alle wichtigen Updates aus Deutschland und der Welt – Bei BILD verpassen Sie nichts vom Klimastreik«, *Bild Online*, 20. September 2019, *https://www.bild.de/news/inland/news-inland/fridays-for-future-klimastreik-bei-bild-verpassen-sie-nichts-64811286.bild.html*; »Globaler Klimastreik: ›Fridays for Future‹ nennt Klimapaket ›Eklat‹«, *web.de*, 20. September 2019, *https://web.de/magazine/panorama/greta-thunberg/globaler-klimastreik-fridays-for-future-proteste-news-blog-klimapaket-groko-34033098*.

345 »Massendemos in Deutschland – Klima-Aktivisten drohen mit Blockaden«, *Bild Online*, 19. September 2019, *https://www.bild.de/politik/inland/politik-inland/massendemos-in-deutschland-wie-schlimm-wird-es-klima-aktivisten-drohen-mit-block-64802248.bild.html*.

346 Ebd.

347 Ebd.

348 Julius Betschka, Georg Ismar, Joana Nietfeld: »Auch Flughäfen und Brücken als Ziel? – Protest-Bündnis erhöht Druck aus Klimakabinett in Berlin«, *Tagesspiegel Online*, 19. September 2019, *https://www.tagesspiegel.de/politik/auch-flughaefen-und-bruecken-als-ziel-protest-buendnis-erhoeht-druck-auf-klimakabinett-in-berlin/25031026.html*.

349 »Massendemos in Deutschland – Klima-Aktivisten drohen mit Blockaden«, *Bild Online*, 19. September 2019, *https://www.bild.de/politik/inland/politik-inland/massendemos-in-deutschland-wie-schlimm-wird-es-klima-aktivisten-drohen-mit-block-64802248.bild.html*.

350 Ebd.

351 Ebd.

352 Ebd.

353 Ebd.

354 Ebd.

355 Ebd.

356 »Globaler Klimastreik: ›Fridays for Future‹ nennt Klimapaket ›Eklat‹«, *web.de*, 20. September 2019, *https://web.de/magazine/panorama/greta-thunberg/globaler-klimastreik-fridays-for-future-proteste-news-blog-klimapaket-groko-34033098*, »Ministerpräsident Kretschmann mahnt –›Es ist schon nach zwölf‹« (*Liveticker Klimadebatte*), *Welt Online*, 21. September 2019, *https://www.welt.de/politik/deutschland/live200621878/Luisa-Neubauer-Das-ist-kein-Durchbruch-das-ist-ein-Skandal.html#live-ticker-entry-24354*.

357 Olaf Schiel, Stefan Schlagenhaufer: »Nur 1000 Teilnehmer beim Aufräumtag – Wo waren die Umweltschützer?«, *Bild Online*, 22. September 2019,

https://www.bild.de/regional/frankfurt/frankfurt-regional-politik-und-wirtschaft/frankfurt-nur-1000-teilnehmer-beim-aufraeumtag-64871568.bild.html.

358 Ebd.

359 Herbert Bauernebel: »Greta spricht vor 250 000 Menschen in New York – ›Alles was wir wollen, ist eine sichere Zukunft!‹«, *Bild Online*, 21. September 2019, *https://www.bild.de/news/ausland/news-ausland/greta-in-new-york-alles-was-wir-wollen-ist-eine-sichere-zukunft-64845962.bild.html.*

360 Ebd.

361 Ebd.

362 »Greta Thunberg bei UN-Jugendklimagipfel – ›Uns junge Leute kann niemand stoppen‹«, *Tagesspiegel Online*, 21. September 2019, *https://www.tagesspiegel.de/politik/greta-thunberg-bei-un-jugendklimagipfel-uns-junge-leute-kann-niemand-stoppen/25041526.html.*

363 Regionales Informationszentrum der Vereinten Nationen für Westeuropa (UNRIC): »UN-Gipfel zur Nachhaltigkeit beginnt in New York«, *https://www.unric.org/de/uno-schlagzeilen/27624-un-gipfel-zur-nachhaltigkeit-beginnt-in-new-york-.*

364 Joachim Müller-Jung: »Vor UN-Klimagipfel – Jetzt muss gehandelt werden«, *Frankfurter Allgemeine*, 23. September 2019, *https://www.faz.net/aktuell/wissen/un-klimagipfel-in-new-york-jetzt-muessen-endlich-handlungen-her-16398088.html.*

365 Herbert Bauernebel: »Greta spricht vor 250 000 Menschen in New York – ›Alles was wir wollen, ist eine sichere Zukunft!‹«, *Bild Online*, 21. September 2019, *https://www.bild.de/news/ausland/news-ausland/greta-in-new-york-alles-was-wir-wollen-ist-eine-sichere-zukunft-64845962.bild.html.*

366 Ebd.

367 »Twitter-Attacke – Trump verspottet Greta«, *Bild Online*, 24. September 2019, *https://www.bild.de/politik/inland/politik-inland/greta-thunberg-klagt-deutschland-an-klimaschutz-verletzt-angeblich-kinderrechte-64896964.bild.html*, Hervorhebungen durch MGR.

368 Ebd.

369 Filipp Piatov: »Kommentar – Mehr Distanz, Frau Merkel«, *Bild Online*, 23. September 2019, *https://www.bild.de/politik/kolumnen/kolumne/merkels-rede-beim-un-klimagipfel-mehr-distanz-frau-merkel-ein-kommentar-64894086.bild.html.*

370 Ebd.

371 »Twitter-Attacke – Trump verspottet Greta«, *Bild Online*, 24. Septem-

ber 2019, *https://www.bild.de/politik/inland/politik-inland/greta-thunberg-klagt-deutschland-an-klimaschutz-verletzt-angeblich-kinderrechte-64896964.bild.html.*

372 Ebd.

373 Ralf Schuler: »Gretas seltsame Wut-Rede beim Klima-Gipfel in New York – ›Wir werden euch niemals verzeihen‹«, *Bild Online,* 23. September 2019, *https://www.bild.de/politik/ausland/politik-ausland/un-klimagipfel-in-new-york-jetzt-live-gretas-rede-an-die-welt-64888204.bild.html.*

374 Ebd.

375 Ebd.

376 Ebd.

377 Donald Trump, Tweet vom 24. September 2019.

378 »Klimapaket ist da! – ›Fridays for Future hat uns alle aufgerüttelt‹«, *Bild Online,* 21. September 2019, *https://www.bild.de/politik/inland/politik-inland/klimapaket-von-spd-und-union-groko-tagt-noch-immer-im-kanzleramt-64824278.bild.html.*

379 »Ministerpräsident Kretschmann mahnt –›Es ist schon nach zwölf‹« (Liveticker Klimadebatte), *Welt Online,* 21. September 2019, *https://www.welt.de/politik/deutschland/live200621878/Luisa-Neubauer-Das-ist-kein-Durchbruch-das-ist-ein-Skandal.html.*

380 »Klimapaket ist da! – ›Fridays for Future hat uns alle aufgerüttelt‹«, *Bild Online,* 21. September 2019, *https://www.bild.de/politik/inland/politik-inland/klimapaket-von-spd-und-union-groko-tagt-noch-immer-im-kanzleramt-64824278.bild.html.*

381 Ebd.

382 Ebd.

383 Ebd.

384 Ebd.

385 Ebd.

386 Ebd.

387 Ebd.

388 dpa: »Grüne ›entsetzt‹ über Klimapaket: CDU zeigt sich erfreut«, *Berlin.de,* 20. September 2019, *https://www.berlin.de/aktuelles/berlin/5906026-958092-gruene-entsetzt-ueber-klimapaketcdu-zeig.html.*

389 Beate Tenfelde: »›Das ist Pillepalle für alle‹ – Grünen-Fraktionschef Hofreiter: Klimapaket herbe Enttäuschung«, *noz.de,* 20. September 2019, *https://www.noz.de/deutschland-welt/politik/artikel/1884568/gruenen-fraktionschef-hofreiter-klimapaket-herbe-enttaeuschung-pillepalle-fuer-alle.*

[390] Ebd.

[391] »Rheinische Post: Grünen-Chef Habeck übt massive Kritik am Klimapaket«, *Presseportal,* 21. September 2019, *https://www.presseportal.de/pm/30621/4381272.*

[392] »Im ARD-Interview – Habeck patzt bei Pendler-Pauschale«, *Bild Online* 23. September 2019, *https://www.bild.de/politik/inland/politik-inland/klimapaket-habeck-patzt-bei-pendler-pauschale-64878852.bild.html.*

[393] Ebd.

[394] Ebd.

[395] W. Haentjes, F. Piatov, P. Ronzheimer: »Blabeck! – Grünen-Chef ohne Peilung bei Pendlerpauschale«, *Bild Online,* 23. September 2019, *https://www.bild.de/politik/inland/politik-inland/gruenen-chef-robert-habeck-ohne-peilung-bei-pendlerpauschale-64896296.bild.html.*

[396] Ebd.

[397] Ebd.

[398] Erich Kästner: Große Zeiten (1933), *https://attitudeblog.org/2018/05/20/gedicht-der-woche-grosse-zeiten-von-erich-kaestner/.*

Mittelspiel

[1] Vgl. *Ihre Meinung: Frech, digital und politisch* (WDR) vom 13. Juni 2019.

[2] Christine Hoffmann: »Schämt euch!«, in: *Der Spiegel* 31/2019, S. 8.

Kapitel 13

[1] Martin N., Leserbrief in: *Der Spiegel* 33/2019, S. 121.

[2] Ich kenne in meinem Umfeld einige davon.

[3] In: *Der Spiegel* 23/2019, S. 21.

[4] Vgl. *Ihre Meinung: Frech, digital und politisch* (WDR) vom 13. Juni 2019.

[5] Ebd.

[6] Diana zur Löwen: *https://www.youtube.com/channel/UCWVKUr4UCSjj-QV-uE-HZmlA.*

[7] Vgl. Ihre Meinung: Frech, digital und politisch (WDR) vom 13. Juni 2019.

[8] Ebd.

[9] Ebd.

[10] Vgl. INSM-Bildungsmonitor 2019, in: *Der Spiegel* 35/2019, S. 48 f.

[11] Vgl. »Socialism in the classroom«, Texas Tech University, 19. Oktober 2009, *https://today.ttu.edu/posts/2009/10/socialism-in-the-classroom.*

[12] Institut für Neuzeitliche Pädagogik: *www.didaktikreport.de.*

[13] Alle aus dem Buch *Nenne drei Nadelbäume: Tanne, Fichte, Oberkiefer* von Lena Greiner und Carola Padtberg-Kruse, Ullstein, Berlin 2015.

[14] *Der Spiegel* 23/2019, S. 53.

[15] »Wegen ›Fridays for Future‹ – 13 Berliner Schülern droht Sitzenbleiben«, *bz-berlin.de*, 29. Mai 2019, *https://www.bz-berlin.de/berlin/mitte/wegen-fridays-for-future-13-berliner-schuelern-droht-sitzenbleiben.*

[16] »Schülern droht Nicht-Versetzung – Kein Sitzenbleiben wegen ›Fridays for Future‹-Demos!«, *bz-berlin.de*, 19. Juni 2019, *https://www.bz-berlin.de/berlin/mitte/kein-sitzenbleiben-wegen-fridays-for-future-demos.*

[17] In: »Fridays for Future. Was kann Protest? Wie weit darf er gehen?« (Phoenix), ausgestrahlt am 8. August 2019.

[18] *Der Spiegel* 29/2019, S. 67.

[19] »Rohstoffe im Handy – die inneren Werte zählen«, *informationszentrum-mobilfunk.de, http://www.informationszentrum-mobilfunk.de/umwelt/mobilfunkendgeraete/herstellung.*

[20] Abenteuer Regenwald: »Was hat mein Handy mit dem Regenwald zu tun?«, *https://www.abenteuer-regenwald.de/bedrohungen/coltan-gold/handy.*

[21] Ebd.

[22] Ebd.

[23] Ebd.

[24] Ebd.

[25] Ebd.

[26] Ebd.

[27] Evi Hartmann: *Wie viele Sklaven halten Sie? – Über Globalisierung und Moral*, Campus Verlag, Frankfurt/New York 2016, S. 172.

[28] Ebd.

[29] Ebd., S. 185 f.

[30] Ebd., S. 200.

[31] »Rohstoffe im Handy – die inneren Werte zählen«, *informationszentrum-mobilfunk.de, http://www.informationszentrum-mobilfunk.de/umwelt/mobilfunkendgeraete/herstellung.*

[32] Statista: »Smartphone-Besitz bei Kindern und Jugendlichen in Deutschland im Jahr 2019 nach Altersgruppe«, *https://de.statista.com/statistik/daten/studie/1106/umfrage/handybesitz-bei-jugendlichen-nach-altersgruppen/.*

[33] Statista: »Absatz von Smartphones in Deutschland in den Jahren 2009 bis 2019 (in Millionen Stück)«, *https://de.statista.com/statistik/daten/studie/77637/umfrage/absatzmenge-fuer-smartphones-in-deutschland-seit-2008/.*

[34] Statista: »Prognose zur Anzahl der Smartphone-Nutzer weltweit von 2016 bis 2021 (in Milliarden)«, *https://de.statista.com/statistik/daten/studie/309656/umfrage/prognose-zur-anzahl-der-smartphone-nutzer-weltweit/.*

[35] »Wie viele CO2-Emissionen verursacht ein Smartphone?«, *https://repedia.de/whitepaper-smartphone-co2/.*

[36] Ebd.

[37] Ebd., bei dieser Berechnung ist nicht nur die Produktion der Apple-Produkte inbegriffen, sondern auch die Nutzung der Geräte durch die Konsumenten sowie Emissionen, die in den Fabriken, beim Transport und beim Recycling anfallen.

[38] MAZ in: Ihre Meinung (WDR), Sendung vom 13. Juni 2019.

[39] *Der Spiegel* 23/2019, S. 65.

[40] *Der Spiegel* 24/2019, S. 70.

[41] *Der Spiegel* 29/2019, S. 13.

[42] Ebd.

[43] *Der Spiegel* 24/2019, S. 70, sowie: »Virtuelles Wasser: So hoch ist der Wasserverbrauch für Fleisch«, *peta.de*, Juni 2017, *https://www.peta.de/wasser.*

[44] Für ihre Meta-Analyse nutzten die Wissenschaftler weltweit 87 Studien aus den vergangenen fast 20 Jahren. Diese umfassten 24 774 Kinder und Jugendliche von 0 bis 19 Jahren und deren Eltern.

[45] Zitiert in: »Eltern unterschätzen Risiko – Jedes vierte Kind ist zu dick«, *Bild Online*, 29. April 2019, *https://www.bild.de/ratgeber/gesundheit/gesundheit/jedes-vierte-kind-ist-zu-dick-eltern-unterschaetzen-das-risiko-61550958.bild.html.*

[46] Ebd.

[47] A. Y. Hoekstra, A. K. Chapagain: »Water footprints of nations: Water use by people as a function of their consumption pattern«, Springer Science + Business Media B. V., 2006, *https://waterfootprint.org/media/downloads/Hoekstra_and_Chapagain_2006.pdf.*

[48] Evi Hartmann: Wie viele Sklaven halten Sie? Über Globalisierung und Moral, Campus Verlag, Frankfurt/New York 2016, S. 52.

[49] GEO Themenlexikon Band 1: Unsere Erde – Länder, Völker, Kulturen, wissenmedia, o. O., 2006, S. 48.

[50] Ebd.

[51] Ebd.

[52] Bundesministerium für Umwelt, Naturschutz und nukleare Sicherheit: »Das Wasser der Welt – eine geteilte Ressource«, *https://www.umwelt-im-unterricht.de/hintergrund/das-wasser-der-welt-eine-geteilte-ressource/.*

[53] Vgl. *Wirtschaftswoche,* Heft 30 und 31, 2008.
[54] Ebd.
[55] Ebd.
[56] Ebd.
[57] Ebd.
[58] Ebd.
[59] »Virtueller Wassergehalt ausgewählter Produkte (weltweite Mittelwerte)«, *http://vdg.durstige-gueter.de/mais_kartoffel.html.*
[60] *https://waterfootprint.org/en/resources/interactive-tools/product-gallery/*, auf dieser Seite kann man die einzelnen Produkte mit ihrem Wasserabdruck aufrufen.
[61] Ebd.
[62] A. Y. Hoekstra (Hrsg.): Virtual Water Trade – Proceedings of the International Expert Meeting on Virtual Water Trade, UNESCO-IHE, Delft, 2003, *https://waterfootprint.org/media/downloads/Report12.pdf.*
[63] »Online courses on water for food security, starting in fall 2019«, *https://www.un-ihe.org/.*
[64] Laut einer Greenpeace-Studie, in: *Der Spiegel* 29/19, S. 14.
[65] Christiane Fröhlich: »Zur Rolle der Ressource Wasser in Konflikten«, in: Bundeszentrale für politische Bildung: *Aus Politik und Zeitgeschichte,* 25/2006, Bonn 2006, S. 32–37.
[66] Anke Sonnenberg, Ashok Chapagain, Martin Geiger, Dorothea August: *Der Wasser-Fußabdruck Deutschlands – Woher stammt das Wasser, das in unseren Lebensmitteln steckt?,* WWF Deutschland (Hrsg.), Frankfurt am Main 2009, S. 11, *https://www.wwf.de/fileadmin/fm-wwf/Publikationen-PDF/wwf_studie_wasserfussabdruck.pdf.*
[67] *Der Spiegel* 29/19, S. 67.
[68] »Studie zeigt: So zerstören Online-Pornos und Streaming das Klima«, *Bild Online,* 15. Juli 2019, *https://www.bild.de/digital/internet/internet/netflix-porno-und-co-klima-wird-auch-durch-streamingdienste-zerstoert-63302944.bild.html*; *Bild* beruft sich auf die wissenschaftliche Studie: »Climate crisis: The unsustainable use of online video«, The Shift Project, 11. Juli 2019, *https://theshiftproject.org/en/article/unsustainable-use-online-video/.*
[69] Ebd.
[70] Ebd.
[71] Ebd.
[72] Ebd.
[73] Ebd.

[74] Evi Hartmann: *Wie viele Sklaven halten Sie? Über Globalisierung und Moral,* Campus Verlag, Frankfurt/New York 2016, S. 13.

[75] Ebd., S. 35.

[76] Sven Dörrenbächer: »Falsch verstanden? Generation Z – faul, desinteressiert, Smartphone-süchtig«, *Welt Online,* 13. Juni 2019, *https://www.welt.de/wirtschaft/bilanz/article195118767/Falsch-verstanden-Generation-Z-faul-desinteressiert-Smartphone-suechtig.html?wtrid=socialmedia.socialflow....socialflow_twitter.*

[77] Ebd.

[78] Roland Tichy: »Deutsches Klima: Gewalt gegen die Gesellschaft ist erlaubt«, *Tichys Einblick,* 23. Juni 2019, *https://www.tichyseinblick.de/tichys-einblick/deutsches-klima-gewalt-gegen-die-gesellschaft-ist-erlaubt/.*

[79] Ebd.

Kapitel 14

[1] *Tichys Einblick* 08/19, S. 15.

[2] James Delingpole: »Reale Probleme werden ignoriert«, in: *Die Weltwoche,* Sonderheft: »Klimawandel für die Schule«, Juli 2019, S. 18.

[3] Mehr über Pumpspeicherkraftwerke und Speicherseen in: Jürgen Giesecke, Emil Mosonyi: *Wasserkraftanlagen. Planung, Bau und Betrieb,* Springer, Heidelberg/Dordrecht/London/New York 2009; Michael Sterner, Ingo Stadler (Hrsg.): *Energiespeicher. Bedarf, Technologien, Integration,* Springer Vieweg, Berlin/Heidelberg 2017; Heini Glauser: *Pumpspeicherung, CO2 und Wirtschaftlichkeit. am Beispiel der Kraftwerke Oberhasli,* WWF Schweiz (Hrsg.), Zürich 2004.

[4] Vgl. »Climate Crimes – Umweltverbrechen im Namen des Klimaschutzes« (3Sat), *https://programm.ard.de/TV/Themenschwerpunkte/Dokus--Reportagen/Alle-Dokumentationen/Startseite/?sendung=2800710652119154.*

[5] Alexander Wendt: »Die Wahrheit über die Energiewende«, *Focus Online,* 3. August 2019, *https://www.focus.de/politik/deutschland/politik-die-wahrheit-ueber-die-energiewende_id_10965510.html.*

[6] Prof. Dr. Ing. Hans-Günter Appel (Gastbeitrag): »Wer von der Fakepower profitiert«, in: *Kopp exklusiv* 15/2019, S. 11.

[7] Nina Schmidt: »Windkraft – Gefahr für Vögel«, *daserste.de,* 3. August 2019, *https://www.daserste.de/information/wissen-kultur/w-wie-wissen/Windkraft-Gefahr-fuer-Voegel-100.html.*

[8] Vgl. *Wir müssen reden!* (Phoenix), Sendung vom 14. Juli 2019.

[9] Prof. Dr. Ing. Hans-Günter Appel (Gastbeitrag): »Wer von der Fakepower profitiert«, in: *Kopp exklusiv* 15/2019, S. 10.

[10] Ebd.

[11] Ebd.

[12] Ebd., S. 11.

[13] Ebd.

[14] Prof. Dr. Ing. Hans-Günter Appel (Gastbeitrag): »Weshalb Ökostrom nur ›Fake Power‹ ist«, in: *Kopp exklusiv* 06/19, S. 13 f.

[15] Ebd.

[16] Ebd.

[17] n-tv-Nachrichten vom 4. Juli 2019.

[18] Prof. Dr. Ing. Hans-Günter Appel (Gastbeitrag): »Wer von der Fakepower profitiert«, in: *Kopp exklusiv* 15/2019, S. 13 f.

[19] Prof. Dr. Ing. Hans-Günter Appel (Gastbeitrag): »Wer von der Fakepower profitiert«, in: *Kopp exklusiv* 15/2019, S. 10.

[20] Ebd.

[21] Stand 3. Quartal 2018, in: *Der Spiegel* 36/2019, S. 57.

[22] Vgl. Lee M. Miller, David W. Keith: »Climatic Impacts of Wind Power«, in: Joule 10/2018 vom 4. Oktober 2018, *https://www.cell.com/joule/fulltext/S2542-4351(18)30446-X?_returnURL=https%3A%2F%2Flinkinghub.elsevier.com%2Fretrieve%2Fpii%2FS254243511830446X%3Fshowall%3Dtrue*; sowie: »Large-scale US wind power would cause warming that would take roughly a century to offset«, *ScienceDaily*, 4. Oktober 2018, *https://www.sciencedaily.com/releases/2018/10/181004112553.htm*.

[23] Originalzitate aus der Studie: »Wind power reduces emissions while causing climatic impacts such as warmer temperatures • Warming effect strongest at night when temperatures increase with height • Nighttime warming effect observed at 28 operational US wind farms • Wind's warming can exceed avoided warming from reduced emissions for a century«; Quelle: *https://www.cell.com/joule/fulltext/S2542-4351(18)30446-X?_returnURL=https%3A%2F%2Flinkinghub.elsevier.com%2Fretrieve%2Fpii%2FS254243511830446X%3Fshowall%3Dtrue*.

[24] Ebd.

[25] Vgl. Andreas von Rétyi: »Windfarmen als Klimakiller und Gesundheitsgefahr«, in: *Kopp exklusiv* 42/18, S. 4.

[26] Vgl. *Tichys Einblick* 07/19, S. 66; sowie: Frank Henning: *Dunkelflaute: oder Warum Endergie sich nicht wenden lässt* (Edition Tichys Einblick), FinanzBuch Verlag, München 2017.

[27] *http://icdscout.de/ICD2010/T75.*

[28] Vgl. *Tichys Einblick* 07/19, S. 66; sowie: Frank Henning: *Dunkelflaute: oder Warum Endergie sich nicht wenden lässt* (Edition Tichys Einblick), FinanzBuch Verlag, München 2017 und: »ICD-10-GM 2010-CODE T75.2 – Der Code, vor dem sich Kommunalpolitiker fürchten sollten«, *ruhrkultour.de,* 30. April 2015, *https://ruhrkultour.de/icd-10-gm-2010-code-t75-2-der-code-vor-dem-sich-kommunalpolitiker-fuerchten-sollten/.*

[29] Michael Bermeitinger: »Windkraft – Störsender fürs Herz: Mainzer Forscher untersuchen Folgen des Infraschalls«, *Allgemeine Zeitung,* 5. März 2018, *https://www.allgemeine-zeitung.de/lokales/mainz/nachrichten-mainz/windkraft-storsender-furs-herz-mainzer-forscher-untersuchen-folgen-des-infraschalls_18566513#.*

[30] Universitätsmedizin Mainz, Arbeitsgruppe Infraschall: »Lärm, der nicht zu hören ist – Problem Infraschall«, *http://www.unimedizin-mainz.de/htg/informationen-fuer-patienten-und-klinische-partner/arbeitsgruppe-infraschall-working-group-infrasound.html.*

[31] Aufstellung der einzelnen Studien: *http://www.aweo.org/infrasound.html.*

[32] Vgl. Markus Weichenberger, Martin Bauer, Robert Kühler et al.: »Altered cortical and subcortical connectivity due to infrasound administered near the hearing threshold – Evidence from fMRI«, PLOS ONE, 12. April 2017, *https://journals.plos.org/plosone/article?id=10.1371/journal.pone.0174420.*

[33] Vgl. Ebd., sowie: Erika Schow: »Kann man ›unhörbaren‹ Schall hören?«, *idw online,* 10. Juli 2015, *https://idw-online.de/de/news634626;* siehe auch Christoph Pilger, Lars Ceranna: »The influence of periodic wind turbine noise on infrasound array measurements«, in: *Journal of Sound and Vibration,* Volume 388, 3. Februar 2017, S. 188–200, *https://www.sciencedirect.com/science/article/pii/S0022460X16305612?via%3Dihub.*

[34] Zit. nach: Holger Douglas: »Von Nebenwirkungen und Risiken«, in: *Tichys Einblick* 09/19, S. 64.

[35] Ebd., S. 65; vgl. ebenso: Wolfgang Müller: *Krankmacher Windkraftanlagen? Auswirkungen des Infraschalls auf unsere Gesundheit. Eine Dokumentation,* Neusatz Verlag, Stuttgart 2019.

[36] Holger Douglas: »Von Nebenwirkungen und Risiken«, in: *Tichys Einblick* 09/19, S. 66.

[37] Laut Katrin Ammermann, Expertin für Naturschutz und erneuerbare Energien, Bundesamt für Naturschutz. Vgl. Nina Schmidt: »Windkraft – Gefahr für Vögel«, *daserste.de,* 3. August 2019, *https://www.daserste.de/information/wissen-kultur/w-wie-wissen/Windkraft-Gefahr-fuer-Voegel-100.html.*

[38] Bio Consult SH: »PROGRESS«, *https://bioconsult-sh.de/de/projekte/progress/.*

[39] Ebd., sowie: Nicoletta Renz: »Wie gefährlich sind Windkraftanlagen für Vögel und Fledermäuse?«, *daserste.de,* 12. Juli 2019, *https://www.daserste.de/information/wissen-kultur/w-wie-wissen/artensterben-116.html.*

[40] »Windpark vor Fischland Darß-Zingst genehmigt«, *NDR Online,* 3. Juni 2019, *https://www.ndr.de/nachrichten/mecklenburg-vorpommern/Windpark-vor-Fischland-Darss-Zingst-genehmigt,windpark580.html.*

[41] *Bei Maischberger* (ARD), Sendung vom 27. Februar 2019.

[42] Ebd.

[43] Ebd.

[44] Franz Trieb: »Study Report. Interferenceof Flying Insects and Wind Parks«, Deutsches Zentrum für Luft und Raumfahrt (DLR), 30. Oktober 2018, https://www.dlr.de/tt/Portaldata/41/Resources/dokumente/st/FliWip-Final-Report.pdf.

[45] Ebd.

[46] Prof. Dr. Werner Mathys: »Grundsatzpapier Windkraftnutzung in Deutschland«, VernunftWende Bündnis NRW, Greven, August 2019, *https://www.vernunftkraft.de/de/wp-content/uploads/2019/02/Grundsatzfragen-Windenergie.-Februar-2019.pdf,* S. 12.

[47] Franz Trieb: »Study Report. Interferenceof Flying Insects and Wind Parks«, Deutsches Zentrum für Luft und Raumfahrt (DLR), 30. Oktober 2018, *https://www.dlr.de/tt/Portaldata/41/Resources/dokumente/st/FliWip-Final-Report.pdf.*

[48] Ebd.

[49] Zitiert in: Prof. Dr. Werner Mathys: »Grundsatzpapier Windkraftnutzung in Deutschland«, VernunftWende Bündnis NRW, Greven, August 2019, *https://www.vernunftkraft.de/de/wp-content/uploads/2019/02/Grundsatzfragen-Windenergie.-Februar-2019.pdf,* S. 14.

[50] Ebd.

[51] »1 Stoffbeutel so klimaschädlich wie 131 Plastiktüten – 7 Fakten zum Klimawandel«, *Bild Online,* 5. Juni 2019, *https://www.bild.de/ratgeber/2019/ratgeber/zum-weltumwelttag-7-ueberraschende-fakten-zum-klimawandel-62410590.bild.html.*

[52] Christoph Buchal, Hans-Dieter Karl, Hans-Werner Sinn: »Kohlemotoren, Windmotoren und Dieselmotoren: Was zeigt die CO2-Bilanz?«, ifo Institut – Leibniz-Institut für Wirtschaftsforschung an der Universität München e.V., 25. April 2019, *https://www.ifo.de/DocDL/sd-2019-08-sinn-karl-buchal-motoren-2019-04-25.pdf.*

[53] Ebd., sowie: dpa/Martin Franz: »Ifo-Institut: ›E-Autos erhöhen CO2-Ausstoß‹«, 17. April 2019, *https://www.heise.de/autos/artikel/Ifo-Institut-E-Autos-erhoehen-CO2-Ausstoss-4401639.html.*

[54] Holger Dambeck, Emil Nefzger: »Ifo-Studie zur Klimabilanz – Wie das Elektroauto schlechtgerechnet wird«, *Spiegel Online,* 23. April 2019, *https://www.spiegel.de/auto/aktuell/e-auto-schlechtgerechnet-die-ifo-studie-zur-co2-bilanz-a-1263622.html.*

[55] Mia Romare, Lisbeth Dahllöf: »The Life Cycle Energy Consumption and Greenhouse Gas Emissions from Lithium-Ion Batteries. A Study with Focus on Current Technology and Batteries for light-duty vehicles«, IVL Swedish Environment Research Institute, Mai 2017, *https://www.ivl.se/download/18.5922281715bdaebede9559/1496046218976/C243+The+life+cycle+energy+consumption+and+CO2+emissions+from+lithium+ion+batteries+.pdf.*

[56] Holger Dambeck, Emil Nefzger: »Ifo-Studie zur Klimabilanz – Wie das Elektroauto schlechtgerechnet wird«, *Spiegel Online,* 23. April 2019, *https://www.spiegel.de/auto/aktuell/e-auto-schlechtgerechnet-die-ifo-studie-zur-co2-bilanz-a-1263622.html.*

[57] Ebd.

[58] Ebd.

[59] »Elektrosmog: Ungebremstes Wachstum«, BUND, *https://www.bund.net/ressourcen-technik/elektrosmog/.*

[60] Name der Studie: »Der Einfluss elektromagnetischer Strahlung auf die Wahrnehmung und Bewertung von Körpersensationen«; siehe auch: »EEG-KFZ-Studie zur Wirkung elektromagnetischer Strahlenexposition von Fahrzeugen auf die Gehirnaktivität«, die am 01.06. - 03.06.2018 von Dr. Diana Henz (Projektleiter) und Alexander John (EEG-Messtechniker) in Kerlkheim (Taunus) durchgeführt wurde, *https://www.youtube.com/watch?time_continue=5&v=emg7mDyucDw*; siehe auch: *https://www.ibes-gegen-elektrosmog.de/veraenderte-gehirnstroeme-im-auto/.*

[61] Ebd., sowie: Birgit Stöger: »Elektroautos und E-Smog: Die verschwiegenen Risiken«, in: *Kopp exklusiv* 22/19, S. 12.

[62] Ebd., S. 13.

[63] Birgit Stöger: »Elektroautos und E-Smog: Die verschwiegenen Risiken«, in: *Kopp exklusiv* 22/19, S. 13; Name der Studie: »Der Einfluss elektromagnetischer Strahlung auf die Wahrnehmung und Bewertung von Körpersensationen«.

[64] »ElektroMagnetische Verträglichkeit – Energieversorgung & Mobilfunk.

9. EMV-Tagung des VDB«, 5. Mai 2017, *https://www.baubiologie.net/fileadmin/user_upload/pdfs/Publikationen/Tagungsbaende_EMV_Tagungen_des_VDB/EMV/Tagungsband_9_EMV_2017_Inhalt.pdf*, siehe auch: »Elektrosmog in Elektroautos – ›Die Strahlenbelastung fährt mit‹«, ESMOG-Magazin, *https://www.esmog-shop.com/magazin/elektrosmog-in-elektroautos/*.

65 Birgit Stöger: »Elektroautos und E-Smog: Die verschwiegenen Risiken«, in: *Kopp exklusiv* 22/19, S. 13.

66 »Fehlender Schutz vor elektromagnetischen Feldern«, BUND, *https://www.bund.net/themen/ressourcen-technik/elektrosmog/schutz/*.

67 Jürgen Wendler: »Wie Strahlung wirkt«, *Weser-Kurier Online*, 28. April 2017, 9. Juni 2019, *https://www.weser-kurier.de/startseite_artikel,-wie-strahlung-wirkt-_arid,1590104.html*.

68 »Elektroautos werden immer beliebter – Droht nun der Stromnetz-Kollaps?«, *Bild Online, https://www.bild.de/geld/mein-geld/mein-geld/elektroautos-immer-beliebter-droht-nun-der-stromnetz-kollaps-62428366.bild.html*.

69 Ebd.

Kapitel 15

1 Roger Pielke: »Wie man mich zum Klimaleugner machte«, in: *Die Weltwoche*, Sonderheft: »Klimawandel für die Schule«, Juli 2019, S. 28.

2 Ebd.

3 Ebd.

4 Ebd.

5 Ebd.

6 Ebd.

7 Zit. in: *Tichys Einblick* 08/19, S. 12.

8 In: Tichys Einblick 07/19, S. 53.

9 *Wikipedia*: »Leugnung der menschengemachten globalen Erwärmung«, *https://de.wikipedia.org/wiki/Leugnung_der_menschengemachten_globalen_Erwärmung*.

10 Ebd., sowie: Michael Brüggemann: »Die Medien und die Klimalüge. Falsche Skepsis und echte Leugnung«, In: Volker Lilienthal, Irene Neverla (Hrsg.): *Lügenpresse – Anatomie eines politischen Kampfbegriffs*, KiWi, Köln 2017, S. 156 f.

11 *Wikipedia*: »Leugnung der menschengemachten globalen Erwärmung«,

https://de.wikipedia.org/wiki/Leugnung_der_menschengemachten_globalen_Erwärmung

[12] Vgl. James Painter, Teresa Ashe: »Cross-national comparison of the presence of climate scepticism in the print media in six countries, 2007-10«, in: *Environmental Research Letters*, Band 7, 2012; Haydn Washington, John Cook: *Climate Change Denial – Heads in the Sand*, Earthscan, London/New York 2011, S. 11; Stefan Rahmstorf, Hans Joachim Schellnhuber: *Der Klimawandel: Diagnose, Prognose, Therapie*, Beck, München 2006, S. 85.

[13] Zit. in: Haydn Washington, John Cook: *Climate Change Denial – Heads in the Sand*, Earthscan, London/New York 2011, S. 11.

[14] Vgl. Karin Edvardsson Björnberga, MikaelKarlsson, Michael Gilek, Sven Ove Hansson: »Climate and environmental science denial: A review of the scientific literature published in 1990–2015«, in: *Journal of Cleaner Production*, Band 167, 2017, S. 229–241, ebd. S. 236, *https://www.sciencedirect.com/science/article/pii/S0959652617317821?via%3Dihub.*

[15] Michael Brüggemann: Die Medien und die Klimalüge. Falsche Skepsis und echte Leugnung, in: Volker Lilienthal, Irene Neverla (Hrsg.): *Lügenpresse – Anatomie eines politischen Kampfbegriffs*, KiWi, Köln 2017, S. 143 ff.

[16] Greta & Svante Thunberg, Beata & Malena Ernman: *Szenen aus dem Herzen – Unser Leben für das Klima*, Fischer, Frankfurt a. M. 2019, S. 124.

[17] »Die Angstmacher«, *Der Spiegel* 18/2019, *https://magazin.spiegel.de/SP/2019/18/163617690/index.html.*

[18] *Anne Will* (ARD), Sendung vom 31. März 2019; siehe auch: Peter Luley: »›Anne Will‹ mit Greta Thunberg – ›Ich bin Realistin. Ich sehe Fakten‹«, *Spiegel Online*, 1. April 2019, *https://www.spiegel.de/kultur/tv/anne-will-mit-greta-thunberg-ich-bin-realistin-ich-sehe-fakten-a-1260424.html.*

[19] The Global Warming Policy Foundation: *https://www.thegwpf.org/.*

[20] Axel Bojanowski: »Die Angst der Klimaforscher vor dem Gruppenzwang«, *Spiegel Online*, 17. Mai 2014, *https://www.spiegel.de/wissenschaft/natur/streit-in-klimaforschung-um-lennart-bengtsson-a-969841.html.*

[21] Ebd.

[22] Ebd.

[23] Ebd.

[24] Ebd.

[25] Axel Bojanowski: »Streit über Erderwärmung – Angesehener Meteorologe wechselt zu den Klimaskeptikern«, *Spiegel Online*, 5. Mai 2014, *https://www.spiegel.de/wissenschaft/natur/klimawandel-meteorologe-lennart-bengtsson-wird-klimaskeptiker-a-967602.html.*

[26] Axel Bojanowski: »Streit um Abweichler – Die Angst der Klimaforscher vor dem Gruppenzwang«, *Spiegel Online*, 17. Mai 2014, *https://www.spiegel.de/wissenschaft/natur/streit-in-klimaforschung-um-lennart-bengtsson-a-969841.html.*

[27] Ebd.

[28] Ebd.

[29] Heike Sonnberger: »Radikales Professoren-Plädoyer – ›Todesstrafe für Leugner des Klimawandels‹«, *Spiegel Online*, 4. Januar 2013, *https://www.spiegel.de/lebenundlernen/uni/radikaler-professor-todesstrafe-fuer-leugner-des-klimawandels-a-875802.html.*

[30] Ebd.

[31] Ebd.

[32] Ebd.

[33] Ebd.

[34] »Deutsche sollen ihre Nachbarn bloßstellen – ARD-Professor will Öko-Stasi«, *Bild Online*, 24. Juli 2019, *https://www.bild.de/politik/inland/politik-inland/ard-professor-will-oeko-stasi-63490914.bild.html.*

[35] Ebd.

[36] Ebd.

[37] Ebd.

[38] Ebd.

[39] Ebd.

Kapitel 16

[1] *Der Spiegel* 29/19, S. 17 f.

[2] *Der Spiegel* 29/19, S. 18.

[3] Umweltbundesamt: »Jährlicher Pro-Kopf-Ressourcenverbrauch in Deutschland nach Haushaltseinkommen« (2016), zit. in: *Der Spiegel* 29/19, S. 18.

[4] Ebd.

[5] Ebd.

[6] Gabriel Felbermayr, Mitglied des Wissenschaftlichen Beirats des Bundesministeriums für Wirtschaft und Energie, Interview in: *Tichys Einblick* 09/19, S. 60.

[7] Simon Rustler: »Rechnung wird immer saftiger – So teuer ist Strom in Deutschland«, *Bild Online*, 17. Juli 2019, *https://www.bild.de/geld/mein-geld/mein-geld/so-teuer-ist-strom-in-deutschland-63345920.bild.html.*

[8] Ebd.

[9] Ebd.

[10] Ebd.

[11] »Stromkosten im Hartz-IV-Satz zu gering berücksichtigt«, Verivox, 14. September 2018, *https://www.verivox.de/presse/stromkosten-im-hartz-iv-satz-zu-gering-beruecksichtigt-120925/*.

[12] Ebd.

[13] Ulf Lüdeke: »Harsche Kritik aus Bayer – ›Purer Populismus‹: CSU-Fraktionschef Kreuzer zerlegt grüne CO2-Strategie«, *Focus Online*, 20. Juli 2019, *https://www.focus.de/politik/deutschland/harsche-kritik-aus-bayern-df_id_10944480.html*.

[14] Herbert P., Leserbrief in: *Tichys Einblick* 09/19, S. 9.

[15] Wie der Physiker Harald Lesch in der Sendung *Maybrit Illner* (ZDF) am 13. Juni 2019 feststellte.

[16] Silke Mertins: »Und plötzlich kommt ein grüner Kanzler«, NZZ am Sonntag, 1. Juni 2019, *https://nzzas.nzz.ch/international/robert-habeck-kommt-jetzt-ein-gruener-kanzler-ld.1486163?reduced=true*.

[17] Gabriel Felbermayr, Mitglied des Wissenschaftlichen Beirats des Bundesministeriums für Wirtschaft und Energie, Interview in: *Tichys Einblick* 09/19, S. 60.

Fazit

[1] George Orwell: *1984*, Ullstein, München 2002, S. 137.

Nachspiel

[1] *Hart aber fair* (ARD), Sendung vom 25. Juni 2019.

Über den Autor

© Gevestor

Dr. h.c. Michael Grandt (Jahrgang 1963) arbeitet seit 1992 als Publizist und Fachberater für die Themenbereiche Wirtschaft, Finanzen, Politik und Zeitgeschichte. Er hat an zahlreichen Fernsehreportagen u. a. für BBC, Channel 4, ORF, RTL, SAT 1 und PRO 7 mitgearbeitet und ist in vielen TV-Talkshows als Experte aufgetreten.

Michael Grandt hat über 4500 Artikel verfasst und bisher 34 Bücher publiziert. Die verkaufte Gesamtauflage beträgt über eine halbe Million Exemplare. Seine Bücher standen bisher über hundert Mal auf den deutschen und österreichischen Bestsellerlisten von *Spiegel*, *Focus*, *Stern*, *Manager Magazin* und *Handelsblatt*. Im Jahr 2005 wurde ihm vom Ministerpräsidenten die Staufermedaille für besondere Verdienste für das Land Baden-Württemberg verliehen. 2011 wurde er mit der Ehrendoktorwürde der staatlichen rumänischen Universität Piteşti für »angewandte Journalismuswissenschaften« geehrt.

2014 wurde sein Artikel »Warum gibt es Aktiengesellschaften?« in das Schulbuch *Startup – Wirtschaft und Recht für das Gymnasium* (Band 1) des C. C. Buchner Verlages in Bamberg aufgenommen.

Mehr über ihn und seine Arbeit finden Sie unter *www.michaelgrandt.de*.